Marburger Hermeneutik
zwischen Tradition und Krise
Herausgegeben von
Matthias Bormuth und Ulrich von Bülow

marbacher schriften. neue folge
Herausgegeben von Ulrich Raulff,
Ulrich von Bülow und Marcel Lepper
band 3

Marburger Hermeneutik zwischen Tradition und Krise

Herausgegeben von Matthias Bormuth
und Ulrich von Bülow

WALLSTEIN VERLAG

Inhalt

Einleitung

Den Begriff Hermeneutik verbindet man heute vor allem mit dem Namen Hans-Georg Gadamer, der in den sechziger Jahren des 20. Jahrhunderts in seinem Buch *Wahrheit und Methode* eine universelle Verstehenslehre begründete.[1] Der Autor selbst wies jedoch in seiner intellektuellen Autobiografie *Philosophische Lehrjahre* eindringlich auf den Einfluss einiger Marburger Freunde hin, besonders der Heidegger-Schüler Karl Löwith und Gerhard Krüger, die in den krisenhaften Weimarer Jahren ebenfalls hermeneutische Zugänge zur Tradition suchten.[2]

Der Nachlass von Gadamer, der im Jahr 2004 in das Deutsche Literaturarchiv Marbach kam, zeigt, dass er seine Theorien im Dialog entwickelte. Umfangreiche Briefkonvolute belegen seinen intensiven Austausch mit einigen etwa gleichaltrigen Philosophen und Literaturwissenschaftlern, die er in Marburg kennenlernte.[3] Nach einer öffentlichen Präsentation von Dokumenten dieses Beziehungsnetzes im Marbacher Literaturarchiv formulierte die *Frankfurter Allgemeine Zeitung* die zentrale Frage: »Was war Marburg?«[4] Tatsächlich wurde

1 Hans-Georg Gadamer, *Wahrheit und Methode. Grundzüge einer philosophischen Hermeneutik*, Tübingen 1960, und *Wahrheit und Methode. Ergänzungen und Register*, Tübingen 1986.

2 Hans-Georg Gadamer, *Philosophische Lehrjahre*, Frankfurt a. M. 1977, S. 222-239.

3 Ulrich von Bülow, *Gadamers Leipziger Karton*, Vortrag in der Reihe »Zeitkapsel« im Deutschen Literaturarchiv Marbach am 23.3.2005. Stark gekürzt in: *Geschichte der Germanistik. Mitteilungen* 27/28 (2005), S. 67-84.

4 Jürgen Kaube, »Die kurze und die lange Frist. Blick in die Leipziger Kiste. Der Nachlaß des Philosophen Hans-Georg Gadamer wurde in Marbach präsentiert«, in: *Frankfurter Allgemeine Zeitung*, 26.3.2005, S. 33.

die Marburger Konstellation um Gadamer, Löwith und Krüger bislang kaum untersucht.

Zum weiteren Kreis der Konstellation sind außerdem Hannah Arendt, Hans Jonas und Leo Strauss, die Romanisten Erich Auerbach und Werner Krauss sowie der Germanist Max Kommerell zu zählen. Sie alle wurden nicht nur von Martin Heidegger geprägt, sondern erhielten wichtige Impulse für ihr Verständnis der antiken und christlichen Tradition auch von dem Marburger Theologen Rudolf Bultmann.

Da viele der Marburger Hermeneuten jüdischer Herkunft waren, sorgten nicht nur innerdeutsche Ortswechsel dafür, dass die unmittelbaren Kontakte nach 1933 selten wurden. Hannah Arendt, Hans Jonas, Leo Strauss, Karl Löwith und Erich Auerbach mussten ins Exil gehen; nach Jahren in Frankreich, England, Italien, Israel oder Japan fanden sie sich nach 1945 in den Vereinigten Staaten wieder, wo sie akademisch Fuß fassten und – mit Ausnahme von Karl Löwith – bis an ihr Lebensende wirkten. Hans-Georg Gadamer, der seit den siebziger Jahren als Emeritus ebenfalls in den USA lehrte, verstärkte den Einfluss der Marburger Hermeneuten auf das intellektuelle Leben Amerikas, der bis in die politische Philosophie der Bush-Administration reicht.[5] So verwundert es kaum, dass monografische Arbeiten zu den Marburger Schülern Heideggers und Bultmanns zuerst in den USA erschienen. An erster Stelle ist in diesem Zusammenhang Richard Wolins Studie *Heideggers Children. Hannah Arendt, Karl Löwith, Hans Jonas and Herbert Marcuse*[6] zu nennen.

Ziel der Tagung *Marburger Hermeneutik zwischen Tradition und Krise*, die vom 28. bis 30. September 2006 im Deutschen Literaturarchiv Marbach stattfand, war eine ideenhistorisch ausgerichtete, an den Quellen orientierte Bestandsaufnahme. Die Aufmerksamkeit richtete sich nicht nur auf die publizierten Werke, sondern auch auf die größtenteils noch unveröffentlichten Korrespondenzen, die zwischen den Marburger Hermeneuten seit den zwanziger Jahren über die Emigrationsjahre hinweg gewechselt wurden.[7] Sie stammen viel-

5 Vgl. Gerhard Spörl, »Die Leo-Konservativen«, in: *Der Spiegel* 32 (2003).

6 Richard Wolin, *Heidegger's Children. Hanna Arendt, Karl Löwith, Hans Jonas and Herbert Marcuse*, Princeton 2001.

7 Werner Krauss, *Briefe 1922 bis 1976*, hrsg. von Peter Jehle unter Mitarb. von Elisabeth Fillmann und Peter-Volker Springborn, Frankfurt a. M. 2002. – Frank Lilie (Hrsg.), »Rudolf Bultmann und Gerhard Krüger. Briefwechsel 1925-1971«, Tl. 1, in: *Zeitschrift für Neuere Theologiegeschichte*, 4 (1997), S. 281-309; Tl. 2, in: ebd., 5 (1998), S. 133-153; Tl. 3, in: ebd., 5 (1998), S. 274-307; Tl. 4, in: ebd., 6 (1999), S. 134-158; Tl. 5, in: ebd., 6 (1999), S. 287-313; Tl. 6, in: ebd., 7 (2000), 151-167. – Heinrich Meier (Hrsg.), *Gesammelte Schriften,* Bd. 3:

fach aus dem Marbacher Literaturarchiv, das neben dem Nachlass von Gadamer auch die Nachlässe von Martin Heidegger, Karl Löwith, Erich Auerbach und Max Kommerell aufbewahrt; dazu kommen Teilnachlässe von Rudolf Bultmann und Hannah Arendt sowie Korrespondenzen von Hans Jonas, Gerhard Krüger und Erich Frank. Die Universität Tübingen, die zusammen mit den Deutschen Literaturarchiv zur Tagung eingeladen hatte, verfügt über die Nachlässe von Rudolf Bultmann und Gerhard Krüger.

Die Tagung orientierte sich an den Kriterien der Konstellationsforschung, die Dieter Henrich im Zusammenhang mit seinen ideenhistorischen Arbeiten zum Tübinger und Jenenser Idealismus entwickelte:[8]

(1) Für die Untersuchung intellektueller Konstellationen erscheint es grundsätzlich wichtig, die Debatten und Lebenskontexte der beteiligten Personen zu rekonstruieren. Als aufschlussreich erwiesen sich vor allem die Differenzen. Während von einer einheitlichen Methode nur bedingt gesprochen werden kann, kennzeichnet die Marburger Hermeneuten doch eine bestimmte Art der Zuwendung zur antiken und neuzeitlichen Tradition der Philosophie, Theologie und Literatur. Biografisch vereint sie die Zugehörigkeit zu einer Generation. Um 1900 geboren, haben sie als junge Menschen die europäische Zeitenwende des Ersten Weltkriegs und das Dritte Reich erlebt. Ohne den pragmatischen Sozialtheorien ein allzu großes Gewicht beizumessen, suchten sie nach Antworten auf die geistigen Krisen der Zeit vor allem in der Geistesgeschichte.

(2) Die Aufmerksamkeit galt den ›kryptischen‹ Aspekten der Marburger Hermeneutik. Bisher unveröffentlichte Korrespondenzen geben nicht nur über die konkreten Lebensbedingungen des Exils oder des Lebens in Deutschland Auskunft, sondern auch über deren Wirkung auf das Werk. Vor allem in den Briefwechseln lässt sich nachvollziehen, wie sich die einzelnen Denkwege nach einem relativ homogenen Anfang durch die unterschiedlichen Erfahrungsräume des Exils ausdifferenzierten.

(3) Ein zentrales Kennzeichen jeder Konstellation sieht Henrich im Bestreben, sich im eigenen Werk trotz aller Sympathie von den

Hobbes' politische Wissenschaft und zugehörige Schriften – Briefe, Stuttgart/Weimar 2001 (Strauss' Korrespondenz mit Gerhard Krüger, Jacob Klein, Karl Löwith, Gershom Scholem).

8 Dieter Henrich, »Konstellationsforschung zur klassischen deutschen Philosophie. Motiv – Ergebnis – Probleme – Begriffsbildung«, in: Martin Mulsow/Marcelo Stamm (Hrsg.), *Konstellationsforschung*, Frankfurt a. M. 2005, S. 15-30.

befreundeten Gelehrten zu unterscheiden. Insofern müssen neben biografischen und historischen Momenten theoretische Aspekte herangezogen werden, um zu erklären, wie sich die verschiedenen Denkansätze in erkenntnisträchtigen Differenzen entfalteten.

Die meisten Beiträger dieses Bandes kennen die Marburger Protagonisten vor allem aus schriftlichen Zeugnissen. Eine Ausnahme ist Dieter Henrich, der mit Hans-Georg Gadamer und Karl Löwith befreundet war. Da das Gespräch mit ihm während der Tagung nicht aufgezeichnet werden konnte, musste es zu einem späteren Zeitpunkt im kleineren Kreis wiederholt werden. Es eröffnet den vorliegende Tagungsband und gibt eine Art zusammenfassenden Überblick. Thematisch reicht es von autobiografischen Erinnerungen an die Marburger Schülerzeit bis hin zu Überlegungen zum philosophie-historischen Stellenwert Marburgs, insbesondere seine gegenwärtige und mögliche zukünftige Bedeutung für ein Denken, das über analytische Begriffsklärungen hinausgeht, um vor dem Hintergrund tradierter Entwürfe kritisch nach dem menschlichen Selbstbewusstsein zu fragen.

Matthias Bormuth untersucht Löwiths Kritik an Heidegger, in deren Zentrum Heideggers eschatologisches Selbstverständnis steht. Löwith verdankte die skeptischen Impulse Franz Overbeck und Max Weber. Dass seine späte Schrift *Heidegger – Denker in dürftiger Zeit* zudem von einer Diskussion beeinflusst wurde, die Rudolf Bultmann innerhalb der protestantischen Theologie auslöste, zeigen Briefe, die Löwith aus dem japanischen und amerikanischen Exil nach Marburg schrieb. Sein hermeneutischer Ansatz unterscheidet sich ebenso deutlich von dem Gadamers wie vom historistischen Verstehen Erich Auerbachs, mit dem Löwith während der gemeinsamen Emigrationsjahre über die theologischen und philosophischen Quellen der Moderne diskutierte.

Heideggers Anteil am akademischen Werdegang Gadamers wird von Carsten Dutt beleuchtet. Wie wirkte sich 1933 dessen Reserve gegenüber den neuen Machthabern auf das Verhältnis zu Martin Heidegger aus? Bisher unveröffentlichte Notate Gadamers aus dem Sommersemester 1933 können als ›Gegenrede‹ zu Heideggers Rektoratsrede verstanden werden. Entworfen anlässlich einer Übung zu Husserls *Grundproblemen der Logik*, relativieren sie die geschichtliche Bewegung des ›Völkischen‹, indem sie die logische Tradition und ihre ›jüdischen‹ Wurzeln betonen.

Nach Heideggers Weggang aus Marburg, wendete Gadamer sich der Ästhetik zu, dabei wurde Max Kommerell zu einem seiner wichtigsten Gesprächspartner. Ulrich von Bülow stellt ihren Briefwechsel vor und konzentriert sich dabei auf ihre Debatten über Platons *Staat* und Hölderlins Lyrik während des Dritten Reichs. Die brieflichen Dokumente zeigen nicht nur das Bemühen beider Gelehrter, im Dialog Abstand zu den offiziellen Deutungen zu gewinnen; direkt und indirekt kommen sie immer wieder auf das Thema der Freundschaft zurück, das für ihre Auffassungen von Hermeneutik von grundlegender Bedeutung ist.

Neben Gadamer und Löwith zählt Gerhard Krüger zum ›inneren Zirkel‹ der Marburger Hermeneuten. Georg Hartmann zeigt, wie Krüger im Blick auf Augustinus eine Verstehenslehre entwickelt, die den Anspruch erhebt, einer ›natürlichen Theologie‹ nahe zu kommen. Dabei geht es besonders um die Frage, welche spezifischen Implikationen diese Sicht für das Verständnis historisch-kritischen Denkens hat und wie Krüger zum neuzeitlich aufgeklärten Selbstverständnis stand. Aus philosophischen Gründen suchte er die Nähe zur Theologie. Rudolf Bultmann wurde ihm als Gesprächspartner immer wichtiger, während Martin Heidegger für Krüger als Stichwortgeber einer möglichen Metaphysik fungierte.

Mit Leo Strauss, der in den amerikanischen Emigrationsjahren seine politische Philosophie am Werk Platons ausrichtete, befasst sich Stefan Steiner. In den Mittelpunkt stellt er Strauss' Thesen über die Möglichkeit einer letztbegründeten Philosophie und ihre Bedeutung für das gesellschaftliche Leben. Mit Blick auf Werke, die zum Teil lange nach Kriegsende verfasst wurden, geht er der Frage nach, in welcher Weise die »gegenstrebigen Freundschaften«, die Strauss mit Krüger und Löwith verbanden, jeweils die philosophischen Positionen beeinflussten und wie sich ihre Differenzen entwickelten.

Der Romanist Erich Auerbach steht im Mittelpunkt zweier Studien. Martin Vialon zeigt exemplarisch, wie stark der Einfluss der Bibelexegese des protestantischen Theologen Rudolf Bultmanns auf das Denken des assimilierten Gelehrten jüdischer Herkunft war, der sich keiner Religion zugehörig fühlte. Wichtig wurden ihm die existenziellen Perspektiven des Exils, der Passion und der Eschatologie. Auerbachs Hauptwerk *Mimesis. Dargestellte Wirklichkeit in der abendländischen Literatur*, das während der Kriegsjahre im Istanbuler Exil entstand, entfaltet implizit eine säkulare Sichtweise und beeindruckte nicht zuletzt Bultmann, wie der erhaltene Briefwechsel zeigt.

Martin Elsky interpretiert Auerbachs Kosmopolitismus innerhalb des deutschen Kontextes. Er zeigt, wie Auerbach sich in seiner grundlegenden Abhandlung *Figura* implizit mit Thesen des deutschen Kulturprotestantismus über die Bedeutung der Gnosis bei der Herausbildung einer europäischen Identität auseinandersetzte. Während Adolf von Harnack sich bemühte, so die These, das Alte Testament und damit den jüdischen Einfluss zurückzudrängen, geht es Auerbach in seiner Darstellung der figuralen Interpretationsmethode darum, die Rolle von Juden, Katholiken und Protestanten bei der Entwicklung einer europäischen Kultur angemessen zu berücksichtigen. In diesem Ansinnen entdeckt Elsky ideenhistorische Parallelen zu Positionen von Walter Benjamin und Hans Jonas.

Am Schluss des Bandes steht Richard Wolins Beitrag zu Martin Heideggers Hauptwerk *Sein und Zeit*, auf das sich alle Marburger Hermeneuten immer wieder bezogen. Seine ideenhistorische und werkgeschichtliche Analyse sucht die mythische Stellung des Buches zu entzaubern. Dabei erweist sich vor allem der Briefwechsel Heideggers mit seinem Schüler Karl Löwith als aufschlussreich.

Drei Tagungsbeiträge fehlen im vorliegenden Buch. Jener von Antonia Grunenbergs ist in ihr Buch *Hannah Arendt und Martin Heidegger*[9] eingegangen. Frank-Rutger Hausmann stellte in Marbach seine Neuausgabe von Löwiths Autobiografie *Mein Leben in Deutschland vor und nach 1933* vor, die inzwischen erschienen ist.[10] Klaus Stichwehs Ausführungen über *Existentielle Grundlagen Marburger Hermeneuten von Bultmann und Heidegger bis zu Löwith und Gadamer* fand aus Zeitgründen leider nicht zur schriftlichen Form.

Unser Dank gilt vor allem der Fritz Thyssen Stiftung, die nicht nur die Tagung, sondern auch diesen Band durch ihre großzügige Unterstützung ermöglicht hat, dem Wallstein Verlag (vor allem Frau Diane Coleman Brandt) für die gute Zusammenarbeit und – nicht zuletzt – Dietmar Jaegle für die Mühen der Redaktion.

Matthias Bormuth, Ulrich von Bülow
Tübingen und Marbach im April 2008

9 Antonia Grunenberg, *Hannah Arendt und Martin Heidegger. Geschichte einer Liebe*, München/Zürich 2006.

10 Karl Löwith, *Mein Leben in Deutschland vor und nach 1933. Ein Bericht*, mit einer Vorbem. von Reinhart Kosellek und einer Nachbem. von Ada Löwith, neu hrsg. von Frank-Rutger Hausmann, Stuttgart 2007. Vgl. auch Frank-Rutger Hausmann, »Zur Neuausgabe von Karl Löwiths Exilsbericht *Mein Leben in Deutschland vor und nach 1933*«, in: *Internationale Zeitschrift für Philosophie* 16 (2007), H. 2, S. 79-126.

»Was ist verlässlich im Leben?« Gespräch mit Dieter Henrich

Sie sind in Marburg geboren und haben dort die Schule besucht. Wie haben Sie als Schüler im Gymnasium Philippinum den ›Marburger Geist‹, das intellektuelle Leben dieser Universitätsstadt erlebt, zumal der Heidegger-Schüler Wilhelm Anz einer ihrer Lehrer war?

Meine Schulzeit koinzidiert mit Hitlers Herrschaft. Ich bin 1933 in die Volksschule gekommen, 1937 dann zum Gymnasium Philippinum und habe dort 1946, also ein Jahr nach dem Krieg, das Abitur gemacht. Dr. Anz war unser Deutschlehrer im ersten Schuljahr, und ich habe gleich eine Art Liebesbeziehung zu ihm entwickelt, das war in der Sexta, ich war also zehn Jahre alt. Er war in dieser Schule die Gestalt, über die ich am meisten von der Atmosphäre der Marburger Konstellation aus den zwanziger Jahren aufgenommen habe; nichts davon wissend zu der Zeit, wohl aber im Nachhinein, als ich dann meinen ehemaligen Deutschlehrer und späteren Professorenkollegen Anz in allen seinen Verbindungen, auch in seiner Beziehung zu Gadamer sehen konnte. Ich glaube sogar, dass Gadamer, als er mich kennenlernte – das war ja nur etwa zwei Jahre nach dem Abitur –, den Umstand, dass ich bei Anz in der Schule gewesen war, registriert hat. Das ergab dann auch für ihn eine Kontinuität mit seiner eigenen Vergangenheit. Inzwischen hatte ich auch selbst eine Vorstellung von dem, was zuvor in Marburg wirklich gewesen war. Ich war ja nun selbst Student und hatte auch bei Rudolf Bultmann gehört, Arthur Henkel war Assistent im Marburger Germanistischen Seminar; da begann dann die ganze Gruppe für mich präsent zu werden, und ich hatte inzwischen auch von Krüger gehört und gelesen, nicht so sehr schon von Löwith. Aber während der Schulzeit gab es die für mich allesamt noch gar nicht. Bultmann war ein Name für mich, weil Gesine Bultmann, eine Tochter von ihm, eine Instrumentalistin in der benachbarten Mädchenschule war. Und Frau Bultmann, das war eine bekannte Professorengattin. Meine Mutter war eine sehr kluge, aber ganz ›einfache‹ Frau, sie hatte hinter ihren Brüdern zurücktreten müssen und nur die Volksschule besuchen können. Für sie waren die Professorenfrauen auch irgendwie ein Problem, aber mehr wegen deren Verhalten im Kaufmannsladen, nicht in irgendeinem intellektuellen Zusammenhang.

Welche Erinnerungen haben Sie an den damaligen Schuldirektor Kurt Steinmeyer, den man zum weiteren Umfeld der Marburger Konstellation zählen kann?

Kurt Steinmeyer war ein ganz anderer Mensch als Anz. Er hat eine Atmosphäre von Gelassenheit ausgestrahlt, von etwas bedeckter Nachdenklichkeit, von einer aufmerksamen und zugleich ein wenig anonymen Freundlichkeit. Ich höre seine warm-gedämpfte Stimme noch gut, und ich sehe seine Gesten mit der verwundeten Hand aus dem Ersten Weltkrieg noch vor mir. Intellektuelles, so wie von Anz, auch implizit Intellektuelles, ist aber für mich von ihm nicht ausgegangen. Ich hatte ihn allerdings auch nicht als Lehrer in prägenden Situationen. Später habe ich gelegentlich Latein bei ihm gehabt – und immer Französisch. Französisch war die vierte, die letzte Sprache in dieser Schule, in den Mittagsstunden, oft schon unterbrochen durch Fliegeralarm. In dem Französischen, da lebte er auf als Individuum. Er liebte Paris, er liebte die französische Sprache, die französische Geistigkeit, und versuchte davon soviel wie möglich zu vermitteln. Das war aber nichts Spezifisches nur für die Marburger Intellektuellengruppe um Bultmann, mit der er befreundet war und der er wohl auch zuzuzählen ist. Man kann sagen, wenn man Frankreich bewunderte und die französische Lebensart hochhielt und von ihr viel vermitteln wollte – das war nicht unbedingt etwas Regime- oder Kriegskritisches; denn die Bewunderung für Frankreich war sogar im Krieg allgemein. Aus dem Lateinunterricht erinnere ich mich, dass er gelegentlich Freud zitierte, und zwar bei der Vergil-Lektüre in Beziehung auf die Traumdeutung. Das verstand sich damals gewiss nicht von selbst. Aber nun muss ich sagen, eben dies, dass sich das nicht von selbst verstand, wusste nun wiederum ich damals noch nicht. Ich wusste fast nichts von Freud, und ich wusste auch nicht, dass Freud Jude war. Mein Vater brachte mir übrigens als kleinem Jungen, so gut er konnte, Einsteins Relativitätstheorie bei, auch mit geschickten Demonstrationen. Dass man intellektuelle Avantgarde-Leistungen, die von jüdischen Autoren stammten, mit Zustimmung und Neugier erweckend in der Schule oder auch im privaten Leben vorgeführt bekam, das war jedenfalls in Marburg nichts, was eine besondere demonstrative Bedeutung hatte, denke ich.

Wie haben Sie als Schüler den Nationalsozialismus erlebt?

Ich verdanke in gewisser Weise Direktor Steinmeyer meine Karriere in Hitlers Deutschem Jungvolk. Das ist eine sehr lange Geschichte, ich will sie nur kurz darlegen. Ich war ein sehr unsportlicher Knabe; am dramatischsten kann man das im Blick auf die damalige Zeit dadurch charakterisieren, dass ich sogar Nichtschwimmer war und blieb. Erst auf dem Heidelberger Ordinariat habe ich den Schwimmunterricht nachholen können. Ich konnte nicht schwimmen, wegen meiner zahlreichen Ohrenkrankheiten und -operationen, die ich als Kind zu erleiden hatte. Schon von daher hatte ich nur eine sehr geringe Chance, in Hitlers Jugendorganisation zu Erfolgen zu kommen. Ich hätte natürlich gern solche Erfolge gehabt, ich war ein Junge und musste mein Selbstbewusstsein aufbauen und darin Bestätigung erfahren. Dafür gab es nur noch diese eine Organisation, die auch ganz eindrucksvolle Seiten haben konnte. Kurz und gut, ich kam da schließlich auch zu einer Funktion, aber, für mich wohl charakteristisch, als Bibliothekar, und stieg dann auf und wurde Adjutant, d. h., ich durfte in größerem Rahmen die Akten bearbeiten, aber ich hatte keine eigentliche Führerstellung, die traute man mir offensichtlich nicht zu. Immerhin hatte ich im Jungvolk doch eine Rolle zu spielen, in Bibliothek und Bürokratie, die gab's eben auch in der staatlichen Jugendorganisation, aber keine ›Kommando‹-Stellung vor den anderen Jugendlichen. Dann kam das Jahr 1943, da führte das Regime die Kinderlandverschickung ein. Das hatte mit dem Bombenkrieg zu tun. Zunächst wurden die Industriezentren angegriffen, dann aber die Zentren der Großstädte, die immer mehr in Trümmer gelegt wurden. Darunter litten die Familien, die Kinder insbesondere, und so wurden die Schulen evakuiert in Gebiete, die von dem Bombenkrieg nicht so sehr bedroht waren. Das war nun eine Situation, wo die Organisation der Hitlerjugend auf neue Weise in Erscheinung zu treten hatte, das heißt, in diesem Fall war es das Jungvolk, die evakuierten Volksschüler waren ja noch keine 14 Jahre alt. Sonst gehörte man der Jungvolk-Einheit an, die mit dem Wohngebiet zusammenfiel. In Großstädten waren also die Schüler einer Klasse, zumal in den Oberschulen, oftmals in ganz verschiedenen Einheiten. Aber jetzt wurden die Klassen als solche zusammen verlegt und kamen dann in Landgebiete, wo noch die Versorgung gesichert war, und zwar zusammen mit einem Lehrer. Nun musste ja aber auch dort das Jungvolk präsent sein – es gab die Jugenddienstpflicht für alle. Das hatte zur Folge, dass aus der Region, in die hinein die Verschickten kamen, Jungvolkführer in die Kinderlandverschickung delegiert wurden. Dies war nun die Situation, wo die Schulen und nicht mehr die Hitlerjugendführung allein bestimmte, wer da hinging. So wurde also auch Direktor Steinmeyer damit beauftragt, zwei Jungvolkführer zu benennen, die das machen könnten, weil ihnen eine lange Zeit ohne Schulbesuch nicht zu sehr schaden würde. Und er hat mich zusammen mit einem anderen Schüler einer etwas höheren Klasse benannt. Wir waren sicher beide so richtige Bildungsbürgertypen. Voraussetzung war aber, dass wir wenigstens einen gewissen Jungvolk-Rang hatten, denn man konnte niemanden da hinschicken, der gar keinen solchen besaß. So erhielt ich mit meiner Vergangenheit als Jungvolk-Bibliothekar und -Adjutant nun durch Steinmeyer auf einmal einen für mich damals als exorbitant anzusehenden, weil auf andere Weise für mich ganz unerreichbaren Rang, nämlich die Stellung eines Fähnleinführers, und zwar unter Umgehung der Marburger Hitlerjugend direkt von der Zentrale der Kinderlandverschickung in Hessen. Das bildungsbürgerliche Gymnasium Philippinum hat mir also paradoxerweise diese Einstufung verschafft, und ich weiß bis heute nicht, was sich Steinmeyer dabei gedacht hat. Einerseits hat er sicher gedacht, dass ich ein passabler Schüler sei, der auch ein halbes Schuljahr versäumen kann. Das humanistische Gymnasium hatte wahrscheinlich nur wenige, die irgendeinen Rang hatten und von denen er das denken konnte. Die meisten Hitlerjugendführer waren ja gute Sportler und wohl oft auch kampf- und stimmstarke Rabauken und somit eher schlechte Schüler und wohl kaum im letzten humanistischen Gymnasium der gesamten Region. Aber es war wahrscheinlich nicht sein einziger Gedanke. Er dachte wohl, jetzt kann er auch einmal eine Hitlerjugend-Führung für eine Schule bestimmen, wenn auch nicht für die eigene. Und so verdanke ich also Steinmeyer meine Jungvolk-Karriere. Denn als ich aus der Kinderlandverschickung zurückkam nach einem halben Jahr, da hatte ich diesen Rang, und den konnte man mir, ohne dass ich irgendwas verbrach, auch nicht wieder wegnehmen.

Welche Erfahrungen haben Sie als Fähnlein-Führer gemacht?

Während dieses halben Jahres war ich bei einer Bremer Proletarier-Volksschule, bei der ich, glaube ich, mehr, wenn auch anderes gelernt habe, als ich in dem halben Jahr Gymnasium Philippinum gelernt hätte. Das ist die einzige Erfahrung meines Lebens, mit Proletarierkindern zusammen unter einem Dach den Alltag geteilt zu haben. Mir ist das bis heute unvergesslich. Die waren beispielsweise sexuell völlig aufgeklärt, ganz im Unterschied zu mir. Ich als ihr Führer durfte das natürlich nicht bekennen, die trauten mir auf diesem Gebiet also wer weiß was alles zu, spionierten mir in dieser Beziehung gern, aber vergeblich nach, und manche übten untereinander homosexuelle Praktiken, die ich verhindern musste, ohne zu wissen, was eigentlich diese Praktiken sind. Also ich hab' auch da wirklich viel gelernt – und auch das verdanke ich – Steinmeyer (lacht). Übrigens wurde ich bei den Bremern allmählich sehr beliebt. Ich appellierte an das Erfolgsstreben der Jungen, gab ihm viele Gelegenheiten, sich zu betätigen, reduzierte den Kommandoton und auch den üblichen Leerlauf. Dass das Wirkung hatte und Zustimmung fand, hat meinem zuvor gedrückten Selbstbewusstsein erheblichen Auftrieb gegeben.

Dem Geburtsjahrgang nach gehören Sie zur Generation der Flak-Helfer. Wurden Sie gegen Kriegsende noch zum Wehrdienst eingezogen?

Also meine Klasse, die ich verlassen hatte auf Steinmeyers Einweisung, wurde während meiner Abwesenheit zu den Luftwaffenhelfern eingezogen, und ich kam zurück – und war vergessen. Das habe ich natürlich außerordentlich begrüßt. Denn es hatte einen doppelten Vorteil: Ich war zu einem beträchtlichen Rang aufgestiegen, und zweitens, ich war um die Einziehung zu den Luftwaffenhelfern herumgekommen und konnte bei meiner Mutter bleiben, die ich sehr geliebt habe und von der ich nach so vielen Toden im engsten Umkreis, auch dem frühen Tod meines Vaters, abhängig blieb. In der Schulklasse, die nur noch aus wenigen Schülern bestand, dachte ich natürlich dauernd, dass ich demnächst zu den Luftwaffenhelfern nachgezogen werde. Und das hatte dann weiter zur Folge, dass ich mich darum bemühte, dass dies nicht geschah. Das einzig probate Mittel dafür ergab sich aus der Fortsetzung meiner Tätigkeit im Deutschen Jungvolk. Ich erhielt aber zunächst, der Unsportlichkeit weiter verdächtig, das ›Kommando‹ bei einer Jungvolk-Einheit in einem entlegenen Flecken, wo ich als erstes einen Antrittsbesuch nicht beim Parteioberen, sondern bei dem Pfarrer des Ortes machte, dessen Verblüffung Sie sich denken können. Mit den hessischen Bauernjungen verstand ich mich aber bald ähnlich gut wie mit den Bremer Proletarierkindern, so dass auch diese Jungvolk-Rolle zu einer recht erfolgreichen geworden ist. Damit war dann mein Ansehen als Jungvolkführer auch in Marburg sozusagen normalisiert.

Während dieser Zeit, also Anfang 1944, habe ich übrigens während einer so genannten Führerbesprechung zusammen mit vielen Anderen vom obersten Geschäftsführer der Hitlerjugend auch einen Antrag zur Aufnahme in die Partei ausgehändigt bekommen und ausgefüllt – mit ungutem Gefühl, denn die real existierende Partei wurde von den Jungen eher verachtet. Die Anträge wurden sogleich wieder eingesammelt und im Bündel weitergereicht – offenbar auf einen langen Dienstweg. Denn ein Parteibuch ist niemals eingetroffen. Als wir die Anträge abgaben, war für uns der 18. Geburtstag noch endlos weit entfernt, und ich dachte, dass man bis dahin jedenfalls nur ein Anwärter der Partei sein würde. Dass die Anträge, obwohl wir allenfalls gerade 17 Jahre alt geworden waren, noch vor Kriegsende realisiert worden sein müssen, ist mir erst nach dem Krieg bekannt geworden. Damals wurden die Fragebogen, welche auch die Studienbewerber in Marburg einreichen mussten, nachträglich von den Amerikanern überprüft. In dem meinen hatte ich mich als Anwärter bekannt. Das wurde als hinreichend akzeptiert. Im Übrigen hat dann die Jugendamnestie den Weg in eine Zukunft in Freiheit aufgetan. Sie galt für alle, bei denen die Nachforschungen ergeben hatten, dass ihnen wegen ihres individuellen Verhaltens nichts vorzuwerfen sei.

Noch einmal zurück zu der Zeit beim hessischen Landfähnlein: Vom dörflichen Jungvolk, das mir nach dem Schulunterricht noch lange Bahnfahrten unter der ständigen Luftkriegsbedrohung abverlangte, wurde ich schließlich doch wieder in die Marburger zentrale Organisation kommandiert und also als ›Bürokrat‹ verwendet, und zwar um die Personalverwaltung zu organisieren, und als solcher ›dienstverpflichtet‹. Dabei ist es mir dann auch gelungen, unter anderem aufgrund einer Kreislaufkrankheit, die ich mir durch die Dauerbelastung und -spannung, unter der ich stand, zuzog und die ich aufbauschen konnte, den Kriegsdienst im schon lange als verloren gewussten und auch immer wieder als verloren erklärten Krieg zu vermeiden – eine Strategie, die mir selbst als zwiespältig und doch gegenüber dem Aufruf zum fanatisch-sinnlosen Endkampf gerechtfertigt erschien. Aber die Erinnerung daran, dass niemand meinem wenig älteren Schulfreund diese Möglichkeit, die er sich sehr gewünscht hatte, verschaffen konnte, sodass er bald in einem aussichtslosen Angriff auf weit überlegene kanadische Truppen zu Tode kam – sie geht mir bis heute in bedrückenden Gefühlen nach.

Gab es am Gymnasium Philippinum Lehrer, die Sie nationalsozialistisch nennen würden?

Die Schule war überhaupt nicht nazistisch. Es war wirklich ein wohl sehr lokales Marburger Wunder, dass es das gab. Es gab kaum einen Parteigenossen unter den Lehrern, und bestimmt ging von ihnen auch keine Indoktrination aus. Allerdings gab es auch keine Aufklärung. Was es gab, waren unterschiedliche Erklärungen dessen, was man für richtig halten sollte, wobei dies etwas durchaus anderes sein konnte, als das, was vom Regime offiziell vorgegeben war. Mein Klassenlehrer, zum Beispiel, unterrichtete sogar vier Fächer zugleich: Latein, Griechisch, Geschichte und Religion, und er war kaiserlicher Monarchist, und zwar bekennender. Er erklärte, dass er dem Führer vorhalte, dass er nicht den Kaiser zurückrufe. Überhaupt war die kaiserzeitliche Atmosphäre gegenüber dem, was ich dann später als die Atmosphäre der Marburger Hermeneutik kennengelernt habe, durchaus noch immer dominant. Nicht zwar bei Steinmeyer, der hatte einen milden und eleganten Intellektuellen-Habitus. Und vor allem nicht bei Anz, der ein christlicher Existentialphilosoph und als solcher ein subtiler Menschenfreund und -lehrer war. Man spürte, er wollte die Schüler mit den eigentlichen, den zentralen Lebensproblemen vertraut machen, das aber in einer vergeistigten Durcharbeitung. Als er später einmal in einem längeren Militärurlaub zurückkam und für mehrere Wochen den Deutschunterricht übernahm, war ich geradezu glücklich. Da war eine gänzlich andere Atmosphäre gegenüber Steinmeyers Frankreichkult, des Klassenlehrers Monarchismus und des Mathematiklehrers demonstriertem Sarkasmus. Dieser war in solchem Sinn durchaus offen in seiner kritischen Herablassung nicht nur zu den Schülern, sondern auch gegenüber dem Regime. Am Anfang des Unterrichtstages mussten die Klassen stehend und durch Armerheben den Hitler-Morgengruß erbringen. Er sagte dann, wenn er die erste Stunde zu unterrichten hatte, indem er den ausgestreckten Arm langsam zu Boden sinken ließ: Setzt Euch! Das war seine Form, den ›Deutschen Gruß‹ in eine andere Geste umzuwidmen. Jeder verstand das, und das wurde auch, als eine Art von listigem Witz, durchaus mit Respekt quittiert. Aber gegenüber einer auf allseitig kritische Attitüde begründeten Weltbeziehung, die sich dann auch in seinem Unterricht umsetzte, gegenüber einem monarchistischen Kaiserpathos, gegenüber einer kultivierten Frankreichseligkeit erschien mir in Anz die eigentlich geistige Lebensführung verkörpert zu sein. Insofern war das wirklich schon eine durchaus ernsthafte Begegnung mit der Marburger Hermeneutik.

Hat Anz Sie auch auf philosophische oder theologische Texte hingewiesen?

Kein Wort! Selbst das Wort Philosophie fiel nicht. Aber auch ohne das war zu spüren, dass er aus einem philosophischen Hintergrund lehrte. Das zeigte sich etwa daran, dass er in einem Aufsatz Phänomenbeschreibungen anfertigen ließ. Die damalige Existentialphilosophie verstand sich ja als herleitbar über Heidegger von der Phänomenologie. So führte er indirekt in die Phänomenologie ein, und dann wurden, was nicht im Lehrplan des Deutschunterrichts stand, Shakespeares Tragödien gelesen und analysiert. Damit war die existentialistische Position in der Philosophie ins Spiel gebracht – über das Tragische des Lebens, das sich nicht in der gleichen Weise als Phänomen nur beschreiben lässt. Und was er zu sagen wusste, berührte mich wie ein Hauch aus anderer, mir noch entzogener Welt. Dem gegenüber war die gesamte andere Schulzeit, ebenso wie deren politische und die kulturelle Umgebung, irgendwie unwirklich. Noch erinnere ich die wenigen Wochen dieses Unterrichts mit dem Philosophen Anz in der abgenutzten Wehrmachtsuniform eines ranglosen Soldaten genauer als ganze Jahre.

Er hat Texte also nicht philologisch oder literaturwissenschaftlich gelesen, sondern aus ihnen Lebensprobleme entwickelt?

Ja. Also: Was eigentlich ist das Tragische in *Hamlet*? Darüber mussten wir nachdenken und uns äußern. Ich habe gerade unter solchen Herausforderungen zum Eigensten wirklich eine Liebe für diesen Mann empfunden und einen Schmerz, dass er zumeist nicht da war, denn auch er musste Soldat sein. Ich spürte, hier würde dir etwas wirklich Wesentliches vermittelt. Und das war in der gesamten anderen Schule nicht ebenso. Das ist mir auch eine Lehre gewesen für alles, was ich in der Zukunft dann selbst als Lehrer zu wirken versuchte. Anz war ja von der Gruppe, von Heidegger und Gerhard Krüger insbesondere, tief geprägt, und ebenso über die Theologie, von Kierkegaard und von Bultmann. In ihm war beides gegenwärtig: die protestantische Theologie in der existenzdialektischen Version und die von Heidegger herkommende Philosophie, an Griechenland orientiert und über den Freund Krüger auf moderne Lebensfragen und auch schon theologisch orientiert.

Hatten Sie außerhalb der Schule Berührung mit philosophischen Fragestellungen?

Philosophische Probleme gingen mir, wie wohl eigentlich jedem Kind, früh und immer wieder durch den Sinn – zum Beispiel die Unausdenkbarkeit einer Unendlichkeit, aber auch die Unvorstellbarkeit der Endlichkeit der Welt oder von etwas Unteilbarem in ihr. Aber zu Gesprächen über solche Probleme ist es niemals gekommen. In Marburg gab es besonders viele Sekten: so etwa Anthroposophen, Ludendorffianer und vom Pietismus bis zum Lagardismus jede Variante des Christentums. Sie alle versuchten, mit der Darlegung ihrer Lebenslehren und der Versicherung von deren Wahrheit junge Menschen anzuziehen, und so auch mich. Der Philosophie begegnete ich aber nur implizit, über Wilhelm Anz und auch über die Grenzfragen der Naturwissenschaft, die meinen Vater beschäftigten.

Ich könnte aber schon noch erwähnen, dass ich ziemlich früh eine Art philosophischer Lehre von einem klugen jungen Mann erfahren habe, der nicht an der Schule war. Und jetzt werden Sie staunen: Er war einer der obersten in der Marburger Nazi-Hierarchie, wohl gerade einmal zwanzig Jahre alt und als Verwundeter schon aus der Armee entlassen. Durch ihn ist an mich zum ersten Mal in meinem Leben ein Aufruf nicht zu einer bestimmten Wahrheit, sondern zu eigenem, zu selbständigem Denken ergangen. »Denk selber nach, sag nicht, was man dir erzählt. Du musst immer selbst deine Meinung finden und begründen!«

Jener Appell an das eigene Nachdenken, der geschah noch dazu – ich war dreizehn – in einer besonders brenzligen Situation, in der ich nämlich eigentlich wegen ›defätistischer‹ Bemerkungen einen Schulverweis zu befürchten hatte. Ich hatte auf dem Schulhof lauthals die These vertreten, dass wir kein moralisches Recht hätten, den Krieg zu gewinnen – eine Ansicht, mit der ich mich meiner Mutter anschloss. Damals war gerade der Frankreichfeldzug siegreich zu Ende gegangen. Sie war aber schon lange der Überzeugung, dass die Demütigung und die unwürdige Behandlung der Juden und ihrer Gotteshäuser (von Morden wusste man noch lange nichts) eine Sünde sei, nicht nur eine Schuld, und dass wir dafür würden büßen müssen. Offenbar war aus dem Schülerkreis eine Denunziation eingegangen, dass ich so etwas auf dem Schulhof sage. Es war wohl sogar eine gutmütige Denunziation. Etwa so: »Der Dieter redet sich um Kopf und Kragen, also müsst ihr da oben mal auf ihn einwirken!« So wurde ich zum obersten Marburger Führer beordert, der mich zunächst ein wenig aushorchte, wieso ich so etwas sage, und wo ich all das wohl herhaben mochte, wovon ich geredet hatte. Da ich darüber nichts sagen wollte, ging er darüber großzügig und etwas herablassend hinweg: »Du hast das sicher von deinen Tanten. Man soll aber nicht nachsagen, was die Tanten sagen. Du kannst ja auch gar nicht wissen, ob wahr ist, was du da erfährst und nachsprichst«, fuhr dann aber zu meiner Überraschung fort: »Aber ich will dir sagen: vieles von dem, was du da sagst, stimmt. Nur: Du ziehst die falsche Schlussfolgerung. Du sagst, wir müssen den Krieg verlieren, weil da so viele Schweinereien geschehen. Ich sage Dir dazu meine Meinung und die richtige Schlussfolgerung: Wir müssen den Krieg gewinnen, denn wenn wir ihn verlieren, dann bricht unser Land gänzlich auseinander. Auch Du kannst das doch nicht wirklich wollen. Darum ist zu folgern: Wir müssen selber, und zwar nach dem gewonnenen Krieg, für die Veränderung dieser Verhältnisse sorgen, wir, die Jungen. Denk mal drüber nach, sag nicht, was die anderen sagen, du musst nur sagen, was Du Dir selbst klargemacht hast.« Das war das erste Mal, dass einer das *sapere aude!* Kants, von dem ich doch noch gar nichts wusste, an mich ergehen ließ, in welcher Absicht immer. In einer Naziuniform! Die Aussicht, auf die er da anspielte, war zwar illusionär, und sein Appell an die Selbstständigkeit des Denkens hätte mich letztlich in das Gegenteil solcher Selbstständigkeit hineingedrängt. (Im Übrigen sieht man, nebenbei bemerkt, wie sich auch auswirken konnte, dass das NS-System den notorischen Gegensatz zwischen dem etablierten System und der Jugend, die sich gegen es auflehnen möchte, in sich selbst zu integrieren versucht hatte – mit der Organisation, die weitgehend den Jugendlichen überlassen war.) Jedenfalls erfuhr ich die Art, wie zu mir in dieser brenzligen Lage argumentiert wurde, als das Gegenteil von dem, was ich erwartet hatte, und sie war für mich in der Marburger Umgebung – auch der Schule – ganz und gar neu. So war ich sowohl erleichtert wie betroffen, aber auch nicht weniger beeindruckt. Er unternahm auch gar nichts weiter, er sagte wohl: »Ich könnte Dich ja wohl von der Schule verweisen lassen, aber das mache ich nicht, denn du sagst nur, was die Tanten sagen.« Das hat mir nicht nur Eindruck gemacht, es ging mir später auch immer wieder einmal durch den Sinn, als der angelsächsische Luftkrieg sich gegen die Menschen in den eng besiedelten Stadtzentren wendete, und ich in Kassel die tödlichen Folgen eines durch Phosphorbomben erzeugten Feuersturms selbst erlebte, sodass mir die moralische Bilanz nicht mehr so eindeutig zugunsten der Kriegsgegner auszufallen schien.

Auch von solcher Seite konnte man also eine Stimme vernehmen, die, wenn auch illusionär, eine für die Philosophie wesentliche Maxime betonte: Mut zur Eigenständigkeit im selbst erworbenen Urteil, das dann folgerichtig bleiben muss und so verlässlich zu sein vermag. Aber berührt mit philosophischem Geist, in dem Sinne, dass ich erfuhr, da etwas ist, was mein ganzes Leben sich an etwas anschließen lässt, hat mich doch ganz allein Wilhelm Anz. Hätte ich ihn nicht gehabt, hätte ich auch von dem, was jene Marburger Konstellation war und bedeutet hat, die ja schon vergangen war, als ich in das Gymnasium eintrat, überhaupt nichts erfahren.

Wie hat sich das Gymnasium nach dem Krieg verändert?

Die Schule war nach 1945 eine gänzlich andere. Steinmeyer blieb der Direktor. Anz war immer noch nicht da, er war in russischer Kriegsgefangenschaft; daher fehlte mir eine Gestalt, die das Bewusstsein ›da gehörst du eigentlich hin, da willst du auch hin‹ in mir freisetzte. Aber es gab einen ungeheuren Lernwillen bei den überlebenden Jungen, eine ebenso uneingeschränkte Bereitschaft der Lehrer, ihr Bestes zu vermitteln. In die Klasse kamen auch Leute zurück, die viel älter waren als ich, die also lange an der Front gewesen waren und wer weiß was alles mitgemacht hatten, erwachsene Männer eigentlich – und ihnen gegenüber traten die Lehrer ganz anders auf. Wir hatten zudem eine Lehrerin in Englisch, die eine wirklich vorzügliche Person war. Sie hat mich schon als Abiturient auf Vorlesungen hingewiesen, die für mich wichtig sein könnten. Ich wusste bis dahin nicht, dass man auch als Schüler in Vorlesungen einfach hineingehen könne. Und so war der Übergang zur Universität im letzten halben Jahr fließend. Der Unterricht war ungleich inspirierender, aber nicht wirklich persönlich berührend.

Würden Sie sagen, dass Sie letztlich Wilhelm Anz den Anstoß verdankten, Philosophie zu studieren?

Nein, gewiss nicht direkt. Ich wusste nicht, was ich wirklich werden wollte. Ich frage mich noch oft, wie wäre es gewesen, wären das Nazireich und der Krieg nicht gekommen, und ich hätte Herrn Anz als Studienrat gehabt, auch in Griechisch, was ja durchaus möglich gewesen wäre. Mein ganzes frühes Leben wäre anders verlaufen. Der Griechischunterricht, den wir genossen, war ein Teil des Geschichtsunterrichts, und zwar der Kriegsgeschichte. Man kann die griechische Literatur wirklich als Teil der Militärgeschichte betrachten – Homers Epos handelt von einem Krieg, von Xenophons Anabasis bis zu Thukydides – alles Kriegsbücher. So konnte man also das griechische Erbe wilhelminisch verstehen. Und man konnte dann die Schlachten und die Strategien, etwa Marathon, vergleichen mit Cannae und Leuthen und sogar mit der Marneschlacht. Von dem, was Griechenland für die Marburger Konstellation war, war da kein Wort und kein Funke. Hätte ich Anz als Griechischlehrer gehabt, dann könnte ich heute Griechisch fast wie eine Muttersprache, und ich hätte sehr früh in die in den zwanziger Jahren in Marburg diskutierten Problemlagen Eingang gefunden. Es wäre sicher beglückend gewesen, dahin geführt zu werden.

Ich bin aber nicht sicher, ob ich so ein besserer Philosoph geworden wäre. Denn die Konflikte, die ich unter Hitler durchstehen musste, zwischen dem Nichtschwimmer-Sein, aber doch gern im deutschen Jungvolk Erfolg haben, zwischen der tief christlichen Mutter und dem verführerisch-illusionären Vernunftappell des Hitlerjugendführers: »Wir machen das mal ganz anders und du kannst mitmachen, überleg's dir mal«, zwischen dem wohlbehüteten, sexuell ahnungslosen, wenn auch lernfähigen Sechzehnjährigen und der Gruppe von Zwölf- bis Vierzehnjährigen sexuell aktiven Bremer Proletarierkindern, zwischen dem Verwalter der Jungvolk-Personalakten und dem sicheren, aber notwendig verhohlenen Willen, dem verlorenen Krieg mit allen möglichen Mitteln zu entgehen – diese Konflikte haben mich selbständiger werden lassen. Und ich hatte das Glück, noch rechtzeitig an die Universität zu kommen und dann wirklich selber mit dem eigenständigen Denken anfangen zu können. Die Reflexionsprozesse, die in solchen dramatischen Konfliktsituationen hervorgezwungen werden, sie sind ja zwangsläufig vielschichtig sowie zugleich höchst konzentriert, und zudem ganz selbstständig, weil sie in gar keiner Weise vorgeprägt und von außen vorgegeben sein können; sie sind einerseits aufgezwungen und andererseits dennoch ganz spontan: Wie verhältst du dich in so einer Situation, was könntest du jetzt machen, wie dich dabei vor dir selbst orientieren? Und ich denke noch immer, dass dies wohl zumindest der *deuteros plous*, also der zweitbeste Weg zur Philosophie war, durch alle Misslichkeiten hindurch, damit immer auch über einfache, jedoch eben unzureichende Problemlösungen und jedenfalls über alle bloßen Anpassungen beharrlich und eigenständig hinaus. Das setzt allerdings immer voraus, dass man die Konfliktlagen und den Krieg wirklich überstanden hat, und das war zum großen Teil auch Sache des Glücks oder der Gnade.

Offenbar spielten auf Ihrem Bildungsweg persönliche Beziehungen zu Lehrern eine große Rolle.

Es ist so eine pädagogische Grundwahrheit, die ich auch bei meinen guten Studenten immer wieder bestätigt gesehen habe. Wenn ich sie nach ihren entscheidenden Erfahrungen fragte, war das sehr oft ein Studienrat, der eine philosophische Arbeitsgemeinschaft angeboten hat und der in ihr als ganze Person engagiert war. Ich denke schon, dass solche Lehrer wichtiger sind als die Professoren, die nur die Lehrer solcher Lehrer sein können, wie das auch bei Anz als Philosophieprofessor schließlich der Fall war. Das ist ja auch etwas, was an der Universität jetzt so ganz und gar falsch gemacht wird und was ich aus der eigenen Erfahrung heraus auch bekämpfe, so gut ich das noch kann: Dass man den begabten Studenten die Möglichkeit nimmt, ihren eigenen Lehrer zu finden, den also zu finden, bei dem sie lernen wollen und zur Eigenständigkeit finden können. Und zwar weil sie das Gefühl haben, dass ihre Motive, die sie ja auch noch nicht ganz durchschauen, dort gebündelt Echo, Steigerung und Antwort finden. Wenn man sie dann an einen Studienort fixiert und ihnen scheinbar durchkalkulierte Lehrpläne vorsetzt und irgendwelche, womöglich inferiore Lehrpersonen, die ihre obligatorischen Themen nur abhandeln, weil sie an der Reihe sind, dann haben sie ja nicht die Möglichkeit, sich an denjenigen zu halten, und auch früh auf ihn zu bauen, der ihnen Sachen und Aufgaben in der Tiefe erschließt und der ihre Kräfte deshalb auch ganz fordern kann. Ich hatte dann in der Universität das große Glück, dass ich das gekonnt habe.

Wenn Sie nicht sofort Philosophie studierten, für welches Studienfach haben Sie sich zunächst entschieden?

Beim Abitur musste man ja angeben, was man werden will, und da sagte ich unsicher, ich wolle eben Studienrat werden. Als Kind war ich überaus ängstlich. Erstens bin ich das einzige überlebende Kind von vier Geschwistern, meine armen Eltern haben drei Kinder im frühkindlichen Alter verloren, ich war der einzige Überlebende und der letzte, folglich von Angst besetzt schon von meinen Eltern her. Dann war ich selber als Kleinkind schwer krank. Vier Monate war ich als Zweijähriger hospitalisiert, bei mehreren lebensbedrohlichen Operationen. Die Kliniken auch noch in der Weimarer Republik waren eher kaiserliche Kasernen. Die wurden von Oberschwestern im Kommandostil – auch bei Kindern – geleitet. Die Eltern durften gerade zweimal in der Woche einen Besuch machen, was für ein kleines Kind – wie man heute weiß – schlechthin desaströs ist. Mir wurde in dieser Zeit eine Trennungsphobie eingepflanzt, die ich noch immer mühsam bekämpfen muss und mit der ich es unter Hitler natürlich besonders schwer hatte. Die Vorstellung, in den als besonders primitiv geltenden Reichsarbeitsdienst (oder auch nur zu den Luftwaffenhelfern) zu müssen, hatte für mich eine große beängstigende Besetzung. Und so wollte ich eigentlich auch nicht vom Gymnasium Philippinum weg, somit Studienrat werden: vielleicht mit einer Erinnerung an Wilhelm Anz als Vorbild, und doch auch wieder aus einer Nesthocker-Tendenz heraus. Aber das änderte sich dann mit dem Studium doch sehr schnell.

Welche Lehrer haben Sie an der Universität geprägt?

Der erste Lehrer, der mich in Marburg ähnlich wie Anz als ganze Person faszinierte, unterrichtete nicht in der Philosophie, sondern Urgeschichte. Ich ging im ersten Semester in seine Vorlesung morgens um acht. Ihr Thema war die Hallstatt-Kultur. Es dauerte nur diese eine Vorlesungsstunde, und ich war ganz davon gefesselt, wie der Professor sein Sujet entfaltete. Man kann der Prähistorie durchaus eine philosophische Dimension geben. Denn sie lässt alle Lebensverhältnisse in einer Umgebung und in der gegenwärtigen Lebenswelt als von Grund aus variabel und vor dem Hintergrund einer sehr langen Genese wie in Suspens erscheinen. Eben das tat Professor Gero Merhart von Bernegg, den eine menschenfreundliche Skepsis bewegte und der, wie ich später lernte, zugleich der angesehenste Forscher und Lehrer seines Faches in ganz Deutschland war. Auch meine beiden prähistorischen Kollegen in der Bayerischen Akademie der Wissenschaften waren seine Schüler. Seinetwegen habe ich mich, obwohl ich mich überall umsah, zunächst auf dieses Fach konzentriert. Für seine sehr kleinen Seminare habe ich gearbeitet wie wild und mich daran gefreut, seine Anerkennung zu gewinnen – bis ich merkte, es ist doch die Philosophie, die meine eigentliche Sache ist. So habe ich mich mit Schmerzen von Merhart von Bernegg verabschiedet. In der Philosophie war es dann Klaus Reich, ein Kantianer, bei dem ich nicht ebenso mit allen Lebensfasern angesprochen war, aber der mich wiederum mit überlegener Intelligenz faszinierte. Ich sah einfach nur: Die Argumentationsführung ist eine Klasse besser als anderswo, und die Themen, die historisch abgehandelt wurden, sind zudem allerersten Ranges. Dem habe ich mich also gerne angeschlossen, bin aber dann auch bald weggegangen, als ich Gadamer kennenlernte. Denn bei Gadamer war es dann so, dass ich wieder mit allen jenen Fasern angesprochen worden bin. Insofern bin ich also tatsächlich doch, über zum Teil bedrohliche Schaukelbewegungen hinweg, in der Nachgeschichte der Marburger Konstellation groß geworden.

Wie haben Sie Gadamer kennengelernt?

Es war eine sehr persönliche Begegnung. Bei mir ist fast alles Wesentliche immer ganz persönlich gewesen. Er kam nach Marburg – zum Ferienkurs der Hessischen Hochschulwochen, der von den Amerikanern veranstaltet, jedenfalls umfassend gefördert wurde. Da gab es als Hauptveranstaltung eine Diskussion zwischen Gadamer und Tillich über Heidegger im Auditorium Maximum. Gadamer erklärte die damals noch gar nicht bekannte Position Heideggers nach dessen ›Kehre‹ und was für ihn die ›Seinsgeschichte‹ war. Dabei stimmte er in Heideggers Modernitätskritik ein, wofür ihm Max Weber als Anwendungsfall seiner Kritik diente. Ich war nicht so sehr beeindruckt von dem, was Gadamer geltend machte, verdankte auch bereits der Lektüre von Max Weber viel und argumentierte also gegen Gadamer vor dem großen Publikum; ich fühlte mich damals schon recht stark im Argumentieren. Er antwortete kaum darauf, was mich irritierte. Dann gab es aber in diesem Ferienkurs auch eine Schach-Konkurrenz. Gadamer nahm teil und fädelte es ein, mit mir die erste Partie spielen zu müssen. Er gewann, und zwar aufgrund eines Zugfehlers von mir. Er war Defensivspieler – das habe ich später viel besser gewusst, nachdem ich noch oft mit ihm gespielt hatte –, und ich war Angriffsspieler. Meinen

Fehler beutete er knallhart und scharfsinnig aus, so dass ich aufgeben musste. In dem Moment, in dem ich aufgab, gab er mir die Hand – und gab zugleich die Antwort auf meinen Diskussionsbeitrag vom Vortag. Die Antwort bestand in einem Halbsatz, er sagte: »Damit Sie sehen, dass ich auch etwas von scharfsinnigen Argumentationen verstehe.« Ich hatte ihm nämlich in meinem Diskussionsbeitrag wohl einige triftige Einwände gemacht, aber mich nicht zu dem Punkt verhalten, um den es ihm eigentlich gegangen war, und das sagte er mir jetzt, in der Situation, wo ich die Schachpartie verloren hatte. Er traute mir zu, dass ich den Zusammenhang verstehe – und ich verstand auf der Stelle. Ich war sowohl perplex wie auch tief berührt. Ich fühlte mich geschmeichelt, obwohl es in gewisser Weise eine doppelte vernichtende Kritik war: Ich hatte verloren, und er hatte in meiner Weise zu argumentieren einen unphilosophischen Zug deutlich werden lassen. Doch gleichzeitig fühlte ich: Dieser Mann kann wie kein anderer zu dir sprechen. In solcher Weise hatte ich das noch nicht erlebt: dass mir klar gemacht wurde, dass ich mit einem Verhalten, das ich gezeigt hatte, ins Leere lief, dass ich aber gleichzeitig deswegen angesprochen und ernster genommen wurde, als es aufgrund einer Gegenargumentation hätte geschehen können, so dass ich die Kritik annehmen und als hilfreich erfahren konnte. Es war dieser halbe Satz, der mich veranlasste, nach Frankfurt zu gehen, um bei Gadamer weiter zu studieren. Das war mein großes Glück, denn er hat mich dann gleich auch adoptiert und mir seine damals einzige Assistentenstelle für die Zukunft versprochen. Er erklärte mir, gerade im siebten Semester, dass er meine Karriere als Professor für ausgemacht hielt. Was damals Anz in seinem Unterricht praktizierte, über Gehalte Menschen zu erreichen, das war in ganz anderer Weise auch bei Gadamer so: Keine Trennung der philosophischen Sachfragen von den Tiefendimensionen des Menschenlebens zu akzeptieren. Es gibt keinen Menschen, den ich kennenlernte, in dem das, was er als Philosoph denkt und schreibt und was er als Person ist und zu wirken versucht, in so vollständiger Übereinstimmung war wie bei Gadamer. Man kann Ähnliches zwar auch von Löwith sagen. Aber in Gadamer war dabei eine platonische Differenziertheit und Hintergründigkeit am Werke. In signifikanten Situationen, deren ich noch viele mit Gadamer erlebt habe, war überhaupt nichts rhetorisch. Er war direkt, sicher zielend in die Mitte des Lebens und dabei von einer sokratischen Kraft der Freundschaft und des pädagogischen Eros.

Wir wollen Sie nicht nur als Zeitzeugen befragen, sondern auch als Erfinder einer Methode, die Sie die Konstellationsforschung nennen. Sie haben den Begriff der Konstellation anhand des deutschen Idealis-

mus entwickelt. Ist es Ihrer Meinung nach berechtigt, diesen Begriff auf den Marburger Kreis anzuwenden?

Eine Konstellation ist immer durch eine Verdichtung von Problemlagen gekennzeichnet, welche die Eigenschaft haben, dann auch produktiv umgesetzt werden zu können. Im Falle der klassischen Philosophie des Deutschen Idealismus ist das ja manifest. Und die Problemlage war so vieldimensioniert, tief reichend und dicht, sodass sie zu Ergebnissen geführt hat, die welthistorischen Rang haben. Die Problemlage war schon dadurch vieldimensioniert, dass Religion und Kunst, nicht nur die Politik, in sie einbezogen waren. Die christlichen Glaubensgrundsätze, so wie sie auch in der protestantischen Kirche über Jahrhunderte tradiert wurden, ließen sich nicht mehr überzeugend vertreten. Man musste fragen: Was ist es denn überhaupt, was eine Beziehung zu Gott begründet? Und was ist denn eigentlich eine Kirche, was ist eigentlich ihre Aufgabe, welche Rechte hat sie und welche Möglichkeiten? Das war zu fragen im Lichte der Herausforderung durch den Naturalismus, und auch durch einen Materialismus, wie er in Frankreich vorgebildet war. Dann aber und mit Vorrang war eine gänzlich neue Perspektive in der Philosophie aufgetan, die gerade eben durch einen wahrhaft großen Philosophen, nämlich Immanuel Kant, neu aufgeschlossen worden war. Man kann Kants Rolle wohl mit der Bedeutung von Heidegger in Marburg vergleichen (und die von Bultmann vielleicht mit der von Friedrich Heinrich Jacobi), nur dass eben Kants Werk in einem ganz anderen Ausmaß einen welthistorischen Zuschnitt hatte. Man bemerkte, hier geschieht etwas ganz Gewaltiges, das zugleich auch die eigene Lebensführung berühren muss. Dazu kamen die künstlerischen Dimensionen in dieser Konstellation, dass nämlich die Künstler bemerkten, auch für sie setzt diese neue theoretische Perspektive Möglichkeiten frei, sich in einer Form und Sprache zu artikulieren, die vorher überhaupt nicht abzusehen gewesen waren. Auch die Verbindung von Kunstproduktion und Kunsttheorie ist durch diese Situation inspiriert gewesen. Gleichzeitig, und das ist immer auch wesentlich für eine Konstellation, bietet die Konstellation ganz verschiedene Schlussfolgerungen an, die aus einer gedrängten Problemlage gezogen werden können – damals auch in der Politik. Was ist die künftige Organisation des politischen Lebens, und nicht nur des politischen, auch des gesellschaftlichen Lebens? Wenn all das zusammenkommt und sich um eine Gruppe von theoretischen Fragen kondensiert, dann zieht das die intelligenten jungen Leute an und hält sie zusammen in ihrer Beziehung aufeinander – meist Generationsgenossen, die spüren, hier ist alles das, worum es geht, zugleich im Spiel. Die Konstellation differenziert sich unter ihnen aber auch aus, lässt jeden seinen eigenen Weg finden, sodass wir hinterher ein buntes Bild von ausgestalteten und miteinander streitenden Möglichkeiten haben – doch innerhalb eines erkennbar gemeinsamen Grundprofils. Dies alles unterscheidet eine solche Konstellation von einer Schule, die sich um einen großen Autor bildet, der natürlich seine Begrenzungen hat und dessen Werk deshalb immer unaufgelöste Spannungen in sich trägt. Seine Ansatzpunkte lassen sich fortzuführen, woraus dann die Differenzierungen entstehen. So hat Husserl eine Schule gehabt mit vielen verschiedenen Ausprägungen – die Münchner Phänomenologie war etwa eine ganz andere als die Göttinger oder die von Max Scheler. Und dann war da Heidegger, der aus der Schule sozusagen austrat und etwas ganz Neues in Gang brachte. Das alles machte noch keine Konstellation aus. Heidegger hatte später auch selbst eine Schule. Aber diese Schule ist nicht identisch mit der Gruppierung um ihn in Marburg, die man eben unter Zugrundelegung der genannten Kriterien eben doch als die Marburger Konstellation bezeichnen darf.

Welche Unterschiede sehen Sie zwischen der klassischen Konstellation um 1800 und der Marburger Konstellation?

Es war sicher nicht eine Konstellation vom selben Format wie die in Jena um 1790. Schiller hat im Rückblick auf diese Konstellation an Humboldt etwa wie folgt geschrieben: Wie Jena vor sieben/acht Jahren gewesen ist, so wird wohl kein Ort wieder sein, und zwar für Jahrhunderte. So sagt Schiller, der selbst Mitglied der Konstellation war – und wie wir heute wissen ganz zu Recht. Diese Art von Höhenlage und Verdichtung hat Marburg nicht erreicht, es ging auch nicht diese Art von welthistorischer Wirkung von Marburg aus. Trotzdem lassen sich da konstellatorische Züge aufweisen. Im Vergleich mit Jena um 1790 war allerdings auch die Intensität der Wechselwirkung wohl viel geringer. Heideggers Vorlesungen waren sicher ein Kristallisationspunkt, an dem sich alle versammelten und auf den sich alle bezogen. In Jena war es aber so, dass die Studenten fast täglich debattierten und gemeinsam Texte lasen, zerrissen oder weiterdachten, die gerade herausgekommen waren oder Ideen oder Konzepte, mit denen sie schwanger gingen. Gerhard Krüger, Karl Löwith und Gadamer trafen sich unter anderem, um Romane, vor allem russische, gemeinsam zu lesen. Sie haben sicher auch sehr viel für sich allein an ganz verschiedenen Themen gearbeitet. Später, nach ihrer Habilitation, mussten sie ja auch Vorlesungen halten. Da kann man schon die Frage stellen, haben sie sich gegenseitig in den Vorlesungen besucht? Haben sie sich dann in den Vorlesungen wechselweise aufeinander bezogen?

In meinem letzten Semester in Harvard besuchte ich die Vorlesung von Hilary Putnam, und Putnam war in meiner Vorlesung. Es ergab sich dann, dass Putnam in seiner Vorlesung etwas über die Argumentationen in meiner Vorlesung sagte, und ich entsprechend auch über Putnams Vorlesung etwas zu sagen versuchte. Ist solches nicht nur ein Einzel- und Sonderfall, sondern eingebettet in einen weit ausgreifenden, aber kohärenten Diskussionszusammenhang, dann ist das wohl eines der möglichen Indizien für das Bestehen einer Konstellation. Jena entsprach sicher ganz diesem Modell, Marburg, so scheint mir, nicht im gleichen Maße.

Also ein gradueller Unterschied?

Mindestens das muss man wohl sagen. Gewiss war auch jener theoretische und lebendige Enthusiasmus, der damals in Jena herrschte, in Deutschland nach dem Ersten Weltkrieg und nach der Niederlage überhaupt nicht mehr vorzustellen. Über allem lag auch eine Depression. Die großen Zukunftsöffnungen, die waren für die Marburger illusionär geworden. Dass etwas ganz Großes zu bewirken sei, im Sinne einer Umwendung des ganzen Lebens, das dachte einzig Heidegger selbst. Keiner von seinen Schülern, die in der kleinen Konstellation Marburgs lebten und ihre philosophische Position ausbildeten, hat solches aufkommen sehen. Aber man wusste doch, dass man gemeinsam den Abschied von einer Epoche hinter sich hatte und dass es deshalb Verständigungsaufgaben gab, die alle gleichermaßen als vordringlich ansahen. Die artikulierten sich aber in verschiedenen Zusammenhängen, deren Konvergenz ebenso offensichtlich wie unbestimmt und konfliktbesetzt war: So bestand ein vielbedeutendes Widerspiel zwischen Heideggers phänomenologischer und aristotelischer Herkunft und Bultmanns Kantianismus und Luthertum im Zugang auf eine Diagnose der Gegenwart und die Befindlichkeit des Menschen in ihr. Vor diesem Hintergrund konnte sich die für eine Konstellation charakteristische Spannung und vieles versprechende Perspektive ausbilden.

Sie haben, als Sie von Ihrer Schulzeit sprachen, die kaiserzeitliche Atmosphäre gegen Ihren Lehrer Wilhelm Anz kontrastiert, der eine ganz andere Art hatte, auf die Lebensprobleme und Orientierungsnöte seiner Schüler einzugehen. War dieser Gegensatz zum wilhelminischen Deutschland ein allgemeines Merkmal der Marburger Konstellation? Ihre Mitglieder gehörten ja etwa derselben Generation an, hatten den Ersten Weltkrieg und die Weimarer Republik kennengelernt und bemühten sich um eine Aktualisierung der philosophischen Tradition jenseits der gängigen philosophischen Schulen.

Gadamer, mit dem ich auch darüber gesprochen habe, hat mir erzählt, dass für ihn, in seinem Breslauer Gymnasium während des Ersten Weltkriegs, die Situation ganz ähnlich war wie für mich während des Zweiten Weltkriegs in Marburg, als wiederum nur Lehrer zur Verfügung standen, die schon im Kaiserreich studiert hatten. Er sagte mir, seine Lehrer seien allesamt Reserveoffiziere gewesen, und für die sei es ungleich wichtiger gewesen, preußischer Offizier zu sein, als Gymnasialprofessor. Das war die Rangordnung des Kaiserreichs – und das Lernen in der Schule war auch bei uns noch oft ein Drill. Grammatik und Geschichtszahlen, das war Lernen wie auf dem Kasernenhof: alles wie im Schlaf durchklappern, zack, zack! Der Schüler hatte also erst einmal zu ›pauken‹. Und ich hätte schon bei der ersten Konjugation im Lateinischen gerne auch ein bisschen darüber erfahren, was das eigentlich bedeutet, dass es andere Sprachen gibt und dass sie so komplexe und ganz unterschiedlich angelegte Bauformen haben. Ich denke wohl, dass die Generation derer, die den Ersten Weltkrieg noch erlebt haben, die aber damals sehr jung waren, die dann den Zusammenbruch des Kaiserreiches erfuhren, das Aufkommen eines vollkommen anderen politischen Systems mit von vornherein extremen Oppositionsstellungen innerhalb seiner, mit revolutionären Bewegungen, die den öffentlichen Alltag geradezu dominieren konnten – dass die mit einer ganz anderen Sensibilität in das Philosophie-Studium hereingegangen sind als die, die im Kaiserreich unter stabilen Verhältnissen, auch einer Weltgeltung der deutschen Wissenschaft, in allerlei herrschende Schuldispute hineingezogen wurden. Sie, die zur Marburger Konstellation gehörten, haben ja dies miteinander gemeinsam, dass sie allesamt andere Fragen als theoretische Grundlegungsprobleme und die Probleme, welche sich innerhalb einer Denkschule stellen, für die entscheidenden gehalten haben. Sie hielten diese anderen Probleme auch nahezu für die einzigen, die es eigentlich wert sind, verfolgt zu werden. Das ist eine Gemeinsamkeit der Generation, und die macht eine Gemeinsamkeit aus, die auch für eine Konstellation eine wichtige Voraussetzung ist, ohne dass die Konstellation als eine sich aus sich selbst heraus steigernde Wechselwirkung dadurch allein auch schon eingetreten wäre. Nicolai Hartmann, der damals gleichfalls als noch immer sehr junger Professor in Marburg lehrte, war deshalb, weil er nicht in diesem Wechselprozess der Verständigung lebte, schon aus dieser Konstellation ausgegrenzt.

Eine Keimzelle der Konstellation lässt sich aus den Briefen rekonstruieren, die Löwith an Heidegger in Freiburg 1920 schrieb. Beide waren sich einig in ihrer Kritik am Historismus und am bürgerlichen Ambiente. Welche Rolle spielte das Antibürgerliche?

Löwith, Sohn eines sehr geschätzten Malers im München der Kaiserzeit, war in seinen frühen Jahren dem revolutionären Gestus in Heidegger näher als die anderen Marburger. Aber die Distanzierung von Stil und Denkweisen des kaiserlichen Bürgertums ist etwas, was auch Heidegger mit Bultmann verband. Wobei Heidegger überhaupt kein Großbürger war, vom Habitus her, man kann sagen: als Mesnersohn ein Kleinstbürger, und zwar aus dem ländlichen Kleinbürgertum. In seinem Lebensvollzug war er zunächst gehemmt, und erst später hat er seine ländliche Herkunft wiederum hochstilisiert, während Bultmann ein gelassen-selbstsicherer Oldenburger Stadt- und Kulturbürger war, der seinem Habitus nach eher in einer großbürgerlichen Welt lebte. Was sie gemeinsam haben, ist, dass sie sich intellektuell gleichermaßen von der großbürgerlich gestimmten Wissenschaft und Kultur freigemacht haben. Bultmann von Wilhelm Hermann und von Adolf von Harnack, und Heidegger von Husserl und Rickert – beide zu einem ganz anderen Einsatz des Denkens. Das war etwas, was die Marburger Schülergeneration gewiss angezogen hat, nämlich die entschlossene Frage nach dem, was den Menschen wirklich ausmacht, und wieso sie bisher unangemessen gestellt gewesen ist. Der junge Löwith hat diese Frage in seinen Anschluss an die Linkshegelianer eingebracht. Bultmann war immer die Frage im Sinn, was das göttliche Wort in der Moderne noch zu wirken vermag, während Heidegger die Moderne radikal zu hinterfragen und zu unterlaufen die Absicht hatte. Bultmann wollte die Moderne eher supplementieren, aber den Menschen sich aus ganz anderem Grund, jedoch innerhalb ihrer verstehen lassen und damit die christliche Wahrheit für ihn wieder zum Sprechen bringen. Insofern waren beide wirkliche Revolutionäre, die ein Bestehendes von Grund auf umwenden wollten. Verglichen mit den Zeitgenossen Rosa Luxemburg, Wladimir Uljanow (Lenin) und Adolf Hitler sind sie es natürlich nicht. Aber es gab es Hunderte von Leuten, die den revolutionären Gestus der Zeit imitierten und in irgendeine theoretische Wendung übersetzen wollten, Oswald Spengler beispielsweise. Aber Heidegger und Bultmann waren wirkliche Revolutionäre im Denken, und zwar auf der höchsten Stufe von Qualität und Denkenergie.

Waren auch die Schüler von Bultmann und Heidegger in Ihren Augen Revolutionäre?

Die Marburger Studenten hatten gar nichts Revolutionäres. Für sie war diese Revolution im Denken ein bereits vollzogenes Faktum, von dem man ausgehen musste. Man konnte es vielleicht in eigenen Untersuchungen wiederholen und modifizieren. Vor allem aber war es etwas, zu dem man sich nun in eigener Verständigungsarbeit zu verhalten hatte. Wie kommt man auf einen sicheren Lebensgrund angesichts dessen, dass alles sich verwandelt hat und dass wir kraft der Lehre dieser Initiatoren der Revolution in der Orientierung des Denkens wissen, dass sich die theoretische Perspektive verwandeln muss und schon verwandelt hat? Sie waren also eher die Verunsicherten, nicht die ihrer Sache, ihrer Berufung und damit ihrer Lebensrichtung Sicheren, die selbst etwas ganz Neues in Gang bringen wollten. Ob Juden oder nicht, sie hatten überwiegend einen großbürgerlichen Bildungshintergrund. Auf die Verlässlichkeit wenigstens dieser Bildung, wenn auch nicht mehr der Lebensverhältnisse, setzten sie alle. Sie trugen ja auch deren Kanon weiter – keiner dachte an Proletkult, an ein neugermanisches Heidentum oder an die Wiederkehr der homerischen Götter. Befreit vom kaiserlichen Glanz und Schimmer, über Krieg und Revolution beraubt der bürgerlichen Saturiertheit und durch die Inflation auch ihrer Vermögen – aber immer noch identifizieren sie die Philosophie mit der Bildungswelt und der ihr gemäßen Lebensführung, wenn auch unter ganz neuen Lebensbedingungen und Perspektiven des Denkens.

Wie muss man sich die Universitätsstadt Marburg zu dieser Zeit vorstellen?

Es war ein überwiegend noch studentisches Ambiente, in dem sie lebten, und das war wiederum ein privilegierter Teil der Marburger Kleinstadt. Die Universität zehrte noch von dem Weltruhm, den sie zur Zeit von Hermann Cohen besaß und der viele nach Marburg gezogen hatte, die später selbst Weltgeltung erlangten (zum Beispiel Pasternak, T. S. Eliot und Ortega y Gasset). Die Studentenverbindungen waren weiterhin wichtige Institutionen, und ihre Stiftungsfeste öffentliche Ereignisse. Die Zivilgesellschaft war eine durchaus bürgerliche, protestantische, mit sehr vielen Sekten, pensionierten Konsistorialräten und Superintendentenwitwen und eben Ordinarienehefrauen, eine auch von Hausmusikzirkeln und Lesekreisen geprägte Welt mit einigen Glanzlichtern wie die gelegentliche Gegenwart von Stefan George und Rabindranath Tagore – und eben Heidegger, der damals aber noch so etwas wie ein philosophischer Geheimtipp war. Diese Umgebung ist schon wichtig für unsere Gruppierung, denn das ist die Atmosphäre, die sie einerseits alltäglich umgab und von der sie sich andererseits absetzen mussten. Etwas davon spüre ich noch, wenn ich mich in meine Kindheit zurückempfinde. Ich war damals, Ende der zwanziger Jahre, ein Kleinkind; aber ich habe auch später nichts von irgendwelchen politischen Straßenschlachten in Marburg gehört. Es gab ja keine Industrie in Marburg, also gab es keine Proletarier, es gab auch keine Adeligen außerhalb der Studentenschaft. Es war eine in nahe benachbarte Schichten gegliederte Bürgergesellschaft. Da passte die Gruppe der jungen Schüler Heideggers, als eigenständige und exklusive, aber nicht befremdliche Randgruppe junger Gelehrter, schon ganz gut hinein. Sie haben sich sicherlich auch aneinander gehalten. Es ist nicht nur so, dass sie ein gemeinsames Thema hatten, sie waren auch voneinander abhängig in einem Wechselprozess nicht nur der Selbstverständigung, sondern auch der gegenseitigen Hilfe und Nähe. Krüger, Löwith und Gadamer waren so auch ganz persönlich miteinander befreundet. Nachdem Heidegger weggegangen war, haben sie ihren Lesekreis fortgeführt. Als Heidegger noch seine Vorlesungen hielt, haben sie miteinander gefrühstückt. Denn niemand konnte vor Heideggers Vorlesung, die um 7 Uhr morgens stattfand, frühstücken und dann, was sehr nötig war, auch noch pünktlich sein. Die Sensation seiner gut vorbereiteten Vorlesungen war also nüchtern zu erfahren.

Sie haben vorhin bereits den Unterschied zwischen einer Schule und einer Konstellation angesprochen. Könnten Sie dies noch einmal in Bezug auf Heidegger verdeutlichen?

Wittgenstein, der zweite große Philosoph des 20. Jahrhunderts, hatte eine Schule: Elizabeth Anscombe, Georg Henrik von Wright, Norman Malcolm und viele andere gehörten ihr zu. Aber solche Schüler waren für Wittgenstein im Wesentlichen Leute, die er belehrte und die seine Position dann in die Öffentlichkeit brachten. Ihr Kreis ging darin auf, Wittgenstein'sche Argumente zu entfalten, anzuwenden und untereinander auch milde Kontroversen zu haben, die aber von der Lehre des Meisters jederzeit ausgehen. So gab es später auch eine Heidegger-Schule, die gerade nicht mit unserer Marburger Gruppierung identisch ist. Volkmann-Schluck, Gadamers erster Assistent, ist in diesem Sinn über Gadamer hinweg ein indirekter Heidegger-Schüler gewesen. Eugen Fink, Friedrich-Wilhelm von Hermann, sogar Volkmann-Schlucks Schüler Wolfgang Janke kann man bis hin zum gedrechselten, an Heidegger angelehnten Sprachgebrauch als Schulmitglieder sehen. Sie können auch philosophische Differenzen untereinander austragen – in Hinsicht auf Heidegger. So wie die Husserl-Schüler hinsichtlich von Husserl. Aber daraus ergibt sich keine Konstellation. Zur Konstellation gehört mehr als der Ausgang von dem Lehrer. Es kann sogar Konstellationen geben, in denen der große Lehrer ganz fehlt (etwa bei den *philosophes* der Pariser Aufklärung). Noch weitere und ganz andere Faktoren, die auch eine besondere motivierende Kraft haben, führen zu einer Konstellation – so in Marburg die religiösen Motive in der Nachkriegs- und Nachkaiserzeit, die für Krüger, für Jonas, für Strauss große Bedeutung hatten, die Krisenerfahrung auf dem Hintergrund der bürgerlichen Bildungswirklichkeit, die als solche bewahrt und die doch auf neue, eigenständige Weise beglaubigt werden sollte. Die Diskussion über Heidegger, was er gerade lehrte oder angeregt hat, wurde über all dem schnell zweitrangig vor der Diskussion über das, was der andere gerade in Beziehung auf solch' wesentliche Problemlagen erwägt und in Angriff nimmt. In den frühen Briefwechseln zwischen Krüger und Strauss sowie zwischen Löwith und Strauss ist das *verbum magistri* Heideggers eigentlich schon sehr fern. Aber die Problemlinien, die sich über Heidegger und Bultmann herleiteten, und die Spannungen zwischen ihnen durchherrschten weiter alles.

Heidegger seinerseits sah dem Treiben seiner früheren Schüler gelassen zu?

Mir scheint, dass er ihnen in Marburg persönlich kaum sehr nahe gewesen sein kann – so wie vorher zu Löwith noch in Freiburg. Wohl gab es angesichts des noch geringen Altersunterschieds auch die Möglichkeit zu einer Art von kameradschaftlichem Umgang. Gadamer berichtet in seiner Autobiografie von gemeinsamen Ballspielen. Viel später sah Heidegger unter den ehemaligen Marburgern zwei, die etwas in Arbeit hatten, was für ihn selbst interessant schien. Da war zunächst Gadamer mit seiner Hermeneutik. Die hielt er für etwas, was auch im größeren Zusammenhang seines eigenes Denken eine Bedeutung haben könnte – nämlich: die hermeneutische Dimension seiner Fundamentalontologie nunmehr in die verschiedenen Bereiche etwa von Kunst und Recht und Textauslegung umzusetzen. Wobei Heidegger wahrscheinlich nicht klar war, dass Gadamer weitgehend von dem absehen würde, was für Heidegger Grundaufgabe war und Grundbedeutung hatte: nämlich von allen fundamentalphilosophischen Überlegungen im Umkreis dessen, was Heidegger als die ›Seinsfrage‹ verstand. Dann war da Walter Bröcker, in Marburg ein Mitglied des Kreises sozusagen zweiten Ranges und später Professor in Kiel. Das System der modernen formalisierten Logik zu analysieren und von Heidegger her zu hinterfragen, das sollte und könnte, so fand Heidegger, Bröcker leisten. Dazu ist es aber nur in Ansätzen gekommen. Doch diese beiden Projekte, die Heidegger gelegentlich erwähnte, waren, anders als die von Krüger, Löwith und Leo Strauß, Unternehmen, die Heidegger dem eigenen Denken nicht nur irgendwie zuordnen, sondern die er auch in dies sein Denken integrieren konnte. Im Übrigen ist während der nicht wenigen Male, zu denen ich seit 1952 Heidegger mit Gadamer zusammen sah, von der Marburger Konstellation nie die Rede gewesen; aber die Ebenendistanz zwischen dem Meister von ehedem und dem Schüler der ersten Generation war trotz der gewachsenen Nähe, nunmehr auch im Alter, immer noch zu spüren.

Sie haben die Marburger Hermeneuten als Student und als Dozent erlebt. Gab es so etwas wie eine Gruppendynamik?

Eine Art Hackordnung schien mir später noch deutlich spürbar zu sein. Zu der weitgehenden politischen Abstinenz der Gruppe passt es wohl, dass sie für sich selbst ein recht elitäres Bewusstsein hatte. Jonas mit seinen von Bultmann her entwickelten Gnosis-Interessen war, um neben Bröcker ein weiteres Beispiel zu nennen, etwas weniger angesehen als Krüger, Gadamer und Löwith, aber auch als, nach seinen späteren Büchern, Leo Strauss. Er hatte nicht diese Sorge um die Geschichte als Ganzes. Und dann war er ursprünglich Zionist. Für Leo Strauß bedeutete das vermutlich, dass man Zionist im jüdischen Zusammenhang eigentlich auch nur dann sein kann, wenn man nicht so tief geschichtlich bewusst lebt wie Heidegger in Beziehung auf die Griechen. Denn der Zionismus ist doch eigentlich eine Form des modernen Nationalismus und importiert einen Zug der Moderne in das jüdische Selbstverständnis, der von dem her, was man von Heidegger wusste, gerade als grundproblematisch anzusehen war. Als Jonas in den fünfziger Jahren nach Heidelberg kam, schienen mir Löwith und Gadamer sich etwa so zu verhalten als sagten sie: »Da ist Hans Jonas, er spricht wieder über Gnosis und interpretiert Heidegger als Gnostiker, ja, wir kennen das schon seit langem. Nett, dass er wieder da ist.« Während Krüger auch als Kranker, der übrigens nun gleichfalls in Heidelberg, also wieder am selben Ort wie Gadamer und Löwith lebte, einen ganz anderen Status hatte. Er konnte nicht mehr wirklich arbeiten, brauchte ständig Hilfe, aber er galt, zumal nach Gadamers wiederholter Versicherung, immer noch als der Begabteste, der ehedem in Marburg am meisten versprochen hatte.

Löwith, der einzige Freund Heideggers noch aus dessen Freiburger Dozentenzeit, war nun allerdings eigentlich dabei, aus der Philosophie als solcher auszutreten. Für die hochkomplexen, für ihn aber letztlich irrelevanten philosophischen Grundfragen interessierte er sich kaum noch, jedenfalls nicht mit eigener Anstrengung. Aber er war immerhin ein großer Stilist und Kritiker, und er hatte eine ganze Tradition, nämlich die nachhegelische, neu erschlossen. In seiner frühen Zeit hatte sich Löwith Heideggers Unternehmen, die philosophische Tradition zu unterlaufen und zu dekonstruieren, ziemlich eng zugeordnet. Die Linkshegelianer und Nietzsche waren für ihn die Protagonisten für eine Anthropologie, welche die Grundtatsachen des Menschseins, so ihr – wie Löwith sich ausdrückte – »Miteinandersein«, mit unverstelltem Blick aufnehmen kann. Seine Art der Destruktion der spekulativen Tradition enthält aber, im Gegensatz zu der Heideggers, bereits die These von der Dominanz der Natur auch über das Menschenwesen. Sie lässt auch daran erinnern, dass Löwith Biologie als zweites Fach studiert hatte. Die biologischen Grundlagen auch des Menschenlebens stehen in seinen späteren Bemerkungen zur Anthropologie sehr oft im Vordergrund. Die These von der Vormacht und der Allbedeutung der Natur auszuarbeiten und geltend zu machen, also in der allbefassenden Natur das einzig und das letztlich Gründende und Verlässliche aufzuzeigen, war schlussendlich sein einziges wirkliches Interesse. So hat er die anthropologischen Ansätze seiner Frühzeit auch nicht mehr weiter ausgeführt, auch nicht unter dieser veränderten Voraussetzung.

Das erklärt auch, warum sich in Heidelberg das Verhältnis von Gadamer und Löwith für Studenten anders darstellte, als es in der Marburger Konstellation gewesen war. Löwith hatte, begreiflich aus den genannten Gründen, in Heidelberg kaum herausragend begabte Studenten der Philosophie als solcher. Die gingen zu Gadamer, denn bei ihm konnte man schwierige Themen gründlich durchdenken. Da gab es Platons Spätdialoge, da gab es Hegels Logik, da gab es auch Aristoteles' Metaphysik, in Beziehung auf Platon und Hegel analysiert. Gadamers Absicht, die Problemlagen der Dialektik mit denen der Hermeneutik in einen Zusammenhang zu bringen, ist in *Wahrheit und Methode* nur in Spuren verwirklicht. Nebenbei war dann ja auch ich da und bot einiges an, das der großen Tradition zugehörte – manchmal sogar in Seminaren zusammen mit Gadamer. Bei Löwith studierte dagegen, wer sein Zentrum in den Sozialwissenschaften oder in der Theologie hatte. Bei Gadamer versammelten sich die, die sich für die wirklichen Philosophen hielten. An Philosophie Interessierte aus benachbarten Zirkeln, etwa dem von Alfred Weber, konnten da Freunde und intellektuelle Diskussionspartner sein, wurden als Philosophen aber doch auch aus einer gewissen Distanz heraus betrachtet. Auch in Marburg muss es wohl in der Gruppe um Heidegger ähnliche Differenzierungen gegeben haben, nur dass Löwith damals ein Glied des innersten philosophischen Kreises gewesen ist.

Von Jacob Klein wüsste ich allerdings nicht zu sagen, welche Stellung er in der Marburger Gruppe gehabt hat, neben seiner frühen Freundschaft mit Leo Strauss – wohl eine Sonderstellung, weil er griechische Mathematik im Vergleich mit der neuzeitlichen studierte und auf Heidegger dabei zwar indirekt, aber mit einer exklusiven Kompetenz, eben der mathematischen, bezogen war. Strauss und Hans Jonas, dessen Intellektualität ich übrigens später (zunächst in New York und dann auch in München) selbst sehr schätzen lernte, waren und blieben mit ihren Themen einbezogen in die Konstellation. Aber die lebenslange Freundschaftsbeziehung in der Mitte oder, wenn Sie wollen, an der Spitze der Gruppe war die der drei: Löwith, Krüger und Gadamer. Durch sie ist das Spektrum der Konstellation ja auch fast schon besetzt. Denn Strauss hat vieles mit Krüger gemeinsam gehabt, aber nicht ganz dessen philosophische Tiefenlotung.

Für die Marburger Hermeneuten, so sagten Sie, war die Revolution in den zwanziger Jahren schon vorbei. Vielleicht haben sie daher im Gegensatz zur klassischen deutschen Philosophie wenig Denkenergie in den Aufbau einer neuen Gesellschaft investiert. Das Utopische fehlt. Sie schwebten über der Gesellschaft, bis manche von ihnen die Geschichte am eigenen Leib erfuhren. Löwith schreibt in seiner Autobiografie, dass sie bis 1933 den politischen Teil der Zeitung nicht gelesen hätten.

Aber gleichzeitig denken sie unausgesetzt über die Situation der Zeit nach und kritisieren die Befindlichkeit des modernen Lebens; dieser kritische Gestus ist ja von Heidegger überkommen, aber bei Krüger und Löwith auch von Bultmann her gestützt. Bultmann und Heidegger bestärkten die Zeitkritik, wenn sie auch nur bei Heidegger eine Modernismuskritik gewesen ist. Bultmanns Erneuerung des Christentums setzt die Verbindlichkeit des wissenschaftlichen Weltbilds der Moderne voraus.

Aber das war eine rein geistige, im Grunde unpolitische Kritik.

Ja, so war es aber eigentlich auch bei Heidegger. Bei Jonas, Strauss und Klein spielt dann immer noch ein politisches Element eine Rolle, nämlich der Zionismus, wie man sich zu ihm stellen soll. Und sie waren ja schließlich sehr bald höchst existentiell vor eben diese Frage gestellt, wohin sie nämlich emigrieren würden. Jonas ging nach Palästina, Strauss aber nach England, und Jacob Klein mit ihm. Löwith in das seit langem geliebte Italien. Löwith hatte sich allerdings, sicher von seinen Interessen an den linken Hegelianern her, mit Marx, mit Carl Schmidt auseinandergesetzt und für Max Weber, als eine Alternative zu theologisch infizierten Argumenten, Interesse und Sympathie gezeigt. Ich wüsste aber von keinem der Marburger zu sagen, wie sie etwa in der Weimarer Republik politisch optierten und ob sie überhaupt zur Wahl gingen – außer, dass sie gewiss weder Kommunisten noch Nationalsozialisten unterstützt haben.

Auch Hannah Arendt hat sich in Berlin und dann in Paris erstmals in jüdischen Organisationen politisch agiert.

Arendts Dissertation, nicht in Marburg, sondern später bei Jaspers geschrieben, ist um Welten von ihrer politischen Philosophie entfernt. Von einem marxistischen Standpunkt aus angesehen war die Marburger Gruppe eine durchaus typisch bürgerliche: ihrer gesellschaftlichen Stellung nicht bewusst, auch ohne Reflexion auf die gesellschaftliche Rolle der Philosophie. Gleichzeitig aber klassenspezifisch und (mit Ausnahme von Löwith) alle Positionen abblendend, die sich nicht in das Spektrum eines solchen bürgerlichen Denkens einfügen, also marxistische oder faschistische Heilslehren (wobei die faschistoiden als auf die kommunistischen, sie im Gegensatz überbieten wollend, bezogen und insofern wenigstens als gesellschaftlich reflektierend beschrieben werden könnten). Während also für Marxisten und Nationalsozialisten gleichermaßen die kleinbürgerliche Philosophie eben durch ihre Reflexion einzig auf individuelle Lebensprobleme, wenn auch in einem universalhistorischen Horizont, charakterisiert ist. Wenn statt Hitler damals Thälmann die Weimarer Republik zerstört hätte, dann wären sie als Hochschullehrer ebenfalls in Schwierigkeiten gekommen, wenn auch nicht, wie die Juden, über die Bedrohung ihres Amtes und ihrer Karriere hinaus unmittelbar unter eine Bedrohung von Leib und Leben.

Aber Löwith hat noch 1931 eine Marx-Vorlesung gehalten, in der er Marx und Weber als Gesellschaftstheoretiker vergleichend analysierte.

Löwith hat die linkshegelianische Bewegung recht früh entdeckt, ich weiß nicht, über welche Autoren, sicher nicht durch Heidegger, am ehesten wohl im Zusammenhang seiner Münchener Studien, die sehr früh auch Nietzsche galten. Für seine Habilitationsschrift von 1928 ist Feuerbach noch immer die methodische Autorität. Gehalten hat er sich aber am Ende an Goethe, Burckhardt und Overbeck und einen ihnen angeglichenen Nietzsche. Aber ich denke schon, dass er seinen Freunden vorhalten konnte, sie seien ungenügend geprägt durch die Erfahrung der Periode von Hegel zu Nietzsche, durch Feuerbach und David Friedrich Strauß und ihre Kritik gleichermaßen an der Religion wie an der Ontologie und allen fundamentalphilosophischen Unternehmungen, die meinen, nicht bei der Natur innehalten zu können. Für Löwith ergab sich daraus – neben dem, was er für Skepsis hielt –

insbesondere auch die Folge der Verabschiedung der Religion. Er sah sie nunmehr nur noch als die allerdings maßgebende Dimension für eine zu Ende gegangene Geschichte an, die aber nicht nur für die Überschätzung des Geschichtlichen, sondern insbesondere für die politischen Heilslehren noch der eigenen Zeit und für die Fatalitäten, die aus ihnen folgten, die Verantwortung trägt.

Eigentlich wollten die Marburger Hermeneuten die historische Zeit mit ihrer Zufälligkeit, Beliebigkeit, Wandelbarkeit hinter sich lassen.

Und doch das eigene Seelenheil, ihre Lebensruhe in der Zeit und zugleich mit einer Verständigung über sie finden – Löwith, indem er aus ihrer Geschichtsbefangenheit befreite, Krüger, indem er sie ihrer christlichen Wurzeln inne werden ließ, Gadamer, indem er das Beständige, Verlässliche bewusst machte, das Tragende gerade in allem Wandel, das sich maßgeblich in der Sprache als der alles Verstehen eröffnenden Dimension zeigt.

Das ist ein zutiefst platonisch-christliches Motiv, es geht um die Sorge für die Seele, die in der Zeit nicht aufgeht und den Punkt sucht, auf den sie ausgerichtet ist. Ihre Lösungsversuche sind von ihren beiden Lehrern Bultmann und Heidegger angeregt, wobei sie sich schon bald von ihren Lehrern absetzten.

Sie waren ja auch vom Lehrer verlassen worden. Was sie eigentlich in Marburg festgehalten hat, ist ja auch eine Frage, die wir uns stellen können. Seit 1928 war Heidegger ganz in Freiburg. Er hatte *Sein und Zeit* gerade veröffentlicht, und erst jetzt wurde er wirklich berühmt. Es muss für sie alle eine Zeit des Wartens und Arbeitens gewesen sein. Sie mussten ja nun auch hoffen, zu einem Erfolg in der Universität zu kommen. Sehr bald hatten sie alle ihre zwanziger Jahre überschritten. Allmählich mussten sie in unübersichtlichen akademischen Verhältnissen auf eine Berufung hin arbeiten. Es war das aber auch die Zeit, während deren sie im Förderverein für das Gymnasium Philippinum unter Bultmanns Leitung Vorträge in der Aula meiner späteren Schule hielten.

Zunächst kam aber das Jahr 1933. Wie verhielten sich die Marburger Hermeneuten, soweit sie nicht emigrieren mussten, während der Zeit des Nationalsozialismus?

Natürlich hatten sie, sofern sie nicht emigrieren mussten, zunächst gewachsene Chancen, weil ja die jüdischen Professoren vertrieben wurden. Gadamer erhielt so auch einige Lehrstuhlvertretungen. Aber auf der anderen Seite waren ihre und auch Gadamers Chancen zugleich nunmehr sehr beschnitten, weil sie mit dieser Gruppe verflochten waren und sich auch nicht von ihr distanzierten.

Das belegen auch ihre Briefwechsel. Während dieser ganzen Zeit hielten sie, wo immer sie waren, ob in Japan, Paris, England oder Amerika, untereinander Kontakt, das war offenbar für alle sehr wichtig.

Gadamer hat mir einmal gesagt, dass er ja doch aus seiner Interessenlage heraus die allerbesten Gründe gehabt habe, pro forma in die NSDAP einzutreten – einfach um sein und seiner Familie Leben zu sichern. An ein schnelles Ende des Regimes hat er nicht geglaubt. Sie lebten ja alle ärmlich, mit Stipendien und Hilfskraftstellen, und Krüger und Gadamer waren bereits Vater. Und er sagte mir weiter, es sei für ihn innerlich ganz ausgeschlossen gewesen – »wegen seiner vielen jüdischen Freunde«. Mir erschien das als ganz authentisch und glaubwürdig. Deshalb war er nur in irgendeinem für eine Karriere mehr als nur halb obligatorischen Dozentenlager. Gemäß dem hermeneutischen Prinzip, dass man in allem irgend etwas, was Sinn macht, entdecken kann, wenn man sich verstehend verhält, gab es bei ihm nuancierte und spärlich dosierte, so mag man sagen, Anlehnungen an einen Sprachduktus des Regimes, von ihm aber nicht einmal auf den Effekt hin berechnete, glaube ich. Ebenso hat er sich dann auch zum Marxismus verhalten, als die Russen ihn zum Rektor in Leipzig gemacht hatten. Auch da hat er Motive, die nunmehr im Schwange waren, von Ferne her aufgenommen, ohne sich mit dem neuen Regime zu identifizieren. Als der Krieg zu Ende war, erwies es sich ja auch, dass Gadamer mit seiner Wesensart, der direkte Konfrontationen fern lagen (im Schach war er, wie gesagt, reiner Defensivspieler), eine völlig ungestörte Beziehung zu seinen jüdischen Freunden haben konnte.

Auf der anderen Seite gab es die NS-Philosophen, die nun das Sagen hatten.

Da gab es in der Tat eine neue Konkurrenz auch um die Professuren. In der Marburger Zeit vor 1933 spielte beispielsweise ein gewisser Christoph Steding eine Rolle, der dann später ein SS-naher Philosoph geworden sein soll. Er wurde 1931 in Marburg über Max Weber promoviert, ist aber noch im Dritten Reich gestorben, bekannt wurde er durch sein postum erschienenes Werk *Das Reich und die Krankheit der europäischen Kultur*. Und wenn Sie jetzt die Frage stellen, wie haben sich die Marburger Hermeneuten zu solchen Positionen verhalten, dann vermute ich: mit Verachtung, mindestens aber sie ignorierend.

Löwith fragt Gadamer in einem Brief aus dem japanischen Exil, warum niemand in Deutschland dagegen protestiert, wenn Leute wie Ernst Krieck als Repräsentanten der deutschen Philosophie auftreten. In seiner Antwort vertritt Gadamer die Meinung, solche Leute müsse und dürfe man ignorieren.

Gadamer war, von außen betrachtet, eher ein Diplomat, der jedem Show-down abhold war. Es war wohl auch so, dass das Dritte Reich ideologisch sehr viel weniger geschlossen war als die künftige DDR, aus der Gadamer, obwohl Leipziger Rektor, sehr bald auf den Frankfurter Lehrstuhl geflohen ist. Im Krieg hat man wohl die Universität ganz und gar nicht mehr für wichtig gehalten. Deren ideologische Durchdringung kann unmöglich noch ein wichtiges Ziel gewesen sein, wenn Gadamer 1937 in Leipzig und Krüger wenig später in Münster, wenn Julius Ebbinghaus 1940 in Marburg ein philosophisches Ordinariat erhielten.

Wie erklären Sie sich die Tatsache, dass sie Heideggers Position während seines Rektorats ziemlich einhellig ablehnten?

Man könnte vielleicht sagen, dass sie in dieser durch eine Revolution geprägten, aber nicht selbst auf eine Revolution hin geordneten Intellektualität schon deshalb mit den Nazis gar nichts anfangen konnten, weil die eine intellektuelle Revolution, die für sie mit Heidegger schon geschehen war, nun in einer politischen Gestalt zu exekutieren versuchten, an der sie selbst zudem gar kein Interesse hatten. Und ich könnte mir vorstellen, das weiß ich aber nicht, ob sie allein schon deswegen nicht einmal Heidegger selbst zu Beginn des Dritten Reiches in die Versuchung gebracht hat, sich da anschließen zu wollen. Man hätte sich doch vorstellen können, dass Krüger und Gadamer Heidegger einen Brief schrieben etwa des Inhalts: Jetzt sind Sie Führer der Freiburger Universität, wollen Sie uns nicht in die großen Aufgaben einbeziehen, die da auf Sie zukommen? Nichts dergleichen geschah und war für sie überhaupt denkbar. Worauf Heidegger setzte, war etwas ganz anderes, als das, wozu sie schon auf dem Wege waren. Und sie haben vielleicht noch eher als Heidegger selbst aus dessen eigenem Denken die Folgerung gezogen, dass man die ›Seinsgeschichte‹ nicht durch Aktionen umwenden kann. Gadamer hat mir gegenüber auch immer diese Erwartung von Heidegger, dass er nämlich auch später noch meinte, durch seine Vorträge eine Wende in der Lebensorientierung seines Auditoriums, eine Art von Aufbruch bewirken zu können (ob nun als Rektor oder später als Redner in Akademien), als etwas sehr Seltsames charakterisiert. Das wirft wieder ein Licht auf Gadamers eigene Hermeneutik – dass sie nämlich solches gewiss nicht will, sondern dass sie geradezu das Gegenteil im Sinne hat, nämlich aufzuweisen, inwiefern in und hinter allem Tun und Sich-Ereignen noch ein tragendes Grundgeschehen waltet. Das einzusehen bedeutet wohl eine Umorientierung, aber gewiss keinen Aufbruch zu Neuem.

Was ist in Ihren Augen das zentrale Problem, das philosophische Projekt, an dem die Marburger Hermeneuten, jeder auf seine Weise, arbeiteten?

Da kann ich gleich an das eben Gesagte anschließen: Für die Konstellationsmitglieder stand im Hintergrund ihrer Arbeit die Orientierungsfrage: Was ist verlässlich im Leben? Geht man davon aus, dass eine historische Wandlung schon in Vollzug gesetzt war, dass die Fundierungen des Lebens, die einmal für tragend galten, sich als brüchig und scheinhaft erwiesen haben – woran können wir uns nun halten, worauf können wir von nun an noch bauen? Gadamer, der an Heidegger besonders stark gebunden war, hob eine Dimension in dessen Denken heraus, die von Heidegger genau so vielleicht nicht gemeint und jedenfalls nicht verdeutlicht worden ist, dass jedem Verstehensakt als Grund der Möglichkeit des Verstehens etwas noch Unverstandenes vorausgeht. Von ihm her öffnet sich eine geschichtlich gewordene Tradition eines grundlegenden Einverständnisses, die, wie die Sprache, auch noch alle Aufbrüche und Erkundungen durchherrscht und die nur im verstehenden aufeinander Hören und Antworten wirklich ist. Dieses Wahrheits- und Eröffnungsgeschehen kann man denkend erschließen, und auf dies Geschehen ist auch in allem Wandel immer Verlass.

Die Antworten von Löwith, von Strauss und von Krüger kann man dazu in Beziehung und auch dazu in Kontrast setzen. Im Unterschied zu Gadamer nahmen sie nämlich alle doch eine aktivische Option, eine Zuwendung, zum eigentlich Gründenden in Anspruch, nicht nur eine Verständigung über es. Krüger baute zuletzt auf die Botschaft Jesu. Strauss baute, als Alternative zum mosaischen Gesetz, auf die griechische Philosophie, und zwar auf Platons zeitenthobene Lehre von der Philosophie als Lebensform. Löwith optierte gegen jegliche Philosophie als Theorie und auf den philosophischen Vollzug einer Kontemplation der ewigen, schönen Welt im Sinne einer spätantiken oder japanischen Kosmoserfahrung. Jonas hat später dann seine Verantwortungsethik entwickelt, die ein Naturbild voraussetzt, von dem dieselbe Verlässlichkeit ausgeht und das die Gelassenheit ermöglicht, die Heidegger einem noch immer geschichtsbewussten ›Andenken‹ verdankt wissen will.

Welche Bedeutung hat der hermeneutische Zirkel für das Problem der Geschichtlichkeit, für das die Philosophen in Marburg neue Lösungen suchten?

Der hermeneutische Zirkel in der Textexegese, eigentlich in jeglichem Verstehen, hat die Bedeutung, dass man sich jederzeit darüber klar werden kann, welches die jeweils eigenen Bedingungen sind, unter denen man sich einem Text, einer Frage, einer Erfahrung zuwendet. Man kann den Text nicht in souveräner Distanziertheit auslegen, also ganz von dem her Aufschluss über ihn geben, wie er sich selbst darbietet. Der Zirkel ist für das gesamte Unterfangen der Marburger insofern grundlegend, als es ihnen darum geht, in und aus ihrer geschichtlichen Situation auf das Ganze der Geschichte des Denkens zu blicken, diese Situation dann aber wiederum in deren Licht zu begreifen. Bei Krüger spielt das, um ein Beispiel zu nennen, eine wichtige Rolle, wenn er gegen Leo Strauss etwa wie folgt argumentiert: Wir können nicht zu den Griechen zurück, sondern wir müssen uns dessen bewusst sein, unter welchen Bedingungen wir zu den Griechen hinstreben. Abgesehen davon, dass wir gar nicht denken können, dass die Griechen dessen mächtig waren, wessen wir bedürfen, liegt zwischen unserem Rückgang zu den Griechen und dem, was sie selber waren, eben die ganze Geschichte, ohne die wir aber auch das, was den Griechen selbst eigentümlich war, für uns selbst gar nicht zur Sprache bringen können. Darauf gründet sich Krügers Lektüre von Platons *Symposion* in seinem bedeutendsten Buch *Einsicht und Leidenschaft*. Gegen Löwith haben die anderen wohl allesamt geltend machen können, dass er, wenn er meint, er könne sich unmittelbar zur schönen Welt kontemplativ verhalten, in Wahrheit damit befasst ist, sich aus seiner historischen Situation herauszureflektieren. Und Löwith könnte das sogar akzeptieren, würde aber hinzufügen, dass ein Sich-befangen-halten-lassen in dem Zufälligen, in dem Ungeordneten, eben dem Geschichtlichen, ein Zurückschrecken vor dem ist, was eigentlich die Aufgabe des Menschseins ausmacht. Die Geschichte hat bei Löwith etwas vom Wetter: unvorhersehbar und auch von unvorhersehbarer Fatalität. Er hat ja auch sein eigenes Schicksal schließlich stoisch ertragen und kam dann erstaunlich ressentimentfrei nach Deutschland zurück. Dass er Heidegger angriff, war einfach die Fortführung seiner Philosophie, keine politische Implikation war dominant, obwohl sie sich aus seiner Kritik auch ergab.

Andererseits zeigen Löwiths Briefe und auch seine Autobiografie, dass er sehr genau politisch beurteilt hat, wie sich Leute im und zum Nationalsozialismus verhielten. Für seine Autobiografie hat er manche Briefe verwendet, wobei er das Bittere durch Ironie teilweise etwas gemildert hat.

Diese Schrift hat mich sehr bewegt, gerade auch wegen ihrer Beziehung auf Marburg. Aber sie hat mich auch überrascht, weil ich Löwith in seiner Heidelberger Zeit so gut gekannt habe. Formal war ich ja Löwiths Nachfolger auf dem Heidelberger Lehrstuhl, obwohl es Gadamer war, der, indem er meine Berufung kurz vor seiner eigenen Emeritierung betrieb, den Staffelstab der Verantwortung für die Philosophie am Ort mir hat übergeben wollen. Es ist dies die einzige Schrift von Löwith, in der er, ganz anders als ein Jahrzehnt später und nach dem Krieg, eine allerdings höchst berechtigte Erbitterung zeigt. Er schrieb sie früh während der Vertreibung in Japan und fast schon auf dem Wege weiter in die USA; ich erkläre sie mir aber am Rande auch damit, dass sie ja ein Text war, der für eine amerikanischen Ausschreibung zum Thema ›Erfahrungen im Dritten Reich‹ geschrieben wurde, sodass Löwith also amerikanische Leser im Sinn hatte. An Löwiths Stelle wäre ich selbst allerdings noch viel bitterer gewesen. Seine frühere Korrespondenz nach 1933, auch mit Gadamer, hat eine bewundernswerte, aber für Löwith (jedenfalls nach seiner von der Zeitstimmung affizierten Jünglingszeit im Ersten Weltkrieg) auch charakteristische lakonische Kühle. Und in Heidelberg favorisierte er zum Beispiel eine Berufung von Arnold Gehlen auf einen soziologischen Lehrstuhl, ziemlich als Einziger seiner Fakultät – allein wegen Gehlens Qualität.

In seinen Briefwechseln schaut Karl Löwith auf die historistischen Wissenschaften sehr souverän herunter und wirft ihnen gewissermaßen vor, nicht an den wirklichen Problemen dran sein. Wie beurteilen Sie die Rolle von Karl Löwith in der Konstellation?

Löwiths Position lässt sich, wie gesagt, als eine Variante unter den Marburger Antworten auf die Frage nach dem Verlässlichen im Leben verstehen. Obwohl Löwith sie lakonisch und zugleich formbewusst als einfache Wahrheit vorstellt, hat sie ja doch eine Beziehung auf die anderen. Ich frage mich, ob er die bewusst sehr bescheidene und sich bescheidende Philosophie, die er am Ende gelehrt hat, so hätte lehren können und wollen, wenn er sie nicht als Opposition, als Abkehr von dem, was die andern machten und worin sie immer noch Heidegger folgten, hätte vortragen können. Ohne die Abkehr von Heidegger, ohne Krüger, ohne Strauss, auch ohne Gadamer, würde

Löwiths Position doch sehr verarmt dastehen. Sie ist eben auch eine Kritik des gegenwärtigen Zeitalters und eine Abwendung von dem, was jetzt allgemein als bedeutend gilt, was sich scheinbar als Ausweg anbietet. Wenn man diese Kontrastierung nicht mit im Blick hat, dann verliert seine Art spätantiker Lebenslehre ihre Aussagekraft für die Zeit, in der sie formuliert wurde. Er hat sich dann ja auch immer mehr als der Philosoph einer Bescheidung zum Einfachen und Schönen dargestellt – unter Einsatz seiner sehr hohen stilistischen Begabung, die zugleich eine polemische war. In einem Brief an Strauss schreibt Löwith schon Anfang der dreißiger Jahre, er werde wohl wie ein spätantiker Stoiker enden. Das ist dann auch wirklich der Fall gewesen.

Sie haben einmal längere Zeit in der Schweiz bei ihm gewohnt?

Während meiner Assistenten- und Dozentenzeit in Heidelberg habe ich ihn oft gesehen und war häufig bei ihm zu Gast – einmal für 14 Tage in seinem Haus in der Schweiz, in Carona, wohin ich ihn auch gefahren habe und wo er bei Abwesenheit seiner Frau von uns ›bekocht‹ wurde. Da war er ein gänzlich anderer Mensch als in Heidelberg, immer leise heiter in der Schau und beim Schreiben, nicht mehr, wie in seinen sparsamen, knappen Bewegungen, an sich haltend in Disziplin und Distanz. Wir haben uns sehr offen über wer weiß was alles unterhalten, über Heidegger natürlich mit Vorzug, und ich habe häufig Argumentationen entwickelt, dahingehend dass er die einfache Position, die er vertritt, im Denken gar nicht durchhalten könne. Meine Argumente, je ›schöner‹ sie waren, hat er sich immer mit einer Art von Bewunderung angehört, hat genickt und wenn ich dachte, er müsse sich doch nun widerlegt finden oder seinerseits mit dem Argumentieren beginnen, so hat ihn das überhaupt nicht berührt, er hat geschwiegen und ein anderes Thema aufgenommen. Seine Position war ja nichts, was er argumentativ begründete, sondern die zelebrierte er in seiner Lebensart, und er machte auf eine Weise deutlich, die ihm wohl der eines japanischen Meisters der Soto-Schule ähnlich scheinen konnte: dass alle anderen, die eine umständlich begründete Position einnehmen, eigentlich lächerlich sind. So war er also auch ein Kyniker in einem antiken, ganz aggressionsfreien Sinne: das Geschichtliche so ernst zu nehmen wie die Marburger Kollegen, soviel mit der Geschichte ›am Hut‹ zu haben, wie man heute so sagt, das ist doch eigentlich komisch. Denn die Geschichte ist das, wo alle Dinge sich verändern. Die Philosophie sollte sich mit dem Unveränderlichen befassen, zumal das Konstante, die Natur des Menschen, insbesondere aber die kosmische Ordnung offenkundig ungleich eindrucksvoller sind. In dieser Weise hat er später wohl auch sein eigenes Schicksal, als schwer Verwundeter des Ersten Weltkriegs und dennoch in die Emigration Gestoßener, in kosmosbewusster Ruhe betrachtet. Es schien ihm auch immer noch ein Privileg darin zu liegen, dass man ein Leben führen kann in solcher Kontemplation, also in seinem Falle als Professor und als Schriftsteller, der auch in seine gut gearbeiteten Texte eine Art kosmischer Ordnung einbringt. So verwendete er zu meinem Erstaunen beständig, und zwar mit großer Betonung, das von mir fast nie gebrauchte Wort »schön« – noch kurz vor seinem Tod, als ich ihn besuchte, im Blick auf einen in Blüte stehenden Baum. So war er wohl ganz er selbst oder der, zu dem er im Durchgang durch die historische Schule und ein beladenes Geschick geworden war. Dies Geschick war ihm natürlich gleichfalls immer gegenwärtig, sodass seine Heiterkeit niemals gänzlich unbefangen und unbeladen sein konnte. Während man in Heidelberg kaum in die Weite sieht, weil links und rechts des Stromes steile Wände das Tal begrenzen, residierte er in Carona auf dem Berg dem Monte Generoso gegenüber – da war er eigentlich Philosoph, indem er schreibend die Schweizer Berge kontemplierte, die für ihn in Wahrheit schon die italienischen Berge waren, und den Gang der Sonne über sie. Aber natürlich wäre er ohne die Marburger Hermeneutik und seine eigenen bedeutenden historischen Untersuchungen zur Vorgeschichte der Marburger Konstellation im 19. Jahrhundert dahin gar nicht gekommen.

Konnten Sie Löwiths Ansicht teilen?

Für mich als jungem Assistent Gadamers, der viele theoretische Interessen hatte, war es etwas sehr Erstaunliches und auch durchaus Illusionäres, diese in eine Lebensweise überführte Meinung, man könne die theoretischen Probleme ganz verabschieden, den Monte Generoso kontemplieren und so, um mit Marx zu sprechen, die Philosophie verwirklichen. Ich sah darin auch eine Art von Zwangsmaßnahme, eben die Verdeckung des Wissens vom Rätselhaften und auch Abgründigen im Leben des Menschen, im eigenen Leben und auch der Welt selbst, das in eine weit ausgreifende Denkarbeit hineinzwingt. Dem konnte ich ebenso wenig wie Gerhard Krüger nachgeben. Dessen Kritik an der gesamten antiken Philosophie und auch an Platon geht ja dahin, dass sie fundamentale menschliche Grunderfahrungen und -tatsachen nicht ernst genug nimmt und nehmen kann – wozu das Christentum hat kommen müssen.

Meint Gerhard Krüger damit, dass die Griechen keinen Begriff von Selbstbewusstsein hatten?

Das, und auch nicht vom Gewissen – so hat das schon Hegel gesehen. Krüger schreibt aber einmal, darüber hinausgehend, die *doxa*, also das, was bloße Meinung ist, was nach griechischer Ansicht in *episteme* überführt werden soll, sei etwas anderes als das Vorurteil, mit dem die moderne Welt es zu tun hat. Die Überwindung des Vorurteils ist für ihn dem Loskommen von der Sünde ähnlicher als man denken mag. Das hat alles sehr viel mit Bultmann zu tun, der ja auch die Wahrheit über den Menschen nicht durch die Griechen, sondern (mit Paulus) durch das göttliche und deshalb befreiende Wort des Evangeliums gesagt fand. Was den Menschen auszeichnet, ist, dass er sich selbst in seinem Leben stabilisieren will; und das hat wirklich etwas mit seinem Selbstbewusstsein zu tun. Alles, worum es ihm geht, ist, sein Leben sicher machen zu müssen, das heißt, es als gegenüber anderen anerkannt und in sich selber auf gutem Fundament stehend wissen zu wollen. Das aber ist nach Paulus nichts anderes als die Sünde selbst, das Sich-selbst-Rühmen und Rühmen-wollen-müssen (*kauchesis*), wovon nur ein göttliches Wort befreien kann. Bultmanns These ist es, dass das menschliche Dasein – ähnlich wie für Heidegger in *Sein und Zeit* – wesentlich verfallen ist, dass es sich also verdeckt und verdecken muss, was es eigentlich ist, und nur durch etwas ganz Anderes, mit dem ihm die Diagnose gestellt ist, zu sich selber kommen kann. Bultmanns Größe als Gelehrter liegt unter anderem darin, dass er als Professor des Neuen Testaments, der er ja war (sein Lehrstuhl war nicht der für systematische Theologie), diese durchaus philosophische These auch exegetisch überzeugend zu begründen verstand. Ich war übrigens tief beeindruckt von der ruhigen Sachlichkeit und unprätentiösen Klarheit, in der er diesem seinem Glauben als Gelehrter Ausdruck zu geben vermochte. Seine Grundthese von Gottes Wort im Verhältnis zum Wesen des Menschen führte ihn später zu der so genannten Entmythologisierung des Neuen Testaments, die er aber nicht etwa gegen den Glauben, sondern aus tiefem und zugleich bescheidenem Glauben heraus vollzog. Doch auch Krüger lehrte, dass sich die Griechen, sogar Platon, im Mythos verstricken mussten, weil sie die Wahrheit über den Menschen nicht kannten.

Welchen Eindruck hatten Sie von Krüger persönlich?

Ich habe Krüger nicht so gut gekannt. Einmal bin ich mit ihm von Marburg nach Frankfurt in einem langsamen Zug gefahren und habe mit ihm diskutiert, vor allem über Kant. Schon Mitte meiner zwanziger Jahre hatte ich ihn in Gadamers Zeitschrift, der *Philosophischen Rundschau*, einmal kritisch rezensiert. Auf jener Fahrt war er noch nicht krank. Ich erfuhr dabei seinen außerordentlichen Ernst, auch den Ernst des Sich-Einlassens, der von fern an Bultmann erinnern konnte. Er sprach nachdenklich und so, dass man denken musste, die Frage, die wir gerade jetzt diskutierten, sei für ihn von letztem Gewicht. Bei Gadamer war die dialogische Genialität vorherrschend. Bei Krüger schien es mir so, als erwäge er, ganz von sich her, in tiefer Besinnung, worauf das letztlich hinausläuft und was ihm selbst bedeutet, was ich da zu sagen hatte. So muss auch er ein sehr guter Lehrer gewesen sein. Auch in der weit mehr warm zugewendeten, aber nur an der Oberfläche heiteren Lehrart von Wilhelm Anz war dieser tiefe Ernst gegenwärtig, den er mit seinem nahen Freund Krüger offenbar teilte. Man kann darin einen Zug protestantischer Existentialphilosophie erkennen, die gegen alles Modische im französischen Existentialismus der Nachkriegszeit gänzlich immun blieb.

Welche sind Ihrer Ansicht nach die Hauptwerke, die aus der Marburger Konstellation hervorgegangen sind und noch heute das Studium lohnen?

Gadamer hat versucht, etwas aus Heidegger herauszuheben, und er hat gleichzeitig eine Antwort auf die Frage nach dem Verlässlichen in der Krise der Moderne gegeben. Deshalb ist Gadamers *Wahrheit und Methode* das einzige Werk mit einem vorwiegend systematischen Anspruch, in dem explizit artikuliert wird, was die Marburger Konstellationsmitglieder beabsichtigten.

Krüger hat als ausgearbeitetestes Werk *Einsicht und Leidenschaft* veröffentlicht. Das enthält wohl seine Position: Wir können nicht zur griechischen Philosophie einfach zurück, die griechische Philosophie, auch Platon, ist tief ambivalent. Aber er ist zu früh erkrankt, um seine Position in einem Hauptwerk entfalten zu können. Gadamer meinte aber, Krüger hätte Heidegger am ehesten das Wasser reichen können.

Löwith hat eigentlich auch kein Hauptwerk geschrieben. Am ehesten könnte dafür *Weltgeschichte und Heilsgeschehen* gelten. Es hat, was den konstellatorischen Hintergrund anlangt, vieles gemeinsam mit Leo Strauss' *Naturrecht und Geschichte*, insbesondere die Kritik des Historismus und der Geschichtsphilosophie. Aber beide haben doch nicht den Status, als Theorie ausgearbeitet zu sein. Nun ist *Wahrheit und Methode* auch nicht wirklich theoretisch durchgebildet und in vielem gleichfalls ein Ensemble von historisch-diagnostischen Untersuchungen. So sind also nur wenige große Werke entstanden – bei der Vielzahl von bedeutenden Büchern, die aus der Konstellation hervorgingen –, in denen das deutlich artikuliert ist, worum es ihnen allen gegangen ist. Auch das ist ein Zug, der diese

Konstellation charakterisiert. Ihre historische Kompetenz übertraf ihre Fähigkeit zur Ausbildung von komplexen philosophischen Begründungen. Wenn man an die weitere Wirkung der Gruppe denkt, etwa die in den USA, so fehlen, abgesehen von *Wahrheit und Methode*, die Werke, an die man hätte anschließen können. Strauss hat ja auch eine schwer zu durchschauende Wirkungsgeschichte, meistens hat er nur Interpretationskurse gehalten. Er hat seine Position eigentlich niemals zum Gegenstand seiner Lehre gemacht.

Für die Marburger Hermeneuten spielte die Exegese offenkundig eine wichtige Rolle. Wie schätzen sie in dieser Hinsicht die Rolle von Erich Auerbach ein? Würden Sie ihn zur Marburger Konstellation zählen?

Wenn ich mich an *Mimesis* erinnere, an meine weit zurückliegende Lektüre dieses wichtigen Buches gleich nach seinem Erscheinen, so erscheint es mir als etwas ganz anderes als das, was wir über die Marburger Geschichtsproblematik gesagt haben – nicht als eine ihrer Varianten. *Mimesis* ist ja eine Geschichte der Entstehung der Moderne, und was mich in ihm so beeindruckte, hängt auch damit zusammen, dass mir unter Hitler die literarische Moderne überhaupt, auch im Studium zunächst noch immer die literarische Moderne außerhalb Deutschlands, völlig verschlossen war. Was war das für ein Leben in einer doch allgemeinbildenden Schule, in der nichts von der modernen Kunst sichtbar, lesbar oder hörbar war! Alles, was mir die Moderne, viel zu spät, aufschloss, gewann so eine sehr hohe Bedeutung. *Mimesis* behandelt zwar wieder den gleichen Themenbereich wie die Heideggerschüler, es beginnt bei den Griechen und verfolgt die europäische Geschichte bis zur Moderne. Aber in einem anderen Entwicklungssinn, dem zum Vertiefen, also sozusagen in Richtung auf das Leonardo-Prinzip: Die Wirklichkeitsaneignung wird immer subtiler und in der Folge davon aber notwendig zugleich auch immer subjektiver. Die Subjektivität der menschlichen Weltbeziehung ist es, die dabei zunehmend hervortritt. Das fand ich überzeugend in der Sache. Ich habe die Geschichte, die zur Moderne führte, überhaupt nicht, so wie Heidegger, als eine Verfallsgeschichte ansehen können. Im Übrigen habe ich auch Auerbachs Abhandlung *Figura* sehr früh gelesen, und zwar weil meine damalige Freundin eine Examensarbeit schreiben musste, in die ich mich für sie einzuarbeiten hatte – über mittelhochdeutsche Epen. Deren Erzähltechnik war das Thema. Ein Münchener Mediävist, Hugo Kuhn, hatte sich mit diesem Thema schon beschäftigt; und wenn ich mich richtig erinnere, bin ich über ihn auf Auerbachs Abhandlung gekommen, die man sich in Marburg mit Mühe besorgen musste. Auch diese These Auerbachs hat mir sehr eingeleuchtet. Über die typologische Denkform: das Sohnesopfer Isaaks und Jesu am Kreuz als letztlich dieselbe Wirklichkeit. Sie ist für Auerbach in *Mimesis* Ursprung einer Geschichte der Wirklichkeitsaneignung, an deren Ende dann die Romane von Virginia Woolf stehen. Ernst Gombrich hat später in kleinerem Maßstab und mit einem moderat-kritischen Akzent gegen die moderne abstrakte Malerei die Geschichte der Wirklichkeitsaneignung in der Kunst der Renaissance geschrieben.

Als Heidegger nach Freiburg ging, begann Gadamer sich für Ästhetik zu interessieren und fand in Max Kommerell einen Freund, mit dem er über Literatur sprechen konnte.

Was alle die Marburger miteinander verband, war ja auch ein gemeinsamer Kanon in Kunst und Literatur; das muss man mitbedenken. Jeder von ihnen konnte zu diesem gemeinsamen Kanon neue Einsichten beitragen. Und bei den beiden, Kommerell und Gadamer, stand auch Stefan George in einem ihnen gemeinsamen Hintergrund. George hatte auch für Gadamer eine Sonderstellung inne, über die wir mehrfach im Dissens miteinander gesprochen haben. Da gibt es bei ihm auch gegenüber Heidegger eine Differenz, der mir in seiner Favorisierung von Rilke und Trakl richtiger zu urteilen schien, obwohl er, ganz in der Linienführung seines eigenen Denkens, beide als Exponenten einer Dichtung im Zeitalter der Seinsvergessenheit verstehen wollte. George war für Gadamer, der von ihm wahrscheinlich in früherer Jugend sehr beeindruckt worden war, der Restitutor von hohem Formbewusstsein in den Künsten – bis hin zum Design und zur Praxis der Inszenierungen von Gustav Sellner, die wir in Darmstadt gemeinsam besuchten. Für mich blieb Georges Formgebung, schon ganz und gar gegenüber dem in den Tiefen der Selbsterfahrung einsetzenden Formwillen und Formniveau Hölderlins, an einer Oberfläche, die mit einem hochgreifenden Gestus überzogen war und die deshalb für anderes gehalten werden konnte. Gadamer gab umgekehrt in unseren Gesprächen über Hölderlin dessen Formgebungskraft nicht dieselbe Bedeutung wie ich – dies dann allerdings wieder in einer Übereinstimmung zwischen ihm und Heidegger, der die musikalisch-kompositorische Fügung von Hölderlins Gedichten (trotz oder auch wegen Hellingrath) überhaupt nicht wahrgenommen hat.

Haben Sie in Marburg auch Werner Krauss erlebt?

Ich habe ihn nur ein einziges Mal sprechen hören – bei einer Versammlung der Kommunistischen Partei in Marburg, die ich auch seinetwegen besuchte. Er schien mir psychisch sehr krank zu sein, durchgängig heftig und zugleich ganz introvertiert redend. Aus seiner Zuchthauszeit stammte sein bald nach dem Krieg publiziertes Fragment *PLN*, das ich gleichfalls verstört und irritierend fand, als ich es zu lesen versuchte. Von Gadamers Rolle bei seiner Errettung vor der Todesstrafe habe ich erst viel später und auch nicht von Gadamer selbst gehört. Es war übrigens in Marburg schon eine Art von Sensation, wenn ein Professor in einer KPD-Versammlung als Hauptredner auftrat.

Gab es in der Marburger Konstellation eine spezifische Affinität zur Literatur und Kunst?

Ja, es stand für sie wohl außer Frage, dass die Kunst denselben Gegenwartsbezug hat, der für sie in der Philosophie von alles durchherrschender Bedeutung war. Ich weiß jedoch nicht, inwieweit die jungen Marburger Heideggers Diagnose, der zufolge die gesamte Moderne so etwas wie das Endstadium einer Verbergungsgeschichte sei, auch in Beziehung auf die bildende Kunst und Literatur im Sinne hatten und etwa teilten oder bestritten. Bei Heidegger gibt es aber ja auch eine interpretationsbedürftige Zweideutigkeit – dass er nämlich einige moderne Künstler dennoch hoch schätzen und affirmierend interpretieren konnte. Trakl, van Gogh, zuletzt Cézanne sind Beispiele dafür. Van Goghs Gemälde ist in Heideggers *Der Ursprung des Kunstwerks* allerdings gar nicht als modernes Werk wahrgenommen. Ich denke ohnedies, dass man allen diesen Künstlern nicht gerecht werden kann, wenn man ihr Werk in eine Geschichte zunehmender Verbergung der Herkunft und der Bewandtnis des Menschen integrieren muss. Heidegger hatte allerdings auch die Möglichkeit, zumindest Hölderlin, als eine Art von Gegeninstanz in dieser Geschichte zu verstehen, die in der sich radikalisierenden Verlorenheit noch Zeichen eines Kommenden setzen konnte.

Einen so klar profilierten und zugleich spannungsreichen Hintergrund für ihre Beziehung zur Kunst habe ich bei den Marburgern nicht wirksam gesehen. Löwith wusste sich selbst der japanischen Kunst nahe und hatte ein Sensorium für kleine erlesene Dinge, Gadamer hatte eine allerdings selektive Sensibilität für moderne Malerei. Bei ihm hing ein Aquarell von Schmitt-Rotluff, er konnte sehr erhellend über Nolde sprechen, und er war mit Werner Scholz befreundet und hat ein Buch über ihn geschrieben. Sie alle waren moderne, aber gegenständliche Maler. Doch teilte Gadamer ja nicht Heideggers Diagnose, dass die Moderne überall eine Verfallsgeschichte ist. Ein Versuch, in der modernen Kunst Krisensymptome aufzuweisen oder eine

Rückkehr zur griechischen oder zur sakralen Kunst zu befürworten, hätte vielleicht nahe liegen können für Leo Strauss oder auch für Gerhard Krüger. Doch davon wüsste ich nichts. Eine Debatte wie die, welche Gehlen über die Frage ›Was ist die Moderne Kunst eigentlich?‹ entfaltete, wurde von ihnen zumindest nicht intensiv geführt. In der *Mimesis* von Auerbach wird die Subjektivität zum eigentlichen Verwalter der Kunst als Wirklichkeitserschließung. Für ihn ist die moderne Kunst ein Realismus, der eigentliche Realismus womöglich. Für Gehlen, in seinem Buch *Zeit-Bilder*, bedeutet die Subjektivierung statt dessen den Verlust der eigentlichen Realitätsbeziehung und die Auflösung der Realität in die reflektierende Beliebigkeit eines endlosen Kommentars und Selbstkommentars. Diese ganze Dimension ist vielleicht in der Zeit der Marburger Konstellation, also den zwanziger und frühen dreißiger Jahren, noch nicht entfaltet gewesen. Auch Heidegger hat ja über das Wesen des Kunstwerks damals noch nicht geschrieben. Man wird aber wohl den Briefwechseln und den Biografien noch vieles entnehmen können.

Wo sind die Grenzen der Marburger Philosophen? Welche Gegenstandsbereiche haben sie ausgeklammert?

Die Fixierung auf Griechenland ist bei allen außerordentlich, hinzu kommt bei einigen die Religion ihrer Väter. Dieser Horizont ist derselbe wie in Heideggers Seinsgeschichte: Vom frühen Griechenland, vielleicht sogar nur von Platon (wie bei Strauss und Krüger) bis zur Krise nach dem Ersten Weltkrieg als Teil der Krise der Modernität – diese Zeit, haben sie vor Augen. Abgeblendet sind die nichtchristlichen Religionen (außer später bei Löwith) und die gewaltige Zeitdimension der frühen Menschheitsgeschichte, die mir Merhart von Bernegg in ihrer Bedeutung erschlossen hatte.

Auch der Naturwissenschaft schenkten sie wenig Beachtung.

Dabei lebten sie doch in der Umbruchzeit der modernen Physik und Mathematik. In ihrer Zeit entstanden die Quantenphysik und die limitativen Theoreme von Heisenberg und Gödel. Das alles spielt bei ihnen keine Rolle. Die Astronomie hatte für den Natur kontemplierenden Löwith keine wirkliche Bedeutung. Ich hatte schon als Schüler ein astronomisches Lehrbuch und wusste also ein bisschen von den Wundern der Sternenwelt; ein Schulfreund besaß ein kleines astronomisches Fernrohr; auch von der subatomaren Physik hatte man eine Ahnung, sodass man, als die Nachricht über Hiroshima kam, sogleich wusste, worum es sich handeln müsse. Ich war fasziniert von all dem. Ist dies doch eigentlich der Kosmos mit seinen Wundern und Rätselfragen, die uns unsere Kleinheit erfahren lassen, uns aber auch uns über sie erheben lässt. Dann die Urgeschichte der Menschheit, von der wir auch erst seit knapp zweihundert Jahren irgendeine angemessene Vorstellung haben: überall schon Menschen, die von ihrem Tod wissen und in denen der Tod, im Kult und in der Grabkultur, ungeheuere Anstrengungen freigesetzt hat, die bereits von dem durchzogen sind, was viel später als die Subjektivität des Menschenlebens zu ausdrücklichem Bewusstsein kam. Aber das Subjekt vor dieser übermächtigen Welt, das spielte wohl für Bultmann, dem die spätantiken Religionen immer präsent waren, nicht aber in der Marburger Konstellation eine bedeutende Rolle. Für mich besteht ein Zusammenhang zwischen diesen gewaltigen Dimensionen des Lebens, die uns immer wieder aufs Neue in zunächst hilfloses Erstaunen und auch in Erschrecken ziehen, und dem Versuch, sich mit Argumenten und Entwürfen zu ihnen und zugleich zu uns selbst in ein angemessenes Verhältnis zu bringen. Man muss die Möglichkeit offen halten, dass dabei einmal eine ganz andere Grundordnung des Verstehens in den Blick kommt. Die Krise, welche die Konstellationsmitglieder um 1918 erlebt haben, hat aber doch nicht ihre Orientierung hinsichtlich dessen, was das Wichtige ist, erschüttert – sie hat ihnen keine neuen Dimensionen eröffnet, wohl aber die alten ins Wanken gebracht und ein neues Licht auf sie geworfen. Sie suchten in denselben Gefilden nach einem neuen Halt, in der Sprache, in Griechenland, in der Religion der Väter, in der anschaubaren Natur. Das verstärkt noch einmal den Eindruck, dass ihre Suche auf das Beständige, das Verlässlichkeit Gewährende im eigensten Fundus der Tradition ausgingen, eine Aufgabe, die sich für ihr Denken gerade aus dem Krisenbewusstsein heraus stellte, das ihre Jugend geprägt haben muss.

Welches Verhältnis hatte Gadamer zu den empirischen Wissenschaften?

Gadamer hat wie Heidegger die Neigung, die Wissenschaften, die ihm vor Augen standen, zu charakterisieren als zu stark vom Herrschaftswissen der Technik dominiert. Er tat es mit besonderem Nachdruck in Beziehung auf die Medizin. Da hat er auch eine Autorität auf seiner Seite, nämlich Paul Vogler, Hygiene-Professor an der Humboldt-Universität, der während der DDR zugleich im Westen Berlins praktizieren konnte. Mit ihm hat er die Reihe ›Neue Anthropologie‹ herausgegeben. Sie war zwar ein Vogler-Unternehmen, das Gadamer mehr mitgetragen hat. Aber er hat Vogler als Arzt und als Freund vertraut. Gadamer war der Meinung, dass der belebte Körper ungleich komplexer ist, als die Mediziner in ihrer Randstellung in der eigentlichen Wissenschaft und gleichzeitigen Abhängigkeit von ihr sich das vorstellen können – dass sie auch keinen Begriff davon haben, was Leben ist, weshalb sie genauso viele Chancen haben, Menschen zu schädigen, wie ihnen zu helfen. Dafür hatte er auch sehr drastische Beispiele zu geben. Es tat mir weh, daran zu denken, dass er dann doch in einem Krankenhaus hat sterben müssen, wenn auch als 102-jähriger.

Heißt das, er hat die Schwachpunkte der empirischen Wissenschaften bloßgestellt?

Er hat sich nicht umfassend und sehr tief auf sie eingelassen. An sich wäre da ein großes Feld der Verständigung offen gewesen. Heisenberg war an der Berufung von Gadamer nach Leipzig beteiligt, und zwar wegen Heisenbergs eigenem Interesse an Platon. Carl Friedrich von Weizsäcker hatte ja mit Heidegger eine ziemlich enge Beziehung. Die moderne Physik hat doch viele Möglichkeiten zu einer Kommunikation mit der Philosophie freigesetzt (so wie Newton schon ehedem ohne den Neuplatoniker Henry More kaum möglich geworden wäre). Aber diese Physik beherrschen und in der Philosophie zugleich Leitwolf zu sein – einer solchen Aufgabe ist offenbar niemand gewachsen. Auch ein so exorbitant begabter und besonnener Mann wie von Weizsäcker nicht. Auf seine Todesanzeige war, sehr eindrucksvoll, das Paulus-Wort gesetzt: »Jetzt erkennen wir stückweise«. Gadamer, aber auch Löwith und Krüger waren viel zu denkerfahren und qualitätsbewusst, um sich auf schnellfüßige und leichtsinnige Schlussfolgerungen aus dem einzulassen, was sie nicht wirklich beherrschten.

Was kann man von der Marburger Konstellation heute lernen?

Man kann viel über die griechische Philosophie und über die griechische Welt im Ganzen nachzudenken lernen. Man kann etwas darüber lernen, wie komplizierte Texte auf ihre Intention hin auszulegen sind, und man kann lernen, Grundfragen für eine Verständigung innerhalb der Geschichte über den eigenen geschichtlichen Ort zu artikulieren und Bedingungen für eine Antwort, die tief genug einsetzt, zu erkunden.

Was ist für Sie das Neue der Marburger Konstellation? Woran ließe anknüpfen und woran nicht?

Alle die jungen Marburger arbeiteten ja auch in einer Begrenzung, die ihnen lebenslang gemeinsam blieb und die zusammenhängt mit dem, was ihnen als ihre große Aufgabe erschien: Die Diagnose ihrer Zeit im Lichte von deren Herkunft und Geschichte und der Aufweis dessen, was auch unter Bedingungen der grundstürzenden Krise ein Beständiges, ein Tragendes zu sein vermag. Theoriefragen mussten für sie eng mit Lebensfragen verbunden sein, als solche lagen sie ihnen eher fern. Das Theoretisieren, die Ausbildung von Begründungen und Argumentkaskaden war für sie etwas, dem zu misstrauen sie geneigt waren. Und das aus sehr komplexen Motiven. Eines von ihnen ergab sich aus der Phänomenologie Husserls. Husserl, der für sie alle eine Autorität war und der Heidegger in der Zeit, in der sie seine Schüler waren, zumindest seine Stichworte geliefert hat, gab sich als der argumentationsfeindliche Philosoph *kat'exochen*. Die ›Sachen‹ deutlich machen, zu ihnen ›zurückkehren!‹ – nicht Argumente entwickeln, das war seine Formel methodischer Neuorientierung. Die Sachen kann man freilich aber eben auch nur auf luzide Art und in methodischer Besinnung deutlich machen, aus aus einer Disziplin im Denken heraus, wenn man auch ein Misstrauen gegen es hat, insofern es sich denn (wie bei Hegel) allein aus eigener Kraft entfalten will. Für die Existenzphilosophie etwa von Jaspers gilt das in anderer Weise ebenso. Mit der Phänomenologie war eine Gegenposition zu den philosophischen Schulen des 19. und 20. Jahrhunderts aufgebaut, für die Theorie und Begründung eine Bedeutung erster Ordnung behalten hatten. Theorien muss man nämlich entwerfen und ausführen, sie lassen sich nicht aufweisen. Dennoch müssen sie sachgerecht sein und in Schrittfolgen, auch über lange Umwege, zu einem vertieften Begreifen von Sachen führen. Demgegenüber setzten die Marburger immer sogleich auf hoher und hochkomplexer Ebene ein. Obwohl die Phänomenologie es eigentlich verlangt, sich dem Unscheinbaren zuallerersrt zuzuwenden, gingen die Marburger sogleich darauf aus, sich der geschichtlichen Lage bewusst zu werden, sich im Blick auf sie Rechenschaft zu geben und Folgerungen zu ziehen für das, was Philosophie ist – in dieser historischen Lage und auch für das eigene Leben. Dem gegenüber haben sie alle theoretischen Subtilitäten vernachlässigt. Und zwar ganz bewusst vernachlässigt, wobei sich etwa Gadamer, Heidegger folgend, auf Aristoteles' *Ethik* berufen konnte, in der das praktische Wissen dem theoretischen entgegengesetzt ist. Wenn man das praktische Wissen universalisiert und als holistisch versteht, als in sich ganzheitlich verfasst und also immer sogleich als Ganzes zu nehmen, dann kann man zu einer solchen Verfahrensart kommen. Was die Marburger an Aufschlüssen über Phänomene, die Verfassungen von Lebensweisen sind, geben konnten – Löwith über Intersubjektivität, Hannah Arendt und Leo Strauss über die der politischen Welt, Leo Strauss besonders eindrucksvoll in *Persecution and the Art of*

Writing – ist oft vorbildlich. Ich meine allerdings, dass man Theorie und Phänomenaufschluss, transzendentale Analyse und Existenzverstehen nicht auseinanderdividieren und im Gegensatz zueinander halten darf, wenn man zu einem dauerhaften Aufschluss kommen will, dessen Hervorgang man auch selbst begreift.

Würden Sie das auch von Heidegger sagen?

Heidegger hatte in allen Belangen gegenüber seinen selbständigen Schülern doch die ungleich größere reflektorische und kompositorische Begabung, man darf vielleicht sogar sagen: Genialität. Seine Wirkung ist ja auch ganz unabhängig von unserer Marburger Konstellation, und ganz von ihm selber her, trotz des vielen Unleidlichen in seinem Stil und Auftreten, weltweit intakt geblieben. Aber er hatte dennoch niemals bessere Schüler als die Marburger. Die Probleme, in Beziehung auf die den Marburger Konstellationisten auch für uns eine Bedeutung zuwuchs, sind, wie gesagt, sehr hochdimensioniert, sehr weit ausgreifend. Wittgensteins Maxime, langsam rückzufragen, erst einmal stehen zu bleiben, wo andere weitergehen, war nicht ihre Sache. Sie dachten ganz unvermittelt gegenwartsdiagnostisch, universalgeschichtlich, jedenfalls eurouniversalgeschichtlich, aus lebenspraktischen Bezügen, immer Religion, Literatur und Philosophie und deren Zuordnung zugleich im Sinn, also sehr großformatig angelegt. Es gibt – trotz Husserl – bei ihnen kaum die Möglichkeit, in Schritten, und sei es retrospektiv, Zugang zum großen Format zu finden und zugleich partiale Ergebnisse festzuschreiben. Man wird gleich in eine großflächig angelegte Diskussion hineingezogen, selbst wenn die Vorgabe, es handele sich um ›Phänomenbeschreibung‹, dies rechtfertigen soll. Das behindert die nachhaltige Wirkung. Es entspricht allerdings auch, und das dürfen wir nicht vergessen, einem Grundzug, welcher der Philosophie als solcher eignet: In keinem Detailwissen letztlich Genüge finden zu können.

Die Marburger wussten wohl selbst um ihre Grenzen, die ihnen in ihrer Situation und durch ihr Interesse gesetzt waren. Ein Substitut für sie war die Vertiefung der Exegese großer Texte der Tradition, auch in Heideggers Stil: in der Aufmerksamkeit auf den Text detailversessen und doch die eigentliche Intention, den tief einsetzenden, vielleicht auch verborgenen Zugriff eines Entwurfs immer im Blick. Auch da lässt sich weiterhin von ihnen lernen. Wenn Sie allerdings heute ein Seminar für Studienanfänger über die Marburger Konstellation abhalten würden, dann müssten Sie vorab das Gewicht der Grundintention verdeutlichen und würden dann immer noch Sorge haben, ob die Größe des Zuschnitts der Fragestellung und die Problemerleichterungen, die in der Durchführung unvermeidbar wurden, die Anfänger nicht sowohl überfordern als auch, was das Wesen und die Arbeitsaufgaben des Philosophierens anlangt, in einer Hinsicht auch fehlorientieren könnten. Aber das ist nur die Kehrseite des Ernstes, mit dem sie ihrem einen Problem nachgingen: Was ist unsere Lage, in der wir philosophieren, was eigentlich ist die Philosophie, was die Irrwege und die Selbsttäuschungen, in die sie sich verstrickt hat? Wie verhält sich die jüngste Philosophie und wie die unsrige zu dem, was Philosophie eigentlich ausmacht, zu dem was sie vielleicht einmal wirklich war, zu dem was sie sein kann? Und was bedeutet das für mich in meinem Leben, das in der Philosophie und durch das Philosophieren hier und jetzt seine Orientierung gewinnen soll?

Wie ließen sich Ihrer Meinung nach diese Schwächen der Marburger methodisch vermeiden?

Es sind, wie gesagt, sehr große Blöcke, die von den Marburgern in einem Anlauf als Ganzes bewegt werden sollten, großmaschige Formate, die dann sogleich ineinander verwoben oder gegeneinander ausgespielt werden. Ich selber meine, dass, wenn man so ansetzt, sehr viele Fragen gar nicht erst gestellt werden können, die aber in Wahrheit immer mit im Spiel sind, wenn es um die Stabilität eines Sich-Verstehens des Menschen geht. Für uns ist das über die angelsächsische philosophische Analyse überdeutlich geworden. In ihr herrscht ein anderes Interesse an der Sprache als das, welches sich (auch bei Gadamer) von Heidegger herleitet, und das steht mit Grundfragen von Sinn und Verstehen zusammen, die dann, wenn man direkt auf eine Antwort auf die großen Lebensprobleme hinarbeitet, nur als Nebenfragen erscheinen können.

Ich selbst habe aus dieser Überzeugung heraus, aber eben auch in einer Gemeinsamkeit mit den Marburgern, nämlich der Bindung des Wesens der Philosophie an Lebensprobleme, wieder die Philosophie der Subjektivität zu stärken versucht. Nicht durch Heidegger allein war sie als philosophisch obsolet abgetan worden. Gemeinsam mit den Marburgern hat eine auf Subjektivität aufmerksame Untersuchung auch die Perspektive, dass die Philosophie sich darauf besinnen muss, was sich in Wissen und Leben dem Aufschluss durch Erkenntnis entzieht. Die Selbstverständigung ist nichts schlechthin Autonomes, das hat Gadamer immer zu Recht betont. Sie vollzieht sich unter Bedingungen, und da liegt es natürlich zunächst nahe zu sagen, es seien dies gesellschaftliche Bedingungen, für die Marburger waren es aber historische und (etwa für Krüger) auch religiöse Bedingungen. Ich meinerseits glaube statt dessen, dass es sich zuerst einmal um strukturale Bedingungen handelt, die auch als solche thematisiert werden müssen, die sich weder gesellschaftlich noch historisch zureichend erfassen lassen. Damit komme ich wieder in jene Theoriebereich, die sie alle meinten, vernachlässigen zu können. Was Gadamer aber auch wusste, weshalb er ja auch mir, der von ihm sehr verschieden war und dachte, doch viel zutraute: »Machen Sie das mal!«

Wie beurteilen Sie die Rolle der Marburger Konstellation nach 1945, in Deutschland und auch im Ausland, in Amerika beispielsweise, wo Sie ja lange gelehrt haben?

International ist sie als solche schwerlich irgendwo deutlich genug sichtbar. Gerhard Krüger wird, aus dem englischen Bereich heraus gesehen, allenfalls mit seinem Kant-Buch wahrgenommen, aber dann ohne Klarheit über dessen eigentliche Intention in Heideggers Nachfolge. Sein Platon-Buch ist sehr schwer zu verstehen. Man kann seiner Exegese im Grunde nur dann folgen, wenn man die Marburger Diskussion bereits überschaut. Löwith hat in Amerika gelehrt, einer seiner Schüler war Werner Marx, der sogar zum Nachfolger Heideggers wurde. Aber sonst hatten die Marburger in Amerika nur eine geringe Wirkung. Jonas lehrte an der New School for Social Research, dort war auch Aron Gurwitsch tätig, ein wichtiger Schüler von Husserl und von Sartre und ein Opponent Heideggers, mit dem ich um 1970 intensive Gespräche über Subjektivität führen konnte. Mit Hannah Arendt war die jüdisch-deutsche Philosophie dieser New School for Social Research und ihr Marburger Hintergrund dann komplett. Die Ausbildung, welche die drei anboten, konnte in einer von der britischen Analyse, vom Wiener Positivismus und vom Pragmatismus dicht besetzten Umgebung keine große Strahlkraft entwickeln. Schüler, die dort studiert hatten, waren mit Vorzug an den katholischen Universitäten der USA zu finden, die einer soliden Ausbildung in kontinental-europäischen Fragestellungen bedurften. Die größte Wirkung von allen Marburgern hatte bekanntlich Leo Strauss, der ja auch der Einzige war, der einen Lehrstuhl an einer renommierten US-Universität innehatte. Die Semantik und die Wissenschaftstheorie aus der Nähe des ›Wiener Kreises‹, von Rudolf Carnap, Hans Reichenbach und Herbert Feigl, hatte die ungleich bedeutendere Wirkung. Die Schüler der Emigranten aus dem Marburger Umkreis hatten eigentlich gar keinen Einfluss auf den Hauptstrom der amerikanischen Philosophie. Ein wenig anders, wie gesagt, Heidegger selbst, der im Zusammenhang mit Wittgenstein, wobei beide sich gegenseitig verstärken konnten, relativ früh beachtet und wirksam wurde. Und dann Gadamer, der sich nach seiner Emeritierung in Amerika eine eigene Wirkungssphäre aufgeschlossen hat – wenn auch nicht sogleich an den führenden Institutionen. Er war regelmäßig am katholischen Boston College, an der Catholic University of America und, vor allem, an der McMaster University in Canada, wohin auch seine Bibliothek gegangen ist.

Mit Fragestellungen, die sich aus einer Reflexion auf die historische Situation der Philosophie ergeben, hatte man eben in den USA für lange Zeit wenig im Sinn, dagegen legte man fast allen Wert auf präzise und scharfsinnige Argumentationen *en detail*. Über Stanley Cavell, Richard Rorty und Charles Taylor hat sich das aber allmählich geändert. Jüngere, die ihnen nachfolgen, stehen den Marburgern inzwischen weit näher als Carnap und Quine. Heute würde eine Erklärung der Motive der bedeutendsten Konstellation um Heidegger, eben der Marburger, in den USA, damit aber in der Welt, viel Interesse finden – und auch dazu führen, das mit anderen Augen sehen zu lernen, was ehedem die Randposition der befremdlichen und so unprofessionellen *continental philosophy* war und als Immigration und Rettung vor Verfolgung im Lande des Pragmatismus und Instrumentalismus erschien.

Welche Rolle spielten die Marburger in Deutschland in den sechziger, siebziger Jahren, als die Frankfurter Schule und Habermas an Einfluss gewannen?

Habermas hatte ebenso wie auch ich und nicht wenige andere verstanden, dass wir uns mit den angelsächsischen Problemen und Verfahrensweisen in der Tiefe vertraut machen und auseinandersetzen müssen. Wir sind noch in dieser Nachkriegssituation aufgewachsen. Ich habe den alten Kantianismus noch in seiner Originalform kennengelernt, Habermas ist seinerseits in Bonn im kultur- und sprachtheoretischen Ambiente der Weimarer Zeit aufgewachsen und dann durch seine politische Orientierung nach Frankfurt zu Horkheimer gekommen – also auch zu einer Position mit einem Ursprung in den zwanziger Jahren. Habermas hat Gadamers *Wahrheit und Methode* sogleich und mit großem Beifall rezipiert und in seine Konzeption vom Geschichtsprozess in *Erkenntnis und Interesse* eingebaut, die von fern durch Marx inspiriert, aber nun durch eine hermeneutische Dimension ergänzt war. Aber er hat eben auch, und zwar zur rechten Zeit, eingesehen: Die Stil- und Argumentformen der zwanziger Jahre, welche die Frankfurter Schule und die Marburger Hermeneutik gleichermaßen charakterisiert, kann man nicht mehr einfach nur weiterführen. Wir müssen im Begriffsgebrauch selbstkritischer, methodisch besonnener und nachhaltiger rückfragend werden. Darum können wir uns nicht mehr allein in den Rahmen großformatiger Themen bewegen und explizieren, wie immer sie auch für uns die letztlich wichtigsten sind. Wir müssen die Begründungsart verändern und geschmeidiger, problembewusster und disziplinierter werden lassen, aber ohne darüber uns die Intentionen verkürzen zu lassen. Inzwischen sind uns Jüngere nachgefolgt, die von vorn herein in der analytischen Philosophie aufgewachsen sind. Sie sind vorerst noch dabei, Aufmerksamkeit auch in den angelsächsischen Ursprungsländern der analytischen Arbeitsweise auf sich zu ziehen. Was wir Älteren einzuleiten versuchten, nämlich die großen Perspektiven mit dem veränderten Argumentationspotential anzureichern und aus ihm durchzuarbeiten und neu zu artikulieren, ist aber eben nun ganz eigenständig auch in den angelsächsischen Ländern *en vogue* geworden.

Über lange Zeit war allerdings die Art der Verständigung, die auch für die Marburger Konstellation charakteristisch ist, über ihre Vettern, die Schüler Heideggers im französischen Sprachraum, nur in den Literatur-Departments beheimat. Die offiziöse Philosophie von Harvard, Princeton und Stanford hatte dieses Feld ja offen gelassen. Da aber Menschen ein für sie geradezu definitorisches Bedürfnis haben, ihr gesamtes Leben in der Tiefe zu verstehen – und seit langem auch zu historischer Selbstverständigung –, hat sich die Literaturwissenschaft ihrerseits in hohem Maße theoretisiert und Aufgaben der Philosophie sozusagen provisorisch an sich gezogen. Was wir, der Philosophie überall nahe, in der Forschungsgruppe ›Poetik und Hermeneutik‹ unternahmen, ist deshalb auch sogleich in den USA beachtet worden. Dies Unternehmen hat von Beginn an auch auf Auerbach, Gadamer und Löwith Bezug genommen. Inzwischen sind aber solche Themen auch in den philosophischen Departments wieder angesiedelt worden. Also: Die Marburger Konstellation war insofern, auch international betrachtet, letztendlich doch nicht ein toter Nebenarm im Strom der Zeit, von dem die größeren Motivationsströme unberührt geblieben sind. In der deutschen Intellektualgeschichte hat sie ohnedies ein größeres Gewicht – allein schon wegen ihrer vielgestaltigen Umsetzung der Denkart von Bultmann und Heidegger.

Könnte der stärkere Geschichtsbezug der Marburger Konstellation trotz der argumentativen Schwächen eine Ergänzung zum analytischen Zugang darstellen?

Die Möglichkeit zu dieser Verbindung entspricht einem Grundmotiv aller Philosophie, aber auch einer omnipräsenten Schwierigkeit, unter der sie sich ausbildet. Das war schon für Platon so. Auch er wollte sagen, was hier und jetzt, nämlich in der Abenddämmerung der griechischen Polis, die Aufgabe der Philosophie ausmacht. Und auch er wusste schon, dass die Philosophie auf ihre eigene Geschichte reflektieren muss: Die ionische Naturphilosophie war außerstande, irgendetwas über den *logos*, also den Gedanken, und über den Geist als solchen zu sagen. Diese Einsicht führte ihn zu seiner Ideenlehre. Kant und natürlich Hegel haben, ganz grundsätzlich betrachtet, nicht anders gedacht. Und Platon sah zugleich die Grenzen, das, worum es der Philosophie zuletzt geht, über zwingende Argumente vermitteln zu können. Doch das veranlasste ihn nicht etwa zum disziplinlosen Extrapolieren, sondern zur Freisetzung einer vielschichtigen, manchmal auch hintersinnigen Disziplin des Begründens in seinen Dialogen, die dann Aristoteles zur Grundlegung einer Wissenschaft der Logik veranlasst hat.

In der Marburger Konstellation konnte man unter den Bedingungen der eigenen Zeit die Aufgabe einer solchen Verbindung kaum in Angriff nehmen. Aber sowohl die eigene Zeit als auch Platon und seine Zeit waren den Mitgliedern der Konstellation immer im Sinn. So konnte Gadamer sich schließlich das Verdienst zuschreiben, Heidegger selbst davon überzeugt zu haben, dass er Platon nicht gerecht geworden war. Auch für Heidegger selbst hatte die Marburger Motivlage – nämlich der Ausgang von unserer Situation und gleichzeitig der universalistische Blick auf die ganze Geschichte und die Rückwirkung dieses Blickes auf die Diagnose der eigenen Situation – doch die Dominanz gegenüber seinen subtil komponierten Begründungsgängen, die, an Aristoteles geschult, mit Kant konkurrierten und die von Kant errichtete Architektur durchschauen lassen wollten. Heideggers Begründungen waren freilich, wenn man sie in der Perspektive einer sokratischen Redlichkeit und Besonnenheit betrachtet, allzu oft doch in Wahrheit sophistisch, und also von einer auf Wirkung kalkulierenden Rhetorik infiziert.

Die Marburger Hermeneuten setzten sich aufgrund einer Erschütterung von einem elaborierten Neukantianismus ab, aber kann diese Erschütterung nun wiederum dadurch beantwortet werden, dass man in analytischer Weise wieder auf die Kraft der Argumentation vertraut?

Vor diese Frage gestellt, kann man an ein Motiv Heideggers erinnern, das später von Derrida aufgenommen wurde und das bei ihm, wenn er es auch wieder in einem impressionistischen Stil vortrug, die philosophische Dominanz schlechthin gewann: Unser Denken und Argumentieren geschieht unter Voraussetzungen, die in diesem Denken niemals vollständig eingeholt werden können. In *Sein und Zeit* steht im Zusammenhang damit der Gedanke der Endlichkeit des Daseins, die Geworfenheit alles Verstehens in eine Situation, in Heideggers späterem Denken das ›Ereignis‹, das Sichereignen der Möglichkeit des Verstehens und die ihm wesentliche Geschichte, die wiederum eine Geschichte des Vergessens sein muss, also einer noch weitergehenden Begrenzung unserer Fähigkeit, einen Grundaufschluss zu geben. Das Revolutionäre in Heideggers Denken hängt ja auch damit zusammen, dass er aus den Verstellungen, die er in seiner Gegenwart diagnostizierte, die Folgerung zog, es müsse etwas ganz anderes im Aufkommen sein, das man zwar nicht herbeizwingen kann, dem man sich im Denken zu öffnen habe und das man eben dadurch auch vorzubereiten helfen könne. Ich denke, dass in diesem anfänglichen Motiv etwas Berechtigtes und Bedeutsames gelegen ist. Aber ich meine auch, dass die Philosophie den Gründen, aus denen wir leben und die uns letztlich entzogen sind, in einem ebenso disziplinierten wie sensibel argumentierenden Denken nachgehen kann und muss – nicht allein in der Verständigung über unsere geschichtliche Herkunft. Meine eigene theoretische Bemühung um ›Subjektivität‹ versteht sich von daher.

Sie macht es mir nach einer langen Bemühung um die Zusammenführung aller Motive und Denkaufgaben inzwischen nun auch möglich, im eigenen Philosophieren meine frühesten Begegnungen mit der Marburger Konstellation aufzunehmen und umzusetzen. Was eigentlich war es denn, was mich im Unterricht von Wilhelm Anz so tief berührte? Und was befähigte Gadamer dazu, in den Umgang mit mir als einem sehr jungen, aufmüpfigen Studenten die ganze Kunst der platonischen Hermeneutik des Lebens einzubringen – mich damit aber wirklich auch zu erreichen und zu überzeugen? Nur in einem langen Nachdenken über die Gründe menschlichen Lebens, das sich nicht durch Trends, Moden und den Willen zu sportiven intellektuellen Leistungen oder Effekten beirren lässt, kann man zu einer Sprache und einer spontanen Mitteilungsart finden, in der das Leben für sich, in seiner Vernunftbestimmtheit und zugleich vor seinem ihm nicht verfügbaren Grund hell wird und in der sich darum das vollzieht und verwirklicht, was Philosophie eigentlich ausmacht. Ich meine zwar wohl, dass alle die, die in der Marburger Konstellation zur Zeit der Weimarer Republik ihren Weg begannen, die Theorieaufgaben der Philosophie nicht umfassend genug im Blick gehalten haben – nicht einmal im Vergleich mit ihrem Meister Heidegger. Indem sie aber den für sie und ihre Zeit maßgebenden Fragen nachgingen, waren sie doch dieser, der eigentlichen Wirklichkeit der Philosophie immer nahe – teils wohl aus dem ihnen gemeinsamen Umgang mit Platon, teils als Theologen, die zu philosophieren verstanden. Das hat sich mir auch aus meinen weit kürzeren Begegnungen mit Krüger, Jonas und Strauss ergeben, kürzer im Vergleich zu meinem langen Umgang vor allem mit Anz und Gadamer, aber auch mit Löwith und Bultmann. Und ich wünsche mir, dass meine eigene Arbeit gerade darin auch weiterhin als mit ihnen verbunden gesehen werden kann – eben in dem, was die platonische Motivation der Philosophie und ihre Verwirklichung in Leben und Lehre ausmacht.

Interview im August 2007; der Text ist in der Absicht, die mündliche Form der Mitteilung auch in der gedruckten Form zu erhalten, in möglichst naher Anlehnung an die Tonbandaufnahme überarbeitet worden. Die Fragen stellten Matthias Bormuth, Ulrich von Bülow und Georg Hartmann.

Matthias Bormuth

Ereignis und Geschichte

Karl Löwith kritisiert Martin Heidegger

1.

Die endzeitliche Hoffnung, dass ein zukünftiges Ereignis in die Not der geschichtlichen Welt einbrechen und für die Gläubigen eine neue, ewige Ordnung stiften werde, bezeichnete Karl Löwith salopp als »wishful thinking«.[1] In der Studie *Heidegger – Denker in dürftiger Zeit* zeichnete er das seinsgeschichtliche Denken seines Lehrers kritisch in diesen Horizont ein. Die sachlich scharfe Revision war geprägt vom skeptischen Denken Löwiths, das sich früh in den Vorbildern Max Weber und Franz Overbeck spiegelte. Seit der Studienzeit beeindruckte ihn, wie der Soziologe und der Kirchenhistoriker auf je eigene Weise religiöse Traditionen eschatologischer Hoffnung prüfend in den Blick nahmen. Um die Kritik an Heidegger zu verstehen, ist ideengeschichtlich zudem Nietzsches Verständnis geschichtlichen Denkens wichtig und ebenso die protestantische Theologie seiner Zeit, die für Löwith vor allem in Gestalt von Rudolf Bultmann prägend wurde. Die Einsicht, dass der Schüler zuletzt dem seinsgeschichtlichen Denken seines Lehrers strukturell doch näher kam, als seine Vorbehalte vermuten lassen, beschließt die Ausführungen.

Die skeptische Haltung begegnete Löwith zuerst bei Max Weber, dessen Rede *Wissenschaft als Beruf* er 1918 in München hörte. Der junge Student der Philosophie und Biologie war begeistert und tief beeindruckt vom Pathos, mit dem Weber die weltanschauliche Entzauberung vertrat. Noch zwei Jahrzehnte später schrieb Löwith in *Mein Leben in Deutschland vor und nach 1933* über den Soziologen:

1 Karl Löwith, »Heidegger – Denker in dürftiger Zeit«, in: ders., *Sämtliche Schriften*, Bd. 8: *Heidegger – Denker in dürftiger Zeit. Zur Stellung der Philosophie im 20. Jahrhundert*, hrsg. von Klaus Stichweh, Stuttgart 1984, S. 136.

»Er zerriß alle Schleier der Wünschbarkeiten.«[2] Wiederum zwanzig Jahre später skizzierte das *Curriculum vitae* im Detail die Kritik, die Weber damals an der jüdischen Eschatologie geübt hatte. Politisch engagiert warnte er davor, in bedrängenden Geschichtslagen sich auf eine prophetische Stimme zu verlassen, die charismatisch den Einbruch eines messianischen Ereignisses ankündige, auf das man gläubig und geduldig warten solle. Löwith zitiert die »herben Schlußworte«, mit denen Weber im Namen Goethes die vergebliche Hoffnung des Volkes Israel, es werde nach der Nacht ein neuer Morgen kommen, den Münchener Hörern warnend vor Augen stellte: »Das Volk, dem das gesagt wurde, hat gefragt und geharrt durch mehr als zwei Jahrtausende, und wir kennen sein erschütterndes Schicksal. Daraus wollen wir die Lehre ziehen, dass es mit dem Sehnen und Harren nicht getan ist, und an unsere Arbeit gehen und der ›Forderung des Tages‹ gerecht werden.«[3]

Während es den protestantisch getauften und vollkommen assimilierten Juden Karl Löwith faszinierte, dass Weber in der Zeitkrise die eschatologische Einstellung des alten Israel mit politischer Emphase als illusionäre Weltflucht vorführte, ließ er sich von Franz Overbeck kurze Zeit später positiv die Augen für den endzeitlichen Habitus öffnen, den das frühe Christentum gezeigt hatte. Der Baseler Kirchenhistoriker, engster Freund Nietzsches, war 1919 durch den Nachlassband *Christentum und Kultur* bekannt geworden, der die weltflüchtige Haltung der ersten Gemeinden als eigentlichen Kern des Glaubens propagierte, während die etablierte Kirche die Hoffnung auf die baldige Wiederkehr Christi verloren habe. Es heißt bei Overbeck: »Es liegt ebensowenig wie überhaupt eine irdische Geschichte, so auch keine Theologie in den ursprünglichen Erwartungen des Christenthums, welches ja in diese Welt trat mit der Ankündigung ihres demnächst geschehenden Unterganges.«[4]

2 Dass die Figur Webers auch als positiver Kontrast zu Heidegger gedacht war, der sich nach dem Scheitern des Freiburger Rektorats, so Löwith, in den geschichtlichen Illusionismus geflüchtet hatte, machen die nachfolgenden Andeutungen offenkundig: »Die deutschen Universitäten haben seitdem keinen zweiten seinesgleichen zum Lehrer gehabt, und hätte er 1933 erlebt, er wäre gegenüber der schnöden Gleichschaltung der deutschen Professoren standhaft geblieben.« Vgl. Karl Löwith, *Mein Leben in Deutschland vor und nach 1933. Ein Bericht*, hrsg. von Reinhart Koselleck, Stuttgart 1986, S. 16 f.

3 Vgl. Löwith (Anm. 2), S. 149, und Max Weber, *Wissenschaft als Beruf* (1919), in: ders., *Gesammelte Aufsätze zur Wissenschaftslehre*, hrsg. von Johannes Winkelmann, 6.. Aufl., Tübingen 1985, S. 582-613, 613.

4 Vgl. Franz Overbeck, *Über die Christlichkeit unserer heutigen Theologie*, in: ders., *Werke und Nachlaß*, Bd. 1: *Schriften bis 1873*, hrsg. von Ekkehard W. Stegemann und Niklaus Peter, Stuttgart 1994, S. 155-256, S. 172.

Wahrscheinlich hatte Heidegger seinen Schüler auf Overbeck aufmerksam gemacht, imponierte ihm doch früh dessen historisch-kritische Forschung, die innerhalb der protestantischen Theologie sowohl die konservative wie liberale Schule angegriffen hatte. Diese Kritik der dogmatischen Tradition veranlasste ihn maßgeblich, sich während der ersten Dozentenzeit von der katholischen Theologie zu entfernen.[5] Wie wichtig dem frühen Heidegger diese Auseinandersetzung mit dem »Urchristentum« war, unterstreicht zudem die Tatsache, dass er sie auch gegenüber seinem philosophischen Lehrer Heinrich Rickert 1921 hervorhob.[6] Zu jener Zeit skizzierte seine Vorlesung *Zur Phänomenologie des religiösen Lebens* zustimmend die urchristliche Weltflucht, exemplarisch verdichtet in dem paulinischen Appell, dem irdischen Leben und seiner Ordnung unter der Erwartung der Wiederkehr Christi nicht zu viel Aufmerksamkeit zu schenken. Heidegger resümierte emphatisch: »Es bleibt nur noch wenig Zeit, der Christ lebt ständig im Nur-Noch, das seine Bedrängnis erhöht. [...] Die Christen sollen solche *sein*, daß diejenigen, die eine Frau haben, sie so haben, *daß* sie sie nicht haben etc.« Das christliche Ethos des »Haben als ob nicht« begeisterte ihn und Heidegger unterstrich mit Nietzsche dessen Ferne zur kulturell leitenden Ethik des Augustin.[7]

Hingegen provozierte Overbecks historische Einsicht, dass alle Theologie seitdem den weltflüchtigen Glauben verwässert habe, die führenden Kulturprotestanten Adolf von Harnack und Ernst Troeltsch. Diese beriefen sich besonders mit Augustin auf die entwickelte Theologie der Kirche und stellten die verantwortliche Weltgestaltung des christlichen Pilgers ins Zentrum ihres kulturell vermittelnden Denkens, während die Heilswahrheit als solche eher in den

5 Tatsächlich hatte Heidegger bis in das akademische Leben hinein eine katholische Sozialisation durchlaufen, von der er 1919 abgerückt war. Heidegger war dem »katholischen Glaubensstandpunkt«, wie Hugo Ott eindrücklich an Quellentexten zeigen konnte, während seiner Dozentenjahre bis 1919 entwachsen. Der Biograf hat im Kapitel »Der Bruch mit dem *System des Katholizismus*« einen Brief abgedruckt, in dem Heidegger am 9. Januar 1919 einem Priester, dem er sich sehr eng verbunden fühlte, die endgültige Distanznahme von der religiösen Welt seiner Herkunft, d. h. seine »Umbildung meiner prinzipiellen Standpunktnahme« mitteilt. Vgl. Hugo Ott, *Martin Heidegger. Unterwegs zu seiner Biographie*, Frankfurt a. M. 1988, S. 106 f.

6 Vgl. Martin Heidegger an Heinrich Rickert, 15.3.1921, in: *Martin Heidegger – Heinrich Rickert. Briefe 1912-1933*, hrsg. von Alfred Denker, Frankfurt a. M. 2002, S. 52 ff.

7 Vgl. Martin Heidegger, *Gesamtausgabe*, Bd. 60: *Phänomenologie des religiösen Lebens. Frühe Freiburger Vorlesungen Wintersemester 1920/21*, hrsg. von Matthias Jung und Thomas Regehly, Frankfurt a. M. 1995. S. 119 f.

Hintergrund trat.[8] Entsprechend bezeichnete Ernst Troeltsch den römischen Kirchenvater als ersten und wegweisenden »Kulturethiker« des Abendlandes.[9] Für Heidegger bewies der ethische Akzent der kulturprotestantischen Lehre deren Weltverfallenheit, da der Gläubige vom ursprünglichen Zentrum, einer empfänglichen Erwartungshaltung, zur leeren Betriebsamkeit gesellschaftlichen Lebens verführt werde.

Karl Löwith, der Overbeck später als »Totengräber« des entwickelten Christentums bezeichnet hatte,[10] konnte mit der Sympathie seines Lehrers rechnen, als er ihm 1922 ironisch von dem neuesten Buch über Augustin berichtete, das Adolf von Harnack unter dem goetheanischen Titel *Maximen und Reflexionen* veröffentlicht hatte.[11] Die kulturprotestantische Vermittlung zwischen bürgerlicher und christlicher Ethik, die mit der Welt ihren guten Frieden gemacht hatte, war ihnen beiden ein Ärgernis, da sie ihres Erachtens die wirkliche Tiefe der Zeitkrise verstellte. Löwith berichtete Heidegger von kulturprotestantischen Veranstaltungen in München, deren ethische Weltanschauung das gebildete Bürgertum anzog und dessen metaphysische Not

8 Overbeck empfand es als unredlich, dass die scheinbar absolute Wahrheit des christlichen Glaubens gemäß der verändernden historischen Umstände ihre Gestalt änderte und statt des weltflüchtigen Ethos nun eine weltbeherrschende Ethik entwickelt hatte. Das kulturprotestantische Zugeständnis, dass die Bestimmung der überzeitlichen »›Wesens‹-Wahrheit« des Christentums von den historischen Bedingungen abhinge, provozierte Overbecks beißenden Hohn. Overbeck hat sich in diesem Sinne ausgiebig mit Harnack beschäftigt; dieser war ihm während der frühen Dozentenjahre verbunden, stieß sich aber wie Troeltsch an der radikalen Kritik am Christentum. Vgl. Franz Overbeck, *Christentum und Kultur*, aus dem Nachlaß hrsg. von C. A. Bernoulli, Leipzig 1919, S. 234-280. Ernst Troeltsch antwortete 1903 polemisch auf Overbecks Kritik: »Gerade weil sie das Christentum als religiöse Menschen und nicht bloss als Historiker empfinden, werden sie auch ihre Christlichkeit keineswegs nur nach der Übereinstimmung mit dem historischen Bilde des Urchristentums, sondern nach der Möglichkeit eines inneren Anschlusses ihrer religiösen Überzeugungen an die Person Jesu bemessen.« Vgl. Ernst Troeltsch, »Franz Overbeck: »Über die Christlichkeit unserer heutigen Theologie, 2. Aufl. (1903), in: ders., *Rezensionen und Kritiken (1901-1914)*, hrsg. von Friedrich Wilhelm Graf, Berlin 2004, S. 294.

9 Ernst Troeltsch, *Augustin, die christliche Antike und das Mittelalter*, München 1915, S. 172.

10 Vgl. Karl Löwith, *Sämtliche Schriften*, Bd. 4: *Von Hegel zu Nietzsche*, Stuttgart 1988, S. 472 f.

11 Er berichtete Heidegger ausführlich, welchen Inhalt die Gastvorträge, die der schwedische Bischof Nathan Söderblom als Protestant in München hielt, gehabt hatten und wie ihre Wirkung auf das bildungsbürgerliche Publikum ausfiel. Vgl. Karl Löwith an Martin Heidegger, 23.5.1923, NL Heidegger, DLA Marbach.

oberflächlich beruhigte.[12] Nicht ohne Sympathie schrieb er über seinen Lehrer rückblickend: »Alle ›Kultur‹-Philosophie war ihm ein Greuel.«[13] Im Lebensbericht zitiert Löwith einen Brief Heideggers, der im Sinne des Davoser Gespräches selbstherrlich alles Eingehen auf die gesellschaftliche Sphäre ablehnte: »Ich frisiere meine philosophische Arbeit nicht mit Kulturaufgaben für ein allgemeines Heute.«[14]

Jedoch war der frühe Löwith gleichsam zerrissen zwischen der Sympathie für die tiefsinnige Weltflucht der ersten Christen und dem Gedanken, die gesellschaftliche Krise benötige entschiedenes Handeln, wie seine lebenslange Erinnerung an Webers Münchener Rede aufzeigt. In diesem Sinne erschien ihm auch die ethische Radikalität Albert Schweizers beeindruckend, der als protestantischer Missionsarzt vom afrikanischen Lambarene aus mit weltweiter Resonanz ein freigeistiges Ethos der Verantwortung lehrte, das vom moderaten Mittelmaß einer christlichen Kulturethik abstach.[15] Auch die »radikale Theologie« des protestantischen Theologen Karl Barth fand seine Sympathie, da er die ethischen Kompromisse des herrschenden Kulturprotestantismus ablehnte und für eine neue, radikale Empfänglichkeit für das Wort Gottes stritt.[16]

Am meisten zog Löwith jedoch das bohrende Fragen Heideggers an, der im urchristlichen Denken die konsequenteste Kritik an der bürgerlichen Kultur sah, unbedingt in der Sehnsucht, die Ewigkeit zu gewinnen, und kompromisslos in der Verachtung der Welt. Die Erfahrung des Weltkrieges, in der die bürgerliche Welt des Kaiserreiches sich als unfähig erwiesen hatte, die Zeitkrise zu lösen, stand im Hintergrund dieser radikalen Sichtweise. In jener Zeit, als Weber in München den Einzelnen für die »Forderung des Tages« zu gewinnen suchte, entfaltete Heidegger für sich einen kontemplativen Horizont und fragte, wie man einen »großen Enthousiasmus der Seele und des Geistes für wahrhaftes Leben und Erleben der werthvollen Welten« neu entfachen könne. Er suchte eine »geistig seelische Umkehr«, die nur in »ursprüngliche[r] Verinnerlichung« zu erreichen sei.[17] Neben den Texten christlicher Mystiker[18] war es vor allem Paulus, der ihn

12 Löwith im Brief über Schweizer und Söderblom.

13 Löwith (Anm. 2), S. 28.

14 Ebd., S. 30.

15 Vgl. ebd., S. 18.

16 Vgl. ebd., S. 25.

17 Vgl. Martin Heidegger an Elfriede Heidegger, 17.10.1918, in: *»Mein liebes Seelchen!« Briefe Martin Heideggers an seine Frau Elfride. 1915-1970*, hrsg. von Gertrud Heidegger, München 2005, S. 85 f.

18 So betrachtete er die Tradition der augustinischen Mystik, wie sie Bernhard von Clairvaux für das gesamte Mittelalter sprach- und wirkmächtig wieder-

faszinierte, da er im Urchristentum eine Verinnerlichung eingeführt hatte, die zugleich der Zeit ihr Urteil sprach.

Die religionsphänomenologische Vorlesung vom Winter 1920/21, die Löwith in einer Nachschrift zugänglich war, erinnerte daran, wie der Apostel die enttäuschte Hoffnung auf die reale Wiederkehr Christi so aufzufangen wusste, dass die gegenwärtige Ahnung des ersehnten Ereignisses den Gläubigen in Thessaloniki erneut die Kraft gab, das Ethos der Weltflucht aufrecht zu erhalten. Im Unterschied zu Overbeck weitete Heidegger den Blick jedoch nicht auf die endgültige Enttäuschung der urchristlichen Hoffnung aus, in deren Folge die weltflüchtige Haltung verloren ging. Seine Annäherung an die urchristliche Situation schloss die Augen vor der späteren Entwicklung, als existiere die ernüchternde Geschichte nicht, in deren Folge Augustin gut drei Jahrhunderte später verkündete, dass sich den irdischen Pilgern erst mit dem Ereignis ihres eigenen Todes die ewige Welt eröffnen wird. Heidegger interessierte sich allein für die ursprüngliche, von Paulus charismatisch eingeforderte Haltung, sich innerlich für die Wiederkehr Christi empfänglich zu halten. Seine Interpretation springt gleichsam in die historische Situation, in der der Heidenapostel die ungeduldig werdende Gemeinde in ihrem Glauben zu beruhigen und zu stärken sucht. Heidegger legte seinen Hörern die brennenden Fragen vor, die man aus Enttäuschung dem Paulus gestellt haben mochte: »Wie steht es mit den Gestorbenen, die die ›parousía‹ nicht mehr erleben (4,13-18)? Wann vollzieht sich die ›parousía‹ (5,1-12)?«[19]

Obwohl der philosophische Exeget sich vor allem in die paulinische Antwort auf die krisenhafte »Bedrängnis« versetzt, nutzt Heidegger zugleich den historischen Abstand, indem er einen weiteren Brief des Apostels heranzieht, um den Appell zum empfänglichen Abwarten zu steigern. In der Parallelstelle des Korintherbriefes spricht Paulus von der menschlichen »Schwäche«, die notwendig sei, damit das göttliche Charisma sich rein mitteilen könne. Entsprechend stellt Heidegger auch die zeitliche »Bedrängnis«, die Paulus im Thessalonicher-Brief zugesteht, als Bedingung dar, um den Glauben reiner emp-

belebt hatte und bestand in der Auslegung des Begründers des Zisterzienserordens auf der Erfahrung des historisch unableitbaren »Anderswohergewordenseins« als »Urelement des Bewusstseins«. Vgl. Heidegger (Anm. 7), S. 332. Im Blick auf die Mystikerin Theresa von Avila fordern seine Notizen aus dem Jahr 1920 die Fähigkeit, diese mystische Einsamkeit einfühlend nachvollziehen zu können: »Immer das Innerste und Ganze der Burg zu sehen, nicht das bloße Nach- und Nebeneinander der Zimmer, totale Schau und verstehende.« Vgl. Heidegger (Anm. 7), S. 336.

19 Heidegger (Anm. 7), S. 99.

fangen zu können. Die Tatsache, dass das erhoffte Ereignis der Wiederkunft bislang ausblieb, kann demnach als geistliches Zeichen verstanden werden, sich innerlich empfänglich zu stimmen und sich in diesem Habitus zu halten.[20] »Schwäche« und »Bedrängnis« sind religiös nötige Krisen der anthropologischen und historischen Situation. Sie haben den gemeinsamen, dem weltlichen Auge verborgenen Sinn, in ihrer jeweiligen *asthenia* die göttliche *charis* anzukündigen. Beide Zustände, der menschliche Mangel und das Ausbleiben Christi, sind somit höhere Nöte, die das falsche Vertrauen auf humane Stärke und geschichtliche Tatsachen zerstören sollen. Ohnmächtiges Versagen und bedrängtes Abwarten bilden nach Heidegger die Voraussetzungen, ohne die göttliche Gnade und Jesu Kommen sich nicht ereignen könnten.

Die emphatische Zusammenschau der paulinischen Briefe fand in Heideggers Philosophie zuerst nur begrenzten Niederschlag. Lediglich indirekt ist die Perspektive des reinen Mängelwesens in *Sein und Zeit* zu erkennen. Als »faktisches Dasein« ist es allein sich selbst im persönlichen Gewissen verantwortlich und ohne göttlichen Beistand aufgefordert, angesichts der menschlichen Schwächen und der letzten Bedrängnis, dem Ereignis des einbrechenden Todes, sich mit aller Entschiedenheit auf sich selbst zu besinnen. Allerdings blieb in *Sein und Zeit* die Frage unbeantwortet, welche konkrete Gestalt die alternative Entschiedenheit annehmen sollte, die in Distanz zum gesellschaftlichen Pragma und »Man« vom Einzelnen gefordert war. Es war unklar, welches Resultat die empfängliche Besinnung auf das innerlich antizipierte Ereignis des einbrechenden Todes zeitigen sollte. Die Marburger Schüler fragten sich, so berichtet Löwith, wie eine solch radikale, allein an die Selbstbekümmerung gebundene Entschiedenheit eigentlich und faktisch aussehen sollte: »Wodurch er [Heidegger, M. B.] zunächst auf uns wirkte, war nicht die Erwartung eines neuen Systems, sondern gerade das inhaltlich Unbestimmte und bloß Appellierende seines philosophischen Wollens, seine geistige Intensität und Konzentration auf ›das Eine was not tut‹. Erst später wurde uns klar, dass dieses Eine eigentlich nichts war, eine pure Entschlossenheit, von der nicht feststand, wozu? ›Ich bin entschlossen, nur weiß ich nicht wozu‹, hieß der treffliche Witz, den ein Student eines Tages erfand.«[21]

20 Vgl. ebd., S. 98 f.
21 Löwith (Anm. 2), S. 29.

2.

Als Heidegger im Frühjahr 1933 das Freiburger Rektorat übernahm, erhielt der vage Topos der existenzialen Entschiedenheit eine geschichtlich konkrete Gestalt. Löwith sprach davon, dass Heidegger das »›je eigene Dasein‹ in das ›deutsche Dasein‹« übersetzt habe.[22] Die Forderung der Freiburger Rektoratsrede, der Akademiker solle sich durch die dreifache »Bindung« an »Arbeitsdienst, Wehrdienst und Wissensdienst« der »Herrlichkeit und Größe dieses Aufbruchs« als würdig erweisen, verdichtete für ihn exemplarisch das neue Selbstverständnis.[23] Heideggers Extremismus, sein zeitgemäßes Ressentiment gegen die kulturelle Mitte und das historische Maß zeigte sich nach Löwith gerade auch in der Form der Rektoratsrede: »Dem diktatorischen Stil der Politik entspricht das Apodiktische in Heideggers pathetischen Formulierungen. Beide fordern heraus mit einer hinterhältigen Lust am Brüskieren. Es ist nur ein Unterschied des Niveaus, aber nicht der Methode.«[24]

Bekanntlich verebbte Heideggers Enthusiasmus für das geschichtliche Leben bald.[25] Die Ernüchterung sah Löwith vor allem in dem Vortrag gespiegelt, den Heidegger im April 1936 unter dem Titel *Hölderlin und das Wesen der Dichtung*[26] in Rom, dem Ort seiner Emigra-

22 Vgl. ebd., S. 32.

23 Grundgelegt ist der Freiburger Appell demnach in der existentialontologischen Kategorie des »›Augenblicks‹«, den Heidegger in *Sein und Zeit* entwickelt hatte. Vgl. Löwith (Anm. 2), S. 33, und Martin Heidegger, *Sein und Zeit*, 17. Aufl., Tübingen 1993, S. 386. Sein Exemplar des Sonderdrucks von 1933 trug den Vermerk »mit freundlichen Grüßen«, während arische Freunde mit »deutschem Gruß« versehen worden seien. Das Exemplar an Jaspers, dem Löwith 1936 seine Eindrücke der Hölderlin-Rede geschrieben hatte, war allerdings mit »herzlichem Gruß« versandt worden. Vgl. Heidegger/Jaspers (Anm. 10), S. 258.

24 Löwith (Anm. 2), S. 35.

25 Hannah Arendt hat den »Schock des Zusammenpralls«, den Heidegger 1933 mit der politischen Wirklichkeit in »zehn kurzen hektischen Monaten« erlebt habe, mit Platons erkenntnisträchtigem Ausflug nach Syrakus verglichen, als er dem Tyrannen ein philosophisches Staatswesen planen wollte. Wie immer man zu dem Vergleich stehen mag, unzweifelhaft ist, dass Arendt die christlichen Motive nicht sieht, wenn sie seine anschließende Relativierung der Entschlossenheit mit der kritischen Sicht auf Nietzsches Metaphysik des »Willens zum Willen« zurückführt. Vgl. Hannah Arendt, »Martin Heidegger ist achtzig Jahre alt« (1969), in *Menschen in finsteren Zeiten*, hrsg. von Ursula Ludz, München 1989, S. 172-184, 183.

26 Vgl. Martin Heidegger, *Hölderlin und das Wesen der Dichtung*, in: *Erläuterungen zu Hölderlins Dichtung*, hrsg. von Friedrich-Wilhelm von Hermann, 6. Aufl., Frankfurt a. M. 1996, S. 33-48. Der Vortrag erschien zuerst Ende

tion, hielt.[27] Seine Rede sei nun »wesentlich resignierter« ausgefallen.[28] Nicht mehr der Appell, entschieden den geschichtlichen Augenblick zu ergreifen, zeichnete Heidegger aus, sondern viel mehr forderte er am deutsch-italienischen Kunstinstitut, entschieden von allem geschichtlichen Handeln sich fern zu halten. Löwith führte diesen markanten Gestaltwandel der Entschiedenheit auf die jüngsten Erfahrungen Heideggers zurück. Die römische Rede von der »darbenden und dürftigen Zeit« resultiere aus der Enttäuschung, dass das erhoffte Ereignis, die politische und philosophische Wende des deutschen Weges, sich nicht in der ersehnten Weise erfüllt habe. Deshalb habe Heidegger in Rom dazu aufgerufen, sich erwartungsvoll in die »Zeit der entflohenen Götter und des kommenden Gottes« zu stellen und im »Nichts dieser Nacht« auszuharren. Die dichterische Stimmung, die Heidegger aufnimmt, um die götterlose Zeit zu beklagen, ironisiert Löwith in der Rede vom »doppelten Nichts«.[29] Besonders bemerkenswert war ihm, wie stark der einstige Philosoph geschichtsnaher Entschiedenheit mit Hölderlin nun für eine scheinbar resignierte Geschichtsferne eintrat: »›was zu tun indes und zu sagen weiß ich nicht, und wozu Dichter (= Philosophen) in dürftiger Zeit‹!«[30]

Dass diese dichterische Eschatologie ursprünglich christlichen Quellen entsprang, deutete Löwith mit dem ideenhistorischen Verweis auf den theologischen Terminus der »Parusie des Seins« an.[31] Sein sprachlicher Rekurs auf den Topos frühchristlicher Naherwartung lebt von dem an Franz Overbeck geschärften Blick für die Kirchengeschichte. Löwith sprach später deutlich aus, dass Heidegger mit dem Gedanken eines sich mit der Zeit entbergenden Seins die »Rückkehr zu seinem theologischen Anfang« angetreten habe.[32] So sehr er selbst mit Overbeck den geschichtsfernen Habitus schätzte, so sehr kritisierte Löwith mit Weber die eschatologische Struktur des seinsgeschichtlichen Denkens, die er bei Heidegger erstmals im römischen Vortrag bemerkte: »Der Dichter dieser Zeit harre aus und halte

1936 in *Das innere Reich* und 1937 als Sonderdruck in zwei Auflagen beim Verlag Albert Langen.

27 Vgl. Löwith (Anm. 2), S. 56.

28 Löwith (Anm. 2), S. 42.

29 Vgl. Löwith (Anm. 2), S. 42 und Heidegger (Anm. 26), S. 3348, 47 f.

30 Vgl. Karl Löwith an Karl Jaspers, 3.4.1936, NL Jaspers, DLA Marbach. Im Original lauten die beiden vorletzten Zeilen der Strophe aus *Brot und Wein*: »So zu harren, und was zu tun indes und zu sagen, / Weiß ich nicht, und wozu Dichter in dürftiger Zeit?« (Friedrich Hölderlin, *Gedichte*, hrsg. von Jochen Schmidt, Frankfurt a. M. 1969, S. 118.

31 Löwith (Anm. 1), S. 155 f.

32 Ebd., S. 139 f.

stand im Nichts dieser Nacht – ein Bild, das an den Schluß von Max Webers Vortrag erinnert.«[33] Weber habe mit seinem Diktum von der »Entzauberung der Welt« nicht empfohlen, angesichts der »Entgötterung der Welt« auf das »Kommen des Gottes und seiner Propheten« zu harren.[34] Noch als er Weber zum 100. Geburtstag 1964 würdigte, betonte Löwith dessen »Freiheit von Illusionen«, um Heidegger zu kritisieren: »Die ›Wahrheit‹, von der [Weber] als wissenschaftlich denkender Mensch sprach, ist nicht die Enthüllung eines geheimnisvollen Seins, sondern die offenbare Geheimnislosigkeit der durch den Fortschritt der Wissenschaft entzauberten Welt.«[35]

3.

Heidegger selbst hat den Gestaltwandel seiner Entschiedenheit nach 1945 in seinem *Brief über den Humanismus* als »Kehre« bezeichnet.[36] Er verwahrte sich gegen den Vorwurf, mit den Auslegungen der Hymnen Hölderlins christliches Denken wieder aufzunehmen. Vielmehr proklamierte er die Nähe zur mythischen Welt der einstmals anwesenden Götter.[37] Von Löwiths Kritik an der »Kehre«, die in den drei Essays und der anschließenden Buchveröffentlichung von *Heidegger – Denker in dürftiger Zeit* weite Verbreitung erfuhr,[38] fühlte er sich »grässlich verletzt«, folgt man dem Bericht Hannah Arendts.[39] Heidegger sprach seinem ersten Schüler die Fähigkeit ab,

33 Löwith (Anm. 2), S. 42.
34 Löwith (Anm. 1), S. 130 f.
35 Karl Löwith, *Max Webers Stellung zur Wissenschaft* (1964), in: ders., *Sämtliche Schriften*, Bd. 5: *Hegel und die Aufhebung der Philosophie – Max Weber*, Stuttgart 1988, S. 419-447, 424.
36 Der Humanismusbrief verortet die »Kehre« seines Denkens im Vortrag *Vom Wesen der Wahrheit* (1930), wobei Heidegger zugesteht, dass man sich hiervon erst 1943 habe öffentlich überzeugen können. Vgl. Martin Heidegger, *Brief über den Humanismus* (1946), in: *Wegmarken*, hrsg. von Friedrich-Wilhelm von Herrmann, 3. Aufl., Frankfurt a. M. 1996, S. 313-364, 327 f. Vgl. zur Auseinandersetzung grundsätzlich: Dieter Thomä, »Stichwort: Kehre. Was wäre, wenn es sie nicht gäbe?«, in: *Heidegger Handbuch. Leben, Werk, Wirkung*, Stuttgart 2003, S. 134-141.
37 Als halbgöttlicher Vermittler, folgt man der 1942 vorgelegten Sicht auf Hölderlins Hymne *Der Ister*, trägt der Dichter Sorge, dass das Bewusstsein für ihr allmähliches Kommen wach bleibt: »Das dichtende Stiften baut die Treppen für das Herunterkommen der Himmlischen.« Vgl. Martin Heidegger, *Hölderlins Hymne* Der Ister, in: ders., *Gesamtausgabe*, Bd. 53, hrsg. von Walter Biemel, Frankfurt a. M. 1984, S. 195.
38 Vgl. Löwith (Anm. 1), S. 124-234.
39 Vgl. Hannah Arendt an Heinrich Blücher, 13.6.1952, in: *Hannah Arendt –*

dem seinsgeschichtlichen Horizont überhaupt gerecht werden zu können, und unterstellt ihm ein niedriges Motiv: »Vom Denken hat er keine Ahnung; vielleicht haßt er es.«[40]

Tatsächlich bezweifelte Löwith schon in den frühen Briefen an seinen Lehrer, ob er selbst befähigt sei zur schöpferischen Philosophie, die über das rein historisch-kritische Arbeiten hinausgeht. Als er im Herbst 1920 von Freiburg ins nahe Baden-Baden zog, um mit sich ins Reine zu kommen, erläuterte er freimütig die tief gehende Krise, die aus dem ungeklärten Verhältnis zwischen wissenschaftlicher Rationalität und existenziellem Denken resultierte: »Durch die Entfernung vom universitären Betrieb verspüre ich nachträglich noch mehr den Einfluss dieser Atmosphäre. Es ist eine Wohltat wieder mal Nietzsche oder Kierkegaard etc. aufzuschlagen und sich an der gedrängten, lebenden Ideenfülle und substanzieller Konzentration zu erfrischen im Gegensatz zu den öden Analysen eines in sich schon verflucht dünnen Breies.«[41] Vorsichtig äußert Löwith den »nur leicht verborgene[n] Wunsch«, »dass uns das sogenannte intellektuelle Gewissen doch erlauben möchte, in aphoristisch konzentrierter Romantikerart zu philosophieren«. Zugleich fragt er selbstkritisch, ob er sich allein aus Gründen der wissenschaftlichen Redlichkeit von »originärer, originaler, persönlich stark gefärbter Produktivität« zurückhalte. Löwith macht nüchtern eine natürliche Grenze seiner Begabung aus, die ihn hindere, »über die Köpfe der philosophischen Wissenschaftler hinweg zu philosophieren«. Im resignativen Ton schließt er: »Fühlt man sich dazu nicht stark genug, so bleibt einem fast nur der andere Weg übrig.«[42] Dass die Not, selbst zur »künstlerischen Existenz« nicht

Heinrich Blücher. Briefe 1936-1968, hrsg. von Lotte Köhler, München 1995, S. 288.

40 Vgl. Martin Heidegger an Elisabeth Blochmann, 19.1.1954, in: *Martin Heidegger – Elisabeth Blochmann. Briefwechsel 1918-1969*, hrsg. von Joachim W. Storck, Marbach 1990, S. 103.

41 Vgl. Karl Löwith an Martin Heidegger, 29.11.1920, NL Heidegger, DLA Marbach. Nicht anders hatte Jaspers, dem Löwith in diesen Jahren als philosophischen Mentor ebenso nahe stand, gegenüber Heidegger die historisch-kritische Intention am Beispiel Overbecks voller Ambivalenz betrachtet: »Es ist eine dünne, blutleere Art, viel Vorsicht nur zum Schutz. Für mich ohne Impuls. Allerdings: ein rechtschaffener Mann und als treu erwiesen in seiner Freundschaft zu Nietzsche und ein unbestechlicher Gelehrter. […] Man oder ich wenigstens sehe das Positive, aus der die Kritik kommt, so dünn, dass es mir verschwindet.« Vgl. Karl Jaspers an Martin Heidegger, 24.11.1922, in: *Karl Jaspers und Martin Heidegger. Briefwechsel 1920-1963*, hrsg. von Walter Biemel und Hans Saner, Frankfurt a. M. 1990, S. 37.

42 Die innere Ambivalenz und den tiefen Skrupel, der mit solcher Charakteranlage verbunden war, gestand sich Löwith entsprechend ein: »Man ist aber durch solche Zwiespältigkeit von vornherein schlimm belastet und voller

ausreichend talentiert zu sein, besondere Leistungen bei der kritischen Rekonstruktion spekulativen Denkens nicht ausschließt, tröstet den jungen Löwith nur bedingt: »Es bietet einem die Möglichkeit, etwas Gediegenes zu schaffen, ohne sich einzig und allein auf die Gabe genialer Ideenfülle zu besinnen, doch kommt diese rastlose oder gar begeisterte Hingabe an die phil[osophische] Wissenschaft nicht mehr auf.« Sein Resümee ist verhalten: »Man kann es unter solchen Zweifeln und Bedenklichkeiten gegenüber der wissenschaftlichen Tätigkeit nur schwer verantworten, Philosophie zum Beruf zu machen.«[43]

Als Löwith sein Studium drei Jahre später mit einer Promotion über Nietzsche abschloss, war er sich sicher, im historisch-kritischen Denken sein Selbstverständnis als Philosoph gefunden zu haben. Die spekulative Ideenbildung zu verstehen und ihre geschichtliche Genese nachzubilden, war sein berufliches Credo: »Während mir früher der Gedanken an ›Wissenschaft als Beruf‹ höchst problematisch vorkam, glaube ich heute doch in dieser Problematik meine Existenz auswirken zu können.« Er bekennt sich zu dem »prätentiösen« Begriff der »Leidenschaft«, den Weber in *Wissenschaft als Beruf* verwendete, um das kritische Verstehen als schöpferischen Vorgang zu bezeichnen.[44] Jedoch müsse der Forscher, der historisch-kritisch vorgehe, so schreibt Löwith später im Blick auf Webers Idee des wissenschaftlichen Verstehens, immer auf die »›haarfeine‹ Linie« achten, die den kritischen Forscher in der Vergegenständlichung der metaphysischen Werturteile von denjenigen trenne, die den überlieferten Standpunkt unkritisch schon unter ihren Interessen interpretieren würden.[45]

Hemmungen.« Karl Löwith an Martin Heidegger, 29.11.1920, NL Heidegger, DLA Marbach.

43 Dass sein Lehrer das spekulative Talent zu forciert gebrauchen könne, war Löwiths Befürchtung, von der er Heidegger in aller Befangenheit offen schrieb: »Es wird mir fast schwer, Ihnen davon zu schreiben – ich habe das Gefühl, dass Sie selbst zu sehr unter ›Druck‹ leben, um in innerer (nicht nur rationaler Freiheit) darüber zu stehen. Darf ich ganz offen reden? Wir kennen uns ja schliesslich jetzt ziemlich gut: wenn Sie heute noch nicht entsprechend Ihre geistige Existenz in der Vorlesung unter ihren Studenten wirken, persönlich, so liegt es an diesem wunden Punkt. Man spürt eine gewisse Unruhe und menschliche Unsicherheit heraus – deren Konsequenz leicht überkompensierte Schärfe und Misstrauen ist und sucht nach jener undefinierbaren inneren Freiheit und Über-sich-stehen-können.« Als Ideal des Denkens, das über die reine Rationalität hinausging, aber nicht von persönlichen Schwächen und Leidenschaften geprägt sei, stellte er Heidegger die weise Figur des Aljoscha Karamassow dar, der »ohne Resignation und Ressentiment« denken und handeln könne. Karl Löwith an Martin Heidegger, 29.11.1920, NL Heidegger, DLA Marbach.

44 Karl Löwith an Martin Heidegger, 6.8.1923, NL Heidegger, DLA Marbach.

45 Vgl. Löwith (Anm. 10), S. 335 f.

Diesem Programm folgend betrachtet Löwith später in *Heidegger – Denker in dürftiger Zeit* das seinsgeschichtliche Denken als sprachliches Kunstwerk, dessen suggestiven Sätze man jedoch kritisch zu untersuchen habe, wolle man der »Magie« Heideggers nicht unreflektiert erliegen.[46] Die »Herausstellung und Entzauberung von bodenlos gewordenen letzten Maßstäben«, stellt für ihn mit Weber die erste Aufgabe des Geisteswissenschaftlers dar.[47] Löwith fordert in der Kritik an seinem Lehrer: »Wer nicht versucht, den Gedanken eines anderen so zu verstehen, wie dieser ihn selber verstand, kann auch nicht kritisch, sich von ihm unterscheidend, zu ihm Stellung nehmen, sondern wird die Kritik schon in der Interpretation als eine Umdeutung vollziehen.«[48] Gegen solche gewaltsame Interpretation, die historische Gerechtigkeit gegenüber dem Text als überflüssig ansieht, postuliert er: Selbst wenn man annehme, es gebe ein »Ungesagtes« im historischen Text, müsse man im ersten Schritt das vom Autor selbst Gemeinte darlegen, bevor man weitergehend versuchen könne, den tieferen Sinn zu erschließen. Heideggers Abwertung des »bloß historisch-philosophische[n] Interpretierens« begegnet Löwith selbstbewusst: »Je mehr es auf ein Ungesagtes ankommt, desto mehr wird der einem Texte Nachdenkende auf das Gesagte hinhören müssen.«[49]

Mit anderen Worten: Löwith will den schöpferischen Anteil des Denkens im Vergleich mit dem tradierten Gedankengut und seinen lebensweltlichen Bedingungen kenntlich machen. Die Originalität ist somit immer eine begrenzte, das ursprüngliche Denken ein bedingtes, das nicht über der Zeit steht, sondern ihre Zeichen trägt. Gerade im Blick auf Heidegger sieht der einstmalige Schüler, der sich um das schöpferische Denken vergeblich mühte, die pädagogisch zerstörerischen Folgen, wenn es seine Abhängigkeit von tradierten Gedanken selbstherrlich verleugnet und alle historische Kritik als Ausdruck seinsvergessener Naivität entwertet: »Philosophie in irgendeinem wissen-

46 Vgl. Löwith (Anm. 1), S. 127.

47 Vgl. Löwith (Anm. 10), S. 340. In diesem Sinne hatte Weber die spekulativen Prämissen Freuds aus skeptischer Sicht als fragwürdige Hypothesen bezeichnet. Es handelt sich um die 1903/06 publizierte Arbeit *Roscher und Knies und die logischen Probleme der historischen Nationalökonomie*. Dort zielt ebenfalls eine längere Fußnote auf die »problematische ›Geltung‹« des Freudschen Verstehens. Die psychoanalytischen Deutungen bleiben für Weber das »inkommunikable Privateigentum des dafür spezifisch begabten Forschers«, sofern es nicht rational verständlich gemacht werde. Vgl. Weber (Anm. 3), S. 1-145, 111. Löwith kannte diesen Text sehr gut, er nimmt in seinen Weber-Studien immer wieder ausführlich Bezug auf ihn. Vgl. Löwith (Anm. 10), S. 336-346 und 437 f.

48 Löwith (Anm. 1), S. 201.

49 Ebd., S. 203.

schaftlichen Sinn scheinen mir Heideggers seinsgeschichtliches Denken und seine unkritischen Sprachspiele nicht mehr zu sein. Gewiß auch kein leeres Wortgeklingel, sondern, wie ich ja selbst sagte, ein ›denkerisches‹ Spiel mit Worten, aber umso verführerischer für die Studenten.« Er konstatiert 1960, »daß Heideggers heutige Wirkung verheerend ist und Husserl würde sich im Grabe umdrehen, wenn er die unter Heideggers Einfluß entstandene und noch entstehende philosophische Literatur sähe, denn es fehlt ihr jedes wissenschaftliche Gewissen.« Da Löwith die historisch-kritische Funktion des Philosophen ins Zentrum der akademischen Lehre stellt, kann er schließen: »Als ein selber Dozierender konnte ich von dieser an sich sekundären Wirkung Heideggers nicht absehen.«[50] Auf den oftmals erhobenen Vorwurf, er habe *Denker in dürftiger Zeit* aus verletzten Gefühlen des Schülers in emotional verzerrter Wahrnehmung geschrieben, antwortete Löwith: »Ich habe mich damit natürlich selbst exponiert und vielleicht auch kompromittiert und schon vor sieben Jahren rieten mir Freunde dringend ab, diese Schrift zu veröffentlichen, denn nichts lag so nahe als zu sagen, daß es die polemische Reaktion und das kleinliche Ressentiment eines emigrierten und abgefallenen Schülers sei.«[51]

Der Vorwurf, aufgrund der historischen Umstände gedanklich befangen zu sein, entkräftet das gleichlautende Urteil, das ein Heidegger sehr wohlgesonnener Vertreter der Marburger Hermeneutik, der Literaturhistoriker Max Kommerell, zehn Jahre zuvor geäußert hatte. Der abtrünnige George-Schüler übte ebenfalls massive Kritik an der eschatologischen Vereinnahmung Hölderlins. Sachlich mit Löwith übereinstimmend schrieb Kommerell an den Philosophen 1942, dass er Hölderlins Hymne *Wie wenn am Feiertage* »gewaltsam« auslege.[52] Heidegger gestehe sich nicht mehr die »ungelösten und unlösbaren Situationen des Menschen« ein, sondern seine Auslegung gehe in eine »Stiftung und Gründung« eines »durchgängig gedeutete[n] Sein[s]« über.[53] Dies empfand Kommerell als »Unglück«, da die philosophische Rede geschichtlich eine ganz andere Geltung beanspruche als das dichterische Wort. Deshalb reklamiert er im Sinne Löwiths die Trennung zwischen kritischer Rekonstruktion und spekulativer Interpretation: »Wo ist der Übergang, wo Ihre eigene Philosophie in Hölderlin

50 Karl Löwith an Ludwig Binswanger, 14.11.1960, NL Binswanger, UA Tübingen.

51 Karl Löwith an Ludwig Binswanger, 14.11.1960, NL Binswanger, UA Tübingen.

52 Max Kommerell an Martin Heidegger, 29.7.1942, in: Max Kommerell, *Briefe und Aufzeichnungen*, hrsg. von Inge Jens, Olten 1967, S. 397-402.

53 Vgl. Kommerell (Anm. 52), S. 397.

mündet, und wo sie in so entschiedener Weise aus einer Beschreibung der menschlichen Situation zur metaphysischen Aussage und zur absoluten letzten Gewißheit wird – wo sie diese Gewißheit aus sich findet, und sich in diesem Punkt mit Hölderlin gleichsetzt – und wo sie endlich in der spezifischen Art der Aussage sich der Dichtung nähert?«[54]

Auf die kritische Frage, welche philosophische »Gewißheit« die »gewaltsame« Auslegung Hölderlins autorisiere, antwortet Heidegger ausweichend, es handele sich um einen »Entwurf«, und hebt diesen selbstherrlich von religiösen Eschatologien ab: »Das Ausstehen des Fragwürdigen ist heute anfänglicher und so entschieden, daß auch kein christlicher Theologe mehr in dieser Philosophie einen mit Vorbehalten bewaffneten Unterschlupf finden kann.«[55] Ganz begeistert von sich erklärt Heidegger, dass seine »Versuche« schon »zuweilen in die Nähe eines echten Denkens« gerieten.[56] Entsprechend rechtfertigt er die »Verunglückung« mit der rhetorischen Frage: »Ist das Willkür oder höchste Freiheit?«[57] Erst nach dem Krieg gibt er sich genauere Rechenschaft über den Disput mit dem inzwischen verstorbenen Kommerell,[58] ohne sich im Geringsten von der »Bahn der Geschichte des Seins« abbringen zu lassen. Heidegger reklamiert die notwendige »seinsgeschichtliche Zwiesprache mit dem Dichter«: »Sie gilt der literaturhistorischen Forschung unvermeidlich als ein unwissenschaftliches Vergewaltigen dessen, was jene für ihre Tatsachen hält.« Im nächsten Satz wendet er sich der Kritik der eigenen Zunft zu: »Die Zwiesprache gilt der Philosophie als ein Abweg der Ratlosigkeit in die Schwärmerei. Aber das Geschick zieht um solches unbekümmert seine Bahn.«[59] Um solcher Gewaltsamkeit des wesentlichen Denkens,

54 Vgl. ebd., S. 400 ff. Walter Busch nennt in seiner Interpretation von Kommerells Brief Heideggers Hölderlin-Auslegung einen »Akt dezisionaler Selbstermächtigung der Deutung, die das Andere und Eigene der Dichtungen nicht wirklich zu Wort kommen« lasse. Vgl. Walter Busch, »Kommerells Hölderlin«, in: Walter Busch/Gerhart Pickerodt (Hrsg.), *Max Kommerell. Leben – Werk – Aktualität*, Göttingen 2003, S. 278-299, 291.

55 Martin Heidegger an Max Kommerell, 4.8.1942, in: Kommerell (Anm. 52), S. 405.

56 Den seinsgeschichtlichen Charakter der Prämisse Heideggers hat in Bezug auf Kommerells briefliche Anfrage schon Friedrich-Wilhelm von Herrmann ausführlich erläutert: Vgl. ders., *Die zarte, aber helle Differenz. Heidegger und Stefan George*, Frankfurt a. M. 1999, S. 6 f.

57 Martin Heidegger an Max Kommerell, 4.8.1942, in: Kommerell (Anm. 52), S. 405.

58 Kommerell erlag am 25. Juli 1944 in Marburg einem schweren Leberleiden.

59 Martin Heidegger, *Wozu Dichter?* (1946), in: Martin Heidegger, *Holzwege*, 6. Aufl., Frankfurt a. M. 1980, S. 265-316, 268 f.

das seinen philosophischen Anspruch dichterisch verbirgt, nicht schutzlos ausgeliefert zu sein, hatte Kommerell freundlich gefordert, es sei ein »wissenschaftlicher Interpret« notwendig, der »nach Ihnen hinhört, ohne Ihnen zu verfallen«.[60]

Karl Löwith nahm ohne Kenntnis von Kommerells brieflichem Gespräch mit Heidegger später die Forderung auf, das seinsgeschichtliche Denken in den ideenhistorischen Bezügen zu untersuchen. Dabei achtete er – mit Max Weber gesprochen – auf die »haarfeine Linie«, die den kritischen Leser von dem philosophischen Glauben trennt, den er mit dem seinsgeschichtlichen Denken skeptisch betrachtete. Löwiths letzter Wert, der sich nicht von selbst versteht, war in diesem Falle die wissenschaftliche Skepsis, die er seit den Freiburger Jahren im Vergleich mit dem spekulierenden Denken bescheiden als abhängige Funktion begriff. Sein Ziel war es, die geschichtlichen Bedingtheiten der schöpferischen Spekulation anzuzeigen, auch wenn damit der Nimbus der Genialität abnahm, da der schöpferische Denker lediglich ein weiteres Glied in der historischen Kette metaphysisch Begeisterter war. Der Anspruch denkerischer Ursprünglichkeit, den Heidegger mit Hölderlin im Blick auf das vorsokratische Denken erhob, war demnach nicht zu halten. Zu offensichtlich erschienen ihm die strukturellen Anleihen bei der jüdisch-christlichen Eschatologie.

4.

Die geschichtsphilosophische Kritik, die das 19. Jahrhundert seit Hegel an den schöpferischen Umdeutungen der christlichen Eschatologie geübt hatte, gewann für den Ideenhistoriker Löwith einen paradigmatischen Charakter. Seine im japanischen Exil vollendete Schrift *Von Hegel zu Nietzsche* läuft hierbei auf die Gestalt Overbecks zu, dessen Skepsis er abschließend als vorbildlich feiert.[61] Löwith bekennt sich zu dessen Programm der kritischen Entzauberung, die am frühen Christentum und seiner Eschatologie erprobt war, und zitiert Overbeck mit dem Anspruch, dass »›wir Menschen überhaupt nur vorwärts kommen, indem wir uns von Zeit zu Zeit in die Luft

60 Vgl. Kommerell (Anm. 52), S. 400.

61 Vgl. Löwith (Anm. 10), S. 471-485. Leo Strauss schrieb nach der Lektüre des Aufsatzes an Löwith am 5.9.1933: »Ihre eigene Haltung tritt wohl am meisten in Ihren Bemerkungen über Overbeck und Stirner hervor.« Vgl. Leo Strauss, *Gesammelte Schriften*, Bd. 3: *Hobbes' politische Wissenschaft und zugehörige Schriften – Briefe*, hrsg. von Heinrich und Wiebke Meier, Stuttgart 2001, S. 637.

stellen‹«.[62] Solcher Individualismus, der glaubt, auf jede Einbettung in eine wunschgeleitete Glaubensgemeinschaft verzichten zu können, ist das skeptische Erbe, das Löwith in Gestalt Overbecks bewunderte. Dieser hatte die persönlichen Kosten einer solchen Einstellung nüchtern bilanziert: »Wer sich in der Welt wirklich und streng auf sich selbst stellt, muß auch den Mut finden, sich auf nichts zu stellen. [...] Kann er Gott nicht Valet sagen, so ist sein Individualismus entweder nicht echt oder nicht zu seiner vollen Freiheit gediehen.«[63]

Auch Nietzsche schätzte die desillusionierende Redlichkeit, die sein Baseler Freund in seiner historisch-kritischen Forschung vor allem am Wandel des christlichen Glaubens und Denkens vollzogen hatte. In der *Zweiten unzeitgemäßen Betrachtung. Vom Nutzen und Nachteil der Historie für das Leben* von 1874 nahm er unter anderem indirekt Bezug auf Franz Overbeck. Dessen Kritik der christlichen Tradition fungierte dort als anschauliches Vorbild für die entzaubernde Wirkung der kritischen Forschung. So heißt es über die zersetzende Wirkung der Wissenschaft und ihre Folgen: »Bis endlich eine vollkommen historische, das heißt gerechte Behandlung es in reines Wissen um das Christenthum auflöst und dadurch vernichtet.«[64] Nietzsche preist den »kalte[n] Dämon der Erkenntnis« in seiner »übermenschlichen schrecklichen Majestät« und lobt die »allerseltenste [Tugend] der Gerechtigkeit«, obwohl er die fatalen Folgen für einen lebensdienlichen Glauben sieht, den jedes Leben als umhüllende Atmosphäre und tragenden Horizont benötige.[65] Da das reine Gelehrtentum gefährdet sei, eine Philisterei des Wissens zu betreiben und allen Lebenselan zu verspielen, setzt Nietzsche neben die kritisch entzaubernde Betrachtung der Geschichte die monumentale und antiquarische Historie, die überhistorische Wahrheiten geistig stilisieren und sinnlich konservieren könnten. Im Zusammenspiel der drei Weisen der Historie, so sein harmonisierendes Bild, sei eigentliche Geschichtsschreibung möglich, die sich zugleich in der Kunst des Vergessens üben müsse, um dem unhistorischen Leben sein Recht zu geben.

Blickt man nun auf Heidegger, der sich schon in *Sein und Zeit* auf die Historienschrift bezogen hatte, um seinen hermeneutischen An-

62 Löwith (Anm. 10), S. 483.

63 Vgl. Karl Löwith, »Die philosophische Kritik der Religion im 19. Jahrhundert (1933)«, in: ders., *Sämtliche Schriften*, Bd. 3: *Wissen, Glaube und Skepsis. Zur Kritik von Religion und Theologie*, hrsg. von Bernd Lutz, Stuttgart 1985, S. 96-162, 158.

64 Friedrich Nietzsche, *Kritische Studienausgabe*, Bd. 1, hrsg. von Giorgio Colli und Mazzino Montinari, München 1980, S. 243-334, 297 f.

65 Nietzsche (Anm. 64), S. 286.

satz zu erläutern, so zeigt sich, dass er den Begriff des Kritischen anders interpretierte, als er von Nietzsche im Anschluss an Overbeck verstanden wurde. Er trennte nicht die kritische Funktion des historischen Verstehens von den beiden anderen Aufgaben der Geschichtsschreibung, monumental und antiquarisch zu wirken. Viel mehr verband Heidegger das kritische Element sofort mit Versatzstücken emphatisch erinnerter und bewahrter Wahrheiten vergangenen Lebens. Alle drei bildeten gemeinsam das Kriterium, um das Heute verurteilen zu können: »Die monumentalisch-antiquarische Historie ist als eigentliche notwendig Kritik der ›Gegenwart‹.«[66]

Seine große Vorlesung über die Historienschrift, Ende der dreißiger Jahre gehalten, verstärkte diese glättende Sicht. Heidegger behauptete, Nietzsche verstehe »›kritisch‹« gerade nicht als historisch-kritisch im Sinne der historisierenden Forschung. Von starken Werten der Gegenwart her solle man der Vergangenheit kritisch »richtend, verneinend« begegnen: »Vergangenheit vor Gericht ziehen, ausfragen, verurteilen. Jede Vergangenheit ist wert, verurteilt zu werden.«[67] Es ist das vitale Interesse der Gegenwart, das zum Maß des Richtspruchs wird: »Das Leben selbst verurteilt die Vergangenheit.«[68] Die »Tugend der Gerechtigkeit« besteht nach Heideggers Lesart darin, »daß unentdeckte und unerschöpfte Horizonte noch aufzureißen sind.«[69] Damit verkehrt Heidegger den ursprünglichen Sinn, den Nietzsche der Gerechtigkeit als historischer Redlichkeit zuspricht, in ihr Gegenteil.[70] Bei ihm ist die kritische Funktion der Historie, so wie es Löwith beschrieb, nicht mehr mit der Fähigkeit verbunden, gegen eigene Wünschbarkeiten kritisch die geschichtliche Wahrheit zu suchen; viel mehr bestimmt sich das Denken nach Heidegger ausschließlich von den gegenwärtigen Lebensinteressen. Dabei vertrat er selbst in den frühen Jahren, als er Schüler Heinrich Rickerts war, den Wert des historisch-kritischen Denkens in der Philosophie. Die damalige Studie *Der Zeitbegriff in der Geschichtswissenschaft* erhebt den von Nietzsche als kritisch bezeichneten Anspruch, »historische Ereig-

66 Heidegger (Anm. 23), S. 397.

67 Martin Heidegger, »Zur Auslegung von Nietzsches II. Unzeitgemäßer Betrachtung. Freiburger Seminar Wintersemester 1938/39«, in: ders., *Gesamtausgabe*, Bd. 46, hrsg. von Hans-Joachim Friedrich, Frankfurt a. M. 2003, S. 78.

68 Heidegger (Anm. 67), S. 78.

69 Ebd., S. 194.

70 Während die Vorlesung den Bedeutungswandel gänzlich verschweigt, findet sich in *Sein und Zeit* zumindest noch eine Andeutung über die »eigentliche Historie«, die Nietzsche vorgeschwebt habe: »Der Anfang seiner ›Betrachtung‹ läßt vermuten, daß er mehr verstand, als er kundgab.« Heidegger (Anm. 23), S. 396.

nisse […] im qualitativen historischen Zusammenhang« zu erkennen und sie positiv als »Lebensobjektivation« zu beschreiben.[71]

Dass und wie die historische Kritik mit dem existenzialen Interesse spannungsvoll ins Verhältnis zu setzen ist, lässt sich an Heideggers Marburger Freund, dem Theologen Rudolf Bultmann vergleichend zeigen. Geprägt von der liberalen Bibelkritik hatte er im engeren Gespräch mit Heidegger die Existenzialphilosophie als hermeneutische Möglichkeit für sich entdeckt. Jedoch unterschied der Theologe das kritische vom existenzialen Verstehen als zwei Phasen des hermeneutischen Vorgehens. Im Namen der sachlichen Redlichkeit solle ein Text zuerst als Dokument geistigen Lebens historisch, psychologisch und ästhetisch objektiviert werden. Erst anschließend sei, so Bultmann im Aufsatz *Das Problem der Hermeneutik*, die »höhere Objektivität« zu suchen, die Heidegger von Anfang an als Zentrum des Verstehens anstrebte.[72]

An seiner Studie *Geschichte und Eschatologie* lässt sich am Beispiel des frühen Christentums veranschaulichen, was Bultmanns zweiphasige Hermeneutik von Heidegger trennte und was er dem existenzialen Verstehen verdankte. Entscheidend ist, dass der Theologe in der Annäherung an das urchristliche Denken die kritische Bestandsaufnahme von der existenzialphilosophischen Deutung für den Leser merklich abgrenzte. So unterstreicht Bultmann zuerst, dass Paulus eschatologisch zumindest teilweise mit dem unmittelbaren Einbruch Jesu in die Geschichte rechnete, während Johannes einige Jahrzehnte später das Ereignis der Wiederkehr Christi als rein geistiges Geschehen gedeutet habe, das schon mit dem irdischen Leben Jesu angebrochen sei. Damit zielte der Evangelist, so Bultmann, auf eine präsentische Eschatologie, die das Heil als rein innerliches Eintreten der Wahrheit ansah, geistig gereinigt von der äußeren Erwartung Jesu: »Für Johannes ist die Totenauferstehung und das Gericht Gegenwart geworden mit dem Kommen Jesu.«[73] Nach der kritischen Unterscheidung schloss sich Bultmann in der existenzialen Auslegung emphatisch der Position des Johannes an, indem er sich vor allem auf dessen Verse berief: »Das aber ist das Gericht, daß das Licht in die Welt gekommen ist und daß die Menschen die Finsternis mehr liebten

71 Vgl. Martin Heidegger: »Der Zeitbegriff in der Geschichtswissenschaft«, in: *Frühe Schriften*, hrsg. von Friedrich-Wilhelm von Hermann, Frankfurt a. M. 1972, S. 355-375, 372 f.

72 Rudolf Bultmann, »Das Problem der Hermeneutik« (1950), in: *Glaube und Verstehen. Zweiter Band*, Tübingen 1952, S. 228.

73 Rudolf Bultmann, *Geschichte und Eschatologie*, Tübingen 1958, S. 53.

als das Licht.«[74] Die historische Frage, welche Unterschiede zwischen Paulus und Johannes im eschatologischen Verständnis herrschten, trat somit in den Hintergrund.

Mit anderen Worten: Der Begriff des Gerichts, der im griechisch beeinflussten Johannes-Evangelium mit den Termini *krima* und *krisis* auf die juristische Metaphorik von Kritik und Krise hinweist,[75] wurde von Bultmann im zweifachen Sinn gebraucht. Kritik des ›Ereignisses Christus‹ bedeutet zuerst im Sinne eines Genitivus objectivus, dass man die geschichtliche Abfolge und Bedingtheit der biblischen Schriften aktiv aus der Perspektive historisch-kritischer Gerechtigkeit in allen möglichen Hinsichten befragt. Die Parusie und ihre Verzögerung, der Übergang von der apokalyptischen zur verinnerlichten Eschatologie werden dergestalt nüchtern objektiviert. Zweitens heißt bei Bultmann Kritik des ›Ereignisses Christus‹, existential verstanden als Genitivus subjectivus, dass das Ereignis selbst kritisch ein existentiales Gericht über den Lesenden hält, der sich vom Text passiv befragt findet. Hierbei geprägt von der Sicht des Johannes, für den das erwartete Ankommen Christi zum rein innerlichen Ereignis wurde, das im Akt des Glaubens schon eingesetzt habe und das sich in der Ewigkeit vollende. Nun ist der biblische Text nicht mehr Objekt historisch-kritischen Denkens, sondern Anlass, sich emphatisch an die höhere Objektivität des inneren Erlebens zu erinnern und sich von ihr ansprechen zu lassen. Dieser zweite, existentiale Schritt des Verstehens verbindet den Theologen wieder mit Heideggers Hermeneutik, die jedoch das historisch-kritische Moment nicht, wie Nietzsche es gefordert hatte, als eigenständigen Schritt des Verstehens kennt.

Die zweiphasige Hermeneutik brachte es mit sich, dass Bultmann sich den sachlichen Vorbehalten stellte, die seine existenziale Interpretation der biblischen Schriften auf sich zog. Er registriert offen die kritischen Spitzen der weiteren Forschung: »Die völlige Eliminierung der Zeitvorstellung widerspricht eindeutig dem exegetischen Tatbestand.« Bultmann versuchte den Widerspruch, der sich zwischen paulinischer und johanneischer Eschatologie ergab, intellektuell redlich als Übergang von einem mythischen zu einem geistigen Weltbild darzustellen. Seine Kontrahenten, die sich auf die historische Kritik beschränkten, vollzogen Bultmanns Argumentation skeptisch nach: »Auf die Frage der zukünftigen Eschatologie angewandt heißt das, daß die ›mythische Eschatologie durch die einfache Tatsache erledigt ist, daß Christi Parusie nicht, wie das Neue Testament erwartet, als-

74 Ebd., S. 53 f.

75 Vgl. Reinhart Koselleck zu »Krise« im *Historischen Wörterbuch der Philosophie*.

bald stattgefunden hat, sondern daß die Weltgeschichte weiterlief‹ und die ›Heilszeit für den Glaubenden schon angebrochen, das Zukunftsleben schon Gegenwart geworden ist.‹«[76]

Man kann das doppelte Verständnis, das Bultmann von der Kritik des Christus-Ereignisses gibt, indem er es zuerst historisch-kritisch befragt und sich dann existenziell von ihm befragen lässt, auf Heidegger rückbeziehen. So wäre für dessen Sicht der menschlichen Geschichtlichkeit, so wie sie *Sein und Zeit* entwickelte, in idealtypischer Vereinfachung zu sagen: Eine kulturwissenschaftliche Analyse des Mängelwesens Mensch, die Löwith in der Auseinandersetzung mit Freud, Weber und Marx suchte, interessiert ihn nicht. Das menschliche Dasein zum Tode wird bei Heidegger nicht objektivierter Gegenstand einer philosophischen Anthropologie im wissenschaftlichen Sinne. Vielmehr rückte Heidegger das Ereignis des sterblichen Menschen in die Perspektive des Genitivus subjectivus. Tägliche Schwäche und tödliche Bedrängnis sind es, die in *Sein und Zeit* den Lesern vor Augen gestellt werden, sodass sie genötigt sind, ihre Geschichtlichkeit gewissenhaft zu bedenken, um die kurze Lebensspanne entschieden leben zu können. Ihr Dasein zum Tode hält Gericht über ihre sorglose Geschäftigkeit, in der sie sich nicht zum eigentlichen Leben entscheiden könnten. Nach der »Kehre« blieb der Anspruch des Ereignisses, nur war es nicht mehr die Geschichtlichkeit des Seienden, die den um sich selbst besorgten Menschen in die Entscheidung rief und über seine Trägheit richtete. Nein, das Sein selbst war es nun, dem der Einzelne sich in empfänglicher Passivität zu öffnen hatte und das über ihn und die Geschichte im Prozess seiner Entbergung fortschreitend zu Gericht saß. Die endliche Subjektivität steht als Ausdruck des Seienden nur mehr indirekt im Zentrum des Interesses, vielmehr richtet sich das Augenmerk auf den existenzialphilosophischen Horizont. Die Sorge um das alltägliche Dasein, provoziert durch den ausstehenden Tod, trat in den Hintergrund, während die Aufgabe ins Zentrum rückte, sich als Einzelner empfänglich für die überhistorische Dimension des kommenden Ereignisses zu erweisen. Das Sein würde, hierin lag bei Heidegger die strukturelle Rückkehr zur paulinischen Eschatologie, selbst das Urteil sprechen und verlangte vom Seienden nur, alle Beteiligung am geschichtlichen Leben jenseits der notwendigsten Besorgungen in höherer Weltflucht zu meiden. In seinsgeschichtlicher Sichtweise galt es, vorläufig zu leben, nicht an die Welt zu verfallen, um sich kontemplativ für das einbrechende Ereignis des Seins bereitzuhalten.

76 Werner Georg Kümmel, *Verheißung und Erfüllung. Untersuchungen zur eschatologischen Verkündung Jesu*, 2. Aufl., Zürich 1953, S. 137.

Heideggers zweites Hauptwerk, *Vom Ereignis*, das er in den Jahren nach der römischen Hölderlin-Rede verfasste und das erst 1989 aus dem Nachlass veröffentlich wurde, umkreist vielfach diese Korrelation von »Ereignis und Geschichte«. Historische Kritik im Sinne des Genitivus objectivus lehnt Heidegger darin ausdrücklich ab. Das Ereignis im Sinne des Genitivus subjectivus, geschichtlich befragt, bildet sein ausschließliches Interesse. Die Seinsgeschichte stellt somit die Kritik an der Zeit dar und ist als eschatologischer Topos nicht selbst Gegenstand kritischer Forschung. In der eigenwilligen Diktion Heideggers heißt das: »Das Er-eignis ist die ursprüngliche Geschichte selbst, womit angedeutet sein könnte, daß hier überhaupt das Wesen des Seyns ›geschichtlich‹ begriffen wird. Allein, ›geschichtlich‹ wohl, jedoch nicht im Aufgreifen eines Geschichtsbegriffes, sondern *geschichtlich*, weil jetzt das Wesen des Seyns nicht mehr nur die Anwesenheit besagt, sondern die volle Wesung des zeiträumlichen Abgrundes und somit der Wahrheit.«[77] Mit der ausdrücklichen Distanz zur historischen Forschung vollendet das Werk, was der Nietzsche-Passus von *Sein und Zeit* andeutet. Dort lehnt Heidegger den Historismus kategorisch ab, da jeder Versuch, das geschichtliche Leben zu objektivieren, nur entfremdend wirke.[78]

5.

Der unterschiedliche Gebrauch, den Heidegger und Bultmann im Blick auf das eschatologische Denken von der kritischen Funktion der Historie machen, stellte für Löwith heuristisch einen erhellenden Kontrast dar. Die offene Diskussion, die innertheologisch um Bultmanns zweifache Hermeneutik geführt wurde, war ihm zunehmend bekannt, seitdem er sich schon in Sendai von dem Theologen über Fachliteratur informieren ließ, um im amerikanischen Exil am Hartforder Theological Seminary lehren zu können.[79] Für seine große

77 Martin Heidegger: *Beiträge zur Philosophie (Vom Ereignis)*, hrsg. von Friedrich-Wilhelm von Hermann, Frankfurt a. M. 2003, S. 32.

78 Vgl. Heidegger (Anm. 23), S. 396.

79 Karl Löwith an Rudolf Bultmann, 1.9.1939, NL Bultmann, UB Tübingen: »Ich habe nun im Zusammenhang damit eine Bitte an Sie – vielleicht haben Sie einen Assistenten, der Ihnen die Mühe abnehmen kann: wollen Sie bitte so freundlich sein und mir möglichst bald eine Liste der Werke aufschreiben – mit Verlag und Jahreszahl – welche eine gute, mit Textstellen und Interpretation versehene Übersicht über die Dogmen- und Kirchengeschichte geben, sowie überhaupt die wichtigsten Werke zur Geschichte des Christentums, auch Handbücher. Meine diesbezüglichen Kenntnisse sind mehr als lückenhaft.«

Studie *Weltgeschichte und Heilsgeschehen. Die theologischen Voraussetzungen der Geschichtsphilosophie* verarbeitete er nach 1945 auch die kritische Literatur, die der zweiphasigen Hermeneutik Bultmanns galt. Offen berichtete Löwith: »Mehr als ich je dachte, bin ich im Verfolgen der eschatologischen Voraussetzungen der Geschichtsphilosophie in das wenn auch nur dilettantische Studium neutestamentlicher Arbeiten hineingeraten (Althaus, Kümmel, Cullmann), wo ich überall auf Kritik Ihrer existenzialen Interpretation stieß, die, muss ich gestehen, mir meistens einleuchtete.«[80] Offen teilte Löwith in jener Zeit Bultmann »freundschaftlich-gegnerische Randglossen« mit und bekannte sich als »theologischer Dilettant« zum »Widerstand gegen diese scheinbare Intensivierung und wirkliche Entleerung des christlichen Glaubens«. Worin diese lag, erläuterte sein Brief in Anspielung auf einen »so radikale[n] Historiker des Christentums wie Overbeck«, der die anfängliche Hoffnung der paulinischen Gemeinden, der Erlöser werde vom Himmel bald zurückkehren, um die Gläubigen endgültig zu sich zu nehmen, hervorgehoben hatte, während Bultmann die »Umdeutung in Seelenvorgänge« vornehme, um »das Christentum ›gegenwartsfähig‹ zu machen«.[81] Der Briefwechsel, den Löwith über die Emigrationsjahre hinaus mit Bultmann führte, belegt, dass ihr menschliches Verhältnis solch massive Infragestellungen in der Sache aushielt. Zum 70. Geburtstag des Theologen schrieb er im Jahr 1954, also kurze Zeit nach der fulminanten Kritik an Heidegger, anerkennend: »Wenn ich auch nicht Ihr Schüler bin, so weiss ich mich doch nicht minder Ihrer Lebensarbeit und Persönlichkeit aufs Tiefste verbunden und so oft ich an die schönen Marburger Jahre vor 1933 denke, gehören vor allem Sie mit dazu und der ganze Kreis erfreulicher junger Menschen, die sich um Sie und Heidegger gesammelt hat.«[82]

Es scheint, dass die innertheologische Streitkultur um die präsentische Eschatologie ihm sachlich Argumente geliefert und moralisch den Mut gegeben hatte, die historischen Bedingtheiten des seinsgeschichtlichen Denkens freizulegen. Während Löwith sich mit dem Theologen über die existenziale Annäherung an die urchristliche Eschatologie kritisch verständigen konnte, war eine solch freie Auseinandersetzung, die er in den ersten Schülerjahren mit Heidegger durchaus brieflich pflegte, später nicht mehr möglich. Sein Lehrer reagierte auf die entzaubernde Kritik verletzt; das Charisma des ursprünglichen Denkens, dessen eschatologische Ausrichtung von aller

80 Karl Löwith an Rudolf Bultmann, 24.6.1947, NL Bultmann, UA Tübingen.
81 Karl Löwith an Rudolf Bultmann, 19.4.1948, NL Bultmann, UA Tübingen.
82 Karl Löwith an Rudolf Bultmann, 17.8.1954, NL Bultmann, UA Tübingen.

Theologie frei sein sollte, erschien in den Augen des Schülers als eine schöpferische Umwandlung jüdisch-christlicher Gedanken. Die Aura des schöpferischen Denkens litt unter dem Verweis auf die historischen Bezüge und Abhängigkeiten. Heidegger wusste mit Nietzsche, dass die objektivierende Vergegenständlichung vergangener Gedanken ihre heutige Kraft minderte. Das Beispiel der Kritiker Bultmanns zeigt tatsächlich, dass das existenzialphilosophische Denken angreifbar war und die Widersprüche ihm teilweise seine Autorität nahmen. Jedoch blieb der Theologe, sich darin von Heidegger unterscheidend, den liberalen Wurzeln der historisch-kritischen Schule der Objektivierung insofern treu, als er das Ethos intellektueller Redlichkeit vertrat, obwohl durch die entzaubernde Wirkung der wissenschaftlichen Kritik die existenziale Auslegung an charismatischer Strahlkraft verlor.

Hingegen hat Hannah Arendt das stürmische Denken Heidegger anlässlich seines 80. Geburtstages gerade mit seinen bewusst antihistorischen Tendenzen verteidigt. So pries ihr Porträt emphatisch die Fähigkeit ihres ersten Lehrers und Geliebten, »zwischen einem gelehrten Gegenstand und einer gedachten Sache‹« unterscheiden zu können.[83] Das gewaltsame Element seiner Hermeneutik, rücksichtslos Gedanken aus tradierten Zusammenhängen zu brechen und in künstlerischer Manier neu über sie verfügen, ohne seinen Lesern redlich davon Kenntnis zu geben, stilisierte sie als Ausdruck seines schöpferischem Genies.[84]

6.

Auf andere Weise als Hannah Arendt trat Karl Löwith Ende der sechziger Jahre seinem Lehrer doch wieder wesentlich näher, als lange Zeit zu ahnen war. Denn trotz seiner skeptischen Haltung, die ihn zur radikalen Kritik an Heidegger führte, entwickelte der späte Löwith selbst eine reduzierte Form der Geschichtsphilosophie. Auch wenn der Horizont zukünftiger Entbergung nicht das Sein war, das nach dem geduldigen Durchgang durch die geschichtliche Welt sich end-

83 Vgl. Arendt (Anm. 25).

84 Hannah Arendt äußert dies in ihrem Essay über Walter Benjamin, dem sie »Heideggers Spürsinn für das« zuspricht, »was aus lebendigem Auge und lebendigem Gebein Perle und Koralle geworden und als solches nur durch die ›Gewaltsamkeit‹ der Interpretation [...] zu retten« sei.: Vgl. Hannah Arendt, »Walter Benjamin (Essay 1968/71)«, in: *Arendt und Benjamin. Texte, Briefe, Dokumente*, hrsg. von Detlev Schöttker und Erdmut Wizisla, Frankfurt a. M. 2006, S. 97.

gültig den Empfänglichen offenbaren werde, bestand eine strukturelle Parallele mit dem eschatologischen Denken seines Lehrers. Sachlich orientierte sich Löwith am späten Nietzsche. Ihn faszinierte der Gedanken der ewigen Gleichheit des kosmischen Geschehens, dass die natürlichen Ursprünge vor aller historischen Welt lagen und dass sie sich nach der Trübung durch die Zeit menschlichen Wollens erneut in ihrer Reinheit zeigen würden.

In diesem Sinne hatte sich schon der letzte Essay von *Denker in dürftiger Zeit* eigenwillig auf Nietzsches späte Philosophie und ihre radikale Infragestellung des historischen Bewusstseins bezogen.[85] Er verstand darin die Willensphilosophie des *Zarathustra* als philosophische Selbstaufhebung, da Nietzsche sich im »›Zurückwollen‹ zu allem, was immer schon war, von sich selber« befreit habe. Somit würden in dem »wiederholenden Kreislauf« alle auf Zukunft hin entworfenen »Willensziele, Zwecke und Wertsetzungen« mit der Zeit überflüssig.[86] Diese Deutung will den griechisch-christlichen »Zwiespalt von ewig natürlichem Sein und menschlichem Wollen und Werten« auflösen; dies sei als vollkommenes Vergessen erst dem erkrankten Nietzsche im psychischen Zusammenbruch gelungen.[87] Löwith verortete Nietzsche somit jenseits des Christentums beim vorsokratischen Denken des kosmischen Kreislaufes, er habe »anfänglich und zugleich zukünftig« gedacht.[88]

Entsprechend entwickelte Löwith unter dem Titel *Welt und Menschenwelt* eine Ansicht vom philosophischen Verstehen, die alle leitenden Erkenntnisinteressen, seien sie animalischer, sozialer oder existenzieller Art, als Abfall von der vornehmen Haltung des reinen »Wissenwollens um des Wissens willen« beschrieb.[89] Das interessengeleitete Denken sei eine Folge des Christentums, das die höhere Gleichmütigkeit, wie sie im griechischen Denken vorhanden gewesen sei, vor allem durch Augustin zerstört habe. In dessen Nachfolge sah er Heideggers Denken seit *Sein und Zeit*, da die »›Erschütterung alles Seienden‹ im ›jetzigen Weltaugenblick‹« für den Einzelnen das zentrale Motiv darstellte, um die »Frage nach dem Sein« zu stellen.[90] Das seinsgeschichtliche Denken, das zu den urchristlichen, endzeitlichen Perspektiven der Frühzeit in philosophisch ausgebildeter Form zu-

85 Vgl. Löwith (Anm. 1), S. 180.
86 Ebd., S. 219.
87 Ebd., S. 225.
88 Ebd., S. 223.
89 Vgl. Karl Löwith, »Mensch und Menschenwelt (1960)«, in: ders., *Sämtliche Schriften*, Bd. 1: *Mensch und Menschenwelt. Beiträge zur Anthropologie*, hrsg. von Klaus Stichweh und Marc de Launay, Stuttgart 1981, S. 295-328, 315.
90 Vgl. Löwith (Anm. 1), S. 312.

rückkehrte, steht demnach ebenso unter dem Diktat des subjektiven Wünschens und Wollens. Und dies, so ist im Rückblick auf den Gang der Untersuchung zu sagen, obwohl die existenziale Entschiedenheit nach der »Kehre« die passive Gestalt kontemplativer Empfänglichkeit annahm, während Heidegger um 1933 irrtümlich meinte, dass die allgemeine Entschiedenheit von *Sein und Zeit* mit den aktiven Figuren geschichtlichen Lebens sich in Deutschland besonders erfüllen würde.

Kehrt man zu Löwith zurück, so ist sein Anspruch der distanzierten Betrachtung der Geschichte, die sich im Gedanken beruhigt, dass sie vor dem kosmisch zukünftigen Horizont des ewig Gleichen nur einen verschwindenden Augenblick darstelle, ebenfalls nicht als interesseloses Schauen zu beurteilen. Die vornehme Haltung des philosophischen Theoretikers geht, hermeneutisch betrachtet, über die historische Kritik hinaus. Denn die Sicht auf den Kosmos, die zu wissen vorgibt, dass kein providentieller Horizont anderer Art der provisorischen Geschichte folge, lebt auf ihre reduzierte Weise auch vom spekulativen Denken. Der scheinbare Verzicht auf das wunschgeleitete Denken überschreitet den Horizont skeptischen Wissens und entpuppt sich im Kern als sublime Form der Geschichtsphilosophie, indem ihre Vergeblichkeit kategorisch behauptet wird.

Auf die innere Aporie des Versuchs, philosophisch das historisch-spekulative Denken grundsätzlich zu diskreditieren, wies aus der providentiellen Perspektive, die seine wirkungsgeschichtliche Hermeneutik bietet, Hans-Georg Gadamer hin.[91] Nach ihm unterstrich Jürgen Habermas, der als junger Extraordinarius Löwith im Heidelberg der sechziger Jahre erlebte, die heikle Intention, »mit Hilfe des Anspruchs Geschichte vernünftig begriffen zu haben, den Anspruch historischen Begreifens als solchen« entkräften zu wollen.[92] Dieter Henrich, der über seinen Lehrer Gadamer früh in die Tradition der Marburger Hermeneutik eingeführt wurde und in den Heidelberger Jahren Löwith auch nahe stand, erfasste den Sachverhalt im Detail. Zu dessen 70. Geburtstag sprach er Anfang 1967 davon, dass das »wahrhaft Einfache« dieser stoischen Philosophie darin liege, den kritischen Rekurs von der »Welt der Geschichte« zur »Welt der Natur« zu suchen, um ein »Verläßlich-Gründendes« zu finden.[93] Die stoische Vor-

91 Vgl. Hans-Georg Gadamer, *Wahrheit und Methode. Grundzüge einer philosophischen Hermeneutik*, 4. Aufl., Tübingen 1975, S. 472 f.

92 Vgl. Jürgen Habermas, »Karl Löwith. Stoischer Rückzug vom historischen Bewusstsein«, in: ders., *Philosophisch-politische Profile*, Frankfurt a. M. 1981, S. 195-216, 201.

93 Vgl. Dieter Henrich, »Sceptico Sereno. Rede am 9.1.1967«, in: Hermann Braun (Hrsg.): *Natur und Geschichte. Karl Löwith zum 70. Geburtstag*. Stuttgart, 1967.

sicht, die Löwith hermeneutisch leitet, war vor aller philosophischen Anregung geprägt durch das Vorbild, das sein Vater ihm bot. Nach dessen Tod bekennt der junge Löwith 1932 in einem persönlichen Brief an Gerhard Krüger, der als Philosoph eine Vermittlung zwischen griechischem Denken und christlichem Glauben suchte: »In meines Vaters Vermächtnis an mich, welches eine Zusammenfassung seines Lebens enthält, ist nur die Rede von der ›Härte‹ und von der ›Schönheit‹ des Lebens und von den ›Schicksalen‹, die den Menschen betroffen haben und von der eigenen Verantwortung, die darin liegt, wie man es ›trägt‹. Und das alles finde ich menschlich, männlich und wahr – als Sohn meines Vaters und als einer der ›philosophiert‹.«[94]

Als solch skeptischer Stoiker gesteht Löwith am Ende seines Lebens zu, dass seine weltflüchtige Gelassenheit und ihr kosmologischer Grund strukturelle Parallelen mit dem Denken seines Lehrers aufweisen. Hielt er noch Mitte der dreißiger Jahre die Welt der Geschichte im Buch über Jakob Burckhardt der tröstenden Betrachtung für wert, so entwickelte er seit den japanischen Jahren vollends eine reine Kontemplation der natürlichen Welt. Ihre zukünftige Reinheit, die mit dem kommenden Untergang des menschlichen Wollens gänzlich eintreten werde, war die Hoffnung, auf die der Schüler Heideggers seine eigene Eschatologie gründete. Ihre Unabhängigkeit vom selbstherrlichen Trachten der geschichtlichen Welt entspricht demnach der ontologischen Qualität, die Heidegger einzig dem Sein zugesprochen hatte. Auch Löwith sucht einen Horizont zukünftiger Entbergung. Geschichtsphilosophisch betrachtet, setzt Löwith den Gedanken der ewigen Wiederkehr des Natürlichen gleichrangig neben das seinsgeschichtliche Diktum des erwarteten Ereignisses, der »Ankunft des Seins«.[95]

So reklamiert er 1969 anlässlich von Heideggers 80. Geburtstag, als er wieder ins Gespräch mit seinem Lehrer tritt, für die Natur die Priorität fragloser Selbständigkeit. Damit steht er seinem philosophischen Lehrer näher, als die skeptische Ausrichtung an Max Weber und Franz Overbeck ahnen ließ. Das Ereignis, dass sich das Seiende in seiner ursprünglichen Gestalt als natürlicher Kosmos wieder vollkommen entbergen werde, wenn die geschichtliche Bewegung gänzlich vergangen sei, steht zumindest strukturell der Eschatologie Heideggers nahe. Löwith wusste dies und sagte selbstironisch von seinem Anspruch, dem Seinsdenken die »Welt der Natur« alternativ zur Seite zu stellen, er bedeute, dass »das Wesentliche ein Einfaches ist – bei mir vielleicht etwas allzu Einfaches.«[96]

94 Karl Löwith an Gerhard Krüger, 28.11.1932, NL Krüger, UA Tübingen.
95 Heidegger (Anm. 36), S. 363.
96 Löwith (Anm. 1), S. 289.

Carsten Dutt

Hans-Georg Gadamer und Martin Heidegger

Das erste Jahrzehnt

Horst-Jürgen Gerigk zum 70. Geburtstag

Der Vorschlag, die nachmals in den Rang von Koryphäen aufgestiegenen Marburger geisteswissenschaftlichen Jungakademiker der 1920er- und 1930er-Jahre »zwischen Tradition und Krise« zu verorten, legt die Frage nahe, von welcher Tradition (oder welchen Traditionen) und von welcher Krise (oder welchen Krisen) in Bezug auf die thematischen »Hermeneuten« mit hermeneutischem Gewinn zu handeln sei. Hans-Georg Gadamers *Marburger Erinnerungen*[1] bringen gleich eingangs die politischen Krisen der Nachkriegszeit zur Sprache: den »Zusammenbruch des Kaiserreiches«, die »Gründung der neuen Republik und die Schwäche dieser Weimarer Republik«. Sie, so liest man, »bildeten den Hintergrund für eine geradezu wilde Orientierungsnot, in der sich die damalige Jugend befand«. Und weiter heißt es: »Deutschland war damals der Demokratie so wenig gewachsen wie heute die Welt ihrer eigenen technischen Perfektion« (L,14).

Nach diesem Auftakt muss es verblüffen, dass die politischen Zeitläufte und ihre Großereignisse in Gadamers Bericht nur sehr sporadisch Erwähnung finden; so etwa die Ruhrbesetzung, aber auch sie nur, weil ein »unbekannter, ein bißchen größenwahnsinnig veranlagter Student« eine neu angeschaffte Thomas-Ausgabe und weitere wertvolle Bücher aus der von Gadamer nicht eben streng verwalteten Bibliothek des Philosophischen Seminars ohne Leihzettel entnommen und in seinen Heimatort im Ruhrgebiet gebracht hatte – »angeblich zur Anfertigung einer Dissertation über ›Die Idee‹«. Unter den obwaltenden Umständen war es nun einigermaßen schwierig, die Bücher nach Marburg zurückzuholen. Aber ein anderer Student – »der

1 Zuerst erschienen in: *Alma mater philippina* (SS 1973), S. 23-27; (WS 1973/74), S. 19-24; (SS 1974), S. 15-19. Im Folgenden zitiert mit Sigle L und Seitenzahl nach dem erweiterten Wiederabdruck in: Hans-Georg Gadamer, *Philosophische Lehrjahre*, Frankfurt a. M. 1977, S. 14-110.

spätere Romanist Fritz Schalk« – kommt Gadamer mit seinem österreichischen Pass zu Hilfe (L,20). Die Geschichte ist exemplarisch für die soziale Konfiguration, die die etwa gleichaltrigen Freunde und Bekannten in einem universitätszentrierten Leben zu äußerer und »innerer Geselligkeit« verband: »Das Marburg der zwanziger Jahre war noch nicht die Massenuniversität von heute, und vollends in der Kleinstadt, die Marburg damals war, stellte sich der Kontakt zwischen den Zusammengehörigen immer auf leichte Weise her. Im Grunde waren ja alle sogenannten Bildungserlebnisse gemeinsam. Kein Vortrag, keine Dichterlesung, kein Theaterabend, ja beinahe kein Konzert konnte stattfinden, ohne daß man sich dort traf und sich auf das Erfahrene beziehen konnte« (L,39). Vorträge, Dichterlesungen, Theaterabende, Konzerte – in der Tat: Bildungserlebnisse im klassischen, nämlich bürgerlichen Sinne; und außerdem Spaziergänge mit Ernst Robert Curtius, Teekesselspiele im Kreis um Nicolai Hartmann sowie – über 15 Jahre hinweg – ein allwöchentlich exklusiv den Klassikern der griechischen Literatur gewidmeter Lektüreabend im Hause Rudolf Bultmanns: »die Gracca« (L,38). Was Gadamer aus der Marburger Welt der 1920er- in den 1970er-Jahren erinnert, ist – nach einer treffenden Formulierung von Jürgen Habermas – »wie durch eine Glaswand getrennt von dem politischen Geschehen der Weimarer Republik«.[2]

Gadamer selbst beschreibt sein und seiner Weggefährten Desinteresse an den politischen Entwicklungen hin zu Hitlers Machtübernahme im Frühjahr 1933 als Krisenblindheit: »Es war ein schreckliches Erwachen, und wir durften uns wohl alle nicht ganz davon freisprechen, daß wir es an staatsbürgerlicher Aktivität vorher hatten fehlen lassen. Wir hatten Hitler und die Seinen unterschätzt und folgten darin freilich der liberalen Presse. Keiner von uns hatte *Mein Kampf* gelesen, wohl aber hatte ich mir Alfred Rosenbergs *Der Mythus des zwanzigsten Jahrhunderts*, lt. Frankfurter Zeitung die philosophische Darstellung des Ideengutes des Nationalsozialismus, zu Gemüte geführt, und daß ich in diesem verblasenen Zeug keine Gefahr sah, ist wohl zu verstehen« (L,51). Verblasenes Zeug, gewiss, ganz schrecklich verblasenes Zeug. Aber keine Gefahr? Gadamer verkennt noch im Rückblick, dass es Texte eben dieses Zuschnitts und dieser Auflagenhöhe waren, die breitenwirksam, also höchst gefährlich nazistische Einstellungen und Handlungsbereitschaften mitformierten – nicht als in sich geschlossene und philosophisch irgend beachtliche Argumentationszusammenhänge selbstverständlich, sondern als Gärmasse antisemitischer Feindbegrifflichkeit.

2 Jürgen Habermas, »Urbanisierung der Heideggerschen Provinz«, in: ders., *Philosophisch-politische Profile*, Frankfurt a. M. 1981, S. 392-401, 394.

Anhand der *Marburger Erinnerungen* drängt es sich geradezu auf, die Politikvergessenheit des jungen Gadamer als Element eines geistesaristokratischen Selbstverständnisses zu interpretieren. »Ich lese grundsätzlich nur Bücher, die mindestens 2000 Jahre alt sind«, so hat Gadamer nach eigenem Bericht einmal Max Kommerell auf die Frage nach seiner Kenntnis irgendeiner Neuerscheinung hin beschieden (L,47). In diesem Bescheid spricht sich viel aus: Nicht nur der Hochmut des Spezialisten für griechische Philosophie, auch die Selbstgenügsamkeit einer akademischen Existenz, die sich in der auf Platons Lehreinrichtung zurückgehenden Tradition gegründet und dazu berufen weiß, sie fortzusetzen. Die zitierte Bemerkung könnte von einem Großordinarius des 19. Jahrhunderts stammen, und zweifellos haben hier Gadamers ganz persönliche Herkunftswelt und seine in dieser Herkunftswelt wurzelnde Sozialisation und Individuation ihren Anteil. Gadamer war ja der Sohn eines renommierten Professors; freilich eines naturwissenschaftlichen, des pharmazeutischen Chemikers Johannes Gadamer (1867-1928), der es nicht eben gerne sah, dass sein heranwachsender Sohn musische Neigungen pflegte und nach dem Abitur im Jahre 1918 ein zunächst recht unübersichtlich strukturiertes geisteswissenschaftliches Studium an der Universität seiner Heimatstadt Breslau aufnahm.[3] Des Vaters Sottise von den »Schwätzprofessoren«, mit denen der Sohn sich eingelassen habe (L, 15), hat Gadamer oft erzählt. Aber auch wenn er – nach C. P. Snows Unterscheidung[4] – in die andere der »zwei Kulturen« überwechselte, so blieb er doch in den Bahnen der gelehrten Welt. Er folgte ihren Verkehrsformen und suchte nach Kräften, den fachlichen Standards seiner Studienfächer zu entsprechen: ein *homo academicus* durch und durch traditionellen Zuschnitts.

Als Johannes Gadamer 1919 einen Ruf nach Marburg erhält, wechselt auch der Sohn dorthin. Er konzentriert sich fortan aufs Studium der Philosophie und wird bereits im Mai 1922 mit einer bei Paul Natorp, dem Schulhaupt des Marburger Neukantianismus, angefertigten Dissertation über *Das Wesen der Lust nach den platonischen Dialogen* zum Dr. phil. promoviert. In diesem Zusammenhang gibt ein Detail der Gadamer'schen Erinnerungen Aufschluss über den familien-

3 Vgl. L,10: »Wenn man als schüchterner Achtzehnjähriger begann, sich ganz auf eigene Faust im Studium umzuschauen, war man zunächst recht hilflos – und zersplitterte sich rettungslos. Germanistik (Th. Siebs) und Romanistik (A. Hilka), Geschichte (Holtzmann, Ziekursch) und Kunstgeschichte (Patzak) und Musikwissenschaft (Max Schneider), Sanskrit (O. Schrader), Islamistik (Praetorius), an allem naschte ich herum.«

4 Vgl. C. P. Snow, *Die zwei Kulturen. Literarische und naturwissenschaftliche Intelligenz*, Stuttgart 1967.

stolzen Institutionalismus des jungen Doktoranden: Er beeilt sich mit der Fertigstellung und Einreichung der Arbeit, auf dass seine Promotion noch unter dem Rektorat seines Vaters vollzogen werden könne, – und in der Tat trägt Gadamers Promotionsurkunde die Unterschrift des 1922 amtierenden Rektors Johannes Gadamer.

Die Arbeit selbst, 116 mit »summa cum laude« bewertete Typoskriptseiten, ist in Fragestellung, interpretatorischer Begrifflichkeit und textanalytischer Durchführung ganz den Vorgaben verpflichtet, die Paul Natorp ein Jahr zuvor im metakritischen Nachwort zur Neuauflage seines zuerst 1903 erschienenen Buches über *Platos Ideenlehre* zum Thema *hedonē* formuliert hatte.[5] Korreferent der Dissertation war Nicolai Hartmann, der »Avantgardist innerhalb der damaligen Marburger Schule«, wie ihn Gadamer später halb lobend, halb ironisierend etikettiert hat.[6] »Avantgardist« war Hartmann als produktiver Rezipient phänomenologischer, speziell Scheler'scher Impulse auf dem Gebiet der Moralphilosophie, vor allem jedoch als Epistemologe. 1921 hatte er in seinen *Grundzügen einer Metaphysik der Erkenntnis* den Abschied vom Erzeugungsidealismus der Marburger Schule vollzogen[7] und sich damit auf den Weg zur Ausarbeitung einer die »idealistische Denkimmanenz des Seins in eine Seinsimmanenz des Denkens« umkehrenden »kritischen Ontologie« gemacht.[8] Unter der Anleitung Hartmanns, der mit dem jungen Gadamer geradezu freundschaftlichen Umgang pflegte – die *Marburger Erinnerungen* schildern das anrührend –, wuchs dieser also nicht etwa in die geruhsame Fortsetzung einer philosophischen Schultradition hinein. Er er-

5 Zur Abhängigkeit der Gadamer'schen Dissertation von Natorps Platon-Interpretation vgl. die Hinweise bei Jean Grondin, *Hans-Georg Gadamer. Eine Biographie*, Tübingen 1999, S. 95-100.

6 Hans-Georg Gadamer, »Die Marburger Theologie« (1964), in: ders., *Gesammelte Werke*, Bd. 3: *Neuere Philosophie I*, Tübingen 1987, S. 197-208, 198.

7 Vgl. die programmatische Stellungnahme zugunsten des erkenntnistheoretischen Realismus im Eröffnungssatz des Buches: »Die nachstehenden Untersuchungen gehen von der Auffassung aus, daß Erkenntnis nicht ein Erschaffen, Erzeugen oder Hervorbringen des Gegenstandes ist, wie der Idealismus alten und neuen Fahrwassers uns belehren will, sondern ein Erfassen von etwas, das auch vor aller Erkenntnis und unabhängig von ihr vorhanden ist« (*Grundzüge einer Metaphysik der Erkenntnis*, Berlin/Leipzig 1921, S. 1).

8 Vgl. hierzu vor allem Hartmanns Bücher *Zur Grundlegung der Ontologie* (Berlin 1935) und *Neue Wege der Ontologie* (Berlin 1942). – Über den philosophiegeschichtlichen Ort Hartmanns informiert kenntnisreich Martin Morgenstern, *Nicolai Hartmann. Grundlinien einer wissenschaftlich orientierten Philosophie*. Tübingen 1992. Eine lesenswerte Biografie bietet Wolfgang Harich, *Nicolai Hartmann. Leben, Werk, Wirkung*, hrsg. von Martin Morgenstern, Würzburg 2000.

lebte die Krise des Neukantianismus und die Anfänge dessen, was wir heute als Wende von der Transzendentalphilosophie neukantianischen Zuschnitts zu den Denkformen der Neoontologie beschreiben. Freilich, bei Hartmann war das eine Wende im Rahmen behutsamer Argumentationen, die sich auch weiterhin bewusstseinsphilosophischer Begriffe bedienten und an keiner Stelle die Normalform des philosophischen Diskurses ihrer Zeit sprengten. Eine Wende, kein Bruch. Und schon gar kein Bruch, der sich auch äußerlich, durch den Bruch mit den Gepflogenheiten akademischer Selbstpräsentation, zur Geltung gebracht hätte. Nicht anders als seine neukantianischen Lehrer und Amtsvorgänger dozierte Nicolai Hartmann im schwarzen Rock.

Dass sein Schüler Gadamer – anders als der Eröffnungszug der *Marburger Erinnerungen* es suggeriert ein von »wilder Orientierungsnot« gewiss nicht geplagter Sprössling des universitären Establishments – gleichwohl für Anderes, radikal Anderes bereit und empfänglich war, zeigt die Begegnung mit Martin Heidegger im Jahre 1923. Nicht ohne Einschlag von Undankbarkeit und wohl auch nicht ohne die dazugehörige Reaktion des Übelnehmens führte sie unverzüglich zur Distanzierung von Hartmanns Projekten zur Transformation der Philosophie.[9]

Der alte Gadamer beschreibt diese Distanzierung positiv als Konversion und Heideggers Erscheinen hoch pathetisch als »ein elementares Ereignis, nicht nur für mich, sondern für das Marburg jener Tage, eine so zusammengefasste geistige Energie, dabei von einer solchen schlichten Kraft des sprachlichen Ausdrucks und von einer solchen radikalen Einfachheit im Fragen, daß einem wie mir das gewohnte und mehr oder minder gekonnte Scharfsinnsspiel mit den Kategorien oder Modalitäten verging« (L,30). Man könne sich das Auftreten Heideggers, der auch im äußeren Erscheinungsbild auf Differenz setzte, indem er eben keinen schwarzen Rock trug, sondern »den sogenannten existentiellen Anzug, eine von dem Maler Otto Ubbelohde entworfene, an die Bauerntrachten leicht angelehnte neue Herrenkleidung« (L, 215), – man könne sich »Heideggers Auftreten in Marburg gar nicht dramatisch genug vorstellen«, obschon er es doch damals auf Dramatik und »Sensation« gewiss nicht angelegt hätte (L,214). Womit Gadamer nun freilich Unrecht hat: Aus Heideggers Briefen an Karl Jaspers geht hervor, dass er bei seinem Amtsantritt in

9 Öffentlich vollzog sich das in den bereits aus Heidegger'schen Vorgaben entwickelten Einwendungen von Gadamers Rezension »Metaphysik der Erkenntnis. Zu dem gleichnamigen Buch Nicolai Hartmanns«, in: *Logos* 11 (1923/24), S. 340-359. Vgl. hierzu Grondin (Anm. 5), S. 92.

Marburg Sensationelles, den universitätsphilosophischen Erwartungshorizont Durchschlagendes sehr wohl intendierte und speziell Nicolai Hartmann durch das »Wie [s]einer Gegenwart die Hölle heiß zu machen« bestrebt war, wozu er eigens – die der Sprache des Ersten Weltkriegs entstammende Metapher lässt an Deutlichkeit nichts zu wünschen übrig – einen »*Stoßtrupp* von 16 Leuten« mit sich führte.[10] Zu diesem »Stoßtrupp« zählte inzwischen auch Gadamer, der das Sommersemester 1923, Heidegger zu hören, in Freiburg verbrachte hatte und – begeistert war.

Voraufgegangen waren dem Freiburger Studienaufenthalt Erzählungen anderer Marburger, die an die Albert-Ludwigs-Universität gegangen waren und nach ihrer Rückkehr »von der seltsamen Ausdrucksweise und suggestiven Macht des jungen Assistenten Husserls« berichteten (L,24). Voraufgegangen war auch eine erste Textbegegnung: die Lektüre des so genannten Natorp-Berichts im Herbst 1922. Es handelte sich dabei um den ersten, »Anzeige der hermeneutischen Situation« überschriebenen Teil der *Phänomenologischen Interpretationen zu Aristoteles*, einer Ausarbeitung für die Marburger Philosophische Fakultät, die zur Grundlage für Heideggers Berufung zum Extraordinarius wurde.[11] Gadamers Erinnerungen schildern die *prima facie*-Wirkung dieses Textes so: »Wie ich dieses Manuskript kennenlernte, war ich sofort wie gebannt. Wie dort die Ausarbeitung der hermeneutischen Situation einer Aristoteles-Interpretation aufgebaut wurde, Luther und Gabriel Biel, Augustin und das Alte Testament ins Spiel kamen und damit das griechische Denken in seiner Sonderart und in seiner Anfänglichkeit sich abzeichnete – ich weiß nicht, wieviel ich eigentlich verstand. Schließlich war ich meinem Doktortitel zum Trotz ein 22jähriger Junge, der mehr dunkel ahnte und auf Dunkles ahnungsvoll reagierte, als daß er wirklich wußte, worum es ging« (L,24).

Das Bekenntnis zur jugendlichen Faszination durch *obscuritas* steht in Gadamers Heidegger-Reminiszenzen nicht allein. Es ist repräsentativ. Denn Gadamer berichtet, wo immer er über die Anfänge seiner Lehrjahre bei Heidegger berichtet, nicht vom Überzeugtwerden durch Argumente, sondern vom Überwältigtwerden durch Charisma. So im Hinblick auf Heideggers Marburger Vorlesungen: »Die großen Büchermonologe verloren durch Heidegger ihren Vorrang.

10 24. Juli 1923, in: Martin Heidegger/Karl Jaspers, *Briefwechsel 1920-1963*, Frankfurt a. M. 1990, S. 41 (Hervorhebung im Original).

11 Martin Heidegger, *Phänomenologische Interpretationen zu Aristoteles* [Ausarbeitung für die Marburger und die Göttinger Philosophische Fakultät (1922)], hrsg. von Günther Neumann, mit einem Essay von Hans-Georg Gadamer, Stuttgart 2003.

Was er gab, war mehr: es war der volle Einsatz der ganzen Kraft – und welcher genialen Kraft – eines revolutionären Denkers, der vor der Kühnheit seiner Fragen selber förmlich erschrak und den die Leidenschaft des Denkens so erfüllte, daß sie auf sein Auditorium mit einer durch nichts zu brechenden Faszination überging. Wer wird je die bitterböse Polemik vergessen, mit der er den Kulturbetrieb der Zeit karikierte, die ›Tollheit auf die Nähe‹, das ›Man‹, das ›Gerede‹, ›dies alles ohne abschätzige Bedeutung‹ – auch das noch! –, wer den Sarkasmus, mit dem er Kollegen und Zeitgenossen bedachte, wer, der ihm damals folgte, den atemberaubenden Wirbel von Fragen, die er in den einleitenden Stunden des Semesters entwickelte, um sich dann selber in der zweiten oder dritten dieser Fragen ganz zu verstricken – und erst in den letzten Stunden des Semesters ballten sich dann die tiefdunklen Satzwolken zusammen, aus denen Blitze zuckten, die uns halb betäubt zurückließen« (L,214).

Derlei Passagen sind keine angenehme Lektüre, ganz gleich, ob man den Griff zu Epiphanie-, also Gottesmetaphern – »die tiefdunklen Satzwolken« und die daraus zuckenden »Blitze« – für eine Stilisierung *ex post* oder für eine getreue Widerspiegelung des ehedem Erlebten halten mag. In dem Heidegger-Bild, das Gadamers *Marburger Erinnerungen* vermitteln, steckt nicht wenig von dem, was Robert Musil in einer Tagebuchnotiz aus dem Jahre 1937 »geistige Diktatorenverehrung« genannt hat: »Lange vor den Diktatoren hat unsere Zeit die geistige Diktatorenverehrung hervorgebracht. Siehe George. Dann auch Kraus und Freud, Adler u. Jung. Nimm noch Klages und Heidegger hinzu. Das Gemeinsame ist wohl ein Bedürfnis nach Herrschaft und Führerschaft, nach dem Wesen des Heilands.«[12] Gadamer selbst spricht freilich nicht von einem Bedürfnis »nach dem Wesen des Heilands« (dass es mitschwingt, deutet sich in seinen Schilderungen an), wohl aber von einem »weltanschaulichen Bedürfnis«, das durch den jungen Heidegger befriedigt worden sei: »Die Fragen, die einer aufgewühlten, in ihrer Bildungstradition, in ihrem Kulturstolz erschütterten, von den Schrecken der Materialschlachten des Ersten Weltkrieges gelähmten Generation auf den Nägeln brannten, waren auch seine Fragen. Damals war gerade der Briefwechsel van Goghs erschienen, dessen malerisches Furioso dem Lebensgefühl dieser Jahre entsprach. Auszüge aus diesen Briefen lagen unter Heideggers Tintenfaß auf seinem Schreibtisch und wurden gelegentlich in der Vorlesung zitiert. Dostojewskijs Romane wühlten uns auf. Die roten Piper-Bände leuchteten wie Flammenzeichen von jedem Schreibtisch. In den Vorlesungen des jungen Heidegger spürte man die gleiche Sug-

12 Robert Musil, *Tagebücher*, hrsg. von Adolf Frisé, Reinbek 1983, S. 896.

gestionskraft. Im Wirbel der radikalen Fragen, die Heidegger stellte, die sich ihm stellten, denen er sich stellte, schien sich die seit einem Jahrhundert aufgerissene Kluft zwischen der akademischen Philosophie und dem weltanschaulichen Bedürfnis zu schließen«.[13]

Soviel aus und zu der Rückschau, die Gadamer Jahrzehnte später gehalten hat. Es ist, wie wir heute wissen, eine ergänzungsbedürftige Retrospektive, deren Leerstellen aufgefüllt sein wollen. Autobiografisch hält Gadamer »eine völlige Erschütterung allzu früher Selbstsicherheit« fest, die er im Umgang mit Heidegger erfahren habe (L,23). Was in dieser Formulierung nur sehr zurückhaltend angedeutet und im Kontext der *Marburger Erinnerungen* von der Poesie jugendlicher Faszination und lebenslanger Verehrung überstrahlt wird, hat Jean Grondins materialreiche Gadamer-Biografie aus dem Jahre 1999 in das Bild eines mühevollen und lange Zeit erfolglosen Kampfes um Anerkennung übersetzt: So sehr Gadamer auf den ersten Blick von Heidegger angetan war, so wenig dieser von ihm. Nach Abschluss des Freiburger Sommersemesters 1923 teilte Heidegger seinem älteren Schüler Karl Löwith in einem Brief folgende Eindrücke über den Besucher aus Marburg mit: »[Gadamer], ursprünglich Hönigswald-Natorp- jetzt begeisterter Hartmann-Anhänger – in diesem Semester bei mir angeschlossen – sehr versiert – voll akademischen Klatsches – sehr impressionabel – sein Vater Ordinarius in Marburg – er will sich bei Hartmann habilitieren – dazu über Aristoteles arbeiten – vorläufig sehe ich gar nichts Positives bei ihm. Redet Begriffe und Sätze nach – ist genau so hilflos wie sein ›Meister‹ –. Ich werde mich hier unbedingt dazwischen stellen, wenn es zu einer schnellen Habilitation kommen sollte. Er schreibt jetzt eine Rezension über Hartmanns ›Metaphysik‹ [der Erkenntnis, C. D.] – die Gedanken hat er von mir – von Philosophie hatte er bislang nicht die leiseste Ahnung.«[14] Auch in den ersten Marburger Jahren gestaltete sich das Verhältnis schwierig. Gadamer avancierte zwar zum Hilfsassistenten, aber »Heidegger zeigte sich von seiner Leistung mehr und mehr enttäuscht und machte daraus keinen Hehl«.[15]

Die in Gadamers Nachlass erhaltenen Heidegger-Briefe bestätigen Grondins Darstellung. Es sind sachlich kühle und manchmal eisige Mitteilungen. So wies Heidegger im Februar 1925 in der Tat einen ersten, Platon und Aristoteles gewidmeten Habilitationsversuch Gadamers als inakzeptabel zurück:

13 Hans-Georg Gadamer, *Martin Heidegger 75 Jahre*, in: ders., *Gesammelte Werke*, Bd. 3 (Anm. 6), S. 186-196, 189.

14 An Karl Löwith, 23.8.1923, zit. nach Grondin (Anm. 5), S. 131.

15 Grondin (Anm. 5), S. 138.

Marbg. 14. II. 25.

Lieber Herr Gadamer!

In Ihrem eigensten Interesse möchte ich Sie bitten, Ihre Habilitationspläne rein praktisch zu nehmen und alle persönlichen und freundschaftlichen Momente dabei zurückzustellen.
Sie machen es sich selbst unmöglich, in einem ganz anderen Maße in der wissenschaftlichen Arbeit zuzugreifen, wenn Sie sich über die Tatsache hinwegtäuschen, daß die Arbeit weder Hartmann noch mir genügt. Wenn ich Sie ausdrücklich auf die Notwendigkeit sowohl sachlich phänomenologischer Vorbereitung wie Heranziehung der grundsätzlichen ontologischen Probleme im Anschluß an de anima hingewiesen habe, dann machte ich die Voraussetzung, *daß Sie selbst merken, was damit gefordert ist.*
Der Fragepunkt für die Beurteilung ist nicht, ob die Arbeit mit Hartmann oder mit mir übereinstimmt. So wie Sie mich kennen, bin ich gerade dagegen am meisten skeptisch. Ich ging in der Erwartung an die Durchsicht der Arbeit, daß nun das komme, was Sie mir in Ihrem Freiburger Semester ankündigten.
Und wenn ich Ihnen sagte, daß die ἡδονη Behandlung gut sei, dann werden Sie das nicht auslegen, daß die ganz unzureichende Durcharbeitung des Unterbaues dadurch ausgeglichen werde.
Denn die ἡδονη selbst in ihrer phänomenalen Struktur haben Sie doch sachlich überhpt. nicht zum Thema gemacht.
Das ist aber mitgefordert, wenn ich eine strenge Fundierung des Ganzen fordere.
Als Sie mir auf meine diesbezügliche Frage antworten mußten, das vorliegende Ms. sei die *erste* geschlossene Niederschrift, wurde ich sehr stutzig u. sagte Ihnen, es sei eine Selbstverständlichkeit, daß man aus fertigen Niederschriften *recht eigentlich arbeiten* könne.
All das erweckt mir den Eindruck, daß Sie sich doch über das, was gefordert wird u. was Ihnen an Arbeit bevorsteht, in einer großen Selbsttäuschung bewegen.
Ich kann Ihnen nur wiederholen, was ich Löwith vor einem Jahr ganz deutlich sagte, daß einzig die wissenschaftliche Qualität entscheide und so etwas wie Schülerschaft u. gar auch eine langjährige nicht im mindesten ins Gewicht falle.
Helfen kann ich Ihnen nur, wenn Sie selbst dafür vorbereitet, d. h. sich ganz klar darüber sind, daß dieser Versuch *bei Hartmann u. mir mißlang.*
Wann und wie u. wer Sie habilitiert, ist jetzt ganz nebensächlich. Einzig darauf können Sie sich konzentrieren, eine solide Arbeit zu liefern.

Wenn Sie nicht gegen sich selbst hart werden und sich die Arbeit abringen können, dann täuschen Sie sich darüber, was Ihnen in der akademischen Laufbahn bevorsteht.
Ich bin doch in dem, was ich verlange u. von mir selbst verlange, deutlich genug.
Ich hatte erwartet, daß Sie nach meinem ersten Urteil die Arbeit sofort zurückzögen.
Sie müssen sich ganz klar darüber sein, daß weder freundschaftliche Momente Ihnen die Sache erleichtern, noch unsachliche diese behindern.

Mit herzlichem Gruß
Ihr
Martin Heidegger[16]

Dass dieser Bescheid Selbstzweifel explodieren ließ und den Adressaten in eine persönliche Krise stürzte, lässt sich denken. Gadamer überwand sie, indem er seine voreiligen Habilitationspläne zurückstellte und mit der Aussicht, sich so auch eine Laufbahn als Gymnasiallehrer zu ermöglichen, das Studium der Klassischen Philologie aufnahm, das er bei dem Gräzisten Paul Friedländer und dem Latinisten Ernst Lommatzsch in nur sechs Semestern mit gutem Erfolg absolvierte. Seine Leistungen überzeugten – auch Martin Heidegger, der ihm nach dem mündlichen Staatsexamen, an dem er als Prüfer für das Nebenfach Philosophie mitgewirkt hatte, im Juli 1927 die Habilitation anbot.[17] Finanziert durch ein Stipendium der Notgemeinschaft entstand innerhalb nur eines Jahres Gadamers Habilitationsschrift. Im Sommer 1928 abgeschlossen und im Februar 1929 von der Philosophischen Fakultät der Universität Marburg angenommen, erschien sie 1931 in überarbeiteter Fassung als Buch: *Platos dialektische Ethik. Phänomenologische Interpretationen zum Philebos.*[18]

Die gedruckte Version besteht aus zwei (auch selbständig lesbaren) Teilen: einem Kapitel zur platonischen Dialektik und einem zur In-

16 NL Gadamer, DLA Marbach.

17 Vgl. L,43: »Als Friedländer mit Heidegger nach dem Examen nach Hause ging und ihm von seiner Absicht sprach, mich einmal für klassische Philologie zu habilitieren, hatte ich am nächsten Tag von Heidegger einen Brief. Er redete mir zu, meine philosophische Habilitationsschrift nun zu beschleunigen, da er als Nachfolger Husserls vermutlich nach Freiburg gehen würde und mich vorher noch gerne habilitiert hätte. Ich fühlte mich damals noch recht unsicher und war eigentlich über diese Aufforderung etwas erstaunt.«

18 Im Folgenden zitiert mit Sigle P und Seitenzahl nach dem mit einem neuen Vorwort und Registern versehenen Neudruck der Auflage von 1931, Hamburg 1983.

terpretation von Platons Spätdialog *Philebos*, einer minutiösen Argumentationsanalyse, in deren Zentrum die Kritik des Hedonismus in ihren ethischen, epistemologischen und ontologischen Bezügen steht. Gadamers *Philebos*-Studie – für keinen Geringeren als Donald Davidson »a demonstration of what the interpretation of a text can be«[19] – gilt noch heute als ein Referenzwerk der Forschung. Für Gadamers philosophische Entwicklung sollte freilich vor allem das erste Kapitel der Schrift richtungweisend werden: die Interpretation der platonischen Dialektik als »Theorie der sachlichen Möglichkeit des Dialogs« (P,XV). Dass sich diese Interpretation Heidegger'scher Denkmittel bedient, liegt zumal in den Eingangskapiteln der Arbeit offen zutage. So wenn Gadamer »die Idee des Wissens und der Wissenschaft, wie sie die griechische Philosophie ausgebildet hat« (P,13), »phänomenologisch«, nämlich »im Rückgang auf ursprüngliche Motive des menschlichen Daseins« transparent zu machen versucht. Seine Rekonstruktion beruhe »in ihrer grundsätzlichen Möglichkeit auf der Voraussetzung, daß das faktische menschliche Dasein Ursprung alles Sinnes und deshalb Ansatz für alle philosophische Besinnung zu sein hat, eine Voraussetzung, die die Arbeit von Heidegger in ihrer ontologisch-grundsätzlichen wie in ihrer historisch-hermeneutischen Bedeutung aufgeschlossen hat« (P,16, Anm. 2).

Es ist hier nicht der Ort, Gadamers daseinsanalytische Ableitungen, etwa den Rekurs auf Heideggers Beschreibung der Sorgestruktur menschlicher Existenz zur Erklärung auch des von praktischen Zwecken entlasteten *theoretischen* Weltzugangs,[20] nachzuzeichnen und hinsichtlich ihrer Aufschlusskraft zu diskutieren. Wichtig ist in unserem Zusammenhang zweierlei: zum einen, dass Gadamer die methodischen und thetischen Vorgaben Heideggers streng akademisch rezipiert und in keinem Punkt der Tendenz zur Ideologieproduktion erliegt, die – Stichwort »Entschlossenheit« – im Begriffsgefüge der Existenzialontologie *auch* angelegt ist.[21] Zum anderen ist von Belang,

19 Donald Davidson, »Gadamer and Plato's Philebus«, in: *The Philosophy of Hans-Georg Gadamer*, hrsg. von Lewis Edwin Hahn, Chicago/La Salle (Ill.) 1997, S. 421-432, 422.

20 »Sich in seiner Welt einzurichten ist die ursprünglichste Sorge des Daseins. Der Vollzug dieser Sorge hat aber nicht nur den Charakter des etwas besorgenden, praktischen Verrichtens und der in es eingelegten Sorge der Umsicht, sondern gleichursprünglich hat das Dasein das reine Sehen dessen, was ist, in seine Sorge gestellt« (P,17).

21 Vgl. hierzu neben vielen späteren Arbeiten das Kapitel »Heideggers Philosophie der Zeit (1919-1936)« in Karl Löwiths 1940 entstandenem Bericht *Mein Leben in Deutschland vor und nach 1933*, mit einer Vorbem. von Reinhart Koselleck und einer Nachbem. von Ada Löwith, Frankfurt a. M. 1989, S. 27-32.

dass Gadamer in der Beschäftigung mit der sokratisch-platonischen Philosophie ein Thema gewinnt, in dessen Bearbeitung er den in *Sein und Zeit* ausgezogenen Horizont des Denkens überschreitet und eigene Wege geht. Es ist das Thema des sacherschließenden Gesprächs, der im Interesse an Erkenntnis »auf Gründen bestehende[n] und auf Gründe hörende[n] Verständigung« (P,30).

Die im § 34 von *Sein und Zeit* skizzierte Ontologie der Sprache kennt die Kategorie des Gesprächs nicht und die in § 35 folgende Strukturbeschreibung des »Geredes« als der »alltäglichen Seinsart von Rede« in der »Erschlossenheit des Man«[22] verschenkt die naheliegende Möglichkeit, intersubjektive Formen des Freikommens aus den Sichtbeschränkungen und Verdeckungen bloß nachredender Rede zu erörtern. Eben hier setzt Gadamer an. Er expliziert »die Idee rein sachlicher Verständigung« (P,29), wie sie dem »wissenschaftlichen Gespräch« und dessen Urphänomen, dem sokratischen Dialog, zugrunde liegt: »Solche Verständigung ist ganz auf die zu erzielende Übereinstimmung in der Sache abgestellt. Innerhalb dieser reinen Hingegebenheit an die Sache erhält das Sprechen mit Anderen seine eigentliche Möglichkeit darin, sich durch den Anderen weiterbringen zu lassen« (P,30). Auf dem Boden des spezifisch »wissenschaftlichen Anspruchs, Rede stehen zu können über das, was man zu wissen meint« (P,40), setzt dies erstens Gesprächsstrukturen voraus, die die Gleichberechtigung der Beteiligten *prozedural* sichern, indem sie das von einem »Behauptete der Entgegnung des Anderen« freigeben, also Kritik institutionalisieren (P,30). Zweitens müssen sich freilich die Unterredner *substanziell* in ihren Diskursrollen bewähren: durch die Fähigkeit und Bereitschaft zur Begründung ihrer Aussagen über die Sache. Denn wer »widerspricht, ohne über seinen Widerspruch Rede stehen zu wollen, oder, um aus dem Gespräch entlassen zu werden, nur scheinbar zustimmt, ohne in der Erschließung der Sache wirklich mitzugehen«, hat die »Gemeinsamkeit der sachlichen Verständigungsabsicht« preisgegeben (P,31).

Unter Abschwächung des in der Habilitationsschrift herausgearbeiteten Zusammenhangs von dialogischer Erkenntnis und Begründung[23] hat Gadamer die Theorie des sacherschließenden Gesprächs in seinem 1960 erschienenen Hauptwerk *Wahrheit und Methode* wiederaufgenommen und zum normativen Interpretament des Verstehens in den Geisteswissenschaften entwickelt: Um der historistischen Neutra-

22 Martin Heidegger, *Sein und Zeit*, 14. Aufl., Tübingen 1977, S. 167.

23 Hierzu zuletzt kritisch Ernst Tugendhat, »Anhang über Historisches und Unhistorisches«, in: ders., *Egozentrizität und Mystik*, München 2003, S. 163-170, bes. S. 169.

lisierung und Nivellierung ihrer Gegenstände entgehen und sich des Orientierungspotenzials der Überlieferung für die Gegenwart versichern zu können, müssen sich die historischen Geisteswissenschaften den Geltungsansprüchen tradierter Texte in dialogischer Sachlichkeit öffnen: »Ein Gespräch führen heißt, sich unter die Führung der Sache stellen, auf die die Gesprächspartner gerichtet sind. Ein Gespräch führen verlangt, den anderen nicht niederzuargumentieren, sondern im Gegenteil das sachliche Gewicht der anderen Meinung wirklich zu erwägen.«[24] Entsprechend gelte: »Wie einer sich mit einem Gesprächspartner über eine Sache verständigt, so versteht auch der Interpret die ihm vom Text gesagte Sache.«[25] Die berühmt gewordene Metapher der Horizontverschmelzung beschreibt insoweit einen gesprächsanalogen Vorgang *lernender* Verständigung: eine »Verwandlung ins Gemeinsame«, wie Gadamer sagt, in der man durch neue Erkenntnis und Selbsterkenntnis auf der Basis des mit dem jeweiligen Interpretandum geteilten Sachbezugs »nicht bleibt, was man war«.[26]

Was im Mittelteil von *Wahrheit und Methode* als Richtmaß historisch-hermeneutischer Traditionsaneignung erscheint, wird schließlich im Zeichen des sprachontologisch begründeten Universalitätsanspruchs der Gadamer'schen Philosophie zu einer Hermeneutik des Anderen, der recht haben könnte, generalisiert: »Wir müssen den Anderen und das Andere achten. Dazu gehört, wir müssen lernen, unrecht haben zu können.«[27] Um gegen den Anderen unrecht haben zu können, muss freilich dieser gegen uns recht haben können. Und das heißt: Es müssen Verständigungsverhältnisse herrschen, in deren *Liberalität* der Andere wirklich zu Wort kommen und Gehör finden kann – »in freiem Begegnenlassen von sachlicher Zustimmung oder sachlichem Widerspruch«, wie schon die Habilitationsschrift weiß (P,35).

Nun wäre es sicherlich falsch zu behaupten, dass Gadamer die Grundzüge seiner Verständigungsphilosophie im Jahre 1928 *gegen*

24 Hans-Georg Gadamer, *Gesammelte Werke*, Bd. 1: *Hermeneutik I: Wahrheit und Methode*, Tübingen 1987, S. 373.

25 Ebd., S. 384.

26 Ebd. Gadamers Ansatz, die historischen Geisteswissenschaften nicht als szientifische Objektiverung der Überlieferung, sondern als selbstreflexive Form dialogischer Verständigung mit ihr aufzufassen, wird in *Wahrheit und Methode* allerdings von Lehrstücken überformt, die Tradition (und Traditionen) als absolut überlegene, der Gegenrede entzogene Autorität(en) modellieren. Vgl. hierzu die in Darstellung und Kritik vorbildlich genaue Studie von Michael Theunissen, »Philosophische Hermeneutik als Phänomenologie der Traditionsaneignung«, in: *»Sein, das verstanden werden kann, ist Sprache«. Hommage an Hans-Georg Gadamer*, Frankfurt a. M. 2001, S. 61-88.

27 Hans-Georg Gadamer, »Die Vielfalt Europas. Erbe und Zukunft«, in: ders., *Das Erbe Europas*, Frankfurt a. M. 1989, S. 7-34, 30.

den Heidegger von *Sein und Zeit* entwickelt hätte. Wahr ist jedoch, dass er es in Anknüpfung an die sokratisch-platonische Tradition des *logon didonai* eigenständig getan hat. Und wahr ist auch, dass das fortan bestimmend gebliebene Interesse an der philosophischen Explikation eines verständigungsorientierten und in diesem Sinne vernünftigen Lebens[28] dem Leben und Werk Hans-Georg Gadamers ein Gepräge gab, das sich – der erinnerungs-offiziell so hartnäckig gepflegten Verehrung Heideggers zum Trotz – in entscheidenden Punkten von dessen philosophisch-politischem Profil absetzt. So 1933, ein Jahrzehnt nach der ersten Freiburger Begegnung: Als Heidegger im Amt des Rektors der Albert-Ludwigs-Universität der nationalsozialistischen Revolutionierung der Hochschulen zu Führeranstalten auf völkischer Grundlage zueifert,[29] leistet ihm sein Schüler Gadamer von Marburg aus keine Gefolgschaft. Er wird nicht zum Nazi.[30] Mit »Beklommenheit« hätten er und seine Marburger Freunde Heideggers Treiben »als Freiburger Nazi-Rektor« verfolgt.[31] Auf ein bislang

28 Den Zusammenhang von Verständigung und Vernunft hat Gadamer in späteren Jahren wiederholt thematisiert. In einer Arbeit aus dem Jahre 1972 beschreibt er ihn wie folgt: »Wie unsere sinnliche Weltapperzeption auf eine unaufhebbare Weise privat ist, so vereinzeln uns auch unsere Antriebe und Interessen, und die Vernunft, die allen gemeinsam ist und die das allen Gemeinsame zu erfassen begabt ist, bleibt ohnmächtig gegenüber den Verblendungen, die unsere Einzelnheit in uns nährt. So bedeutet das Gespräch mit dem anderen, seine Einwendungen oder seine Zustimmung, sein Verständnis und auch seine Mißverständnisse, eine Art Ausweitung unserer Einzelnheit und eine Erprobung der möglichen Gemeinsamkeit, zu der uns Vernunft ermutigt.« Vgl. Hans-Georg Gadamer, »Die Unfähigkeit zum Gespräch«, in: ders., *Gesammelte Werke*. Bd. 2: *Hermeneutik II*, Tübingen 1986, S. 207-215, 210.

29 Zu Heideggers universitätspolitischen Aktivitäten vgl. den von Bernd Martin herausgegeben Band *Martin Heidegger und das »Dritte Reich«*, Darmstadt 1989. Speziell zur Pragmatik der Rektoratsrede vgl. Reinhard Brandt, »Martin Heidegger: ›Die Selbstbehauptung der deutschen Universität‹«, in: Stefano Poggi/Enno Rudolph (Hrsg.): *Diktatur und Diskurs. Zur Rezeption des Totalitarismus in den Geisteswissenschaften*. Zürich 2005, S. 37-74.

30 Zurecht hält Jean Grondin für den Gadamer des Jahres 1933 fest: »In einer Zeit, in der es vielleicht auch berufungstaktisch ›rentabel‹ gewesen wäre, sich politisch mit Heidegger zu solidarisieren, hat er es *nicht* getan« (Anm. 5, S. 179). – Für die Folgezeit gilt Dominic Kaegis ausgewogenes Urteil: »Unter Bedingungen der Diktatur blieb er [Gadamer, C. D.] wie davor und danach zeitgeistflexibel, ohne dem Ungeist der Zeit zu erliegen: Kein ›Widerstandskämpfer der ersten Reihe‹, das waren die wenigsten. Aber gewiß kein Nazi – und das waren die meisten.« Vgl. Dominic Kaegi, »Normalismus. Hermeneutik und Politik bei Gadamer«, in: Poggi/Rudolph (Anm. 29), S. 197-214, 198.

31 Hans-Georg Gadamer, »Oberflächlichkeit und Unkenntnis. Zur Veröffentlichung von Viktor Farias«, in: *Antwort. Martin Heidegger im Gespräch*, Pfullingen 1989, S. 152-156, 155.

unveröffentlichtes Dokument dieser Beklommenheit will ich abschließend aufmerksam machen. Es liefert uns gleichsam eine Innenansicht, Einblick in die Gründe des Nicht-Mittuns mit Heidegger. Dass dabei verständigungsphilosophische Motive und ein durch sie interpretierter Rekurs auf Tradition ins Spiel kommen, verdient in unserem Zusammenhang besondere Beachtung.

Im Sommersemester 1933 las Gadamer als Marburger Privatdozent über »Grundprobleme der Logik«; begleitend hielt er eine Übung zu Husserls *Logischen Untersuchungen*. Ein Konvolut mit Aufzeichnungen zu diesen Lehrveranstaltungen ist in Gadamers Nachlass erhalten. Darunter ein Blatt vom Format DIN A8, auf dem in winziger Bleistiftschrift das Folgende notiert ist:

> Politisches Geschehen der Nation – Arbeit der Wissenschaft
> Sonderart des Völkischen – Internationalität der Wissenschaft
> Geschichtliche Tradition und ihre Umformung
> durch neuen Ursprung (Einsatz)
> – Anwendung auf die Logik
> Diffamierung der Logik als jüdisches oder
> übh. Rassenverfallsprodukt
> Neutralität des Logischen
> gegenüber *jedem* Inhalt
> die Tradition von den Griechen bestimmt
> okular – logos – eidos
> Husserl: Radikalisierung der Logik
> Heidegger: Auflösung dieser Logik
>
> Das ganze symptomatisch: kein Gewaltstreich vermag diese Herrschaft der geschichtlichen Tradition zu überwinden, sondern *Aneignung*, die das Eigene im Anverwandeln durchsetzt und stets das Risiko eingehen muss, dem Fremden *zu erliegen*. Das Eigene hat nicht deshalb Recht, weil es Eigenes ist, das Fremde nicht Unrecht, weil es Fremdes ist, sondern das Rechte muß unser Eigen werden.
> Entscheidendes Problem: *Sprache* und Logik
> die *eigene* Sprache und die *allg.* Logik.[32]

Was den Verfasser dieser Notizen beschäftigt, was ihn beunruhigt und wogegen er sich zunächst in Stichworten, sodann in ganzen Sätzen wendet, liegt auf der Hand: Es ist die Proliferation des völkischen Zeitgeistes, das Eindringen rassistischer und antisemitischer Überzeugungen auch in die akademische Welt, die »Arbeit der Wissenschaft«. Indem Gadamer von einer »Diffamierung des Logischen« spricht, ver-

32 NL Gadamer, DLA Marbach. – Ich danke Andrea Gadamer für die Erlaubnis zur Publikation des Textes.

wahrt er sich *ex vi termini* gegen sie. Und er hält fest, was ihre Agenten bekämpfen: die »Internationalität der Wissenschaft« und die »Neutralität des Logischen gegenüber *jedem* Inhalt«. Schon insoweit sind die zitierten Aufzeichnungen als *Gegenrede* zu verstehen. Sie artikulieren eine absagende, eine widersprechende Stellungnahme, die freilich im Modus der Selbstverständigung zurückgehalten wird. Der als Antipode seines Lehrers Husserl ausdrücklich genannte Bezugsautor dieser Selbstverständigung ist, so meine ich, Heidegger – der Heidegger der Rektoratsrede über *Die Selbstbehauptung der deutschen Universität* vom 27. Mai 1933, die Gadamer in Marburg seit Anfang Juni im Zeitungsvorabdruck der *Freiburger Tagespost* (vom 29.5.1933) vorlag. Was die »Auflösung« der »von den Griechen« bestimmten Tradition der Logik bei Heidegger in sich schloss, konnte Gadamer hier lesen. Mit einiger Sicherheit lässt sich anhand der Textversion des Zeitungsvorabdrucks auch der Passus der Rektoratsrede bezeichnen, auf den man Gadamers Reaktion vor allem zu beziehen hat. Es ist jene Passage, in der Heidegger sich anschickt den Begriff des Geistes (und den Dilthey'schen der geistigen Welt) in nationalsozialistischem Sinn zu besetzen und seines menschheitlich-universalen Bezugs zu berauben. Rhetorischer Hebel dafür ist das Pathos der Beschwörung eines »Wesenswillens«,[33] der eine nunmehr emphatisch und exklusiv *deutsche* »Wissenschaft« und ihr »Volk« in »ungedecktem Fragen« zusammenschließen soll:

> Wollen wir in diesem ungedeckten Fragen wirklich existieren, dann schafft dieser Wesenswille in der äußersten Gefahr unserem Volk seine Welt, seine geistige Welt. ›Geist‹ ist hierbei nicht als Scharfsinn, ›esprit‹, ausgeklügelte ›ratio‹, alles zersetzende Intellektualität, aber auch nicht als formale, bündige Schlüssigkeit oder als Vernunft zu verstehen, sondern als ursprüngliche, bestimmte, wissende Entschlossenheit zum Wesen des Seins. Die so verstandene ›geistige Welt‹ eines Volkes ist daher kein ›Überbau‹, keine geistige Plattform sog. höherer Schichten zur Gestaltung ihres exclusiven mehr oder minder wertvollen Lebens, sondern die Macht der tiefsten Bewahrung der erd- und bluthaften Kräfte eines Volkes, eine Macht, die mächtig ist als Macht der innersten Erregung und Erschütterung des völkischen gesamten und einzelnen Daseins. Eine solche geistige Welt allein verbürgt dem Volke seine Größe. Diese geistige

33 Dass Heidegger sich damit begriffspragmatisch missbräuchlich bei Toennies' *Gemeinschaft und Gesellschaft* bedient, ist offenkundig.

Welt muß das Schrittgesetz des Marsches in unsere künftige Geschichte sein.[34]

Eben hierauf: auf den Appell zur völkischen Selbstermächtigung, auf die pseudodionysisch drapierte Aggressivität des Auftrumpfens mit Autarkie in der falschen Disjunktion von Geist und Intellektualität, Geist und Schlüssigkeit, Geist und Vernunft, auf den dergestalt vollzogenen Bruch mit der kosmopolitischen Tradition der Universität und der Wissenschaften reagiert Gadamer absagend – mit einem Nein: »Das Eigene hat nicht deshalb Recht, weil es Eigenes ist, das Fremde nicht Unrecht, weil es Fremdes ist, sondern das Rechte muß unser Eigen werden.« Man sollte diese Maxime, die den universalen (und humanem) Aspekt der philosophischen Hermeneutik lange vor seiner theoretischen Exposition in *Wahrheit und Methode* auf einen zitablen Merksatz bringt, allerdings nicht isolieren. Fungiert sie im vorliegenden Kontext doch als *Begründung* des ihr unmittelbar voraufgehenden Satzes, demzufolge »kein Gewaltstreich« die »Herrschaft der geschichtlichen Tradition« – sc. der Logik – zu »überwinden« vermöge. Liest man diesen ersten Satz im Horizont der ihm nachfolgenden Explikation des normativen Gedankens, anstelle von Gewalt »*Aneignung*« zu praktizieren, dann erkennt man, dass auch er kein deskriptiver Satz ist, der sich 1933, inmitten der in die Katastrophe führenden Krise akademischer Freiheit und wissenschaftlicher Sachlichkeit, in die falsche Sicherheit des Glaubens an die Unzerstörbarkeit von Traditionen flüchtete. Gadamers Rekurs auf Tradition ist seinerseits *nor-*

34 Die in der broschierten Ausgabe der Rektoratsrede, Breslau 1933, S. 13 f., gebotene Version des Abschnitts weicht in einer Reihe von Formulierungen von der des zitierten Zeitungsvorabdrucks ab: »Wollen wir das Wesen der Wissenschaft im Sinne des fragenden, ungedeckten Standhaltens inmitten der Ungewißheit des Seienden im Ganzen, dann schafft dieser Wesenswille unserem Volke seine Welt der innersten und äußersten Gefahr, d. h. seine wahrhaft geistige Welt. Denn ›Geist‹ ist weder leerer Scharfsinn, noch das unverbindliche Spiel des Witzes, noch das uferlose Treiben verstandesmäßiger Zergliederung, noch gar die Weltvernunft, sondern Geist ist ursprünglich gestimmte, wissende Entschlossenheit zum Wesen des Seins. Und die geistige Welt eines Volkes ist nicht der Überbau einer Kultur, sowenig wie das Zeughaus für verwendbare Kenntnisse und Werte, sondern sie ist die Macht der tiefsten Bewahrung seiner erd- und bluthaften Kräfte als Macht der innersten Erregung und Erschütterung seines Daseins. Eine geistige Welt allein verbürgt dem Volke seine Größe. Denn sie zwingt dazu, daß die ständige Entscheidung zwischen dem Willen zur Größe und dem Gewährenlassen des Verfalls das Schrittgesetz wird für den Marsch, den unser Volk in seine künftige Geschichte angetreten hat.« Einige der Abweichungen hat Gadamer in seinem Exemplar des Zeitungsdrucks korrigierend vermerkt (vgl. NL Gadamer, DLA Marbach).

mativ. Er erinnert gegen das, was die Anhänger Hitlers durchsetzten, an »das Rechte«: an gerechte und vernünftige Verständigung. Die Tatsache, dass diese Erinnerung privat, einer Bleistiftnotiz anvertraut blieb und zu einer wirklichen Gegenrede nicht wurde, führt auf ein anderes Thema.

Ulrich von Bülow

Freundschaft und Hermeneutik

Der Dialog zwischen Max Kommerell und Hans-Georg Gadamer

Das Verstehen, das für jede Konstellation konstitutiv ist, wurde in Marburg unter dem Einfluss von Martin Heidegger und Rudolf Bultmann zu einem zentralen Thema philosophischer Reflexion. Daher zeichnet die Marburger Konstellation ein Hang zur Selbstreflexion aus. Dies wird im Folgenden exemplarisch am Dialog zwischen Hans-Georg Gadamer und Max Kommerell näher untersucht. Ihr Austausch über Probleme der Hermeneutik wurde von der Tatsache begünstigt, dass sie auf unterschiedlichen Gebieten arbeiteten, nämlich denen der Philosophie und der Literaturwissenschaft. Der äußerliche Umstand, dass sie niemals am selben Ort wohnten, führte dazu, dass sie miteinander brieflich kommunizierten. Glücklicherweise ist die Korrespondenz in ihren Nachlässen im Deutschen Literaturarchiv Marbach erhalten – wenn auch nicht vollständig. Während von Kommerell 74 Briefe überliefert sind, sind es von Gadamer nur neun.

Zunächst soll ein Eindruck von dieser weitgehend unveröffentlichten Korrespondenz vermittelt werden, von ihren Themen und Schreibweisen, von der Freundschaft der Briefpartner, die vielfältig mit den Zeitumständen zusammenhängt. Im Zentrum stehen zwei Diskussionen an historisch markanten Zeitpunkten: über Platons Dialog *Der Staat* im Frühjahr 1933 und über Hölderlin in dessen Jubiläumsjahr 1943. Wie beeinflussten historische Ereignisse die Freundschaft zwischen Kommerell und Gadamer, und welche Auswirkungen hatte diese auf die Ausbildung ihrer Verstehensmethoden?

1.

Obwohl Max Kommerell und Hans-Georg Gadamer von 1921 bis 1924 in Marburg studierten, zum Teil sogar bei den gleichen Lehrern, dem Historiker Friedrich Wolters und dem Germanisten Ernst Elster, und obwohl beide mit Johann Anton befreundet waren, scheinen sie sich in dieser Zeit nicht näher kennengelernt zu haben.[1] Kommerell verließ nach seiner Promotion 1924 gemeinsam mit Johann Anton Marburg, um für einige Jahre Stefan George zu begleiten. Gadamer dagegen, der im selben Jahr 1924 promovierte, schloss sich Martin Heidegger an.

Im Sommer 1929 hielt Kommerell, dessen Buch *Der Dichter als Führer in der Deutschen Klassik*[2] gerade erschienen war, in Marburg eine Gastvorlesung über Stefan George. Bei dieser Gelegenheit kam es anscheinend zu einer Begegnung mit dem jungen Privatdozenten Gadamer, der kurz zuvor seine Antrittsvorlesung gehalten hatte. Am 21.8.29 schreibt Kommerell an Gadamer:

> Verehrter Herr Doktor:
> unsere Begrüssung heute morgen war notgedrungen etwas flüchtig, und ich möchte, wenn Sie Zeit und Lust haben, mich gern ein wenig mit Ihnen unterhalten. Wenn Sie erlauben, komm ich Samstag ½ 12 bei Ihnen vor – haben Sie Zeit, ist es gut .. wenn nicht, so geht es eben nicht. Zu anderer Zeit kann ich nicht, weil ich Sonntag früh reisen muss. Herzlich begrüssend Ihr ergebener M. Kommerell.[3]

Es ist fraglich, ob es zu dem vorgeschlagenen Besuch kam, denn in der kaum begonnenen Korrespondenz tritt nun eine dreijährige Pause ein. In dieser Zeit hatte sich Kommerell aus dem George-Kreis gelöst,[4] geheiratet und als Privatdozent in Frankfurt zu lehren begonnen. Am 10. April 1932 antwortet er – wohl nach einem erneuten Zusammentreffen – auf Gadamers Vorschlag eines Wiedersehens: »Sie fühlen offenbar wie ich, dass die alten Leute sehr alt werden und wir Jungen uns der Gleichstrebenden erinnern müssen – Sie werfen aus der Beschäftigung mit – wie Sie mir sagten – mindestens tausendjähriger

1 Zu den biografischen Daten vgl. vor allem: Jean Grondin, *Hans-Georg Gadamer. Eine Biographie*, Tübingen 1999; Max Kommerell, *Briefe und Aufzeichnungen 1919-1944*, aus dem Nachlaß hrsg. von Inge Jens, Freiburg i. Br. 1967; Joachim W. Storck, *Max Kommerell 1902-1944*, Marbach a. N. 1985 (Marbacher Magazin 34); Walter Busch/Gerhart Pickerodt (Hrsg.), *Max Kommerell. Leben – Werk – Aktualität*, Göttingen 2003.

2 Max Kommerell, *Der Dichter als Führer in der deutschen Klassik*, Berlin 1928. – Das Buch ist gewidmet »Dem Freunde Johann Anton«.

3 Die im Folgenden nach dem Original zitierten Briefe von Kommerell stammen aus dem Nachlass von Gadamer, die Briefe von Gadamer aus dem Nachlass Kommerells (beide im Deutschen Literaturarchiv Marbach).

4 Vgl. Thomas Karlauf, *Stefan George. Die Entdeckung des Charisma*, München 2007, S. 586-593.

Philosophie gern einen Blick in das heftig gärende Werden und fragen wie ich: *was* wird?«

Zwei Gründe lassen ihn den Austausch mit Gadamer suchen: die Ratlosigkeit gegenüber dem »heftig gärenden Werden« der Zeitgeschichte und der Autoritätsverlust der älteren Generation. Welche Bedeutung diese beiden Faktoren hatte, wird klar, wenn man sich die politische Lage im letzten Jahr der Weimarer Republik und die besondere Situation der beiden jungen Gelehrten vergegenwärtigt. Beide hatten lange Zeit in bevorzugten Positionen relativ stabilen, autoritär strukturierten Schulen angehört, die einen gewissen Schutz gegenüber der gesellschaftlichen Unsicherheit boten, und beide mussten nun als Privatdozenten lernen, Schutz und Rat der Autoritäten zu entbehren.

Dabei sind im Einzelnen Unterschiede nicht zu verkennen. Der Kreis um Stefan George war esoterisch und streng auf die Person des Meisters hin organisiert, er verlangte unbedingte Hingabe und regelte bis ins Detail die Lebensführung seiner Jünger. Als Kommerell es wagte zu rebellieren, wurde er sozusagen exkommuniziert. Sein Freund Johann Anton nahm sich aus Verzweiflung das Leben, und Kommerell stand vor der Aufgabe, sein Leben neu einzurichten.

Der Marburger Kreis um Heidegger war wesentlich liberaler, aber auch hier galt das Wort des Meisterdenkers. Seit dieser 1928 nach Freiburg zurückgekehrt war, fühlte sich Gadamer, wohl stärker noch als Karl Löwith und Gerhard Krüger, die beiden anderen Habilitanden Heideggers, allein- und freigelassen.[5] Als Privatdozent wandte er sich der Ästhetik zu, einem von Heidegger damals noch nicht bearbeiteten Feld. Vielleicht lag ihm auch aus diesem Grund am Austausch mit dem Literaturwissenschaftler Kommerell. Dieser lädt ihn im erwähnten Brief vom 10. April 1932 ein, nach Frankfurt zu kommen: »wenn Sie allein kommen, können Sie auch gerne bei uns übernachten, wofern Sie einiges primitive nicht abschreckt!«

Der Besuch musste allerdings mehrmals verschoben werden, unter anderem wegen der Reichstagswahl, die Gadamer am 6. November 1932 in Marburg festhielt. Nachdem das Treffen endlich stattgefunden hatte, bedankt sich Gadamer am 3. Dezember 1932 bei der Hausherrin: »Vieles tat so gut dort: überraschende Übereinstimmungen und Verständigungsmöglichkeiten mit Ihrem Gatten, die jugendliche Frische in Ihnen beiden, die lockernd und sammelnd zugleich auf mich, den in Logik Gespannten, übergriff, der Blick in Ihren Lebens-

5 Vgl. Hans-Georg Gadamer, »Von Lehrenden und Lernenden«, in: *Gesammelte Werke* (GW), Bd. 10, Tübingen 1995, S. 333. Im Folgenden werden Gadamers *Gesammelte Werke* zit. als GW mit Bandnummer und Seitenzahl.

kreis und vor allem der feine verletzliche Stolz in Ihnen selbst, der mehr, als es mir zu gehorchen gelang, zum verantwortlichsten Wort erzieht.«

Der hochgespannte Stil dieser Passage zeugt nicht nur vom damaligen förmlichen Umgangston unter Gleichaltrigen, sondern mehr noch von der Hochachtung, mit der Gadamer seinem neuen Freund begegnet. Er schickt Fotografien und lädt zum Gegenbesuch ein, obwohl er weiß, dass sich die Kommerells Reisen kaum leisten können. Auf jeden Fall will er die Verbindung festigen und zu diesem Zweck schon bald und noch »vielmals, wenn Sie mich haben wollen«, nach Frankfurt kommen.

Gadamer ist gegenüber dem Jüngeren der Werbende. Kommerell stimmt ihm in einem undatierten Antwortbrief zu: Das vergangene Zusammentreffen verlange »dringend nach Ergänzung und Fortsetzung«, aber im Moment sei er beansprucht durch sein Buch über Jean Paul,[6] und bringe daher in nächster Zeit nicht die notwendige Konzentration für ein erneutes Gespräch auf. Er schreibt: »*wenn* Sie schon kommen, möchte ich mich ungeteilt Ihnen widmen können, denn wenn ich müde oder von anderen Forderungen beschäftigt bin, dann entartet's zu sogenannter Geselligkeit. Wir leben in recht verschiedenen Welt- und Lufträumen, und wenn wir uns einigermaßen erscheinen und vernehmlich werden wollen, so bedarf es bei beiden sowohl der Kraft zu reden als der Kraft zu hören.« In ihrer Korrespondenz kommentieren beide laufend Probleme ihrer Freundschaft und des gegenseitigen Verstehens. An diesen Themen waren sie auch theoretisch interessiert.

Nicht zuletzt unter dem Eindruck des Freundschaftsideals im George-Kreis[7] hatte Gadamer am 16. Februar 1929 für seine Antrittsvorlesung das Thema *Die Rolle der Freundschaft in der philosophischen Ethik*[8] gewählt. Er versteht darin Freundschaft als eine »Erhöhung des eigenen Existenzbewußtseins«, die allerdings nicht darauf beruhe, »dass die eigene Sonderart sich in der Anerkennung durch Freunde Geltung und Stärkung verschafft, sondern darauf, dass man selbst den Kreis absoluter Vertrautheit über die eigene Person hinaus erweitert: In der Existenz der Freunde tritt einem das gleiche menschliche Wesen und Wollen, das gleiche Bild der ἀρετή, der Tugend, ent-

6 Max Kommerell, *Jean Paul*, Frankfurt a. M. 1933.

7 Hans-Georg Gadamer, »Freundschaft und Selbsterkenntnis. Zur Rolle der Freundschaft in der griechischen Ethik« (1985), in: GW 7,397.

8 Im Nachlass von Gadamer ist die bisher unveröffentlichte Vorlesung *Die Rolle der Freundschaft in der griechischen Ethik* als Handschrift und als Typoskript überliefert. 1985 hat Gadamer seine Antrittsvorlesung in einem Aufsatz eher paraphrasiert als wiedergegeben. Vgl. Gadamer (Anm. 7), S. 396-406.

gegen, auf das hin man die eigene Existenz versteht.«[9] Am Ende der Vorlesung weist er darauf hin, dass der Begriff der Freundschaft in der neueren Ethik lediglich »als ein Gegenbegriff gegen die absolute Vereinzelung des Individuums inmitten der sogenannten ›Gesellschaft‹ und des Staates gefasst ist: Als Erfüllung des gehemmten Bedürfnisses nach Mitteilung und Vertraulichkeit.« In seinen Augen hat die Freundschaft dagegen keine kompensatorische, sondern eine grundlegende Funktion. Sie ist für ihn – wie für die Griechen – eine »wesentliche Existenzform des Menschen und eine positive Grundlage aller staatsbildenden Kraft.«[10]

Tatsächlich waren auch Kommerell solche Gedankengänge nicht fremd. In seinem Buch über die deutsche Klassik hatte er – eine Art Vorläufer der Konstellationsforschung – Literaturgeschichte als Geschichte der Autorenbeziehungen aufgefasst. Der Bildungsweg der Dichter erscheint als eine Abfolge von gelingenden oder misslingenden Freundschaften.

Bei der Behandlung Schillers weist Kommerell ausdrücklich auf den Zusammenhang zwischen Freundschaft und Dichtung hin, indem er aus Schillers theosophischen Brief an Reinwald vom 14. April 1793 zitiert:

> Wenn Freundschaft und platonische Liebe nur eine Verwechslung eines fremden Wesens mit dem unsrigen, nur eine heftige Begehrung seiner Eigenschaften sind, so sind beide gewissermaßen nur eine andre Wirkung der Dichtungskraft – oder besser: das was für einen *Freund* und was wir für einen Helden unserer Dichtung empfinden ist eben das. In beiden Fällen führen wir *uns* durch neue Lagen und Bahnen, wir brechen *uns* auf anderen Flächen, sehen *uns* unter anderen Farben, wir leiden für *uns* unter andern Leibern.[11]

Diese Auffassung von Freundschaft und Dichtung als Projektion des eigenen Wesens ist für Kommerell freilich nur eine »Geburt der Jünglingsliebe«.[12] Von ihr unterscheidet er die spätere Freundschaft zwischen Schiller und Goethe, die auf einem Anerkennen und Ernstnehmen des Anderen beruht und damit eine Ausnahmeerscheinung ist, inmitten einer literarischen Gesellschaft, die vorzugsweise aus Führern und Helfern, Lehrern und Schülern besteht. Am Ende seines

9 *Die Rolle der Freundschaft in der griechischen Ethik*, Handschrift, S. 8; Typoskript, S. 14 (Nachlass Gadamer, DLA).

10 Ebd., Handschrift, unpaginierter Zusatz; Typoskript, S. 17.

11 Max Kommerell, *Der Dichter als Führer in der deutschen Klassik*, 3. Aufl., Frankfurt a. M. 1982, S. 196.

12 Ebd., S. 196 f.

sorgfältig komponierten Buches erscheint Hölderlin als Erbe Schillers. Weil er Schillers Theorie vom »ästhetischen Staat«, von der »Geburt eines höheren Staates aus der Freundschaft«[13] in den *Briefen zur ästhetischen Erziehung des Menschen* wörtlich genommen habe, sei er noch für die Gegenwart von 1928 zum hervorragenden Führer auf dem Weg zu einem neuen Staat geworden.[14]

Das Thema Freundschaft hatte für Gadamer und Kommerell Ende der zwanziger Jahre durchaus politisch-utopischen Charakter. Zumindest bot diese Form sozialer Beziehungen ihnen angesichts der Unsicherheit aller gesellschaftlichen Verhältnisse eine Alternative zur Vereinzelung und zu ideologisch geprägten Gehorsamsstrukturen. Dabei ging es Gadamer und Kommerell in ihrem Briefwechsel immer um die Freundschaft zwischen gleichrangigen Partnern.

Im zitierten Brief erklärt Kommerell die Absicht, nach seinem Ausschluss aus dem George-Kreis Freundschaften zu intensivieren und zu kultivieren: »Ich bin daran, mir das Menschenfressen abzugewöhnen, und da, wo sich wirklich etwas begegnen kann, ganz und ohne Hast zu sein.« Doch auch das Gesellige kam nicht zu kurz. Kommerell führte Gadamer in die Frankfurter Kreise ein und machte ihn schon beim zweiten Frankfurter Treffen im Februar 1933 mit seinem Schwiegervater Walter F. Otto und dem Altphilologen Karl Reinhardt bekannt.[15]

2.

Für das Frankfurter Treffen im Februar 1933 schlug Kommerell Gadamer ein Gespräch zum Thema »Gericht über die Dichter« in Bezug auf Platons Dialog *Der Staat* vor. Gadamer hatte diesen Text im Jahr zuvor in einer Vorlesung und in Übungen behandelt, und Kommerell interessierte das Thema im Zusammenhang mit seinen Vorbereitungen für ein Nietzsche-Kolleg. Vermutlich war das Frankfurter Gespräch nicht nur Kommerell nützlich, sondern brachte auch neue Erkenntnisse für Gadamer, der ein Jahr später, am 24. Januar 1934, in Marburg einen Vortrag zum Thema *Plato und die Dichter* hielt.[16]

13 Ebd. S. 410.
14 In ähnlicher Weise argumentierte Martin Heidegger; vgl. M. H., *Übungen für Anfänger. Schillers Briefe über die ästhetische Erziehung des Menschen. Wintersemester 1936/37*, hrsg. von Ulrich von Bülow, Marbach a. N. 2005.
15 Vgl. Hans-Georg Gadamer, »Schein und Sein. Zum Tode von Karl Reinhardt (1958)«, in: GW 6,279.
16 Hans-Georg Gadamer, »Plato und die Dichter«, in: GW 5,187-211.

Über den Verlauf ihres Gesprächs von 1933 sind keine Berichte überliefert, doch es hat nicht nur in ihren Werken, sondern auch im Briefwechsel Spuren hinterlassen. Diese sind auch für die vieldiskutierte Frage nach der politischen Einstellung von Gadamer und Kommerell zu Beginn des Dritten Reichs von Belang.

Gleich nach dem Frankfurter Gespräch bezieht Kommerell Platons *Staat* in einem Brief unmittelbar auf die Wirklichkeit des Dritten Reichs. Am 27. März 1933 schreibt er an Gadamer über den »Tag von Potsdam«, an dem die Nationalsozialisten ihr Bündnis mit den Konservativen zur Schau stellten: »Zum 21. März glaube ich richtig zu stehen. Als Kind von Volk und Boden, wie wirs alle sind, liebend. Als φυλαξ (wenn ich mich zu dieser Gilde rechnen darf) keineswegs gegnerisch, aber mit distance. Sie?«

Der Staatsakt wird also durchaus begrüßt, die Ausdrücke »Volk« und »Boden« scheinen sogar der nationalsozialistischen Propaganda entnommen zu sein. Das nicht sofort verständliche Wort φυλαξ (›Wächter‹, ›Krieger‹) stammt aus Platons *Staat*. Dort bezeichnet es einen der drei Stände, nämlich den mittleren, der zwischen dem gemeinen Volk und den Regenten steht. Während Platon schreibt, dass jeder nur einem Stand angehören könne, vertritt Kommerell die Meinung, dass er (wie »alle«) dem unteren Stand angehöre, außerdem aber auch dem mittleren der Wächter. Er könnte sich darauf berufen, dass der moderne Staat ja nicht dem Platonischen Idealstaat entspricht.

Jedem Stand ordnete Platon einen Teil der Seele und eine Tugend zu. So gehören zum Regenten die Vernunft und die Tugend der Weisheit, zum Wächter die moralisch wertvollen Affekte und der philosophisch unterrichtete Mut, dem einfachen Volk bleiben dann nur noch die niederen Affekte und dazu die allgemeine Tugend der Besonnenheit, die im Wesentlichen darin besteht, die Herrschaft der übergeordneten Stände anzuerkennen.

Als tugendhafter Mann des unteren Standes muss Kommerell nach Platon das Tun der Obrigkeit in jedem Fall gutheißen. Die Tugend der Besonnenheit im Sinn einer bedingungslosen Unterordnung kommt aber nach Platon auch den Wächtern zu, die Freund und Feind folgsam nach Maßgabe des Regenten unterscheiden. Wenn Kommerell sich zum Stand der Wächter zählt, nimmt er überraschenderweise für sich das Recht in Anspruch, die Obrigkeit zu beurteilen. Damit weicht er deutlich von Platons Ansichten ab.

Diese Widersprüche finden eine Erklärung, wenn man Gadamers Interpretation von 1934 zum Vergleich heranzieht. Gadamer sieht in Platons Staat vor allem eine Metapher für die dreigeteilte menschliche Seele. Nach dieser Auslegung wäre Kommerell zurecht der Auffassung, er gehöre zum Volk und sei gleichzeitig Wächter, insofern er nämlich zugleich ein unreflektiert Fühlender und ein gebildeter Beurteiler ist. Unmittelbar gefühlsmäßig bejaht er den neuen Staat, als Wächter seiner selbst hat er sich jedoch noch nicht entschieden, sondern will sich seine Unabhängigkeit bewahren. Bezeichnenderweise fehlt in Kommerells metaphorischem Selbstbild die Position des Regenten, der im Besitz der Wahrheit wäre.

Platons Staatslehre war vor 1933 ein bevorzugtes Interpretationsobjekt vor allem für Autoren, die dem George-Kreis nahestanden,[17] und nicht wenige betrachteten den platonischen Staat als Vorbild für einen erwünschten autoritären Staat. Diese Meinung lehnt Gadamer in seiner Rede 1934 ausdrücklich ab: Platons Staat könne nicht der »Entwurf einer besseren Ordnung der Wirklichkeit des staatlichen Lebens sein«, er sei vielmehr »ein ›Urbild im Himmel‹ *für den, der sich selbst und seine innere Verfassung ordnen will*«.[18] Für Platon sei der Staat ein metaphorisches Bild für die Seele des Einzelnen; insbesondere der platonische Wächter gilt Gadamer als Idealbild des selbstkritischen Staatsbürgers: dieser müsse »Wächter« seiner selbst sein,[19] um weder zum »zahmen Herdentier« noch zum »raubgierigen Wolf«[20] zu degenerieren. Die »Erziehung des staatlichen Menschen« sei etwas anderes als die »autoritative Erziehung aus der Kraft einer idealen Organisation«, die wahre Erziehung werde im Dialog, »im Fragen allein lebendig«.[21]

Sicher ist Gadamers Interpretation kein Akt des Widerstandes, es finden sich in seiner Rede Stellen, die man durchaus als Befürwortung eines hierarchisch geordneten Staats und als klares Votum für den Vorrang des Gemeinsinns verstehen muss. Aber das kritische Moment scheint mir unübersehbar zu sein.[22]

Kommerell las Gadamers Platon-Vortrag 1934 bereits im Manuskript. Am 9. Mai 1934 schreibt er: »Ich habe mich auch mit Ihrem Vortrag beschäftigt, der mir wichtig und bedeutend erscheint. Ich halte die Ergebnisse (auch die sich auf die Politeia als Ganzes bezie-

17 Vgl. Karlauf (Anm. 4), S. 401-405. – Gadamer schreibt am 28.10.1933 an Kommerell, das 1933 im Verlag der Blätter für die Kunst unter Mitwirkung von George erschienene Buch *Platon. Der Kampf des Geistes um die Macht* von Kurt Hildebrandt habe für ihn »einen unzerreißbaren freundlich-feindlichen Zauber«. Vgl. dazu Gadamers Rezension des Werks aus dem Jahr 1935, in: GW 5,331-338.

18 Gadamer (Anm. 16), S. 194.

19 Ebd., S. 196.

20 Ebd., S. 200.

21 Ebd., S. 197.

22 Eine andere Ansicht wird vertreten in: Teresa Orozco, *Platonische Gewalt. Gadamers politische Hermeneutik der NS-Zeit*, Hamburg/Berlin 1995.

henden) für richtig.« Damit dürfte wiederum die Deutung des Staats als eine »gewaltige Metapher« für die Seele gemeint sein, die Kommerell 1936 in einem Aufsatz auch bei Schiller entdeckt.[23] Im Brief von 1934 weist er Gadamer aber auch auf Unschärfen seiner Interpretation hin: »einige Seiten ›Substanz des Ethos‹ und anderes scheinen mir etwas ausweichend.« Da die zitierte hegelianische Wendung im Druck fehlt, ist zu vermuten, dass Gadamer diese Stelle geändert hat. Auch in der endgültigen Fassung ist recht unbestimmt von den alles entscheidenden »ungeschriebenen« Gesetzen des Staates die Rede, von einem »herrschenden Ethos, in das geborgen menschliche Formung in Verborgenheit geschieht«.[24] Ein solches »verbindendes staatliches Ethos« habe Platon in seiner Zeit vermisst – ebenso wie sein Interpret Gadamer 1934. Insgesamt war Kommerell mit Gadamers Interpretation sehr einverstanden. An den Verleger Klostermann schickte er am 5. Juni 1934 die Fahnen mit den Worten zurück: »Ich finde die Sache ausgezeichnet.«[25]

Über das eigentliche Thema *Plato und die Dichter* erfährt man im Briefwechsel nichts. Dabei lässt sich Gadamers Vortrag von 1934 durchaus als eine Antwort auf Kommerell verstehen, der die klassischen Dichter 1928 ausdrücklich als heroische »Führer« betrachtet hatte. Gadamer behauptet mit Platon strikt das Gegenteil: Sie seien *Ver*führer, denn sie befördern den Sittenverfall und die »ästhetische Selbstvergessenheit«.[26] Ihnen stellt Gadamer wiederum den »Gegenzauber des philosophierenden Fragens«[27] entgegen und lässt nur solche Dichtungen gelten, von denen sich der Rezipient »in jedem Augenblick in seiner eigenen Existenz«[28] angesprochen fühlt und zur philosophischen Selbstbefragung, »zum neuen Finden des Rechten in der eigenen Seele«,[29] geführt wird. Vermutlich hatte Kommerell bei aller Sympathie doch Zweifel, ob der Wert einer Dichtung ausschließlich in ihrem philosophischen und lebenspraktischen Gehalt liege.

Man wüsste gern, was Gadamer Kommerell 1933 auf die konkrete Frage nach seiner Haltung zum »Tag von Potsdam« geantwortet hat. Leider ist der Antwortbrief nicht überliefert. Das nächste Schreiben

23 Max Kommerell, »Schiller als Psychologe«, in: ders., *Geist und Buchstabe der Dichtung. Goethe. Schiller. Kleist. Hölderlin*, Frankfurt a. M. 1991, S. 193.

24 Gadamer (Anm. 16), S. 195.

25 Max Kommerell an Vittorio Klostermann, 5.6.1934 (DLA).

26 Gadamer (Anm. 16), S. 206 – »So klingt es von unverhohlener Ironie, wenn Sokrates die Dichter ›als Väter der Weisheit und Führer‹ heranzieht«. (ebd., S. 190)

27 Ebd., S. 207.

28 Ebd., S. 206.

29 Ebd., S. 197.

von Gadamer datiert bereits vom Juli 1933 und bezieht sich auf ein Gespräch, das inzwischen stattgefunden haben muss. Kommerell stand vor der Frage, ob er sich öffentlich für den Frankfurter Rektor Kurt Riezler einsetzen sollte, der wegen seiner politisch missliebigen Berufungspolitik angegriffen wurde.[30] Gadamer rät vom Widerstand gegen die Politisierung der Frankfurter Universität explizit ab. In erster Linie – so seine Argumentation im Brief vom Juli 1933 – komme es darauf an, sich nicht aus der Universität verdrängen zu lassen, denn »die eigentliche Schicksalsfrage der deutschen ›Kultur‹ wird nicht von den jetzt getroffenen Einrichtungen entschieden, sondern von den Menschen, die überhaupt noch im Raume stehen.« Kommerell müsse bereit sein, so Gadamer, »auf die Bestätigung innerer Freiheit durch äußeres Gebaren, durch ausdrückliche Rede im größeren oder kleineren Kreis, durch Sichgemeinmachen in Kritik und Empörung: auf all das verzichten zu können«. Vor allem rät Gadamer: »das Vertrauen auf die Dauerhaftigkeit allein des Echten zu bewahren und sich mit Geduld bis an die Zähne zu wappnen: verzeihen Sie, wenn ich diese schöne Maxime Ihnen predigte und auch heute wiederhole. Ich glaube, wir können uns den Genuß des Gegenteils nicht leisten, und die Zukunft unseres Volkes sind und bleiben auch wir.« Diese Karte vom 16. Juli 1933 enthält Gadamers Abwarte- und Überlebensprogramm.[31] Bis 1945 hielt er am »Vertrauen auf die Dauerhaftigkeit allein des Echten« fest.

3.

Im Jahrzehnt zwischen 1934 und 1944, dem Todesjahr Kommerells, reißt der Briefwechsel nicht mehr ab. Die Sommerferien 1936 verbringen die Freunde gemeinsam mit ihren Ehefrauen auf der Ostseeinsel Hiddensee. Wann immer es möglich ist, treffen sie sich in Frankfurt oder Marburg, meist zusammen mit anderen, um nächtelang zu diskutieren. Seiner Schwester beschreibt Kommerell die Marburger Runden so: »Die Männer, zu dreien und vieren, sitzen Abende und Nächte auf, disputieren und interpretieren, so daß jeder auch in mehreren Nachbargebieten zu Hause ist und alle in einer aufgeschlossenen Gemeinschaft großen Wissens und kampfbereiter Schärfe stehen.«[32]

30 Dorothea Hölscher-Lohmeyer, »Max Kommerell, der Lehrer«, in: *Jahrbuch der Deutschen Schillergesellschaft* 29 (1985), S. 560 f.
31 Vgl. Grondin (Anm. 1), S. 180 ff.
32 Max Kommerell an Erika Kommerell, Mai 1937, in: Kommerell (Anm. 1), S. 321.

Für Kommerell sind die »an sich fascinierenden, durchsprochenen Nächte mit vielen Weisen und Weisheitsliebenden« allerdings auch strapaziös;[33] einmal macht er seinen Besuch davon abhängig, dass er »ausnahmsweise schon um 12 ins Bett« gehen darf, weil er morgens früh weiterreisen müsse.[34]

Seit 1938 lehrte Gadamer an der Leipziger Universität, zunächst per Lehrstuhlvertretung, zwei Jahre später dann als ordentlicher Professor. In der Korrespondenz mit Kommerell geht es in diesen Jahren auch um gemeinsame Schüler, um Besetzungsfragen, etwa in Bezug auf gemeinsame Freunde wie Gerhard Krüger oder Werner Krauss, und natürlich um die Frage einer Anstellung für Kommerell, der allerdings erst 1941 auf einen Lehrstuhl für deutsche Literaturwissenschaft nach Marburg berufen wird. Um seine berufliche Chancen zu verbessern, war Kommerell sogar in die SA eingetreten.

Politische Themen kommen in den Briefen meist nur indirekt oder in sehr verallgemeinerter Form zur Sprache. Am 9. September 1939, also kurz nach Kriegsbeginn, schreibt Kommerell:

> Mit großer Freude las ich, dass die Leipz. Universität in Tätigkeit bleibt. Und dass Sie persönlich jedenfalls durch nichts gehindert die Arbeit zu selbstbestimmtem Zweck fortsetzen werden. Das ist schön und sinnvoll, und man muss sich an einem Sinn im einzelnen und des Einzelnen trösten. Auch ich habe mir so gut es geht eine relative Stille des Tuns und Schaffens bewahrt; dazwischen allerlei Tätigkeiten und Inanspruchnahme durch S. A. [...]. Am Tag des erklärten Kriegszustandes mit England erhielt ich – halt, nein, es war 2 Tage vorher – die Korrecturen meiner dramatischen Humoreske[35] von der Neuen Rundschau; und – noch sonderbarer – der Lessing-Aristoteles[36] ist seit einigen Tagen in der Druckerei. Statt der Philosophie des Als ob die Praxis des Als ob! Aber diese Als=optik ist gar nicht schlecht. Sie verzeihen, dass ich keine Worte über das allgemeine Schicksal verliere. Es gibt für mich nur Hinnehmen.

Der Krieg ruft bei Kommerell keinerlei Begeisterung hervor. Das Gefühl allgemeiner Sinnlosigkeit bekämpft er mit verstärkter Arbeits-

33 Max Kommerell an Hans-Georg Gadamer, 1.6.1937.

34 Max Kommerell an Hans-Georg Gadamer, 3.12.1937.

35 Max Kommerell, »Kasperle wird Einsiedler. Eine musikalische Zauberposse im Stil des Kasperl-Theaters«, in: *Die Neue Rundschau* 51 (1940), H. 1, S. 7-21.

36 Max Kommerell, *Lessing und Aristoteles. Untersuchung über die Theorie der Tragödie*, Frankfurt a. M. 1940.

anstrengung und der Hinwendung zur komischen Dichtung. Während die deutschen Armeen sich nach der Eroberung Polens auf den Westfeldzug vorbereiten, spricht er Gadamer am 28. Februar 1940 Trost zu und entwirft im Stil Jean Pauls seine Philosophie des Überlebens:

> Überhaupt war es sehr schön, wieder einmal von Ihnen zu hören, wenn ich auch dabei zugleich sehen musste, dass der Erdschatten, der Schatten des rätselhaften, verwüsteten Irrsterns, der unser Stern ist, und den wir doch auch *so* lieben müssen, in Ihr Inneres geworfen ist. Es geht niemandem anders, der ein Organ für das Schicksal hat – und wie es sich in dieser allgemeinen Verdüsterung zu einem persönlichen Wagnis – und die individuelle Existenz, bewusst und mit Consequenz ist jeden Tag eines – erhellt, das ist Sache der Constitution und der Leistung. Ein Mensch, den seine Arbeiten anstrengen und dem sie zugleich gelingen, und der weiß, was er kann und wollen darf, kann leben, auf lange Sicht, ohne in einem allgemeinen Sinn zu wissen wofür und wozu.

Aber ganz gelingt Kommerell die stoische Haltung nicht:

> Die innere Stille wächst, und wird manchmal durch ein Gelächter unterbrochen, das bald mehr panisch bald mehr hyänenhaft klingt. Ich fände es selbst stilvoller, wenn ich im Widerklang auf meine zeitgenössische Existenz mich als tragisch gestimmt erwiese … aber mit aller Mühe entringt sich kein αιλινος [Klageruf] und kein Kassandraheulen meinem Mund ……

Kommerell flüchtet in die Arbeit, in seinen Briefen beklagt er seine Überlastung und die mangelnde Resonanz auf seine dichterischen Versuche. Sein Trauerspiel *Die Gefangenen*,[37] das wegen seines »depressiven Charakters« die Zensur nicht passierte, las Gadamer als Manuskript und beurteilte es trotz einiger Korrekturvorschläge im Ganzen sehr günstig. Am 6. Dezember 1942 bittet ihn Kommerell, das Manuskript an Freunde weiterzugeben.

> Dass es keinem Beschränkten und Böswilligen unter die Augen kommt, werden Sie selbst bedenken; und im Übrigen kann ich mir nichts schöneres wünschen, als dass unsresgleichen es kennen und davon angesprochen werden. […] Aber ich bin leider gar zu oft am Rande meiner Kraft, und – noch mehr muss ich dies bedauern – das dialectische Vergnügen des Geistes: Gespräche unter Freunden,

37 Das Stück konnte erst nach dem Krieg erscheinen. (Max Kommerell, *Die Gefangenen. Trauerspiel in 5 Akten*, Frankfurt a. M. 1948.)

> vor allem in einem Cirkel, ist mir sehr anstrengend; vielleicht weil ich für die echte Communication schwieriger und ungelenker werde. So im gewöhnlichen Leben helfe ich mir mit Floskeln und guter Laune.

Gadamer hat sich in seiner Leipziger Zeit verstärkt der deutschen Literatur zugewandt, wie Kommerell bevorzugte er Goethe, Rilke und vor allem Hölderlin.

4.

Über Hölderlin zu schreiben, war in dieser Zeit alles andere als originell. Ebenso wie bei Platon dürfte hier der Einfluss Stefan Georges eine wichtige Rolle spielen, der Hölderlin bereits 1910 entdeckt hatte.[38] Gerade diese beiden Autoren – Platon und Hölderlin – reklamierten auch die Nationalsozialisten für ihre Zwecke. Dabei mögen neben inhaltlichen Affinitäten strategische Überlegungen eine Rolle gespielt haben: Man suchte das Bildungsbürgertum, das zu einem guten Teil von George geprägt war, für sich zu gewinnen. Wer nach 1933 Platon oder Hölderlin interpretierte, bezog in jedem Fall Stellung.

Kommerell hatte Hölderlin seit seiner Jugend gelesen und ihn 1928 unter dem Einfluss von George in seinem Buch *Der Dichter als Führer in der Deutschen Klassik* zum prophetischen Führer der Deutschen verklärt. Gadamer begann seine Auseinandersetzung mit diesem Autor kurz nach Heideggers Hinwendung zu Hölderlin und widmete ihm nach 1937 mehrere Seminare und Vorlesungen.

Am 6. November 1939 lud er Kommerell zu einem Vortrag über *Hölderlins Empedokles-Dichtungen* nach Leipzig ein. Anlässlich der Überarbeitung für den Druck[39] hebt Kommerell im Brief vom 28. Februar 1940 vor allem die Aktualität Hölderlins hervor. Er verzichte aber auf »abgestandenen Feststellungen vom angeborenen Hellenenthum Hölderlins« und gebe statt dessen der »Auseinandersetzung mit Christus« breiten Raum, wobei er eine Parallele zum Platon-Buch von Gerhard Krüger[40] sieht, der ebenfalls »das Christentum als Componente der philosophischen Situation berücksichtigt« habe.

Implizit kritisiert er damit zwei Richtungen der zeitgenössischen Hölderlin-Interpretation, die mit je unterschiedlichen Argumenten

38 Vgl. Karlauf (Anm. 4), S. 406-409.

39 Max Kommerell, »Hölderlins Empedokles-Dichtungen«, in: ders., *Geist und Buchstabe in der Dichtung*, Frankfurt a. M. 1940.

40 Gerhard Krüger, *Einsicht und Leidenschaft. Das Wesen des platonischen Denkens*, Frankfurt a. M. 1939.

der nationalsozialistischen Vereinnahmung Hölderlins widersprachen. Kommerell vermag weder der christlichen Deutung in der Art von Romano Guardini noch der neuhumanistischen Aneignung von Interpreten wie Walter F. Otto zu folgen. Was ihn stört, ist vor allem ihre Zeitenthobenheit.

Als 1940 das erste von Walter F. Otto mitherausgegebene Jahrbuch mit dem Titel *Geistige Überlieferung* erscheint, bemerkt er am 26. Oktober 1940 gegenüber Gadamer sarkastisch, der Titel »Gemalter Marmor« wäre zutreffender. Besonders empört ihn Walter F. Ottos Hölderlin-Aufsatz, dessen

> bloße Erbaulichkeit und das Vorbeigehen an jedem Problem. Wenn Hölderlin nicht in seiner Eigenheit genommen wird (wobei sich die gehörige Distanz von selber herstellt!) sondern bloß als Schlüssel zu Otto's Hauptproblem, sozusagen als die zwingend-gegenwärtige Interpretation der Antike in einer seltsam wissenschaftlichen Prophetie, dann ist das unzugänglich reine und einsame Sehen eines Dichters eine Auskunft für jedermann geworden und es müsste mindestens gefragt werden: *Kann* der Philologe und Gebildete von heute denn wie Hölderlin *sehen wollen*?? Das aber ist unendlich verwirrend und dunkelmännerisch; und Otto ist viel zu knabenhaft, um seine Schädlichkeit entfernt zu ahnen. Er stiftet nur Segen, wohin er kommt! [...] Ich möchte in keiner Weise, auch nicht polemisch in diesen übermächtigen Bildungsfeldzug hineingeraten. Er ist übrigens – sag ichs zu Ruhm oder Schmach? – politisch gut angelegt und wird den Beteiligten nützlich sein. Amen.

In einem späteren Brief kritisiert er am 2. Januar 1941 noch einmal die »feigenblatt-artige Natur des Humanismus«, der in diesem Jahrbuch verbreitet werde.

Hölderlin-Interpretationen waren in den Kriegsjahren exportfähig. 1940 hielt Gadamer im Deutschen Institut in Florenz einen Vortrag über *Brot und Wein als Ausdruck des Hölderlinschen Geschichtsbewußtseins*,[41] ein Jahr später sprach Kommerell am selben Ort über *Das Problem der Aktualität in Hölderlins Dichtung*. Heidegger, der wohl nach Vermittlung durch Gadamer mit Kommerell ein Gespräch über Hölderlin begonnen hatte,[42] drängte ihn, sich mit einer

41 Vgl. Grondin (Anm. 1), S. 380. – Im Nachlass sind keine Manuskripte zu diesem unveröffentlichten Vortrag überliefert.

42 Vgl. Joachim W. Storck, »›Zwiesprache von Dichten und Denken‹. Hölderlin bei Martin Heidegger und Max Kommerell«, in: *Klassiker in finsteren Zeiten 1933-1945*, Bd. 1, Marbach a. N. 1983, S. 345-365 (Marbacher Kataloge 38).

überarbeiteten Fassung des Vortrags an einer Gedenkschrift zu Hölderlins 100. Geburtstag zu beteiligen; doch Kommerell lehnt ab.

Neben Heidegger steuerte auch Gadamer 1943 einen Aufsatz für das Gedenkbuch bei. Unter mit dem Titel *Hölderlin und die Antike* rekonstruiert er sehr textnah die Gedankenwelt Hölderlins, hebt seine »unablässige philosophische Selbstbesinnung«[43] und seine Auseinandersetzung mit »Griechischem und Vaterländischem«[44] hervor, die zu einer »neuen Freiheit des deutschen Gesanges«[45] geführt habe. Hölderlin beschreibe seine Gegenwart als Nacht der abendländischen »Götterferne«, aber auch als »Nacht der Sammlung und der Vorbereitung eines neuen Tages«.[46] Das ist für Gadamer die »entscheidende Umwendung von Verlassenheit in Erwartung«.[47] Anders als Heidegger kommentiert oder aktualisiert er diese geschichtsphilosophische Aussage aber nicht, sondern lädt den Leser von 1943 ein, sie selbst auf die eigene Gegenwart anzuwenden. Vom fiktionalen und ästhetischen Charakter der interpretierten Texte sieht er weitgehend ab.

Kommerell reagiert auf Gadamers Aufsatz am 10. Juli 1943 mit einer längeren Kritik, in der er dessen »Hermeneutik« zwar lobt und gegen deren Resultate im Einzelnen nichts einzuwenden findet. Allerdings hätte der Kunstcharakter von Hölderlins Gedichten mehr beachtet werden müssen, um Abstand zu ihnen zu gewinnen. Er spricht von Gadamers »Gewalt des Denkens« und wiederholt damit einen Einwand, den er in seiner ausführlichen Kritik gegenüber Heideggers Hölderlin-Deutung bereits erhoben hatte.[48] Im Brief an Gadamer bemängelt er vorsichtig, um den Freund nicht zu verletzen, dass

> irgend etwas, für die Distanz zum Gedicht und seinem Bestehen aus sich selbst Erhebliches bei dieser Deutungskunst noch außerhalb zu bleiben scheint. Was aber, das ist mir selbst noch undeutlich, und darum halte ich mich auch fern, jedenfalls von auf das Zentrum gehenden Versuchen, und bringe nichts über Hölderlin vor. Aber ich denke oft darüber nach, und es schwebt mir vor, etwas über die Hymnen überhaupt zu sagen,[49] was ihren Gedanken-

43 Hans-Georg Gadamer, »Hölderlin und die Antike« (1943), in: GW 9,4.

44 Ebd., S. 2.

45 Ebd., S. 8.

46 Ebd., S. 15.

47 Ebd., S. 15.

48 Kommerell an Heidegger, 29.7.1942, in: Kommerell, *Briefe und Aufzeichnungen* (Anm. 1), S. 396-402.

49 Vgl. Max Kommerell, »Hölderlins Hymnen in freien Rhythmen«, in: ders., *Gedanken über Gedichte*, Frankfurt a. M. 1943. – Es handelt sich um die erweiterte Fassung eines Vortrags von 1941.

> gehalt nur sekundär betrifft und auf ein anderes zielt. [...] Vielleicht bin ich nicht zum Interpreten Hölderlins geboren, obwohl ich seit meinem 14. Jahr unaufhörlich und innig mit ihm umgehe. – Also bitte Geduld mit mir!

Im Juni 1943 beteiligte sich Kommerell dann doch an den groß angelegten Hölderlin-Jubiläumsfeiern. In seiner Marburger Rede distanziert er sich von den gängigen Interpretationsmustern, von allem, »was nach Exegese und Dogmatik« aussieht, und widerruft damit vor allem auch seine eigene, durch George inspirierte Feier Hölderlins als Seher eines »Morgen«, eines »neuen Vaterlandes«.[50] Statt dessen untersucht er die ästhetischen Qualitäten der literarischen Werke und verweist auf die individuelle Subjektivität der Visionen Hölderlins, die man nicht mit der eigenen Wirklichkeit kurzschließen dürfe. Im Gegensatz zur philosophischen Hermeneutik Gadamers bevorzugt er eine ästhetisch-psychologische Interpretationsweise.

Einem fiktiven Leser, der »bestürzt vor der fast fremden Schönheit dieser Gedichte« nach dem realen Gehalt der Visionen fragt, antwortet Kommerell: »Würde man aber mit Gedichtetem nicht zu gröblich verfahren, wenn man es darnach mäße, ob es durch sichtbare Ereignisse recht behält? Hölderlin glaubt seine Götter, aber er bringt uns nicht den Glauben an sie, sondern ihr Leben im Gedicht«.[51] Seine Polemik gegen neuhumanistisch-geschichtsphilosophische Hölderlin-Interpretationen formuliert Kommerell Anfang 1944 in einem Brief an Gadamer noch drastischer: »Hol der Teufel die Götter! Ich hab sie satt. Es sind Steckengötter, und so wie man Steckenpferdebändiger brauchte, braucht man jetzt Götterscheuchen. Ich hoffe, ich läutere mich in diesem Jahr zu einer solchen hinauf.«[52]

5.

In seinem letzten Brief schreibt Kommerell an Gadamer im Februar 1944, kurz nachdem Leipzig zum wiederholten Mal bombardiert worden war:

> Gestern, nachdem wir in sehr großer Spannung waren, erreicht uns [...] die Nachricht, dass Sie und die Ihrigen wohlbehalten sind.

50 Kommerell (Anm. 11), S. 483.

51 Max Kommerell, »Hölderlin-Gedenkrede Juni 1943«, in: *Hölderlin-Jahrbuch* 15 (1967/68), S. 253 f.

52 Anlass war das Buch *Griechische Götter* von Friedrich Georg Jünger, Frankfurt a. M. 1943.

> Wie freuen wir uns dessen! Und es gibt jetzt Lagen, wo einem das vorher Selbstverständliche zum höchsten Anlass des Dankes wird, und wo mitunter gar der Überlebende selber sich mit einem gewissen Staunen vorfindet! Es muss schrecklich gewesen sein, was Sie ausgestanden haben! Sie sind ja nun in der schweren Kunst, sich an sich und um der anderen Willen zu gebieten, ein erfahrener Meister und Asket; aber Ihre liebe Gattin ist gewiss in ihren Nerven ohnehin erschüttert und gefährdet durch alle die jüngsten Vorkommnisse.

Dieser Brief, den Kommerell fünf Monate vor seinem Tod schrieb, ist wie alle seine Briefe an Gadamer, ein Dokument der Freundschaft. Er beweist Einfühlungsvermögen und Mitgefühl, entwirft ein Porträt seines Gegenüber, erinnert ihn an seine Stärken, vor allem an seine Selbstbeherrschung. Dass man sich im Anderen – und womöglich nur dort – erkennt, gilt seit jeher als Kennzeichen der Freundschaft. In diesem Sinn betont Kommerell an vielen Stellen die anthropologisch angelegte Notwendigkeit für den Einzelnen, sich im anderen zu »ergänzen«.[53] Sich »in anderen zu integrieren« sei das »Verfahren«, auf das hin die Natur den Menschen angelegt habe.[54]

Zehn Tage nach Kommerells Tod am 25. Juli 1944 hielt Gadamer in Marburg eine Gedenkrede auf seinen Freund, in der er ausführlich dessen Gedichte zitiert und als Ausdruck seiner Lebensgeschichte deutet. Dem Interpreten geht es vor allem um jene »wesentlichen Erfahrungen und Entscheidungen, die er für uns und als die unsrigen vollzog.«[55] Hier verschmelzen die Positionen des Interpreten mit denen des Autors.

Gadamer war sich der Verbindung seiner Art der Hermeneutik mit dem Begriff der Freundschaft bewusst. Die philosophische Entdeckung der »Erfahrung des Du« bedeutete für ihn die Überwindung des Neukantianismus.[56] Dabei stand das Phänomen des Gesprächs, aus dem er seine hermeneutischen Prinzipien ableitete, stets »in eigentümlicher Nachbarschaft mit Freundschaft«.[57] Eine nähere Untersuchung dieser Verbindung hätte Kennzeichnungen wie »Horizont-

53 »Denn wir sind auf Ergänzung angewiesen.« Kommerell (Anm. 49), S. 8.

54 Max Kommerell an Werner Krauss, 17.4.1942, in: Kommerell, *Briefe und Aufzeichnungen* (Anm. 1), S. 393.

55 Hans-Georg Gadamer, »Gedenkrede auf Max Kommerell«, in: Max Kommerell, *Dichterische Welterfahrung. Essays*, hrsg. von Hans-Georg Gadamer, Frankfurt a. M. 1952, S. 206.

56 Hans-Georg Gadamer, »Die Unfähigkeit zum Gespräch« (1972), in: GW 2,210.

57 Ebd.

verschmelzung« oder Postulate wie das »Sich etwas sagen lassen« einzubeziehen.

Die Freundschaft unter Gleichrangigen wurde für Gadamer wie für Kommerell unter den Bedingungen der letzten Jahre der Weimarer Republik und während der Zeit des Nationalsozialismus zur bevorzugten, fast zelebrierten Sozialform, denn sie bedeutete eine Alternative sowohl zur hierarchisch strukturierten Gemeinschaft wie zur atomisierenden Gesellschaft (um die bekannten Schlagworte von Ferdinand Tönnies zu zitieren). Zur gleichen Zeit, als die Freundschaft für sie praktisch und theoretisch wichtig wurde, entwickelten sie eine Praxis und Theorie der Interpretation von Texten. Diese sollten vom Interpreten, dessen Subjektivität und Geschichtlichkeit ausdrücklich berücksichtigt wird, aus den gewohnten Deutungsschulen gelöst werden, in der Erwartung, im überlieferten Text – wie in einem Freund – sich selbst und die eigene Situation zu erkennen. Verkürzt könnte man sagen: Die geschichtliche Krise gebar eine Hermeneutik aus dem Geist der Freundschaft.

Georg Hartmann

Erneuerung der Metaphysik?

Gerhard Krüger zwischen Hermeneutik und natürlicher Theologie

1. Krügers spezifische Zuspitzung des Historismusproblems

Bereits Nicolai Hartmann, bei dem Gerhard Krüger in den zwanziger Jahren in Marburg studiert hatte, richtete sich gegen die bevorzugte Ausrichtung der Neukantianer auf die philosophische Disziplin einer reinen Erkenntnistheorie. In seiner Dissertation aus dem Jahr 1925 befasste sich Krüger unter dem Einfluss von Hartmann und Heidegger mit der Lehre der Sinnesaffektion bei Kant. Seine Habilitationsschrift wurde in gekürzter Form unter dem Titel *Philosophie und Moral in der kantischen Kritik* publiziert.[1] Damit hatte er bereits zwei zentrale und eng miteinander in Beziehung stehende Fragen seines philosophischen Interesses zu einer ersten Ausführung gebracht: das Problem der Rezeptivität sowie der Abhängigkeit des Denkens von einem höchsten Maßstab. Elf Jahre zuvor, also 1920, hatte der später unter dem Einfluss des Renouveau catholique stehende Philosoph Peter Wust, der bis unmittelbar vor Krügers Antritt als Professor in Münster 1940 dort lehrte, eine Arbeit mit dem Titel *Auferstehung der Metaphysik* vorgelegt, die nicht nur auf katholischer Seite lebhaft und kontrovers diskutiert wurde. Diese von dem Theologen und Philosophen Ernst Troeltsch angeregte und heute wohl nur noch wenig bekannte Arbeit kann als symptomatisch für die Aufbruchsstimmung in den zwanziger Jahren gelten. Krüger dürfte der folgenden Diagnose Wusts im Grundsatz zugestimmt haben:[2]

1 Gerhard Krüger, *Philosophie und Moral in der Kantischen Kritik*, Tübingen 1931.

2 Einen expliziten Bezug Krügers auf Wust konnte ich bislang nicht finden. Krüger verwendet allerdings in zumindest einer Vorlesung an einer Stelle den Ausdruck ›Auferstehung der Metaphysik‹, doch ohne Anführungszeichen.

> Die Marburger Philosophie war ja nur die höchste Vollendung des schon mit Descartes anhebenden Bestrebens, alle Wissenschaften in den spanischen Stiefel einer mathematischen Universalmethode zu schnüren. Die ›Logik des Ursprungs‹ zielt ja in erster Linie darauf ab, den Gedanken einer unerbittlichen logisch-methodischen Einheit durchzusetzen. Mit diesem Einheitsgedanken war dann noch der Prozeßcharakter des Denkens, aus der psychologischen in die logische Sphäre herübergenommen, in straffer Systematik verknüpft worden, um den Gedanken Kants von der Autonomie des Denkens bis zur äußersten Konsequenz durchzuführen. Die logische Einheit ist nun zugleich logische Genesis, alles Denken hat einen logisch erzeugenden Charakter. So tiefsinnig auch dieser Gedanke ist, so sehr er auch dazu dient, das Wesen des ›Bewußtseins überhaupt‹ seiner streng logischen Natur nach rein herauszustellen, so hatten sich ihm allmählich doch allerhand verunreinigende, das Wesen des Logischen trübende Momente beigemischt, die der Anlage nach schon in dem Autonomiecharakter des Kantischen Systems und noch deutlicher in dem ›tätigen Ich‹ Fichtes enthalten waren, die aber bei Cohen und Natorp zu einer rationalistischen Überspannung ohnegleichen geführt hatten.«[3]

Zu erneuern galt es die Metaphysik im Sinne Krügers nun aber nicht nur, um von der neukantianischen Ausrichtung auf eine reine Erkenntnistheorie loszukommen. Noch gewichtiger dürften von ihm und anderen Zeitgenossen die sowohl systematischen als auch lebenspraktisch tiefgreifenden Probleme empfunden worden sein, die dem Historismus in seinen verschiedenen Ausprägungen zugrunde lagen. Eine für Krüger typische Antwort auf die Frage, wie um die Jahrhundertwende in einem weiteren Kreis das Bedürfnis nach einer Erneuerung der Metaphysik entstehen konnte, findet sich bei ihm unter anderem in seinem Text *Die Frage der natürlichen Theologie* aus dem Jahr 1931: »[D]ie ›Krisis‹ unsrer Zeit besteht eben darin, daß wir vor die Frage gestellt sind, ob und wie wir mit unserm souveränen, uns schlechterdings allein überlassenen Dasein fertig werden können, nachdem es sich nicht nur von seiner Tradition, sondern auch von dem Troste der Romantik geschieden hat.«[4]

Ansonsten bezieht sich Krüger – etwa in seiner Vorlesung Grenzfragen der Philosophie und Theologie – vor allem auf Max Scheler, später dann auf Heidegger und Jaspers.

3 Peter Wust, *Auferstehung der Metaphysik*, Leipzig 1920, S. 169.

4 Gerhard Krüger, »Die Frage der natürlichen Theologie«, 1931, S. 14, unveröffentl. Maschinenabschr., Handschriftenabt. der UB Tübingen, Mn 13-123. Vermutlich handelt es sich um den Text für eine Vorlesung, die Krüger in Mar-

Dabei ist zunächst einmal an die Erfahrung des Scheiterns überhistorischer Wahrheitsansprüche, insbesondere an den geschwundenen Glaube an einen unaufhaltsamen Fortschritt der Aufklärung angesichts der Katastrophe des Ersten Weltkriegs zu denken. Es war nun wieder eine größere Aufmerksamkeit für die Bedingungen der Endlichkeit geweckt worden, die auch noch der berufsmäßige Philosoph mit dem Menschen teilte, der er nun einmal war und blieb. Das eigentlich beunruhigende Problem allen geschichtlichen Wandels und damit das Wesen von Geschichte meint Krüger darin erkannt zu haben, dass es nicht ausreiche zu sagen, es hätten sich lediglich die weltanschaulichen Deutungen oder Einstellungen der Menschen in verschiedenen Zeiten geändert und sie würden sich wohl auch in Zukunft immer wieder ändern, während die Welt selbst doch immer als die eine und selbe erfahrbar bleibe. Es scheine vielmehr die Wirklichkeit sich von selbst im Laufe der Zeit in unterschiedlichen, sogar widersprüchlichen Erfahrungen zu bekunden. Während etwa noch für Kant die Geschöpflichkeit der Welt eine empirisch gewisse Erfahrung dargestellt und er die Leugnung dieses Schöpfungscharakters für eine subtile abgezogene Spekulation gehalten habe, auch wenn er den physikotheologischen Gottesbeweis für unzulässig erachtete, so besage die unmittelbare Erfahrung der Welt nach Kant, dass die Welt ohne Gott existiere. Es wurde nun umgekehrt zu einer abstrakten und künstlichen Spekulation, wenn man dennoch ihre Geschöpflichkeit beweisen wollte: »Hier steht Erfahrung gegen Erfahrung, nicht nur eine ›Deutung‹ oder eine ›Einstellung‹ gegen die andere. Beide Seiten berufen sich auf die handgreifliche Wirklichkeit selbst. So ist es klar, daß man an dem modernen Atheismus nicht ohne weiteres etwas ändern kann; dieser Atheismus ist nicht Sache persönlicher Entscheidung, sondern Sache der Öffentlichkeit, in der die Welt atheistisch gegeben ist.«[5]

Es wäre nicht tief genug gedacht, den Wandel von Weltbildern allein den sie hervorbringenden Menschen zuzuschreiben. Krüger gibt im Anschluss an Heidegger und auf den ersten Blick auch im Anschluss an idealistische Positionen zu bedenken, dass ein weitaus beunruhigenderes wechselseitiges Abhängigkeitsverhältnis zwischen dem Menschen mit seiner Wirklichkeitserfahrung und der Wirklich-

burg als außerordentlicher Professor gehalten haben könnte. Mein Dank gilt Anna-Elisabeth Bruckhaus für Hilfen im Rahmen der Bereitstellung des Nachlasses. Der Abdruck dieses sowie weiterer Zitate aus dem Nachlass Krügers erfolgt mit freundlicher Genehmigung durch Christa Krüger.

5 Gerhard Krüger, »Grenzfragen der Philosophie und Theologie«, Vorlesung 1933/34, S. 20, unveröffentlichte Maschinenabschr., Handschriftenabt. der UB Tübingen, Mn 13-144.

keit, wie sie sich dem Menschen zu erfahren gibt, bemerkt werden müsse: »Die Welt, die uns zwingend vor Augen steht, ist nicht unabhängig von uns; sie und wir, die wir sie erfahren, sind eine Einheit, die ein geschichtliches Schicksal hat. Wir gehören mit zur Welt, und zwar nicht nur, wie es selbstverständlich ist, als innerweltliche Dinge, als Leiber in diesem Raume z. B., sondern als das offenbar maßgebende Element in der Einheit; denn mit uns ändert sich die Welt – die Welt, die doch für jeden einzelnen von uns eine eherne Wirklichkeit hat, an der kein Wunsch, keine Willkür etwas ändern kann. Es scheint: in erster Linie sind wir die Welt, und doch ist die Welt als das All der Dinge, in der wir Menschen verschwindend klein sind, die übermächtige Gesamtheit, in die wir uns erfahrend und handelnd fügen müssen. Vor dieses Rätsel stellt uns die Geschichte, die wir die Weltgeschichte nennen.«[6]

Einerseits muss nun der Zwang, von dem hier die Rede ist, als ein geschichtlicher im Sinne der das Denken prägenden Macht einer jeweiligen Zeit betrachtet werden. Wenn dies sich so verhält, dann ergeben sich auch rasch Zweifel daran, ob eine Berufung auf unmittelbare Erfahrung, sei es eine atheistische oder eine theistische, einen weitergehenden Anspruch erheben kann als den, Ausdruck einer bestimmten geschichtlich wandelbaren Prävalenz beziehungsweise Präferenz zu sein. Andererseits gilt es, den möglichen Freiraum der Individuen und ihre Entscheidungsfähigkeit nicht vorschnell unterzubewerten. Bei aller überhistorischen Ausrichtung seiner Fragestellung bleibt für Krüger jedenfalls der Kern des Historismus, genauer die bereits beschriebene, ihm zugrunde liegende Erfahrung der Geschichtlichkeit ein wesentlicher Bezugspunkt auch noch für eine möglicherweise neu zu erschließende Metaphysik. In einer Rezension von Hartmanns Werk *Das Problem des geistigen Seins* gibt Krüger dementsprechend Folgendes zu bedenken: »Auch wenn man die Welt ›an sich‹ als das Thema der Metaphysik anerkennt, ist für den Zugang zu diesem Thema die Erkenntnis der eigenen geschichtlichen Situation und zugleich die der Geschichtlichkeit überhaupt entscheidend.«[7] Es ist also davon auszugehen, dass sich Krügers Philosophieren, gerade auch insofern er sich auf das fragwürdig gewordene Feld der Metaphysik wagt, stets hermeneutisch vollziehen wird.

6 Ebd., S. 21.
7 Gerhard Krüger, »Nicolai Hartmann, *Das Problem des geistigen Seins*«, in: *Deutsche Literaturzeitung* (1935), H. 18, Sp. 768.

2. Hermeneutik des Daseins

In einer Besprechung von Heideggers *Sein und Zeit* weist Krüger gleich zu Beginn dem Problem der Hermeneutik insofern eine fundamentale Rolle zu, als er auf die Unabdingbarkeit der Philosophie auch noch für eine protestantische Theologie hinweist, die im Grunde allein auf die biblische Offenbarung und den Glauben verweist, damit sie nicht in Schwärmerei verfalle. Krüger wird dann im Anschluss daran vor allem die Frage stellen, ob eine Hermeneutik des Daseins, wie sie von Heidegger entwickelt wurde, nicht von vornherein in ihrer Ausgestaltung von Grundvoraussetzungen abhängig ist, die eventuell in den Zuständigkeitsbereich einer natürlichen Theologie gehören. Zumindest lasse sich eine Hermeneutik des Daseins, so entnimmt es Krüger dem hermeneutisch forschenden Ansatz Heideggers selbst, nicht frei von geschichtlich wirksam gewordenen Welt- und Lebensinterpretationen erstellen.

> Wenn Heidegger die unmerkliche Herrschaft der Tradition an den Tag bringen will, um selbst ursprünglich philosophieren zu können, dann liegt dem eine Einsicht in die wesentliche Geschichtlichkeit des menschlichen Daseins zugrunde. Dieses Dasein hat nicht nur eine Vergangenheit ›hinter sich‹, die gelegentlich ›nachwirkt‹, sondern es *ist*, ob ausdrücklich oder nicht, seine Vergangenheit (S. u. Zt. § 6). So kann es nur dann eigentlich es selbst sein, wenn es sich die ursprünglichen Tendenzen seiner Vergangenheit als seine eignen Möglichkeiten ›wiederholend‹ durchsichtig macht.[8]

Bei Heidegger konnte Krüger nun im Laufe der Zeit zwei extreme Haltungen gegenüber dem Andrängen dieser Erinnerungs- und Zurechnungsfrage finden und sein eigenes Anliegen dagegen profilieren. Dabei ist für Krüger zunächst einmal Heideggers Versuch einer Fundamentalontologie ausgehend von einer Hermeneutik des Daseins wichtig geworden. Sowohl Krüger als auch Heidegger setzen sich gegen einen sich als vollkommen sachlich verstehenden Positivismus und dessen Metaphysik ab und betonen, dass es zuvorderst und in grundsätzlicher Weise darum gehen müsse, die erkenntnisleitende Vorstrukturierung all dessen aufzudecken, was überhaupt als ein wissenschaftlicher oder metaphysischer Gegenstand aufgefasst wird. »Nur in der vollkommenen Freiheit vom positiven Geiste – in einer ›unzeitgemäßen‹ Erschütterung aller ›selbstverständlichen‹ Wege und Ziele – kann uns das reine Thema der Metaphysik überhaupt zu Ge-

8 Gerhard Krüger, »Sein und Zeit. Zu Martin Heideggers gleichnamigem Buch«, in: *Theologische Blätter* 8 (1939), Nr. 3, Sp. 57-64, Sp. 59.

sicht kommen.«[9] Damit ist jeder sich selbst als rein objektiv verstehenden positivistischen Wissenschaft ihre angeblich über jeden geschichtlichen Wandel erhabene Position bestritten. Insofern sieht sich Krüger in Übereinstimmung mit einem zentralen Anliegen, das Heidegger in *Sein und Zeit* zum Ausdruck brachte.

Das eigentliche Thema der Metaphysik darf nach Heidegger nun nicht einfach im Sinne dieses oder jenes Seienden verstanden werden, weder im Sinne eines endlichen Dinges, noch eines geistigen Wesens, noch eines Gottes. Alles metaphysische Reden von einem Gott, einem Geist, einem Kosmos, wie auch immer, verstelle und verberge das eigentliche Thema, das bloße Sein. Es solle so verstanden werden, dass diese Verstellung durchaus zum Sein selbst gehöre und nicht nur eine willkürliche Entscheidung im Denken darstellt. Die nicht von vornherein vergegenständlichte Bedeutung von Sein soll nun in erster Linie ausgehend von der besonderen Daseinsform des Menschen erschlossen werden, der als einziges Seiendes in einem besonderen Sinn existiere. Was es nun mit dieser Existenz auf sich hat, wird nach Heidegger im Gefühl der Angst offenkundig. Erst mit der Erfahrung des Nichts, die in der von allem spezifischen Inhalt gelösten Angst zu gewinnen ist, wird der Mensch darauf vorbereitet, den eigentlichen Sinn der Wahrheit des Seins, das kein Seiendes ist, zu verstehen: »Wir ›schweben‹ in Angst. Deutlicher: Die Angst läßt uns schweben, weil sie das Seiende im Ganzen zum Entgleiten bringt. Darin liegt, daß wir selbst – diese seienden Menschen – inmitten des Seienden uns mitentgleiten. Daher ist im Grunde nicht ›dir‹ und ›mir‹ unheimlich, sondern ›einem‹ ist es so. Nur das reine Da-sein in der Durchschütterung dieses Schwebens, darin es sich an nichts halten kann, ist noch da.«[10] Die auf den ersten Blick gegebene Nähe dieser Schilderung der Angst zu Krügers eigener, oben bereits angeführter Diagnose des schlechterdings dem Menschen selbst überlassenen Daseins wird sich allerdings als täuschend erweisen.

Für die weitere Ausrichtung der Krüger'schen Frage nach dem ›reinen Thema der Metaphysik‹ ist nun entscheidend, dass er der Vorgabe durch Heideggers Projekt einer Fundamentalontologie im Ausgang von einer existenzialen Analytik des Daseins an zumindest zwei Punkten nicht folgt: Zum einen übernimmt er nicht die Analyse des durch seinen Tod und das Vorlaufen zu ihm wesentlich verendlichten und vereinzelten Daseins als angeblich (etwa gegenüber jeglicher Theologie) neutrale Basis für Ontologie überhaupt, wie es in *Sein und*

9 Krüger (Anm. 4), S. 29.

10 Martin Heidegger, *Was ist Metaphysik?*, Frankfurt a. M. 1929, hier und im Folgenden zit. nach der 14. Auflage 1992, S. 32.

Zeit geschieht. Zum anderen betont Krüger gegen Heidegger das Apriori des Wirklichen und der Welt an sich vor dem Entwurf, in dessen Perspektive sich das endliche Dasein trotz aller Angst entschlossen zu halten habe. Was den zweiten Punkt anbelangt, so deckt Krüger auch in *Sein und Zeit* ein problematisches Nachwirken des Idealismus auf. Fest macht er dies an der Rolle und Bedeutung des Schöpfungsgedankens: bei Heidegger sei nur Kenntnis vom deutenden Weltentwurf des Daseins möglich. In Entsprechung dazu habe schon in den verschiedenen idealistischen Positionen der Gedanke der Schöpfung einer an sich existierenden Welt keinen angemessenen Niederschlag gefunden. Die Alternative muss für Krüger darin zu finden sein, dass die Wirklichkeit an sich dem Menschen als eine bereits geordnete begegnen kann. An diesem Punkt lässt sich im Übrigen auch eine teilweise Parallele zu Löwiths Kritik an Heidegger bemerken, insofern Löwith zwar nicht auf die Vorgegebenheit einer *Schöpfung*, aber doch der *Natur* als von sich aus erzeugende verweist. Zum ersten Punkt bemerkt Krüger, dass es als Ausdruck freier Wahl gesehen werden müsse, wenn das Vorlaufen zum Tod als wesentlicher Akt der Verendlichung des Menschen aufgefasst wird. Darin werde das sich selbst deutende Dasein entgegen Heideggers eigenem Verständnis auf eine verkürzte, dem menschlichen Geist nicht angemessene Sphäre festgelegt. Sein Ende ist ihm das Abbrechen seiner Existenz und nicht etwa die Verendlichung in einem geistigen Sinn. »Der Tod ist ihm [Heidegger, G. H.] eine Art gegebenes Maß des Menschseins: alle unsre Entscheidungen müssen die Probe bestehen können, daß sie im ›Vorlaufen‹ zu dieser ›äußersten Möglichkeit‹ getroffen werden. Aber dieses ›Maß‹ sagt uns nicht, was wir wollen, sondern es stößt uns nur radikal auf unsre aporetische Existenz zurück, denn es ist das Ende aller möglichen Freiheit und alles von ihr gewählten Sinnes: das Nichts.«[11] Wenn Heidegger in seiner Vorlesung *Was ist Metaphysik?* festhält: »Ohne ursprüngliche Offenbarkeit des Nichts kein Selbstsein und keine Freiheit«,[12] so zeigt sich darin die völlige Entgegensetzung zu dem, worin Krüger den Kern der Metaphysik als Entstehung von Selbstsein und Freiheit sehen will. Während für Krüger die Erfahrung des Nichts die Bedürftigkeit, die Unruhe und das Streben nach einem absoluten Maßstab nahe legt, verbindet Heidegger mit dieser Offenbarung ganz anderes: »In der Angst liegt ein Zurückweichen vor […], das freilich kein Fliehen ist, sondern eine gebannte Ruhe.«[13] Heidegger, der nicht gerne vom Subjekt oder Selbstbewusst-

11 Krüger (Anm. 5), S. 168.
12 Heidegger (Anm. 10), S. 35.
13 Ebd., S. 34.

sein sprach, konnte im Hinblick auf dessen Ursprung folgende Formulierung finden: »Würde das Dasein im Grunde seines Wesens nicht transzendieren, d. h. jetzt, würde es sich nicht im vorhinein in das Nichts hineinhalten, dann könnte es sich nie zu Seiendem verhalten, also auch nicht zu sich selbst.«[14]

Während für Krüger die Warum-Frage von sich aus eher auf einen festen Grund verweist, erst in ihm zur Ruhe gelangen vermag, kann Heidegger in ganz anderem Sinn festhalten: »Nur auf dem Grunde der Verwunderung – d. h. der Offenbarkeit des Nichts – entspringt das ›Warum?‹. Nur weil das Warum als solches möglich ist, können wir in bestimmter Weise nach Gründen fragen und begründen. Nur weil wir fragen und begründen können, ist unserer Existenz das Schicksal des Forschers in die Hand gegeben.«[15] Die Wissenschaft ist sich nach Heidegger erst dann der wahren Metaphysik bewusst, wenn sie sich selbst so versteht, dass sie nicht zum Ansammeln und Ordnen von Kenntnissen bestimmt ist, sondern dazu, den ganzen Raum der Wahrheit von Natur und Geschichte immer neu zu erschließen. Sie ist sich ihrer Freiheit erst dann bewusst und vollzieht sie, wenn sie sich schöpferisch versteht. »Die Angst des Verwegenen duldet keine Gegenstellung zur Freude oder gar zum behaglichen Vergnügen des beruhigten Dahintreibens. Sie steht – diesseits solcher Gegensätze – im geheimen Bunde mit der Heiterkeit und Milde der schaffenden Sehnsucht.«[16]

An einer Passage in *Was ist Metaphysik?* lässt sich der Gegensatz zwischen Heidegger und Krüger sehr deutlich aufzeigen: Heidegger bringt dort die grundsätzliche Ablehnung der christlichen Schöpfungstheologie zum Ausdruck, da sie ein verfehltes Denken des Seins und des Nichts bedeute. Wenn es heißt, Gott habe aus dem Nichts das *ens creatum* geschaffen, so stellt dies aus der Sicht Heideggers ein Missverständnis des Nichts dar. Es wird so als etwas absolut Mangelhaftes und damit auch als etwas endlich Seiendes behandelt, das durch ein ebenso endliches Seiendes – nämlich Gott, auch wenn er das *summum ens* sein soll – in die Existenz und zugleich in Form gebracht werden soll. Während in der Antike das Nichts als Nichtseiendes ausgelegt wurde, das ein mangelhaftes Seiendes, reiner Stoff, war, dem erst noch die Form gegeben werden musste, brachte das Christentum eine weitere Auslegung des Nichts hinzu, insofern es als Gegenbegriff zum *summum ens* ausgelegt wurde. Das Nichts wurde somit an den Rand gedrängt, absolut von Gott, dem *summum ens*, geschieden. Dass nun dieser Gott das Nichts doch zugleich auch kennen musste, das

14 Ebd., S. 35.
15 Ebd., S. 41.
16 Ebd., S. 38.

heißt, dass er sich auf es beziehen musste, um schöpfen zu können, belegt nach Heidegger eine verräterische Ungereimtheit im Schöpfungsdenken. Außerdem müsste mit dem Gedanken eines alles Seiende schöpfenden Gottes gewissermaßen Erschöpfung und Freiheitsverlust, eine sofortige unwiderrufliche Festlegung des *ens creatum* auf eine bestimmte Natur erfolgt sein. Der Mensch entdeckt aber nun faktisch in der Angst seine Freiheit. Und das heißt: Die Angst wird zum deutlichen Hinweis dafür, dass es keine Schöpfung, keine durch einen Gott präformierte Wirklichkeit, keine bestimmte menschliche Natur – oder irgendeine andere übergeschichtliche Natur der Dinge gibt. Diese Einsicht verlangt Mut vom Einzelnen – sie soll aber als Einsicht in das wahre Wesen des Menschen und zugleich des Seins und damit des in je anderem Licht erscheinenden Seienden gelten können. Krügers Ringen um eine natürliche Theologie ist dem Denken Heideggers, wie es sich im Umfeld von *Sein und Zeit* ausgeprägt hat, geradezu diametral entgegengesetzt. Er will zumindest darauf hinweisen, dass die von Heidegger unternommene Deutung des Daseins nicht als eine neutrale Analyse aufgefasst werden kann. »Sich selbst ›überlassen‹, ›überantwortet‹ zu sein, wie Heidegger oft sagt, das impliziert wohl eine Blickrichtung, die nur im ›Wiederholen‹ christlicher Existenz geschichtlich verständlich ist, aber die Ontologie des Daseins vollzieht ihre Explikation dieser ›Geworfenheit‹ nicht privativ, durch den Begriff der Sünde als Trennung von Gott, sondern selbständig, aufgrund dessen, daß Existieren Verstehen heißt, – Verstehen, das der Ausbildung durch ›Auslegung‹ und daher der Wissenschaft fähig ist.«[17] Wenn Heidegger die Rede vom *lumen naturale* aufgreift, so bezeichnet er diese Wendung sogleich als eine lediglich ontisch bildliche, insofern sie dahingehend missverstanden werden könnte, dass es ein anderes Seiendes geben könnte, das hier das Dasein erleuchtet: »Es [das Dasein, G. H.] ist ›erleuchtet‹, besagt: an ihm selbst *als* In-der-Welt-sein gelichtet, nicht durch ein anderes Seiendes, sondern so, daß es selbst die Lichtung ist. Nur einem existenzial so gelichteten Seienden wird Vorhandenes im Licht zugänglich, im Dunkel verborgen. Das Dasein bringt sein Da von Hause aus mit, seiner entbehrend ist es nicht nur faktisch nicht, sondern überhaupt nicht das Seiende dieses Wesens. *Das Dasein ist seine Erschlossenheit.*«[18]

Nun wurde die heroisch-standhafte Position, die zugleich nach Heideggers eigenem Bekunden und wohl im Anschluss an Nietzsche

17 Krüger (Anm. 8), Sp. 63.

18 Martin Heidegger, *Sein und Zeit*, Tübingen 1927, hier zit. nach der 16. Auflage 1986, S. 133.

auch eine heitere sein wollte,[19] von ihm im Laufe seines Schaffens allerdings nicht ohne Modifikationen beibehalten. Schließlich, so Krüger, habe er den Ausweg aus dem Historismusproblem in der Rede von der Seinsgeschichte gesucht, in der der Mensch nicht mehr eine auf dem Grund des Nichts aufruhende, im Rahmen seiner Möglichkeiten selbst gewählte Existenz zu führen, sondern als besonnener Hirt des Seins aufzutreten habe. In einer späteren Version seiner Vorlesung über Grenzfragen der Philosophie und Theologie hält Krüger diese Beobachtung fest: »Er [Heidegger, G. H.] geht jetzt davon aus, daß der Wandel der Wahrheit – dieses Paradox, das dem modernen Denken so lange zu schaffen machte – selbst das Letzte ist, wozu das Denken vordringen kann. Von der Geschichte als dem Geschehen der sich wandelnden Wahrheit hängt es ab, wie wir uns selbst und die Dinge außer uns jeweils verstehen können und sollen, in welchem Sinne wir sie jeweils als seiend verstehen können und sollen. Der jeweilige Sinn von ›Sein‹ wird uns durch die Zeit zugeteilt.«[20] Für Krüger bekundet sich darin auch eine allgemeinere Tendenz seiner Zeit, von der Geschichte in quasi göttlicher und insofern mythischer Weise zu sprechen und zu behaupten, dass sie es sei, vor der sich der Mensch zu verantworten habe. »Heidegger hat das Christentum und die alte theologische Metaphysik, ohne sie noch als Problem ernst zu nehmen, bereits definitiv seinem neuen Mythos von der allmächtigen Geschichte untergeordnet. Mit diesem Mythos aber wiederholt er – mutatis mutandis – den Versuch des deutschen Idealismus.«[21] Es dürfte insofern kaum überraschen, dass Krüger weder in *Sein und Zeit* noch in den späteren Entwürfen Heideggers ein den Historismus in seine Grenzen verweisendes Maß finden konnte.[22] Umgekehrt dürften die folgenden Sätze aus Heideggers *Einführung in die Metaphysik* als Summe der Kritik an einem Ansatz in der Art des Krüger'schen Fragens zu lesen sein: »Aber wo ist der eigentliche Nihilismus am Werk? Dort, wo man am geläufigen Seienden klebt und meint, es genüge, das Seiende wie bisher als das Seiende zu nehmen, das es nun einmal ist. Damit weist man aber die Frage nach dem Sein zurück und behandelt das Sein wie das Nichts (nihil), was es auch in gewisser

19 Vgl. dazu Heidegger (Anm. 10), S. 38.
20 Gerhard Krüger, *Religiöse und profane Welterfahrung*, hrsg. von Richard Schaeffler, Frankfurt a. M. 1973, S. 35.
21 Ebd., S. 36.
22 Vgl. dazu Krügers Aufsatz »Martin Heidegger und der Humanismus. Zur Auseinandersetzung mit den Schriften *Platons Lehre von der Wahrheit* und *Brief über den Humanismus*«, in: *Studia Philosophica. Jahrbuch der Schweizerischen Philosophischen Gesellschaft* 9 (1949), S. 93-129.

Weise ›ist‹, sofern es west. In der Vergessenheit des Seins nur das Seiende betreiben – das ist Nihilismus.«[23]

3. Auf dem Weg zu Augustinus

Hat Krüger nun mehr anzubieten als ein ebenso erstaunliches wie überschwängliches Maß an Zuversicht, es könne sich durch eine Rückwendung auf Zeugnisse der Tradition eben doch eine andere Weise der Welterfahrung erschließen lassen, die nicht sogleich als eine zu relativierende angesehen werden müsste? Aus der allem Anschein nach sich immer wieder verändernden Erfahrung der Wirklichkeit ergibt sich auch für Krüger zunächst einmal ein Realismus der vielen geschichtlichen Welten.[24] Nun muss aber sogleich hinzugefügt werden, dass es sich bei diesem Realismus der vielen geschichtlichen Welten nicht ohne weiteres um einen selbst übergeschichtlich gültigen und abschließenden Befund handeln kann. Krüger geht es hier vielmehr darum, ein Problem in seiner Spannweite anzuzeigen und offen zu halten: Auf der einen Seite will er den Gedanken der Einheit der Welt festhalten, die nicht zuletzt in der sich aufdrängenden Wahrheitsfrage zum Ausdruck kommt, ob nun beispielsweise die theistische oder die atheistische Welterfahrung die wahre sei. Auf der anderen Seite soll aber nach wie vor anerkannt bleiben, dass sich die Erfahrung der Wirklichkeit, nicht nur die Meinungen und Deutungen der Welt wandeln.

Diese Bedenken im Blick sucht Krüger ausdrücklich nach einer dritten Möglichkeit jenseits der Alternative zwischen einem auf den Bereich des Ästhetischen beschränkten historischen Verstehen jeweiliger Welterfahrungen und einer übergeordneten, den geschichtlichen Wandel teleologisch oder auch kausal erklärenden Theorie. Krüger umreißt demgegenüber die von ihm angestrebte Wissenschaft des Verstehens wie folgt: »Nichtsdestoweniger hat die historische Geisteswissenschaft, wie mir scheint, den weltgeschichtlichen Beruf, innerhalb der modernen Wissenschaft ihr Gewissen zu sein. Indem sie die moderne Welt, mitsamt ihrer Wissenschaft und ihrer Kultur überhaupt, in die Möglichkeit der Auseinandersetzung mit ihrer Vergangenheit bringt, erfüllt sie eine philosophische Aufgabe. Historie, in

23 Martin Heidegger, *Einführung in die Metaphysik*, Tübingen 1953, hier zit. nach der 5. Auflage 1987, S. 154 f.

24 »Wenn aber nun Welterfahrung eindeutig gegen Welterfahrung steht, dann geraten wir in eine ganz tiefe Verlegenheit. Welcher Erfahrung sollen wir trauen? Und wie ist es überhaupt möglich, daß sich Erfahrungen von ein und denselben Dingen der Welt derart widersprechen?« Krüger (Anm. 19), S. 30.

diesem Geiste getrieben, wäre eine Einzelwissenschaft, die wirklich ›aus der Metaphysik existierte‹.«[25]

Dazu bedarf es der Möglichkeit, den selbstverständlichen Rahmen des gewöhnlichen eigenen Deutens überschreiten zu können, die eigene Befangenheit, die zu einem großen Teil die Befangenheit der Zeit abbildet, zumindest ansatzweise zu verlassen. Angesichts der Übermächtigkeit dieser Befangenheit stellt sich die Frage, ob es überhaupt – und wenn ja, bis zu welchem Grad – in der Freiheit des Menschen liegt, diese Befangenheit zu durchschauen und ihr vielleicht sogar zu entgehen. Könnte in keiner Hinsicht von einem eigenen Verschulden die Rede sein, so könnte es etwa bei der Diagnose eines geschlossenen geschichtlichen Prozesses oder einer schicksalhaft verhängten Seinsgeschichte bleiben, demgegenüber der einzelne Mensch mit seinem Denken keine Freiheit besäße. Dasselbe würde für jeden universalen naturalistischen Ansatz gelten, der den Menschen als eingeschlossenen Teil eines wenn auch noch so komplexen, letztlich doch gesetzmäßigen Wirkungszusammenhangs betrachten wollte.

In dem Maße, in dem nun aber die eigene Zeitgenossenschaft überhaupt noch als konkrete Möglichkeit des Irrtums und des Scheiterns in den Blick gerät, regt sich auch das Bedürfnis, nicht nur zeitgemäße, sondern sachgemäße Wahrheit in den Blick bekommen zu wollen. In diese Richtung zielten schon Sokrates und Platon mit ihrer Frage nach dem Guten angesichts der inneren Bedrohung der Polis. Die damit gestellte Frage nach dem Ansichsein, dem wahren Maßstab, wird in der Antike freilich noch nicht vor dem Hintergrund eines erst im Christentum zugespitzten geschichtlichen Bewusstseins gesehen. Krüger versteht dies so: Die Befangenheit des Einzelnen in seiner Zeitgenossenschaft wird bei den Griechen noch nicht so radikal in den Blick genommen, wie dies erst nach der Entdeckung des Selbstbewusstseins unter den spezifischen Vorzeichen des Christentums, insbesondere bei Augustinus, möglich wurde. Welcher neue Horizont wurde nun durch den christlichen Philosophen Augustinus eröffnet und eventuell auch als bleibende Herausforderung verankert? Krüger hielt unter anderem über diese Frage 1939 eine Vorlesung mit dem Titel *Die Philosophie Augustins*.[26]

In seinen *Confessiones*, so Krüger, beschreibe Augustinus rückblickend den Weg, den er aus alten Befangenheiten (Skepsis, Mani-

25 Krüger (Anm. 4), S. 62.

26 Gerhard Krüger, »Die Philosophie Augustins«, Vorlesung [Fass. von 1939?], unveröffentl. Maschinenabschr., Handschriftenabt. der UB Tübingen, Mn 13-269. Eine erste Fassung dieser Vorlesung geht wohl bereits auf das Jahr 1932 zurück.

chäismus) herausgegangen sei. Augustins Gottsuche habe sich dabei von vornherein im Rahmen eines theologischen Suchens bewegt: Zunächst beginnt der noch nicht im durchschauten Gottesbewusstsein stehende Mensch seine Suche anhand der ihm plausiblen Vorstellungen von dem, was Gott eigentlich sein müsste. Auch wenn es zuvor noch eine Zeit gab, in der er gar nicht explizit nach Gott fragte, so kann er rückblickend feststellen, dass sein Leben allerdings durch Leidenschaften beherrscht war. Zu keiner Zeit in Frage gestellt wird demnach die grundsätzliche Bedürftigkeit des Menschen, der dann in Gestalt der leiblichen Begierde sowie der Ehrbegierde, den beiden immanenten Versuchungen, die falschen Objekte für seine Bedürftigkeit aufgreift. So lebt er in der Sorge, allerdings auch in einer bestimmten Auffassung vom Wesen dieser Sorge. In der theoretischen Neugier findet Krüger bei Augustinus den Kern des Wesens menschlichen Irrtums. Dabei stellt die Gestalt der Sorge als Selbstsorge die Tendenz zu umfassender Selbstsicherung dar. In der Erfahrung der *conscientia* tritt dem die spezifisch christlich-theologische Korrektur gegenüber: Die wahre Selbsteinsicht zeigt die eigene Existenz als eine durch die Wahrheit und höhere Wirklichkeit Gottes erst ins Leben gerufene. So wird die Suche nicht mehr primär als eigenständiges Streben des Menschen nach dem verstanden, wovon man die rechte Orientierung, das gute Leben erhofft. Das ist der Weg, wie er der antiken Philosophie als Tugendphilosophie vor Augen stand. Mit der Augustinischen *conscientia* tritt an die Stelle der Leidenschaften die Erfahrung des Gottes, der als Schöpfer den freien Menschen an die Ordnung der Schöpfung gemahnt, die somit eine Ordnung darstellt, die sich nicht zwangsläufig verwirklicht. In einer dichten Passage seiner Vorlesung über die Philosophie Augustins versammelt Krüger gleichsam die Eckpunkte einer natürlichen Theologie, wie sie sich ihm als maßgebende Antwort auf ein sich selbst philosophisch verstehendes Suchen andeutete, das bei Augustinus noch nicht und aus der Sicht Krügers vielleicht auch zukünftig nicht mehr im Gegensatz zu einem von vornherein theologisch ansetzenden Denken steht:

> Die ›neuplatonische‹ Gotteslehre Augustins ist nämlich primär gar keine ›Lehre‹, sondern eine einmalige, konkrete Erfahrung von Gott. Augustin fragt nach dem Wesen Gottes, der die Wahrheit ist. Er schließt nicht, aufgrund ihm verfügbarer, literarisch mitteilbarer Prinzipien auf Dasein und Wesen Gottes, sondern er gelangt, mit einem Sprung, hinein in diejenige Situation des Daseins, in der Gott als die Wahrheit plötzlich da ist und damit zugleich ein in plötzlicher Entscheidung verändertes Sein der Freiheit, eine ursprünglich neue Situation alles möglichen Denkens überhaupt. Hier wird

> also nicht ein bisher unerreichtes Ende der Wege des Denkens erreicht, sondern es geschieht, in schlechthin unableitbarer augenblicklicher Konkretheit, ein neuer Anfang. Bisher nur dunkel, wenngleich richtig, gesucht, ist er auf einmal Ereignis geworden. So wie man schon lange nach oben spähend auf das Durchbrechen der Sonne durch die Wolken warten kann, und wie es dann doch ein einziger, ›unerhörter‹ Moment ist, in dem sie wirklich erscheint. Die absolute Wahrheit, das Licht und die Sonne des Geistes, kann nur wirklich erkannt werden, wenn und wann sie sich von sich aus zeigt. Wenn es wirklich Ernst ist mit der Behauptung, die Wahrheit sei mehr als die Freiheit, dann kann kein freies Denken je machen oder auch nur voraussehen, ob und wann ihm die Wahrheit selbst zuteil wird: es kann sie nur geschehen lassen; oder genauer: nicht einmal ›lassen‹ kann es sie, als wäre es selbst schon für sich auf dem Platze und ließe das Ereignis an sich herankommen, sondern es kann nur in der conscientia Mitwissenheit davon bekommen, wie es selbst im überraschenden Augenblick von der Wahrheit ins Sein gerufen wird. Wenn es wirklich Freiheit des Denkens, und d. h.: wenn es überhaupt Denken ohne das Maß der Wahrheit gar nicht gibt, dann ist das freie Erscheinen der Wahrheit in mir nichts anderes als der jetzt eben geschehende Akt der Erschaffung meines Verstandes, d. h. aber der Akt der Erschaffung meiner selbst, dem ich im wahren Beisichsein sofort schon selbst beiwohne. […] Das Faktum meiner selbst als Faktum, und zwar des verstehenden Selbstseins, kann ich nur im Ereignis der schaffend-herrschenden Wahrheit mitwissen. Diese Wahrheit schafft, indem sie als absolutes Maß den Verstand in ihren Dienst fordert. Ich selbst, mitsamt meiner conscientia, erstehe aus dem Nichts, indem mich die Forderung der veritas docens et iubens jetzt eben ins Sein ruft. Jetzt eben, und immer wieder ›jetzt eben‹ – im unfassbar entgänglichen Augenblick der Zeit, die mein Sein als das der Geschöpflichkeit ausmacht –. Gott und die Seele ›ist‹ immer nur im jeweils augenblicklichen Ereignis der Schöpfung des geistigen Selbst.[27]

Das wahre Wissen um Gott schließt demnach zugleich das wahre Wissen um das Selbst und die Welt mit ein, es geht nicht um eine isoliert zu betreibende Theologie, und es handelt sich auf keinen Fall um eine beweisende Wissenschaft. Ein Gottesbeweis als eine Demonstration der Existenz Gottes aus dem Denken heraus muss dann sogar im Wesen gegen die Wahrheit Gottes und des Menschen gerichtet sein, insofern dabei übersehen wird, dass der eigene begründende Verstand

27 Krüger (Anm. 26), S. 182 f.

nicht Maßstab, sondern nur das bereits durch die primär anzuerkennende Existenz Gottes ermöglichte Denken sein kann. Andernfalls verhielte man sich so, als wolle man mithilfe eines Abgeleiteten die Existenz des Ursprünglichen beweisen, wie ja auch der Raum der Gründe, von dem heute oft die Rede ist, als ganzer nicht noch einmal begründet sein kann. Es ist lediglich möglich, sich in ihm unmittelbar vorzufinden, und das heißt: die unabweisbare Aufforderung zu relativer Begründung zu erfahren, wodurch ich anerkenne, ein vernünftiges Subjekt sein zu sollen, in Verbindung mit dem Wissen darum, dass dieser Anspruch entweder nur vom Menschen oder einem transzendentalen Subjekt vorausgesetzt – oder eben als irgendwie unmittelbar vorgegeben erfahren werden kann. Dabei handelt es sich wohl um eine jener fundamentalen Situationen, die Krüger als Punkte der absoluten Reflexion unter anderem bei Augustinus und Heidegger, vor allem aber, worauf im Folgenden noch einzugehen sein wird, bei Descartes freilegen wollte.

Als Nächstes gilt es, in Krügers Beschreibung der augustinischen Gotteserfahrung das Moment des Sprungs zu bemerken: Es reflektiert wohl gerade diese Erfahrung, in der das eigene Begründungsstreben an seine Grenzen stößt, und dennoch weiter, ja allumfassend werden will, es aber nicht kann, solange es die Blickrichtung seiner Sicherungstendenz beibehält. Denn diese Blickrichtung reproduziert ja gerade das nicht erreichen des Absoluten und das Verharren in immer wieder endlichen, vom Zweifel bedrohten Begründungen. Plötzlichkeit, Entscheidung, Unverfügbarkeit zeichnen die komplexe Situation des Sprungs aus, insofern dieser eigentlich keine Tätigkeit des suchenden, sorgenden Subjekts mehr sein kann, oder es nur am Anfang noch zu sein vermag, sondern durch die entgegenkommende Tätigkeit der Wahrheit Gottes ermöglicht wird. Offenbar geht es hier um die Bedeutung dessen, was ansonsten auch mit Glauben und Gnade gemeint sein soll. Wer entscheidet? Ist es der Mensch, der sich entscheidet, zum geistigen Wesen werden zu wollen? Oder der es mit sich geschehen lässt, dass ihm die Wahrheit über ihn und das heißt zugleich über Gott offenbar wird? Es scheint somit nicht um das Erreichen eines bisherigen Weges des Denkens zu gehen, sondern um die überwältigende Erfahrung, dass dem sich nun erst als geistiges Wesen begreifenden Menschen ein neues Denken gegeben wird. Und dennoch soll auch gesagt werden können, dass es ein richtiges – und dementsprechend doch auch ein falsches Suchen gebe. Das wahre Beisichsein im Sinne Krügers ist demnach das aufrichtige Bezeugen des eigenen Selbst nicht als einer in sich und aus sich heraus bestehenden Substanz, sondern als einer in jedem Augenblick neu erfahrenen Schöpfung.

4. Von Augustinus in die Moderne

In einem Brief an den Theologen Rudolf Bultmann aus dem Jahr 1941 schreibt Krüger im Rückblick auf die Diskussion, die sich im Anschluss an Bultmanns wirkmächtiges Referat *Neues Testament und Mythologie* ergeben hat: »Es ist die besondere, mir scheint: nur in einem antichristlichen Zeitalter mögliche Sünde der modernen Welt, daß sie schon alle Weisungen der natürlichen Lebenserfahrung auf den Schöpfer (nicht erst ihre Befolgung) systematisch niederhält.«[28] Die Befreiung des Blicks für die Schöpfung, die Bultmann als protestantischer Theologe ausschließlich der Gnade zuschreibt, reklamiert Krüger als prinzipielle Möglichkeit für den geschaffenen Menschen überhaupt – nur der moderne Mensch habe sich, aus im Rückblick nachvollziehbaren Gründen, letztlich aber eben doch aus einer freien Entscheidung heraus in systematischer Weise gegen Gott beziehungsweise die Gotteserfahrung gestellt. Der moderne Mensch, so Krügers starker Vorwurf, kenne nur noch eine selbstmächtige Vernunft. Diese gehe von einer an sich unbestimmten, allenfalls rein kausal-mechanisch verfassten Wirklichkeit aus, die durch eben diese Vernunft als eine gesetzgebende geordnet bzw. durch Technik beherrscht werden soll. Dass es so etwas wie rezeptive Vernunft geben könnte, wofür eine an sich geordnete Wirklichkeit vorausgesetzt sein müsste, sei dem modernen Menschen suspekt und unverständlich.

Krüger sieht den entscheidenden Schritt hin zu einer selbstmächtigen Vernunft bei Descartes unternommen und versucht dies, in seinem Aufsatz über die Herkunft des philosophischen Selbstbewusstseins darzulegen.[29] Als entscheidenden Grund für den radikalen methodischen Zweifel, wie er bei Descartes zur Durchführung gebracht wird, will Krüger nun freilich nicht etwa die frivole Hybris eines zweifelsüchtigen Philosophen veranschlagen. Es reichen dafür auch nicht die konkreten Anlässe zur Skepsis, die sich im Rahmen eines zu Descartes' Zeiten stark traditionshörigen scholastischen Wissenschaftsbetriebs und seiner unzähligen sophistischen Disputationen durchaus ergeben haben. Vielmehr versucht Krüger, einen von Descartes mehr oder minder offen vertretenen besonderen Gottesbegriff als eigentlich ausschlaggebend für den Zweifel darzustellen. An-

28 Krüger an Bultmann, 4.9.1941. Der Briefwechsel Rudolf Bultmann/Gerhard Krüger wurde 1997-2000 von Frank Lilie in der *Zeitschrift für Neuere Theologiegeschichte* (ZNThG) in sechs Teilen herausgegeben, vorliegendes Zitat aus ZNThG 6 (1999), S. 290.

29 Gerhard Krüger, »Die Herkunft des philosophischen Selbstbewußtseins«, in: ders., *Freiheit und Weltverwaltung. Aufsätze zur Philosophie der Geschichte*, Freiburg/München 1958, S. 11-69.

gesichts eines Gottes, bei dem auf Grund eines extremen Allmachtgedankens der Wille nicht mehr an den Verstand gebunden sein soll, findet sich der in der Welt stehende Mensch bis zum äußersten verunsichert. Wenn dieser Gott sogar die ewigen Wahrheiten der Mathematik willkürlich gesetzt hat, wovon Descartes ausging, so könnte er den Menschen in einer so umfassenden Weise täuschen, dass am Ende nur noch die leere Gewissheit der eigenen, womöglich in allen besonderen Inhalten getäuschten Existenz übrig bliebe. Um zur reinen Selbstgewissheit des *ego cogito* zu kommen, bedarf es also der Annahme eines Zweifelsgrundes auch noch hinsichtlich der mathematischen Wahrheiten, die ansonsten nicht einsichtig hätten bezweifelt werden können.

Eine bedeutsame Veränderung im Gang der cartesischen *Meditationen* liegt nun insofern vor, als am Anfang noch mit der Möglichkeit einer unwillkürlichen Täuschung, dem hypothetischen Fall einer maximalen Unfreiheit gegenüber einem allmächtigen Wesen gerechnet wurde, am Ende aber steht die Einsicht, dass Täuschung stets auf das Konto des Subjekts geht, das sich in seinen Urteilen nicht allein auf klar und deutlich Eingesehenes stützt. Das denkende Ding, das Descartes aus dem Zweifel heraus erkannt zu haben meint, besteht in nichts anderem als in der Tätigkeit des Denkens, und das heißt in erster Linie des Gebens bzw. sich Enthaltens von Zustimmung (*assensus*) zu Meinungen, die das ansonsten ort- und zeitlose Subjekt in sich vorfindet. Einzig dem Urteil, dass ich existiere, wenn ich diese Meinung hege oder sie bezweifle, kann ich meine Zustimmung schlechterdings nicht entziehen.

Descartes stehe demnach, so Krügers These, noch nicht von Anfang an auf dem Standpunkt des in sich verschlossenen Subjekts. Es bedürfe am Übergang noch einer unmittelbaren theologischen Überzeugung: nämlich der, von einem absolut undurchsichtigen Gott, der den Menschen auch noch hinsichtlich der scheinbar unumstößlich gewissen mathematischen Wahrheiten täuschen könnte. Diese Bedingung präge fortan das philosophische Selbstbewusstsein, weil sie der äußerste Widerstand war, an dem es in die Reflexion getrieben wurde. Reflexion werde immer dann notwendig, wenn der lebendigen Tendenz im Handeln oder Denken ein Widerstand entgegentritt. »Der Widerstand wirft die unbefangene Lebenstendenz auf sich selbst zurück; er zwingt zum Wissen um die eigene Kraft.«[30] Solange sich noch kein unüberwindliches Hindernis eingestellt hat, bestärkt jede Überwindung das Selbstbewusstsein. Erst »das völlig reflektierte Selbstbewußtsein kennt seine Macht genau, weil es seine *Ohnmacht* erfah-

30 Ebd., S. 15.

ren hat.«[31] Demnach wird ein solches Selbstbewusstsein nachhaltig durch eben jenen Widerstand geprägt, an dem es seine unbedingte Ohnmacht erfahren hat. Bei Heidegger geht das Wesen des eigentlichen Selbstseins in *Sein und Zeit* auf das Vorlaufen in den Tod zurück. Dabei gibt das Selbstsein dem Tod die Möglichkeit frei, der Existenz des Daseins mächtig zu werden. Krüger dagegen sieht den größten Widerstand, der sich in der Geistesgeschichte des Menschen eröffnet hat, in der religiösen und – noch spezieller – christlichen Erfahrung, wie sie oben bereits im Rekurs auf Augustinus beschrieben wurde: »Die Reflexion im grundsätzlichen, philosophischen Sinne, die ›Reflektiertheit‹ des Menschseins, setzt die christlich verstandene *Ohnmacht des Menschen vor Gott* voraus.«[32] Dass diese Aussage gerade auch für die Entdeckung des Selbstbewusstseins bei Descartes ihre Gültigkeit besitzt, meint Krüger also zeigen zu können. Er geht davon aus, dass der hyperbolische Zweifel, der den *genius malignus* einführt, nicht nur eine für den Gang der Argumentation im Grunde verzichtbare Hinzufügung bedeutet. Erst im Nachhinein kann es so scheinen, als könne man in einer theologisch nicht vorbelasteten Weise von einem genuin modernen Selbstbewusstsein ausgehen.

Demgegenüber ist der bewiesene Gott der dritten *Meditation*, insbesondere die Beilegung des Attributs eines wohlmeinenden Wesens lediglich als eine weitere absolute Voraussetzung anzusehen. Descartes hat nun aber zuvor schon zu erkennen gegeben, dass es auch eine andere Evidenzerfahrung geben kann, nämlich die des absolut mächtigen Willkürgottes. Ließe sich so noch im Rahmen der theoretischen Philosophie auf ein in der Schwebe bleibendes Verhältnis dieser konträren Gotteserfahrungen spekulieren, so versucht Krüger an der praktischen Philosophie des Descartes eben jenen Gedanken anschaulich zu machen, wonach das Selbstbewusstsein als Reflexion nachhaltig durch den Widerstand geprägt und bestimmt werde, der sich ihm als unüberwindbar offenbart habe: nicht der allmächtige wohlwollende Schöpfergott, sondern jene andere Gotteserfahrung, die den *genius malignus* hervorgebracht hat. Krüger resümiert: »Dieser Rückzug der menschlichen Freiheit auf sich selbst ist offenbar nicht nur ein harmloser Akt erkenntnistheoretischer Selbstbesinnung, sondern ›Selbstbewußtsein‹ auch im Sinne der Selbstbehauptung gegenüber der göttlichen Allmacht. Das Selbstbewußtsein des an sich selber Zweifelnden ist ein gesamtmenschliches, ›moralisches‹ Problem.«[33]

31 Ebd., S. 16.
32 Ebd., ebd.
33 Ebd., S. 43.

Einen wichtigen Teil von Krügers Rekonstruktion der Genese des philosophischen Selbstbewusstseins stellt daher die praktische Philosophie des Descartes dar, über die dieser sich, abgesehen von brieflichen Äußerungen und der eher kurzen Abhandlung der provisorischen Moral innerhalb des *Discours*, nur in seinem Werk über die Leidenschaften der Seele ausführlicher geäußert hat. Descartes entwerfe darin eine Ethik der Beherrschung von Leidenschaften, d. h. letztlich von inneren Bedrohungen der Freiheit – worunter in erster Linie die irrtümliche Zustimmung zu einem nicht klar und deutlich als wahr Eingesehenen zu verstehen ist. Die oberste Tugend, die als Mittel gegen diese Bedrohungen eingesetzt werden kann, ist das Selbstbewusstsein als eine wissende Hochschätzung des eigenen freien Selbst. Die Haltung der Verwunderung gegenüber dem eigenen freien Selbstbewusstsein, die Descartes empfiehlt, begegnet dann auch bei Heidegger wieder, an jener bereits weiter oben zitierten Stelle aus *Sein und Zeit*, in der davon die Rede ist, dass nur auf dem Grunde der Verwunderung, den Heidegger mit der Offenbarkeit des Nichts gleichsetzt, die Frage nach dem Warum entspringe.

Diese Haltung ist im Übrigen selbst eine Leidenschaft, etwas, das dem Menschen gegeben werden muss, sie ist dann aber auch ein Gegenstand der Pflege und Einübung, im scholastischen Sprachgebrauch eine *virtus acquisita*, im Unterschied zur *virtus infusa*, womit eine nicht selbst verursachte Tugend gemeint ist.[34] Dafür soll der Mensch ganz wesentlich zu unterscheiden lernen zwischen den Dingen, die ganz in seiner Macht stehen und denen, die sich nicht in seinem Verfügungsbereich befinden. Ganz in seiner Macht stehen aber letztlich nur seine Gedanken. Descartes führt im Zusammenhang mit eben diesem dritten Grundsatz seiner provisorischen Moral im dritten Teil des *Discours* aus: »Aber ich gebe zu, daß es langer Übung und oft

34 Das Urteil, Descartes greife unter Auslassung des *summum bonum* der christlichen Morallehre auf Seneca zurück, findet sich auch etwa bei Hans Poser oder Wolfgang Röd. Poser etwa hält fest: »Was Descartes' Bezugnahme so bedeutsam erscheinen lässt, ist, dass er in Umgehung des summum bonum der christlichen Morallehre, also der Begründung in Gott, direkt auf die Antike zurückgeht; denn die beatitudo wird nicht als christliche Glückseligkeit aufgefasst, sondern als Besitz des höchsten Gutes, der Zufriedenheit, die bestimmt wird als Erwerb aller Vollkommenheit.« H. P., *René Descartes. Eine Einführung*, Stuttgart 2003, S. 160. Ebenso Röd: »Descartes war natürlich die scholastische Moral, die alle Werte vom höchsten Gut, das heißt von Gott, abhängig glaubte, noch durchaus gegenwärtig; aber er machte sich von den traditionellen Betrachtungen, die das bonum supremum betreffen, frei, um über die scholastische Moralphilosophie hinweg auf eine der Antike eigene Auffassung zurückzugreifen«. W. R., *Descartes. Die Genese des Cartesianischen Rationalismus*, 3. Aufl., München 1995, S. 166.

wiederholten Nachdenkens bedarf, um sich daran zu gewöhnen, alle Dinge unter diesem Gesichtspunkt zu sehen, und ich glaube, daß hauptsächlich hierin das Geheimnis jener Philosophen bestand, die sich in früheren Zeiten der Herrschaft des Schicksals entziehen konnten und trotz Schmerzen und Armut mit ihren Göttern ums Glück wetteiferten.«[35] Ohne weiteres überspringt hier Descartes die geschichtlich weite Differenz zwischen einer hier offenbar gemeinten stoischen und einer im Grunde christlichen Position der Selbstfürsorge. Von keinem tieferen Problem betroffen, reiche es aus, die Freiheit des Menschen als Urteilsfreiheit angesichts der sich eigentlich, bei einer gewissen Übung, klar und deutlich ergebenden Wahrheiten in der Beobachtung der Welt zu verstehen.

Für Krüger stellt sich hier die Frage, ob Descartes auf diese Weise einfach eine naive antike Haltung zum abgründigen Problem der stets drohenden moralischen (Selbst-)Täuschung des Menschen eingenommen hat, die für ihn ja das eigentliche Kernproblem des Historismus und der Philosophie als sich wesentlich geschichtlich vollziehender ausmacht, oder ob Descartes sich nicht doch der agonalen Situation bewusst war, wonach diese Moral wesentlich im Konflikt stehen musste mit einem traditionell christlichen Selbstbewusstsein. Augustinus konnte gerade in einer bestimmten Ausübung der menschlichen Freiheit das Böse am Werk sehen. Descartes scheint nun eben dieses Moment, das bei Augustinus als absolut besorgtes Ansichhalten begegnete, für die höchste Tugendausübung zu halten. Aus der Sicht Krügers geht Descartes damit einen entscheidenden Schritt hinter Augustinus zurück. Während Augustinus das Selbstbewusstsein in der Überwindung der stoischen Position gefunden hat, sucht es Descartes wieder in einem Rückzug auf diese antike Position, einem Rückzug, der freilich auch spezifische Modifikationen etwa in der Bedeutung der insbesondere medizinischen Technik für ein gutes Leben aufweist. Während die augustinische Gotteseinsicht von sich aus die Anerkennung des Erlösungswerkes zulässt, das nur durch Gott vermittels der Person Christi vollbracht werden kann, spielt dieser heilsgeschichtliche Rahmen für die praktische Philosophie des Descartes keine Rolle mehr. Ihm scheint es in erster Linie um den Selbstschutz des Menschen zu gehen, um den Schutz vor drohenden Schicksalschlägen bzw. um die rechte Haltung zum nicht ausbleibenden Schicksal. Dieses Schicksal vermag letztlich nicht auf seinen Sinn hin ergründet zu werden, vielmehr muss es einfach hingenommen werden – es kann allerdings in Gestalt des dunklen Gottes der vorzüg-

35 René Descartes, *Von der Methode des richtigen Vernunftgebrauchs und der wissenschaftlichen Forschung*, 2. Aufl., Hamburg 1997, S. 43.

liche Gegenstand der Verehrung sein. Wo Heideggers Verwunderung vor der Offenbarkeit des Nichts steht, da finden sich bei Descartes die Verwunderung vor dem dunklen Gott in Parallele zu der gläubig hinzunehmenden Tatsache der Freiheit des Denkens. Das vitale praktische Interesse des Menschen ist dagegen lediglich darauf gerichtet, für sich so rational wie möglich aus Freiheit heraus Entscheidungen zu treffen, sich dabei nicht von Leidenschaften blenden zu lassen, um drohendes Leid möglichst zu vermeiden. Die Demut vor Gott rechnet nun nicht mehr mit einem unvorhersehbaren göttlichen Machterweis, sondern wird mit der möglichst streng geregelten Indienstnahme des eigenen Verstands, das heißt der stetig fortschreitenden Einübung in die skeptische Zurückhaltung gegenüber geschichtlich wirksamen Evidenzen als immer neu wieder benötigter Freiheitsbeweis des Subjekts gleichgesetzt.

In einem Brief an Krüger vom Januar 1951 geht Bultmann anlässlich seiner Lektüre von Wilhelm Kamlahs Aufsatz *Die Theologie und das griechische Denken* auf Krügers kritischen Hinweis auf die selbstmächtige Vernunft ein: »Mit dem Gegensatz der ›selbstmächtigen‹ und der ›vernehmenden‹ Vernunft ist ja zweifellos etwas Richtiges intendiert. Aber ich muß darüber nachdenken, in welchem Sinne diese Attribute eigentlich der ›Vernunft‹ beigelegt werden können. Wieweit ist die ›Entartung‹ zur Selbstmächtigkeit im Vernunftgebrauch begründet, wie weit ist die Selbstmächtigkeit der Vernunft wesenhaft zu eigen. Entsprechend, was das ›Vernehmen‹ der Vernunft betrifft.«[36] Und noch im März 1968 schreibt Bultmann anlässlich seiner Lektüre des Krüger'schen Aufsatzes *Die philosophische Situation seit Kant*[37] an Krüger: »Meine Hauptfrage ist die, ob Du den Gegensatz zwischen dem antiken und dem modernen Weltverständnis nicht zu groß gesehen hast.« Und etwas später: »Ist nicht Dein Urteil zu pauschal, daß sich der Mensch am Ende des 18. Jahrhunderts endgültig von der natürlichen sinnvollen Natur gelöst hat?«[38] Bereits in seinem Text *Die Frage der natürlichen Theologie* geht Krüger auf Bedenken dieser Art ein: »Der christliche Theologe wird vielleicht meinen, das [die Selbstüberhebung, G. H.] sei der Charakter des sündigen Menschen überhaupt, nicht ein Spezifikum aufgeklärter Zeiten oder gar nur der Neuzeit. Aber darauf ist zu erwidern, daß die moderne Aufklärung diesen Schritt grundsätzlich tut: sie erblickt in der Selbstüberhebung das Wesen des Menschen. Ihr Gegensatz gegen die Offenbarungsreli-

36 Bultmann an Krüger, 28.1.1951, ZNThG 6 (1999), S. 288.
37 Ein so überschriebener Text ist allerdings weder publiziert noch im Verzeichnis des Nachlasses von Krüger aufgeführt.
38 Bultmann an Krüger, 3.3.1968, ZNThG 7 (2000), S. 161.

gion ist deshalb so radikal, weil das was diese Religion als Sünde bezeichnet und überhaupt erst vor aller Augen gebracht hat, hier gerade als das ›Eigentliche‹ ›Wahre‹ und ›Gute‹ gilt.«[39]

Nun kann und will Krüger seine eigene moderne Verwurzelung gar nicht rundum in Abrede stellen. Deshalb sieht er sich, indem er sich Augustinus zuwendet, mit typisch modernen hermeneutischen Problemen konfrontiert – mit der Frage etwa, wie ein sich ausdrücklich kulturell und geschichtlich bedingtes Verstehen überhaupt autoritative Bedeutung für sich in Anspruch nehmen kann. Was ist mit einer hermeneutischen Untersuchung in normativer Hinsicht überhaupt gewonnen? Zumindest soll die Interpretation Augustins der Absicht dienen, das am Horizont der eigenen natürlichen Welterfahrung gemessen Rätselhafte und Widerspenstige so weit zuzulassen, dass sich die ernst zu nehmende Situation der Entscheidung ergeben kann. Dies gilt insbesondere für den Nachvollzug der für Augustinus zentralen Grunderfahrung der *conscientia*, die er vor allem im zehnten Kapitel des siebten Buchs der *Bekenntnisse* festgehalten hat und deren Interpretation durch Krüger weiter oben bereits dargelegt wurde:

> Wir müssen in diesen Worten vor allem den Ausdruck einer Grunderfahrung respektieren, die man selbst nur kennen oder nicht kennen kann, die aber prinzipiell keiner von andren Grundlagen aus geführten Kritik oder Beurteilung unterliegt. Es ist eine der Stellen, an denen jedes überlegene Besserwissen der historischen Vernunft scheitert, weil ihr hier das Faktum einer unableitbar andren Vernünftigkeit begegnet, durch das sie vor ihre eigene Existenzfrage gestellt wird. Wir können also hier positiv nur entweder zustimmen und verstehen oder ablehnen und nicht verstehen, oder – das ist als drittes noch möglich – darin ein positives Problem erkennen, wie es Augustin selbst getan hat, als er die Gotteserfahrung noch suchte.[40]

Aber es scheint nun doch nach wie vor in erster Linie das alte Problem fortzubestehen, dass wieder nur die eine gegen die andere Erfahrung in den Raum gestellt bleibt. Für Krüger ergab sich allerdings ein signifikanter Vorrang in der Ausrichtung seines Forschens auf die Gestalt einer natürlichen Theologie. In seinen hermeneutischen Untersuchungen ging es ihm nicht zuletzt darum, die bleibende Abhängigkeit auch noch einer ihrem Selbstverständnis nach autonomen menschlichen Kultur, wie er sie in unterschiedlicher Form bei Hei-

39 Krüger (Anm. 4), S. 54.
40 Krüger (Anm. 26), S. 185 f.

degger und Descartes diagnostizierte, von den geschichtlich wirksamen Vorgaben durch ein christliches Schöpfungsverständnis aufzuzeigen. Krüger bestritt die angebliche Neutralität und Unbefangenheit dieses von ihm selbstmächtig genannten Denkens. Er meinte zeigen zu können, dass dieses Denken wesentlich in einer Haltung der Ablehnung dessen besteht, was es niemals gänzlich losbekommen kann, da es sich selbst ja in seiner Gestalt ganz dem verdankt, wogegen es sich gerichtet hat. Es handle sich daher in einer Zeit nach dem nun einmal geschichtlich wirksam gewordenen christlichen Denken um mehr oder minder offenkundige Versuche, zu stoischen Grundmustern einer rationalen oder dezisionistischen Selbstfürsorge und technischen Lebensführung zurückkehren zu wollen.

Es zeigt sich meines Erachtens aber auch, dass das Zentrum seiner natürlichen Theologie die Bedingung dafür abgibt, dass sich der Hermeneut von den Zeugnissen der Tradition in normativer Hinsicht herausgefordert fühlen kann. Weder steht dieser in einer im Grunde ungebrochenen Tradition, die sich im Laufe der Zeit in mehr oder minder produktiven Missverständnissen fortsetzt, noch wird er auf eine absolut bindende Zeitgenossenschaft festgelegt – auch wenn gerade dieses Moment in dem durch Richard Schaeffler publizierten späten Text Krügers *Religiöse und profane Welterfahrung* an Gewicht zu gewinnen scheint.[41] Krüger nahm weiterhin die Möglichkeit in Anspruch, dass sich der Mensch als ein geistiges Wesen nicht nur vor das unumgängliche Tribunal seiner Natur noch seiner einfach so oder so gegebenen Kultur gestellt sieht. Hinter diesen knappen abschließenden Sätzen steht freilich das gesamte, nicht einfach zu durchdringende Verhältnis von Philosophie und Theologie, wie es sich für Krüger als eine aus der Geschichte herkommende und auch bleibende Aufgabe abzeichnete.[42]

41 Krüger (Anm. 20). Im Vorwort (S. 15) fasst Schaeffler dies so zusammen: »Die moralische Inkriminierung von Mißbräuchen beantwortet aber nicht die Frage, wie all dies geschehen konnte. Wird nach den Möglichkeitsbedingungen gesucht, so zeigt sich: Es ist die Welt selbst, die sich dem Menschen jeweils so darstellte und zur Verfügung stellte, daß die unterschiedlichsten Weisen ihrer ›Verwaltung‹ sich dadurch bestätigt sehen konnten.«

42 Vgl. dazu: Frank Lilie, *Das Verhältnis von Philosophie und Theologie bei Gerhard Krüger*, Marburg 1992, insbesondere S. 184 ff. Lilie sieht bei Krüger nicht nur einen festen Unterschied zwischen Glauben und Denken. Er hält es darüber hinaus auch für offenkundig, dass es im Sinne Krügers keine christliche Philosophie geben könne. Dazu beruft sich Lilie auf einen Passus in Krügers *Grundfragen der Philosophie*, der von Krüger selbst im Fortgang freilich relativiert wird. Nun wäre es meines Erachtens für Krüger tatsächlich keine akzeptable Lösung, eine christliche Philosophie im Sinne einer direkten Unterordnung des neuzeitlich-autonomen Philosophierens anzustreben unter

Nur auf den ersten Blick scheint es ihm lediglich noch darum zu gehen, die Ordnung der Welt als eine von Gott eingerichtete in den Blick zu bekommen und, von dem Irrtum des modernen eigenmächtigen Denkens befreit, wieder theistische Kosmologie zu betreiben sowie die alten Gottesbeweise, insbesondere den kosmologischen, mit einem besseren Fundament versehen aufleben zu lassen.[43] Doch ist dabei auch zu bedenken, dass Krüger gerade nicht darauf abzielt, die alten Gottesbeweise erneut aufzugreifen und den einen oder anderen endgültig als wahr zu erweisen. Zu Krügers Verständnis des Verhältnisses von Theologie und Philosophie gehört der Verzicht auf Gottesbeweise, und zwar nicht aus Gründen unüberwindlicher argumentationstechnischer Schwierigkeiten, sondern aus der Einsicht heraus, dass ein Gottesbeweis gewissermaßen stets zu spät kommt. Bewiesen werden müsste Gott nur für ein Denken, für das die Annahme der Existenz eines solchen Wesens grundsätzlich fraglich bleiben müsste. Die Revision des theologischen und philosophischen Denkens müsste aber nach Krüger noch tiefer ansetzen, sodass sich die Einsicht Augustins als eine im Ausgang wahrhaft philosophischen Denkens erreichte ergeben könnte.

Schließlich scheint es noch um die Aufgabe einer an einem religiösen Maßstab des Guten orientierten Politik und Ethik zu gehen. Im Rahmen eines Gesprächs auf einer Tagung des Kreises ehemaliger Marburger Theologen im Jahr 1931, das zwischen Krüger, Bultmann, Friedrich Gogarten und anderen stattgefunden hat, stellte Krüger in einem Referat fest: »Gott selber sagt uns, daß wir gehorchen sollen, durch seine wirklichen Geschöpfe sagt er uns, was wir sollen: ›natür-

Vorgaben, die diesem Denken systematisch fremd sein und bleiben müssen. Krüger scheint mir – ausgehend von der Philosophie, wie sie sich sowohl vor dem Christentum als auch in der Folge unter dem Einfluss des Christentums entwickelt hat – eher in die Richtung einer Überwindung des neuzeitlichen Gegensatzes von Philosophie und Theologie bzw. Glaube denken zu wollen. Dabei geht er freilich vom jüdisch-christlichen Gedanken der Schöpfung, wie er bei Augustin reformuliert wurde, aus – jedoch soll dieser nicht einfach als eine beliebige autoritative Vorgabe nur im Glauben gesehen werden. In dieser Richtung dürfen wohl auch Krügers Bemühungen verstanden werden, einen Begriff der Zeitlichkeit stark zu machen, der die Zeit nicht im Sinne einer selbständigen transzendentalen Anschauungsform veranschlagt.

43 Wilhelm Weischedel bemerkte dazu: »Er (Krüger, G. H.) scheint sich übrigens über die Unzulänglichkeit seiner Begründungsversuche im klaren zu sein. Jedenfalls will er es vermeiden, seine ›ontologische Einsicht in das Dasein Gottes‹ als ›einen kosmologischen Beweis‹ zu verstehen.« Wenn sich Krüger stattdessen auf eine erleuchtende Grunderfahrung beziehe, so könne darin nur ein ganz und gar wertloses philosophisches Argument gesehen werden. W. W., *Der Gott der Philosophen*, München 1985, S. 152.

liche Religion‹.«[44] Zur gleichen Zeit findet sich in dem Text *Die Frage der natürlichen Theologie* folgende Zusammenfassung: »ich weiß a) daß ich gehorchen soll, b) aber auch in welchen Richtungen: weil ich die Wirklichkeit im Ganzen begriffen habe; c) muß ich mich im Einzelfall orientieren, wo der Gehorsam konkret wird.«[45] Bultmann, so fügt Krüger hinzu, bestreite allerdings, dass es überhaupt möglich sei, die Wirklichkeit im Ganzen begriffen zu haben. Es wäre dies nur eine aus der Perspektive des christlichen Glaubens zu verurteilende Weltanschauung. Genau dies wurde Krüger im Rahmen des gerade erwähnten Marburger Gesprächs ausdrücklich von Gogarten zu bedenken gegeben. Er entgegnete bei dieser Gelegenheit in dem Sinn, dass eine christliche Weltanschauung dennoch gewagt werden müsse.[46] Mit dem Hinweis auf die konkrete Lebenssituation, in der eine auf schöpfungstheologischen Grundsätzen errichtete Moral erst ihre inhaltliche Erfüllung erhalten könne, gesteht Krüger ein, was im Grunde auch für die cartesisch-stoische Ethik galt: dass sie mit ihrem streng metaphysischen Anspruch nicht allein von oben her ihre besonderen Inhalte herzuleiten vermochte.

Eine solche dem Anspruch nach aus der Tradition wiedergewonnene christliche Weltanschauung, wie sie Krüger im Blick hatte, musste sich freilich noch anderen Bedenken ausgesetzt sehen. Liegt es nicht sehr nahe, Krügers Ansatz mit Löwith zum Vorwurf zu machen, dass er von einer fraglichen Setzung dessen ausgehe, worin die eigentliche Tradition zu sehen sei: in bestimmten vorchristlichen Ansätzen der antiken Philosophie, die sich in bestimmten Gedanken der christlichen Philosophie des Mittelalters erfüllt hätten?[47] Löwith sah in der Ausrichtung Krügers auf ein gebietendes Selbst letztlich eine »dogmatische« »Zuflucht aus den Ausweglosigkeiten des modernen Lebens und Denkens zu einer erlösenden Glaubensgewißheit«.[48] Eine Antwort Krügers auf dieses wohl nicht nur von Löwith gehegte Be-

44 Protokoll der Tagung des »Kreises ehem. Marburger Theologen« im Oktober 1931 in Marburg über »Die Frage der natürlichen Theologie«, Marburg/Lahn 1932, S. 16. Als Gegenpart trug Bultmann seine Position ebenfalls in Form eines Referats vor.

45 Krüger (Anm. 4), S. 91.

46 Vgl. Protokoll (Anm. 44), S. 19.

47 Vgl. Karl Löwith, »Gerhard Krüger, Grundfragen der Philosophie. Geschichte, Wahrheit, Wissenschaft. Frankfurt/Main (Verlag Klostermann) 1958. Gerhard Krüger, Freiheit und Weltverwaltung. Aufsätze zur Philosophie der Geschichte. Freiburg (Verlag Alber) 1958.« In: ders., *Sämtliche Schriften*, Stuttgart 1985, S. 3, 449.

48 Ebd., S. 455.

denken lässt sich schon in seinem Aufsatz *Die Herkunft des philosophischen Selbstbewußtseins* aus dem Jahr 1933 finden:

> Man könnte angesichts der Krisis des modernen Geistes die antike Unbefangenheit zurückwünschen. Aber wenn dieser Wunsch nun eben doch an einer unüberwindlichen Passion unseres Denkens scheitert und wenn es sich zugleich herausstellt, daß sich das Problem einer Gebundenheit des freien Selbstbewußtseins nicht mehr abweisen läßt, dann bekommt offenbar die ursprüngliche Fassung der Problematik des Selbstbewußtseins, wie sie bis zu *Kant* noch in verblassender Erinnerung war, eine aktuelle Bedeutung. *Es erhebt sich die Frage, ob dafür nicht die Wege unserer älteren philosophischen Tradition, die Möglichkeit des theologischen Denkens, die richtigen waren.*[49]

Krüger hat in seinen hermeneutischen Arbeiten, die hier nur in groben Zügen wiedergegeben werden konnten, in nach wie vor bedenkenswerter Weise darauf hingewiesen, dass es naiv wäre, bei der Ausgestaltung oder auch bei der Rekonstruktion einer Metaphysik den ursprünglichen Umgang mit den Affekten des auf seine Freiheit und Begrenztheit reflektierenden Menschen auszublenden, da sich an dieser Stelle die Entstehung einer jeweils spezifischen Gestalt des Selbstbewusstseins ereignet. Unter anderem Heidegger, Augustinus und Descartes wurden von Krüger auf diesen Zusammenhang hin befragt. Ob allerdings sein anvisiertes Ziel einer natürlichen Theologie, die auf hermeneutische Weise wieder freigelegt werden sollte, um zugleich auch als metaphysische Begründung für das menschliche Verstehen und Erkennen insgesamt aufgezeigt zu werden, sich nicht doch auch noch anderen schwerwiegenden Problemen ausgesetzt sieht, bleibt hier eine offene Frage.

49 Krüger (Anm. 29), S. 68.

Stephan Steiner

Gegenstrebige Freundschaften

Leo Strauss zwischen Gerhard Krüger und Karl Löwith

Bislang wurde Leo Strauss in der Literatur kaum als Teil der Konstellation »Marburger Hermeneutik« wahrgenommen, die sich in den zwanziger Jahren des zwanzigsten Jahrhunderts um Martin Heidegger und Rudolf Bultmann bildete. Zum einen mag dies am amerikanischen Exil liegen, in dem Leo Strauss nach einer Odyssee, mit den Zwischenstationen Paris und England, 1938 ankam. Zum anderen mag die Zugehörigkeit Leo Strauss' zum Marburger Kreis übersehen worden sein, weil er selbst Marburg bereits wieder verlassen hatte, als sich die ›heiße Phase‹ von Auflösung und Neuentstehung der »Marburger Schule« mit der Ankunft Heideggers vollendete.[1] Trotz dieser Umstände gehört Strauss jedoch konstitutiv in den Wirkungskreis Marburgs, sowohl durch den Einfluss, den er selbst auf deren Gedanken ausübte, als auch durch die wesentlichen und entscheidenden Impulse, die er für sein Denken aus diesem Kontext bezog. Im Folgenden soll dies am Beispiel seines Verhältnisses zu den Generationsgenossen des Heidegger-Schülerkreises, Gerhard Krüger und Karl Löwith, gezeigt werden. Die Fragen nach dem Verständnis von Philosophie und Religion im Fall Gerhard Krügers, die Fragen nach Politik und Humanismus im Fall Karl Löwiths waren es, die im Mittelpunkt ihres intensiven Briefwechsels während der dreißiger Jahre standen.

1 Vgl. Ulrich Sieg, *Aufstieg und Niedergang des Marburger Neukantianismus. Die Geschichte einer philosophischen Schulgemeinschaft*, Würzburg 1994.

I.

Gerhard Krüger wurde 1902 in Berlin geboren und nahm, zur selben Zeit wie Hans-Georg Gadamer, nach einem kurzen ersten Semester in Tübingen, 1920 das Studium der Philosophie in Marburg auf. Seit 1924 gehörte er zum Kreis um Martin Heidegger. Mit Gadamer zusammen unterhielt er einen Lesekreis, in dem sich die Freunde – Karl Löwith, Günther Anders, Hans Jonas, Jacob Klein und Leo Strauss – regelmäßig trafen.[2] Ende der zwanziger Jahre habilitierte er sich mit einem bemerkenswerten Werk über *Philosophie und Moral in der Kantischen Kritik*, das durch die Vermittlung der Cassirer-Schüler Joachim Ritter und Éric Weil ins Französische übersetzt wurde, wodurch es ein zweites, intensiveres Wirkungsfeld fand. Charakteristisch für Krüger war dabei seine Verbindung philosophischen Fragens mit dem Problembewusstsein der theologischen Tradition. So gehörte Krüger auch als einziger Philosoph, noch vor Hans Jonas und Hannah Arendt, dem exegetischen Seminar von Rudolf Bultmann an, mit dem ihn eine lebenslange Freundschaft verband, wie der mittlerweile zugängliche Briefwechsel dokumentiert.[3] In seinem Nekrolog zeichnet Karl Löwith ein genaues Bild seines Freundes: Es sei »die entschiedene Abkehr von der selbstherrlichen Vernunft der neuzeitlichen Philosophie der Aufklärung« gewesen, die Krüger geleitet habe. Ein »Versuch, aus der modernen moralischen und geistigen Anarchie herauszufinden«, der von der Einsicht getragen war: »dass Gott, nicht der Mensch, das Maß aller Dinge« ist. Darin war eine Haltung des Fragens geborgen, die nicht nur einen »scharfsinnigen Kopf, sondern ein[en] geistig bewegte[n] Mensch[en]« zeigte, »dem es um das Ganze und Wesentliche ging«.[4] Wenn Löwith diese Haltung im Falle Krügers mit der Feststellung resümierte: »Krüger gehörte noch zu den ganz wenigen unter meinen Zeitgenossen, welche die alte Frage nach dem, was gut und böse, wahr und falsch ist, als unabdingbar aufrechthielten«, dann deuten sich darin nicht nur die Reserven an, die ein skeptischer Geist vom Format Löwiths gegen eine solche Sicherheit des Urteilens in sich trug, sondern es spricht sich darin

2 Vgl. Hans-Georg Gadamer, *Philosophische Lehrjahre*, Frankfurt a. M. 1977, S. 225 f.

3 Der Briefwechsel Rudolf Bultmann/Gerhard Krüger wurde 1997-2000 von Frank Lilie in der *Zeitschrift für Neuere Theologiegeschichte* (ZNThG) in sechs Teilen herausgegeben.

4 Karl Löwith, »Grabrede für Gerhard Krüger (17.2.1972)«, in: Erdmute Johanna Pickerodt-Uthleb, *Zukunft braucht Erfahrung. Eine Festschrift*, Marburg 2002, S. 69-82.

auch bereits die fundamentale Gemeinsamkeit aus, die Krüger mit dem Fragen Leo Strauss' verband.

Diese war die Frage nach dem absolut Maßgebenden, die Frage nach dem, was gut und böse, was wahr und falsch ist, die auch im Zentrum des Zweifels steht, den Leo Strauss am Weg der neuzeitlichen Aufklärung, gleichfalls in einer oft kritisierten Haltung erstaunlicher Selbstsicherheit, übte. Im Rekurs auf platonisches Denken glaubte er, Krüger nicht unähnlich, einen festen Punkt der radikalen Kritik an der Gegenwart und ihrer »*falschen* Skepsis« gefunden zu haben. Leo Strauss war 1899 als Kind einer Familie hessischer Landjuden in Kirchhain nahe Marburg geboren worden. Er hatte sein Studium der Philosophie direkt nach dem Ende seines Kriegsdienstes 1918 in Marburg begonnen.[5] Dies einerseits aufgrund der Nähe zu seinem Herkunftsort, zum anderen aufgrund des Ruhmes der Marburger neukantianischen Schule und ihres Gründers Hermann Cohen. Für diesen interessierte sich Strauss im Besonderen aufgrund seiner jüdischen Schriften.[6] Ein für die damalige Zeit durchaus ungewöhnlicher Grund. Heidegger, der 1927, anlässlich des 400-jährigen Universitätsjubiläums, die Geschichte des philosophischen Lehrstuhls verfasste, erwähnte diese Seite des Werkes Cohens – in durchaus repräsentativer Weise – mit keinem Wort.[7] Nachdem Strauss 1921 recht früh in Hamburg bei Ernst Cassirer promoviert worden war, begab er sich zur Vertiefung seiner Studien noch einmal nach Freiburg, um bei Husserl zu hören. Dort war es dann jedoch vielmehr die Aristoteles-Deutung, welche Heidegger zu dieser Zeit vortrug, die Strauss anzog, und zum Beginn einer lebenslangen Auseinandersetzung wurde. Im Lebensrückblick schreibt er dazu, dass es sein Interesse für theologische Fragen war, welches ihm Husserl entfremdete und für Heidegger entbrennen ließ.[8] Dessen Aristoteles-Deutung bezog ihre Sprengkraft dabei insbesondere aus der Konfrontation des scholastischen Klassikers Aristoteles mit dem Denken des jungen Luther. Eine ungewöhnliche und herausfordernde Perspektive, die bereits den neukantianisch nüchternen Paul Natorp zu faszi-

5 Zu detaillierten Angaben vgl. Leo Strauss, »Lebenslauf«, in: ders., *Philosophie und Gesetz. Frühe Schriften*, Stuttgart 1997, S. 298.

6 Gesammelt erschienen *Hermann Cohens jüdische Schriften*, herausgegeben und mit einem berühmt gewordenen Vorwort von Franz Rosenzweig versehen, 1924 in Berlin.

7 Martin Heidegger, »Zur Geschichte des philosophischen Lehrstuhls seit 1866«, in: ders., *Kant und das Problem der Metaphysik*, Frankfurt a. M. 1991, S. 304-311.

8 Vgl. Leo Strauss, »A Giving of Accounts«, in: ders., *Jewish Philosophy and the Crisis of Modernity*, New York 1997, S. 460 f.

nieren vermochte, und diesen bewog, Heidegger nach Marburg zu berufen. Jener wurde dort bald fester Bestandteil des exegetischen Seminars Rudolf Bultmanns, der dem Freund Hans von Soden schon am 23. Dezember 1923 positiv beeindruckt von Heideggers Seminarteilnahme berichtete: »Das Seminar ist diesmal besonders lehrreich, weil unser neuer Philosoph Heidegger, ein Schüler Husserls, daran teilnimmt. Er kommt aus dem Katholizismus, ist aber ganz Protestant, was er neulich, in der Debatte nach einem Vortrag Hermelinks [Marburger Ordinarius für Kirchengeschichte] über Luther und das Mittelalter bewies. Er hat nicht nur eine vortreffliche Kenntnis der Scholastik, sondern auch Luthers, und brachte Hermelink einigermaßen in Verlegenheit; er hatte offenbar die Frage tiefer erfasst als dieser«.[9] Mehrfach belegt ist aus dieser Zeit auch die Geschichte wie Strauss, aus Freiburg nach Frankfurt zu Rosenzweig zurückkehrend, diesem über Heidegger berichtete: »Bevor ich Heidegger im Sommer 1922 begegnet war, war Weber für mich die Verkörperung des Geistes der Wissenschaft; aber verglichen mit Heidegger ist Weber nur ein Waisenkind.«[10] Ein Urteil, zu dem Strauss im Übrigen nicht aufgrund der vielfach bezeugten esoterischen Faszination des Heidegger'schen Vortrags fand, sondern – wie er explizit hervorhebt – aufgrund der herausragenden »*Akribeia*«, die ihm in der Heidegger'schen Aristoteles-Deutung begegnete. Eine Sichtweise, die in auffälliger Weise mit Gerhard Krügers Charakterisierung des neuen Philosophieprofessors übereinstimmt, die dieser für den mit Bultmann befreundeten Theologen Friedrich Gogarten im November 1923 verfasste.[11] Bis 1923 blieb

9 Antje Bultmann-Lemke, »Der unveröffentlichte Nachlaß von Rudolf Bultmann – Ausschnitte aus dem biographischen Quellenmaterial«, in: Bernd Jaspert, *Rudolf Bultmanns Werk und Wirkung*, Darmstadt 1984, S. 202. Teilnehmerlisten der Seminare finden sich bei Bernd Jaspert, *Sachgemässe Exegese. Die Protokolle aus Rudolf Bultmanns Neutestamentlichen Seminaren 1921-1951*, Marburg 1996. Dort auch der Abdruck eines von Heidegger im Wintersemester 1923/24 gehaltenen Referats mit dem Titel *Luthers Begriff der Sünde* (S. 28-33).

10 Leo Strauss, *Hobbes' politische Wissenschaft und zugehörige Schriften – Briefe*, Stuttgart 2001, S. 690. Das Markante und Prägende dieser Begegnung für Strauss berichten übereinstimmend in autobiografischen Notizen sowohl Hans-Georg Gadamer als auch Hans Jonas. Vgl. Hans-Georg Gadamer, *Hermeneutik im Rückblick*, Tübingen 1995, S. 38; Hans Jonas, *Erinnerungen*, Frankfurt a. M. 2003, S. 93.

11 Die Passage lohnt sich, ausführlicher wiedergegeben zu werden: »Er [Heidegger] hat mich sehr überrascht, wenigstens in seiner äußeren Erscheinung: er ist ein kleiner Mann, der auf den ersten Blick aussieht wie ein fixer Jude; Judenhaare, dunkler Teint, schwarzer Bürstenschnurrbart, lebhafte dunkle Augen, die sehr fest und entschieden aussehen können. Entschiedenheit ist überhaupt ein Merkmal. Auf dem Katheder posiert er gar nicht; sein Vortrag

Strauss dann in Freiburg. Als Heidegger in diesem Jahr die Stadt in Richtung Marburg verließ, hatte Franz Rosenzweig Strauss inzwischen eine Stelle am *Freien Jüdischen Lehrhaus* in Frankfurt angeboten. 1925 wechselte er schließlich auf eine Stelle an der *Hochschule für die Wissenschaft des Judentums*, an der Hermann Cohen seit seiner Emeritierung 1912 unterrichtet hatte. Seit diesem Zeitpunkt lebte Strauss in Berlin. Trotzdem blieb er Heidegger, und dem Schülerkreis um ihn, verbunden. Dies umso mehr, als jene seit Herbst 1923 nun im heimatlich nahen Marburg versammelt waren, dem Strauss als regelmäßiger Besucher über die Jahre treu blieb.[12]

Heidegger ist damit das Bindeglied, durch das Gerhard Krüger und Leo Strauss miteinander bekannt wurden und – geistig wie räumlich – verbunden waren. Die Art des Fragens, die Strauss und Krüger in diesem Kontext begegnete, war einerseits geprägt vom Paradigma eines Rückgangs auf Mittelalter und Antike, um den Engführungen und Aporien neuzeitlich-schulphilosophischer Fixierungen auf Bewusstseins- und Selbstbewusstseinstheorien zu entgehen, andererseits war es die Argumentationsstrategie des frühen Heidegger, Verkrustungen traditioneller Deutungsmuster durch den Bezug auf das religiös-christliche Erbe aufzubrechen, welches sie prägte. Beidem begegnet man bei Strauss und Krüger wieder. In diesen Motiven zeichnet sich die Grundgestalt der Fragen ab, die von Marburg her ihren Ausgang nahmen.

ist laut, bestimmt, ohne viele Nuancen, nüchtern und mit großer *Akribie* bei der Sache, in der er Schrittchen für Schrittchen vorwärts geht […]. Nichts destoweniger spricht er gar nicht ›objektiv‹ mit so einer lächelnden Distanz wie oft Hartmann, sondern aggressiv gegen die Hörer. In der ersten Stunde kam er mir vor, wie ein Wachthund, der einen stellte, er legte einem die Pfoten auf die Schulter! Die Erscheinung war zuerst unangenehm, aber er machte zusehends mehr Eindruck durch den Ernst seines Vortrags.« Rudolf Bultmann/Friedrich Gogarten, *Briefwechsel 1921-1967*, Tübingen 2002, S. 275 f. (Hervorhebung im Text). Außer den befremdlich anmutenden antisemitischen Versatzstücken in Krügers Beschreibung sticht nicht nur die parallele Verwendung des Wortes »Akribie« hervor, sondern auch bereits das frühe Augenmerk auf die Rolle der Geste der »Entschiedenheit«, die Heideggers Duktus prägte.

12 Dies nicht zuletzt aufgrund der Anwesenheit von Strauss' Schwester Bettina, die in jenen Jahren ihr Philosophiestudium an der Universität Marburg absolvierte. Später heiratete sie Strauss' engen Freund, den führenden Orientalisten Paul Kraus. Zu Kraus vgl. Joel L. Kraemer, »The Death of an Orientalist. Paul Kraus from Prague to Cairo«, in: Martin Kramer, *The Jewish Discovery of Islam*, Tel Aviv 1999, S. 181-223.

2.

Noch 1964, im Vorwort zur ersten deutschen Auflage seines 1934/35 verfassten und 1936 aufgrund der politischen Verhältnisse auf Englisch erschienenen Hobbes-Buches, bekannte sich Strauss zur Prägekraft und Bedeutung seiner damaligen Marburger Freundschaften. In Bezug auf Krüger schreibt er dort bestätigend: »Das philosophische Interesse an der Theologie verband mich mit Gerhard Krüger; seine Rezension meiner Spinoza-Schrift brachte meine Absicht und mein Ergebnis klarer zum Ausdruck als ich selbst es getan hatte.«[13] In der Schrift *Die Religionskritik Spinozas* von 1930 hatte Strauss zum ersten Mal die Leitlinien seines Denkens im Spannungsbogen von Religion, Philosophie und Aufklärung entwickelt. Wenn aus den Beziehungen zu den Marburgern die Freundschaft mit Gerhard Krüger aufgrund des gemeinsamen Interesses an der Erklärungs- und Prägekraft theologischer Fragestellungen also herausragte, dann war ihr gemeinsamer Bezugspunkt hierfür die Wirkung der Existenzphilosophie und der dialektischen Theologie. Auf diesem Boden ist ihr gemeinsames Thema einer Neuverhandlung der Legitimität der Neuzeit zu sehen, das Strauss unter das Motto der *Querelle des anciens et des modernes* stellte, des berühmten Streits, den französische Autoren im 17. Jahrhundert um die Vorbildlichkeit der antiken Ideale entfacht hatten. Die spezifische Gestalt der kritischen Auseinandersetzung mit der Aufklärung wie sie für Strauss und Krüger dadurch charakteristisch wurde, umriss so deutlich wie ablehnend Karl Löwith in einem Brief an Strauss aus dem Jahr 1935. An zentraler Stelle hält Löwith ihm dort vor, dass er wie Krüger »voraussetze, dass man die modernen – aufklärerischen – Voraussetzungen durch historische Destruktion unwirksam machen« könne – was *er* gerade nicht glaube.[14] Nicht nur die Abneigung gegen alle Versuche eines Rückgangs hinter die historische Gewordenheit, wie Löwith dies an Strauss und Krüger als Gemeinsamkeit mit dem kritisch beäugten Lehrer Heidegger vermutete, sondern auch der Verdacht, dass Strauss eine solche Position absoluter Kritik selbst nur aufgrund eines »Nochzuhauseseins im orthodoxen Judentum« einnehmen könne, war dabei der Anlass für die harsche Kritik. Auf den Verdacht, dass die radikale Kritik an der Aufklärung selbst nur durch einen *Glauben*, nicht aber in philosophisch-rationaler Einsicht gefunden und begründet sein solle, antwortete Strauss mit einer durchaus tief dringenden psychologischen Analyse ebendieses Verdachts, der zufolge Löwiths Urteil in einem Ressen-

13 Strauss (Anm. 10), S. 8.
14 Ebd., S. 645 f.

timent gegen die jüdisch-christliche Tradition gründe. Einem Ressentiment, das Strauss am Grunde des Ideals wertfreier Skepsis findet, wie es sich für ihn in der Linie über Löwith und Weber von Nietzsche herleitet. Löwiths Verdacht die Grundlage entziehend, antwortet er zudem in schnippischer Kürze: »Übrigens: ich bin *nicht* orthodoxer Jude!«[15]

Nicht eine unterstellte reaktionär-antimoderne, aufklärungsfeindliche Idealisierung der Anfänge war es, die Strauss leitete, sondern das Interesse an einer anderen Aufklärung, die Religion und liberales Freiheitsverständnis nicht nur als Verneinung und in Opposition denken kann. Eine Deutung, die sich auch dadurch nahe legt, dass weder Krüger noch Strauss sich der Tradition um der Tradition willen zuwenden, sondern der Rückgang und die Auseinandersetzung mit Tradition bei beiden stets nur aus einem lebendigen Interesse an der Gegenwart motiviert ist. Programmatisch entwickelt Strauss dieses Ideal einer anderen Aufklärung dann in der Einleitung zu seinem Buch *Philosophie und Gesetz* von 1935, einer Studie zur mittelalterlichen, jüdisch-arabischen Aufklärung. Trotz des scheinbar rein historischen Charakters dieser Studie, brachte Krüger mit dem Gespür des intellektuell Verwandten deren zugrunde liegende Intention zum Vorschein: »In einer gelehrten historischen Spezialuntersuchung verbirgt sich hier eine prinzipielle, philosophische Erörterung des *Problems der Aufklärung*«.[16] Der Struktur des Problems der Aufklärung folgend, das Strauss als Konflikt zwischen neuzeitlich-säkularer und orthodox-religiöser Deutung von Mensch und Wirklichkeit versteht, entfaltet sich sein eigenes Ideal dann im Ringen um die Möglichkeit eines »aufgeklärten Judentums«. Eines »aufgeklärten Judentums« jedoch, das den Streit und das Feindliche, das in den beiden Prinzipien angelegt ist, nicht in falscher Versöhnlichkeit überspielt, sondern betont – und austrägt.

Entstanden war für Strauss diese Problematik des Streits um die Aufklärung aus seinem Engagement im Feld des Politischen. Seit 1916 setzte er sich intensiv mit den Fragen der zionistischen Bewegung auseinander.[17] In dieser begegnete ihm die Erfahrung einer unvereinbar bis destruktiv sich entfaltenden Spannung zwischen säkularem Zionismus und religiöser Orthodoxie. Ein Konflikt, der die Möglich-

15 Strauss (Anm. 10), S. 650. Man beachte Ausrufezeichen und Hervorhebung im Text.

16 Gerhard Krüger, »Die Religionskritik Spinozas als Grundlage seiner Bibelwissenschaft«, in: *Deutsche Literaturzeitung* 51 (1931), Sp. 2407-2412, Sp. 2407 (Hervorhebung im Text).

17 Vgl. dazu Leo Strauss, »Vorwort zur amerikanischen Ausgabe«, in: ders., *Die Religionskritik Spinozas und zugehörige Schriften*, Stuttgart 2001, S. 10 f.

keit jüdischer Identität ernsthaft in Frage stellte und bedrohte. Diesen Konflikt zwischen der Orientierung an den Idealen der Emanzipation oder den Idealen der Tradition, fasst Strauss unter dem Namen des *»jüdischen Problems«* zusammen. Das »jüdische Problem« figuriert bei Strauss dabei als Menetekel der Moderne, weil im Problem der jüdischen Identität die sich ausschließenden Ideale der neuzeitlichen Aufklärung und der religiösen Tradition zu einer Frage des Überlebens würden, wie sie für andere Gemeinschaften in dieser Schärfe und Dringlichkeit im damaligen Augenblick so noch nicht sichtbar wären.[18] Den sich politisch auswirkenden Streit zwischen neuzeitlicher Aufklärung und Religion will Strauss deshalb, und darin erkennt er seine Gemeinsamkeit mit Krüger, noch einmal auf das philosophische Feld zurückzuholen, um zu sehen, ob nicht doch auch ein anderes Verhältnis der sich unter dem Zeichen der neuzeitlichen Aufklärung kontradiktorisch und feindlich gegenüberstehenden Mächte von Tradition und Emanzipation möglich wäre.[19] Strauss arbeitet in seinen Studien zur Genese der Aufklärung deshalb zunächst heraus, wie diese ihr Profil aus der Polemik gegen die Prinzipien der Orthodoxie gewinnt. Dies zeigt er am Beispiel der »mechanischen Weltansicht« und der Ausrichtung am Ideal der wissenschaftlichen Erschließung der Wirklichkeit. Als Fundamente der Aufklärung seien diese keineswegs weltanschaulich neutral, wie suggeriert wird, sondern vielmehr entstammten sie einer epikureischen Tradition der Religionskritik. Die »mechanische Weltansicht« gewinne ihr Profil aus ihrer beruhigenden Funktion als »tröstlicher Wahrheit«, die aus der Gegenstellung zur beunruhigenden Auffassung der Möglichkeit göttlicher Willkür verstanden werden müsse. Krüger fasst diese von Strauss freigelegte religionskritische Grundsignatur der neuzeitlichen Aufklärung in der Spinoza-Rezension prägnant zusammen: »Wie schon bei Epikur und Lukrez geht es um ›den Gegensatz zwischen *wissenschaftlicher, vom Prinzip der Stetigkeit geleiteter*, darum beruhigender und *mythisch-religiöser*, auf das willkürliche Wirken göttlicher Mächte zurückgreifender, darum beunruhigender Weltbetrachtung‹.«[20] In diesem Streben der Aufklärung nach Verstetigung des Lebens komme eine »ursprüngliche Neigung des menschlichen Herzens« zum Tragen, der Strauss die Position Calvins mit dessen Fokus auf die Meditation eines unergründlichen Willens und Wirkens ge-

18 Strauss (Anm. 5), S. 23 f.

19 Von Krügers Seite vgl. dazu den 1935 verfassten Descartes-Aufsatz: Gerhard Krüger, *Die Herkunft des philosophischen Selbstbewußtseins*, Darmstadt 1962.

20 Krüger (Anm. 16), Sp. 2408 (Hervorhebungen St. St.).

genüberstellt. Der Gegensatz zwischen neuzeitlicher Aufklärung und religiöser Orthodoxie hat seinen Ursprung so zuletzt in einer »unbegründbare[n] Tendenz der Welterfahrung«, wie Strauss formuliert. Die Gegner können dann scheinbar nur noch aneinander vorbeireden.

Krüger, der eine solche Analyse selbst grundsätzlich teilt, will die Schlussfolgerung einer schlichten Unvermittelbarkeit zweier Weisen der Welterfahrung jedoch nicht einfach gelten lassen. Im Gegensatz zu Löwith wirft Krüger Strauss jedoch nicht ein fragloses Nochzuhausesein in einer religiösen Tradition vor, sondern äußert vielmehr den Verdacht, dass Strauss unausgewiesenerweise die Differenz von antiker und offenbarungsgläubiger Position einebne. Im Unterschied zu Löwith ist Krügers Bedenken gegen Strauss aus einem Interesse an der Verteidigung der jüdisch-christlichen Tradition motiviert. Um die Anerkennung der Auffassung einer Vertiefung des Problembewusstseins des Offenbarungsglaubens gegenüber der Antike bemüht, fragt er deshalb kritisch nach: »Wie kann es eine entschiedene Konkretisierung der Suche nach dem Richtigen geben ohne ein ›Glaubensbekenntnis‹?« Eine Frage, die aus Strauss' Perspektive ans »Eingemachte« geht und auf die hin er im Briefwechsel dann auch den Blick auf den politischen Subtext seiner These freigibt. Auf sein ›Glaubensbekenntnis‹ angesprochen, antwortet er:

> [I]ch *glaube*, dass es zuletzt nur *einen* Gegensatz gibt, den zwischen ›Links‹ und ›Rechts‹, zwischen ›Freiheit‹ und ›Autorität‹, oder um es mit den ehrlicheren antiken Worten zu sagen, zwischen ἡδύ und ἀγαθόν. Um das zu *zeigen*, müsste man freilich eine Geschichte der Politik von Plato bis Rousseau schreiben. Das ›Glaubensbekenntnis‹, nach dem Sie verlangen, scheint mir in dem δουναι και δεξασθαι als solchen zu liegen, modern gesprochen in der ›Redlichkeit‹: der Kampf zwischen ›Links‹ und ›Rechts‹ ist der Kampf zwischen utopistischem Schwindel und Nüchternheit. Was S. 746 f. steht gilt also nur ad hominem: im Gegensatz zu der Verständigung um jeden Preis ist der Streit wahrer; das letzte Wort kann aber nur der Friede, d. h. die Verständigung in der Wahrheit, sein. Dass diese Verständigung der Vernunft möglich sei – firmiter credo.[21]

Dieses erstaunliche ›Glaubensbekenntnis‹ von Strauss, das im Bekenntnis zur »Verständigung der Vernunft« gipfelt, zeigt, wie die Aufdeckung und Kritik der religionskritischen Grundsignatur der neuzeitlichen Aufklärung bei ihm keineswegs als Parteinahme zu verstehen ist, sondern wie vielmehr die politische Frage des Streits von

21 Strauss (Anm. 10), S. 399.

Glauben und Unglauben, dem »ältesten und einzigen Thema der Weltgeschichte«, wie Strauss mit einem Goethe-Wort sagt, von ihm umgewendet und auf ein ganz anderes Feld versetzt werden soll, nämlich auf jenes der *Philosophie*. Strauss' Position beruht offenbar auf der Voraussetzung, dass der Streit um die Religion auf dem Feld des Politischen unlösbar sei und nur eskalieren könne, weshalb er seine Kraft darin investiert, in einer »Geschichte der Politik von Plato bis Rousseau«, die Philosophie, genauer: die Vernunft in der Funktion eines Mediums des allgemein Menschlichen, gegen die religiösen und politischen Partikularismen jeglicher Couleur als Tertium datur zu etablieren.

3.

Auf der Grundlage dieser Klärungen lässt sich nun die unterschiedliche Gestalt des philosophischen Bezugs von Strauss und Krüger auf die Theologie, insbesondere die Bedeutung des Verhältnisses von Philosophie und Religionskritik bei Strauss, genauer bestimmen. Inhaltlich konkretisiert Strauss seine Thesen im Gleichnis einer »zweiten Höhle«. Eine Argumentationsfigur, die bereits in der Metaphorik auf kompakte Weise die Stoßrichtung des Strauss'schen und Krüger'schen Einspruchs zum Ausdruck bringt: »statt – wie die Neukantianer – Plato von Kant her zu verstehen, umgekehrt Kant und erst recht uns durch Plato in Frage stellen zu lassen.«[22] Strauss und Krüger bringen das »sich durch Plato in Frage stellen lassen« jedoch auf recht unterschiedliche Weise mit der Problematik der Religion und des Offenbarungsglaubens in Beziehung. Es zeigt sich bei Strauss, wie im Gleichnis von der zweiten Höhle die Idee einer radikalen Kritik der Aufklärung zuletzt im Problem des Historismus formuliert ist. Der Rückgang auf Plato muss bei ihm deshalb in der konkreten geistesgeschichtlichen Konstellation des Historismusstreits gesehen werden. Strauss glaubt, dass gegenüber dem historischen Relativismus, im Rückgang auf das einfache und naive Fragen der antiken Philosophie, eine allgemein menschliche, universal verbindliche Perspektive gegen die Partikularismen historischer Vernunft wiederherstellbar sei. Die Konflikte, die sich aus der neuzeitlichen Aufklärung ergeben hätten, seien herzuleiten aus der »widersinnigen Verflechtung einer Nomos-Tradition mit einer philosophischen Tradition [...], einer Tradition des Gehorchens mit einer ›Tradition‹ des Fragens«, welche Strauss auf die beiden Prinzipien der Offenbarung und der Philosophie zurück-

22 Ebd., S. 387.

führt.[23] Die neuzeitliche Aufklärung scheint ihm insbesondere deshalb problematisch, weil sie durch ihren »im Dunkeln geführten Kampf gegen die Offenbarungs-Tradition« erst die »zweite Höhle«, die heillose Verwirrung der beiden Traditionen, heraufgeführt habe. Eine Situation, die, wenn sie mangels theologischer Kenntnisse nicht mehr verstanden wird, sich in der stummen Empörung der Gewalt notwendig entlade.

Krüger, wie im Übrigen auch Löwith und Gadamer,[24] kritisiert die Möglichkeit einer solchen Wiederherstellung der sokratischen Frage im Rückgang auf Plato nun scharf. Gerade an die Möglichkeit eines normativen Rekurses auf Plato glaubt er nicht. Krüger teilt mit Strauss jedoch das Anliegen eines Kampfes gegen den Historismus. Das rückt die beiden, neben dem theologischen Interesse, näher zusammen und entfernt sie zugleich von den Positionen Löwiths und Gadamers, die ihnen denn auch bezeichnenderweise gerne Dogmatismus vorwerfen.[25] In seiner Antwort auf die Einwände Krügers bemüht sich Strauss, wie zu sehen sein wird, um größtmögliche Klarheit und um ein Verständlichmachen seiner befremdlichen Position. Nicht zuletzt, weil es sich bei ihnen eben auch um einen Dialog unter Freunden handelt. Zunächst aber die imposante Kritik Krügers: »›Die zweite Höhle‹. Ich finde in diesem Gleichnis eine sehr treffende Beschreibung unseres Geisteszustandes; wenn man von Ihrer Gleichung antik = natürlich = richtig ausgeht. Ich muß nun aber von mir sagen, daß ich diese Gleichung nicht ohne Vorbehalt annehmen kann«. Er fährt fort: »Ich verstehe zwar Ihr Motiv, den Historismus zu bekämpfen, aber man kann ihn m. E. nicht abschütteln, indem man ihn kühn ignoriert […], sondern [nur] indem man ihn auf seinen sachlichen und geschichtlichen Kern, die faktische Herrschaft Christi über den Geist der nachantiken Menschheit, reduziert.« Und dann: »Ihre Sprache verrät Sie: diese Naivität ist bei Ihnen eine *Forderung*, die selbst durchaus nicht naiv ist, und Ihre konkrete Forschungsweise zeigt, daß die For-

23 Ebd., S. 406.

24 Hans-Georg Gadamer merkt im Ergänzungsband zu *Wahrheit und Methode*, unter der Überschrift »Hermeneutik und Historismus«, der eine Auseinandersetzung mit Strauss bietet, dazu an, dass Strauss vermutlich die »Schwierigkeiten des Verstehens« unterschätze, wenn er solch einen Rückgang noch für möglich halte. Vgl. Hans-Georg Gadamer, *Wahrheit und Methode. Ergänzungen*, Tübingen 1986, S. 417.

25 Das Verhältnis zu Leo Strauss beschreibt Gadamer so verbindlich wie kritisch als »freundschaftliche Nähe und zugleich […] geistige Distanz«. Vgl. Gadamer (Anm. 10), S. 250. Krügers Haltung zur Aufklärung kritisiert er ebenso mit freundlichen, doch deutlichen Worten, wenn er schreibt, dass diese die »Züge seines Charakters zuweilen verhärtete.« Vgl. Gadamer (Anm. 10), S. 417.

derung nicht durchführbar ist. Die ›Natürlichkeit‹ des Denkens, die allerdings der Philosophie wesentlich ist, kann m. E. weder von Ihnen noch von sonst jemand einfach gehabt oder angestrebt werden. Unsere faktische Unnatürlichkeit macht, daß sie *Problem* sein muß. Ich glaube, in dieser Frage liegt der Quellpunkt unserer Differenz.«[26]

Seine Antwort auf diese treffsichere und feine Kritik Krügers hat Strauss mit großer Sorgfalt ausgearbeitet. Fünf unterschiedliche Briefentwürfe sind dazu erhalten. Strauss erwidert zunächst, dass er den Historismus ja durchaus nicht ignoriere, im Gegenteil: Auch er sei davon überzeugt, »dass *wir heute* nicht ohne Historie auskommen«. Jedoch im Bezug auf die Philosophie hält er die Historie für ein bloßes Akzidens. Strauss leugnet also durchaus nicht, »dass *wir* historisch philosophieren *müssen*, d. h. Tatsachen zum Bewusstsein erheben müssen, die die Griechen nicht zum Bewusstsein erheben brauchten.« Auch gesteht er Krüger zu, dass die »Naivität« für uns in der Tat nur eine Forderung sein kann, »dass kein Mensch heute ›naiv‹ philosophieren« könne. Aber zur Diskussion stellt er die Frage, ob »diese Veränderung eine Folge davon [ist], dass wir grundsätzlich mehr wissen als die Griechen [...] oder [ob] sie grundsätzlich, d. h. für die Erkenntnis dessen, was der Mensch als solcher erkennen muss, unergiebig« sei; ein bloßer Umweg?[27] Mit einem Rekurs auf den Beginn von Schillers Schrift über *Naive und sentimentalische Dichtung* spitzt Strauss seine Überlegungen dann zu: »Der naive Mensch *ist* Natur – für den sentimentalischen Menschen ist die Natürlichkeit nur *Forderung*. Wir Modernen sind notwendig ›sentimentalisch‹. Das heißt aber: dass wir auf ›sentimentalische‹ – also auf erinnernde, historische – Weise erfragen müssen, was die Griechen ›naiv‹ erfragt haben; genauer: wir müssen uns durch ›Erinnerung‹ in die Dimension bringen, in der wir die Griechen verstehend mit ihnen ›naiv‹ fragen können.« Die Errungenschaft der Neuzeit – das historische Bewusstsein – ist aus dieser Perspektive dann »nicht eine radikalere Dimension, gleichsam eine radikalere Kur der menschlichen Krankheit [...], sondern die *moderne* Medizin für die *moderne* Krankheit.«[28] Der Verdacht eines naiv-unhistorischen Antimodernismus, der Strauss' Rede vom Natürlichen und seiner Kritik des Historischen gerne vorgeworfen wird, dürfte durch diese aufschlussreiche Briefpassage in neuem Licht erscheinen. Zugleich stößt sie die Tür auf zu einem Ensemble neuer Fragen, denn als tatsächliche Differenz zu Krüger zeigt sich damit nicht so sehr die Ablehnung einer historischen Hermeneu-

26 Strauss (Anm. 10), S. 412 f.
27 Ebd., S. 421.
28 Ebd., S. 422.

tik als solcher oder gar eine Flucht zu den Ursprüngen, sondern vielmehr Strauss' Ansatz seines Problems bei der Frage nach Glaube oder Unglaube. Strauss führt dazu aus: »Das Problem der ›zweiten Höhle‹ ist das Problem des Historismus. Der ›sachliche und geschichtliche Kern‹ des Historismus ist, wie Sie mit Recht sagen, ›die faktische Herrschaft Christi über die nachantike Menschheit‹. Was ergibt sich [aber] daraus für den, der nicht *glaubt*?«[29] Präziser: »Was ergibt sich daraus für den, der *nicht* glaubt, der also das Recht, d. h. das göttliche Recht, dieser Herrschaft leugnet?«[30] Krüger begegnet diesem mit wenig Verständnis. Er hält Strauss vor, dass die Frage des Glaubens und Unglaubens von rein »privatem« Charakter sei und in Bezug auf die Frage der Wahrheit nichts ändere. Strauss widerspricht dem jedoch, und an dieser Stelle zeigt sich nun der Unterschied zwischen Strauss' und Krügers Denken. Denn für Strauss ist die Frage des Unglaubens keineswegs seine persönliche Glaubensnot oder Gottesferne, sondern als Philosoph konfrontiert er sich mit der »Meinung der Zeit«. Der Zusammenhang wurde bereits angedeutet: Das Problem der Aufklärung, und in dieser das Problem der Stellung zum Prinzip der Tradition, zur religiösen Orthodoxie, stellte sich für Strauss aus dem Blickwinkel der konkreten Spannungen seiner jüdischen Identität. Das *philosophische* Problem der Aufklärung ist für ihn also ein *politisches* Problem.[31] Bei Krüger verbleibt es dagegen rein im Kreis einer theoretischen Frage. Bereits früh wurde Strauss wegen der Art seiner Problemorientierung von anderer Seite jedoch der Vorwurf des »Atheismus« oder einer »Propaganda für den Atheismus« gemacht.[32] Ein Anwurf, der sich bei genauem Lesen als unhaltbar erweist. In einer signifikanten Briefstelle sagt Krüger Entscheidendes zu Strauss' diesbezüglicher Haltung, über die jener zeitlebens kein Wort verliert: »Sie orientieren sich – wenn auch negativ – an der Offenbarungsreligion. Nur darum können Sie die geschichtliche Situation so verstehen wie Sie es tun«. Es stecke darin »die Anerkennung, daß für alles Fra-

29 Ebd., S. 415 f.

30 Ebd., S. 420.

31 Erhellend für diese Motivation von Strauss' Kritik der Aufklärung aus dem Problem jüdischer Identitätsbildung ist etwa seine Formulierung im Spinozabuch, wo er von der Aufklärung als dem »Totengräber des Judentums« spricht. Die antireligiöse Stoßrichtung der aufklärerischen Emanzipationspolitik, und ihre Folgen für das Judentum, führt besonders Napoleons Wiedereinberufung des *Sanhedrin* vor Augen, der im Zuge der Einführung des *Code Civile* die Staatstreue der Juden überprüfen sollte. Vgl. dazu Dan Diner, »Die Moschee muss sich unterordnen«, in: *Die Welt*, 30. Juni 2007.

32 Vgl. dazu Strauss' frühen Aufsatz *Zur Ideologie des politischen Zionismus*, in: Strauss (Anm. 17), S. 431 ff.

gen [...] das Faktum der Offenbarungsreligion von absoluter Bedeutung ist.«[33] Trotzdem macht Strauss den Atheismus zu seiner Voraussetzung.[34] Was seine Position des Unglaubens jedoch in entscheidender Weise von der traditionellen Argumentation der Religionskritik unterscheidet, ist die Klarstellung, dass es sich bei seinem Standpunkt keineswegs um eine Verteidigung des Atheismus handle. Eine solche sei gar »nicht nötig«. Den Atheismus fordert Strauss nicht, er »erkenn[t] ihn als tatsächlich und als mächtig.«[35] Es zeigt sich damit, dass es das Phänomen des »Bruch[s] mit der Religion« ist, das er als Signatur der gegenwärtigen Epoche in Europa wahrnahm, das ihn beschäftigte und sein Fragen bestimmte. Eine Problematik, die für den Strauss der zwanziger Jahre und viele andere jüdische Jugendbewegte damals in der Bewegung des politischen Zionismus Gestalt annahm.[36] Strauss zufolge artikulierte sich in diesem die Überzeugung, dass das jüdische Volk »im Zeitalter des Atheismus seine Existenz nicht mehr auf Gott, sondern allein auf sich selbst, auf seine Arbeit, auf sein Land und auf seinen Staat gründen« könne.[37] Das Bekenntnis zu einem säkularen Staat als Voraussetzung und Grundlage allen freiheitlichen Zusammenlebens ist in dieser Parteinahme ausgesprochen. Strauss fordert vom Philosophieren, dass es sich auf die Konfrontation mit den Realitäten solcher theologisch-politischer Spannungen einlässt. Die Reflexion auf die politischen Voraussetzungen allen Philosophierens bildet deshalb den Grund seines Insistierens auf die Bedeutung der Frage nach Glauben und Unglauben. Religion und moderne Zivilisation sind keineswegs versöhnt, sondern tragen ungebrochen ihren Streit aus.

4.

In dieser skeptischen Haltung gegenüber den Ansprüchen der Religion und in der Aufmerksamkeit auf die politischen Implikationen des Philosophierens, die Strauss von Krüger entfernen, nähert er sich nun dem Denken des anderen Marburger Freundes, Karl Löwith, wieder an. Löwith, der in Deutschland heute vielleicht Bekannteste der Drei, wurde 1897 geboren und nahm zunächst als Kriegsfreiwil-

33 Strauss (Anm. 10), S. 424.
34 Vgl. dazu insbesondere: ebd., S. 379 ff. Auch: Jonas (Anm. 10), S. 93.
35 Strauss (Anm. 17), S. 443.
36 Vgl. dazu Jörg Hackeschmidt, *Von Kurt Blumenfeld zu Norbert Elias. Die Erfindung einer jüdischen Nation*, Hamburg 1997.
37 Strauss (Anm. 17), S. 432.

liger am Ersten Weltkrieg teil; nach einer schweren Verwundung geriet er in italienische Kriegsgefangenschaft. Dort sammelte er Erfahrungen, die seine lebenslange Bewunderung für den Süden und die besondere Humanität seiner Menschen weckten. So schrieb er selbst noch im Exil der dreißiger Jahre mit polemischer Spitze gegen die Deutschen: »der Italiener ist auch im schwarzen Hemd noch human, weil er einen natürlichen Sinn für die menschlichen Schwächen hat.«[38] Aus der Gefangenschaft zurückgekehrt, wechselte er 1919, nach einem ersten Semester in München, an die Universität Freiburg. Im 1959 verfassten *Curriculum Vitae* schreibt er dazu: »Die Unruhen der Münchener Räterepublik hatten mich nach Freiburg vertrieben, wo ich die strenge phänomenologische Schule durch E. Husserl genoß.«[39] Auf den jungen, gerade aus dem Krieg zurückgekehrten Studenten übte aber noch stärker als Husserl selbst dessen Privatdozent Heidegger eine Faszination aus, die ihn zum frühesten Heidegger-Schüler werden ließ. Löwith beschreibt diese Schülerschaft so ehrlich wie kritisch, wenn er die Wirkung Heideggers mit der Stefan Georges in Beziehung setzt: »In diesen entscheidenden Jahren nach dem Zusammenbruch von 1918 wurde ich [...] vor die Wahl gestellt: sollte ich mich dem Kreis um St. George und Gundolf anschließen, oder als Einzelgänger Heidegger folgen, der auf ganz andere Weise eine nicht minder diktatorische Macht über die jungen Gemüter ausübte«.[40] Im Bewusstsein vom Zusammenhang zwischen dem großen Lehrerfolg Heideggers und der Dispositionen einer jungen, durch die Kriegserfahrung geprägten Generation, wahrte er denn auch lebenslang eine kritische Distanz zu seinem »Meister«.[41] In den Blick dieser kritischen Distanz trat – durch den Wechsel nach Marburg und durch Heideggers dortige Zusammenarbeit mit Bultmann – für Löwith auch das zwischen Strauss und Krüger so intensiv verhandelte Problem des Verhältnisses von Philosophie und Theologie. Eine Problematik, die er in den dreißiger Jahren auf den Begriff des »*Politischen Dezisionismus*« brachte, in dem er eine Brücke von Heideggers Existenzphilosophie zur politischen Theologie Carl Schmitts schlug.[42] Ein Ge-

38 Karl Löwith, *Mein Leben in Deutschland vor und nach 1933. Ein Bericht*, Stuttgart 1986, S. 82 ff.

39 Ebd., S. 146.

40 Ebd., S. 147.

41 Beredtes Zeugnis dieser Distanz ist nicht erst Löwiths bekannte Heidegger-Kritik aus den fünfziger Jahren, *Heidegger – Denker in dürftiger Zeit*, Frankfurt a. M. 1953, vielmehr trug er diese bereits seit den dreißiger Jahren in zahlreichen Aufsätzen vor, die inzwischen gesammelt als achter Band von Löwiths *Sämtlichen Schriften* vorliegen.

42 Löwith (Anm. 38), S. 150.

danke, der Strauss und Krüger durchaus nicht fern lag. Krüger verwies in seiner frühen Charakterisierung Heideggers bereits auf die »Entschiedenheit« als zentrales Merkmal, und Strauss resümierte im Lebensrückblick: »There is a straight line which leads from Heidegger's resoluteness to his siding with the so-called Nazis in 1933.«[43] Dennoch hält Strauss Löwiths Kritik an der Existenzphilosophie für unzulänglich und meint, dass sie, gerade in Bezug auf die theologische Problematik, auf Oberflächenphänomene fixiert bleibe.[44] Richtig an Löwiths Kritik ist, dass auch die »jüngste theologische Bewegung«[45] aus einer Erneuerung der protestantischen Theologie von einer von der Erfahrung des Weltkriegs geprägte neue Generation von Theologen hervorgebracht wurde. Dem Zusammenbruch des wilhelminischen Kulturprotestantismus, dessen historisierend-verwissenschaftlichende Deutung des Christentums dem existenzorientierten Krisendiskurs der dialektischen Theologie, wie er seit 1919 in den Gestalten Karl Barths und Friedrich Gogartens auftrat, wenig entgegenzusetzen hatte, kam für dieses Generationenphänomen dabei selbst eine emblematische Rolle als Spiegel der damaligen Zeitströmungen zu.[46] Dem Anliegen dieser neuen, »antihistoristisch« inspirierten Strömung nach dem Zusammenbruch des Weltkriegs gab Eberhard Jüngel den treffenden Titel des Verlangens nach einer »Hermeneutik der Gleichzeitigkeit«.[47] Ein Verlangen, dem auch Strauss' Wille zur Wiederholung der sokratischen Frage zuzurechnen ist, dem er zugleich jedoch kritisch opponiert. So schreibt Strauss, auf sein Spinozabuch zurückblickend, an Krüger: »Meine Schrift ist ja eine einzige *Antwort* des Unglaubens auf den Glauben Barth-Gogartenscher Observanz«.[48]

43 Krüger (Anm. 11), S. 275; Strauss (Anm. 8), S. 461.

44 Im Briefwechsel mit Krüger bezeichnet er ihn als in theologischen Dingen »ahnungslos«. Vgl. Strauss (Anm. 10), S. 424.

45 So die Formulierung Rudolf Bultmanns in seinem programmatischen Aufsatz »Die liberale Theologie und die jüngste theologische Bewegung« (1924), in dem er sich zum Anliegen der dialektischen Theologie bekannte; vgl. R. B., *Glauben und Verstehen*, Tübingen 1933, S. 1-25.

46 Vgl. Friedrich Wilhelm Graf, »Die ›antihistoristische Revolution‹ in der protestantischen Theologie der zwanziger Jahre«, in: Jan Rohls, *Vernunft des Glaubens*, Göttingen 1988, S. 377-405.

47 Eberhard Jüngel, »Die theologischen Anfänge. Beobachtungen«, in: ders., *Barth-Studien*, Gütersloh 1982, S. 85.

48 Strauss (Anm. 10), S. 393 (Hervorhebung im Text). Zu unterstreichen ist dabei, dass auch Löwith, der Strauss und Krüger für ihre antihistorische Haltung heftig kritisiert, mit seinem Ideal einer Wiedergewinnung stoischer Natürlichkeit selbst der antihistorischen Strömung zuzurechnen ist, wenn er auch entscheidende Motive anders gewichtet.

Ähnlich wie Löwith sieht Strauss in der Existenzphilosophie und der dialektischen Theologie keinen wirklichen Neuanfang, sondern nur eine Radikalisierung des der neuzeitlichen Philosophie zugrunde liegenden Dualismus. Löwiths Kritik am Existenzdenken, das eine bloße Substitution des Cartesianischen Dualismus von Sein und Bewusstsein durch den nicht bemerkten neuen Dualismus von Mensch und Natur sei, der aus der Betonung der Existenz entstehe, entspricht dabei die Kritik, die Strauss an der dialektischen Theologie anbrachte. Strauss' Vorwurf lautet, dass die dialektische Theologie, indem sie der Existenzphilosophie folge und alles in die Existenz verlege, ihrerseits eine Kluft zwischen dem Menschen und der nichtmenschlichen Schöpfung aufreiße.[49] Löwith wie Strauss sind sich darin einig, dass das, was im existenzorientierten Denken damit verloren gehe, die Anerkennung der Relevanz der nichtmenschlichen, menschenunabhängigen Welt ist. Existenzphilosophie und dialektische Theologie würden die alten Dualismen so nur durch eine neue, noch nicht gesehene Spaltung ersetzen – jener von Mensch und Welt.[50] Löwith sucht den Ausweg aus dieser Situation in einer Wiedergewinnung des stoischen Naturbegriffs. Allein, in seiner Verabschiedung der existenzphilosophischen Perspektive verfällt er in das entgegengesetzte Extrem und meint, dass nun zugleich jede am Menschen orientierte Perspektive als diskreditiert aufzugeben sei. Dies bemerkt Strauss und schreibt ihm entsprechend: »Ich finde bei Ihnen alle *Elemente* eines Humanismus, einer menschlichen Philosophie vom Menschen; aber diese Elemente schiessen nicht zusammen – und zwar darum nicht, weil Sie sich allzu sehr an den Erben unserer anti-humanistischen Tradition orientieren und folglich nicht aus dem Bann dieser Tradition herauskommen.«[51] Scheitert Löwiths Lösungsversuch des erkannten Dilemmas der existenzphilosophischen Lehrer letztlich an seiner zu starken Abhängigkeit von Nietzsches Idealisierung des Natürlichen, so suchte Strauss seinen Ausweg in einer Orientierung am Denken Edmund Husserls. Von diesem übernahm er die Analyse der Krisis der Gegenwart, die Husserl in dem 1935 gehaltenen Vortrag *Die Philosophie in der Krisis der europäischen Menschheit* erstmals präsentierte.[52] Anders als Löwith, der das Problem in der Frage der Natur

49 Vgl. Strauss (Anm. 5), S. 36 ff.

50 Vgl. Karl Löwith, *Nietzsche*, Stuttgart 1987, S. 273 ff.; Strauss (Anm. 5), S. 35 ff.

51 Strauss (Anm. 10), S. 614 (Hervorhebung im Text).

52 Walter Biemel hat Husserls Text unter dem Titel *Die Krisis der europäischen Wissenschaften und die transzendentale Phänomenologie. Eine Einleitung in die phänomenologische Philosophie* herausgegeben (Hamburg 1992).

zentriert und so letztlich selbst dem Dezisionismus verhaftet bleibt, kann Strauss mit Husserls Blick die Krisis der Gegenwart auf eine Krisis der Vernunft und damit letztlich der »ethischen Rationalität« zurückführen.[53] Denn Husserls Rede von einer »Krisis der europäischen Wissenschaften« bezieht sich bezeichnenderweise nicht auf ein Scheitern des Fortschritts der modernen Naturwissenschaften, sondern vielmehr auf den zerbrochenen Bezug zwischen fortschreitender naturwissenschaftlicher Erkenntnis und ihrer Vermittelbarkeit in einer menschlichen Alltagswelt. Aus der radikalen Unanschaulichkeit der Wissenschaft, ihrer Entkoppelung von menschlichen Erfahrungswelten, leitet Strauss seine Thesen zu den politischen, freiheitsgefährdenden Implikationen einer solchen Entwicklung ab. Als Resultat des Auseinanderbrechens von naturwissenschaftlicher Erkenntnis und menschlicher Lebenswelt müsse deshalb die Zerstörung der Anerkennung einer universell gültigen Vernunft in den Blick rücken. Diese habe bislang die Einheit der menschlichen Lebenssphären verbürgt und das gemeinsame Feld für das Austragen von Geltungs- und Wertstreitigkeiten geliefert. Diese Funktion der Vernunft sieht Strauss, Husserl folgend, durch die Entwicklung der Wissenschaften zerstört. Nicht Rationalität als solche sei darin negiert, aber einem naturwissenschaftlich verengten Rationalitätsbegriff der Boden bereitet, der in der Folge zur Weigerung der Ethik und der Religion führe, die Kompetenz der Vernunft in Fragen der Lebensführung anzuerkennen. Strauss gibt damit zuletzt eine Genealogie des Dezisionismus der zwanziger und dreißiger Jahre. Die Wende zur Autorität, wie sie der epidemieartige Erfolg des Faschismus illustriert, gründe so im Zerfall der Vernunft.[54] Und da unbegründete Autorität nach einem Absoluten verlangt, sieht Strauss im Zerfall der Vernunft auch den eigentlichen Grund für die Renaissance der Religion. Indem er auf der sokratischen Frage nach dem guten Leben beharrt, wirft er ein Schlaglicht auf das Ereignis der religiösen und ethischen Entmündigung der Ver-

53 Dies sieht auch Löwith, gesteht aber unumwunden ein, dass ihm ein solches Interesse an einer »ethischen Rationalität« ganz fremd sei. Auf die Zusendung von Strauss' Buch *Philosophie und Gesetz* antwortet er ihm: »Eigentlich bin ich ja ein sehr wenig geeigneter Adressat für Ihr Buch, [...] weil ich durch meine Erziehung von vornherein so unjüdisch aufgewachsen bin, dass ich es immer nur mit Umwegen und Mühe verstehen und eigentlich *nicht* verstehen kann, wie man so *rationell* und *ethisch* sein kann, wie es im Grunde alle mir bekannten und selbst die ›assimilierten‹ Juden dank ihrer Tradition sind.« Strauss (Anm. 10), S. 645 (Hervorhebungen im Text).

54 Eine Analyse mit der Strauss keineswegs alleine steht, wie die etwa zeitgleich entstandenen Studien der Frankfurter Schule zum Autoritarismus zeigen. Vgl. Leo Löwenthal, *Falsche Propheten. Studien zum Autoritarismus*, Frankfurt a. M. 1990.

nunft, die er als die eigentliche Herausforderung seiner Zeit erkennt. Das Problem der Auflösung der Welt einer universal verstandenen Vernunft, des griechischen κόσμος, in die Sphären des Menschlichen und des Naturhaften, die Löwith nicht grundsätzlich in Frage stellt, sondern nur zugunsten einer Betonung der Natur etwas anders gewichtet sehen möchte, macht Strauss damit zum Angelpunkt seines ethisch motivierten Denkens.[55] In ihrer anspruchsvollsten Variante sieht Strauss die ethische Entmündigung der Vernunft, die in Lebensführungsfragen und Wertfragen zum Schweigen verurteilt ist, in Max Webers Schrift *Der Sinn der »Wertfreiheit« der soziologischen und ökonomischen Wissenschaften* verkörpert, die der Stachel im Fleisch seiner Verteidigung der Philosophie ist.[56]

5.

Zum Schluss bleibt die Frage Löwiths, ob Strauss mit seiner Forderung eines Rückgangs zu den Griechen dieselbe »*Pseudotheologie vom ›Ursprung‹*« betreibe wie Heidegger.[57] Eine Antwort auf diesen Vorwurf zeigt sich in einem Vortrag, den Strauss 1940 an der *New School for Social Research*, seiner neuen akademischen Heimat im amerikanischen Exil, hielt. Zu dem Zeitpunkt, als das nationalsozialistische Deutschland die »Luftschlacht um England« begann, scheute er sich nicht, unter dem Titel *The Living Issues of German Postwar Philosophy*, die durch den neuen Krieg inzwischen diskreditierten Themen der deutschen Debatten der Zwischenkriegszeit mit deutlicher Sympathie noch einmal aufzugreifen.[58] Er verteidigt dort die Ansicht, dass den für die damaligen Debatten so typischen, kulturkritisch imprägnierten Invektiven gegen das Ideal der »Zivilisation« durchaus ein legitimer Sachgehalt zukomme. Eine Verteidigung, über deren politische Abgründe er sich als unmittelbar betroffener Jude sehr wohl im Klaren war, deren philosophische Notwendigkeit er jedoch für unvermeidbar hält. So konstatiert er in deutlichem Be-

55 Zu Löwith vgl. Stephan Steiner, »Skepsis und Destruktion. Friedrich Nietzsche im Bilde Karl Löwiths«, in: Sandro Barbera (Hrsg.), *Nietzsche nach dem ersten Weltkrieg*, Pisa 2007, S. 265-286.

56 Max Weber, »Der Sinn der ›Wertfreiheit‹ der soziologischen und ökonomischen Wissenschaften«, in: ders., *Gesammelte Schriften zur Wissenschaftslehre*, Tübingen 1988, S. 489-540.

57 Strauss (Anm. 10), S. 635 (Hervorhebung im Text).

58 Leo Strauss, »The Living Issues of German Postwar Philosophy«, in: Heinrich Meier, *Leo Strauss and the Theologico-Political Problem*, Cambridge 2006, S. 115-139.

wusstsein der moralisch-politischen Schwierigkeiten seiner theoretischen Überzeugung: »Both the intellectual glory and the political misery of the Germans may be traced back to one and the same cause«.[59] Dieses Festhalten an der Notwendigkeit einer Kritik des Ideals der Zivilisation aus jüdischer Perspektive macht vermutlich auch eine Differenzierung der allzu einfachen Schematisierung des Spektrums Weimarer Intellektueller zwischen marxistischen Linken und konservativen Revolutionären erforderlich. Strauss' Vorwurf lautet, dass die Opposition des Zivilisationsideals gegen den Naturstand im Prozess der Zivilisation zunehmend zu einem Vergessen der natürlichen Bedingungen des Menschseins, also vor allem seiner animalischen und emotionalen Voraussetzungen, im Bereich des Politischen geführt habe, dass also das Zivilisationsideal zunehmend ein abstraktes Verständnis des Menschen und des Politischen hervorbringe, etwa in Gestalt einer Reduktion des Politischen auf eine reine Institutionentheorie, welches letztlich zu einer inneren Bedrohung und Zersetzung der Demokratie umschlagen werde. Ein Gedanke, wie er nur vier Jahre später in erstaunlicher Parallelität von Theodor W. Adorno und Max Horkheimer in ihrer *Dialektik der Aufklärung* formuliert werden sollte.[60] Anders als Horkheimer und Adorno deutet Strauss diese Kritik der modernen Zivilisation jedoch als eine aus einem spezifisch »deutschen Denken« entsprungene, das er mit einem Aphorismus Nietzsches als das Verlangen beschreibt: »to build a bridge leading back from the modern world to the world of Greece«.[61] Diese Konstruktion einer spezifisch deutschen Stellung zur Moderne ist bei Strauss dabei sowohl positives Identifikationsbild seiner eigenen Modernekritik, die er als Forderung eines Rückgangs zur Antike entwickelt, als auch der Ursprung einer deutschtümelnden Verherrlichung germanischer Vergangenheiten, die im nationalsozialistischen Rassismus ihren letzten Ausdruck findet. Strauss betont die Ambivalenz dieses deutschen Verhältnisses zur Moderne. Aber trotz der politischen Zeitereignisse beharrt er auf der Verantwortung der Theorie, Motive und Motivationen zu unterscheiden und denkerische Differenzierungen nicht aufgrund eines politischen Scheins preiszugeben. In diesem Sinne erklärt er: »longing for the Teutonic past is only the most crude and unintelligent, the most ridiculous form of a deep dissatisfaction with modern civilisation. In its

59 Strauss (Anm. 58), S. 115.
60 Vgl. dort die Passagen zur »Selbstzerstörung der Aufklärung«: Max Horkheimer/Theodor W. Adorno, *Dialektik der Aufklärung*, Frankfurt a. M. 1987, S. 16 f.
61 Strauss (Anm. 58), S. 116.

most enlightened form, it is a longing for classical antiquity, especially for Greek antiquity.«[62] Das Ideal eines Rückgangs zur Antike, das Strauss als die »most enlightened form« der deutschen Moderne beschreibt, ist bei ihm deshalb keineswegs die Rückzugsgestalt einer politisch scheiternden Innerlichkeit, sondern vielmehr das streitbare Festhalten an den Idealen des Humanismus in ideologisierten Zeiten. Strauss' Rückgang zu Plato ist von dem Motiv der Wiedergewinnung eines »wahrhaften Humanismus« geleitet, wie er an Löwith schreibt, und keine »Kryptotheologie des Ursprungs«.[63] Als Referenzfigur eines solchen humanistisch motivierten Rückgangs zu Platon und Aristoteles diente Strauss Werner Jaeger, der mit seinen Interpretationen damals den Begriff eines »dritten Humanismus« prägte und auf den Strauss als Widerpart zu Heideggers nur vermeintlich ethischer Widerbelebung der Aristotelischen Philosophie rekurrierte.[64]

Damit lässt sich resümieren: Das Problem der »zweiten Höhle« – Strauss' Bild für das Problem der Aufklärung, ihre »historistische« Entwirklichung unseres Selbstbezuges – ist für ihn das Problem einer Auseinandersetzung mit den Lebensführungsidealen des Glaubens. Diese Situation des Streits um die Legitimität der Neuzeit erfährt er durch seine jüdische Identität als politischen Konflikt, insofern die neuzeitliche Forderung der Säkularität implizit die Grundlagen religiös vermittelter Identitäten bedroht, umgekehrt aber das religiöse Modell die Freiheit des Nichtglaubenden aus sich heraus gleichfalls nicht zuzugestehen bereit wäre. Was Strauss diesem Streit um das Politische und das Religiöse deshalb hinzufügt, ist seine Option für die Philosophie. Den Gegensatz von *Rom und Jerusalem* will Strauss auf das Feld des Diskurses verlagern – er fügt ihm die Spannung des Gegensatzes von *Athen und Jerusalem* hinzu. So wie die Alternative zwischen säkular-politischen und religiösen Idealen unlösbar ist, so ist dies grundsätzlich auch der Streit zwischen biblischer und griechischer Weisheit. Entgegen dem ersten Anschein affirmiert Strauss diese von ihm entworfene ausweglose Situation, eine Situation des Scheiterns des Diskurses und des Anfangs der Gewalt, jedoch nicht, sondern nutzt sie vielmehr als realpolitische Negativfolie, vor der sich seine Antwort auf die heillose Verflechtung von Aufklärung, Religion und Politik abzeichnen soll. Diese besteht in der Restauration des utopischen Ideals der Philosophie, wie es ihm in Platos *Politeia* exemplarisch vor Augen steht. Der Unterschied der Philosophie im Ge-

62 Strauss (Anm. 58), S. 115 f.
63 Strauss (Anm. 10), S. 614.
64 Vgl. Werner Jaeger, *Antike und Humanismus*, Leipzig 1925.

genüber zu Religion und Politik bleibt dabei allein jener, dass die Philosophie nichts verspricht; sie bringt nur die Haltung des Fragens und Hörens bei. Darin zeichnet sich eine Antwort ab, die das Ambivalente an Strauss' Position weder apologetisch ignoriert noch moralisierend verurteilt, sondern in ihrer Ambivalenz vielmehr dazu nötigt, auf die sachlich-geistesgeschichtlichen Motive und Motivationen zurückzufragen. In diesem Zurückfragen zeigte sich sowohl der oft benannte konservativ-restaurative Grundzug des Strauss'schen Denkens, zugleich jedoch auch eine kaum beachtete freiheitliche Möglichkeit, die im radikal utopischen Charakter seines Rekurses auf das platonische Staatsdenken angelegt ist. Der Freund Hans-Georg Gadamer deutete diese Seite in einem Aufsatz zu Platos Staatstheorie aus dem Kriegsjahr 1940 an. Dort heißt es vom politischen Entwurf der *Politeia*: »In diesem philosophischen Gespräch wird ein von allen Wirklichkeiten fernes Idealgebilde, eine Utopie entworfen.«[65] Das philosophische Gespräch ist es, das von den Handlungszwängen des Politischen befreien soll, um den Möglichkeitshorizont freien Fragens und Denkens zu bewahren. Eine Auffassung des großen Dialogikers Gadamer, die Strauss vermutlich teilte und die heute allzu leicht übergangen wird. Strauss' unbedingter Glaube an dieses utopische Element der Philosophie wird deutlich, wenn er 1954, in seiner einzigen Gastvorlesung am symbolträchtigen Ort der Jerusalemer Universität zu den konkurrierenden Wahrheitsansprüchen von Religion und Philosophie, von philosophischer und biblischer Weisheit, von einer Tradition des Hörens und einer »Tradition« des Fragens, folgendes Urteil vortrug: »We are confronted with the incompatible claims of Jerusalem and Athens to our allegiance. We are open to both and willing to listen to each. We ourselves are not wise but we wish to become wise. We are seekers for wisdom, ›philo-sophoi‹. By saying that we wish to hear first and then to act to decide, we have already decided in favor for Athens against Jerusalem.«[66]

65 Hans-Georg Gadamer, »Platos Staat der Erziehung«, in: ders., *Griechische Philosophie I*, Tübingen 1985, S. 249.

66 Leo Strauss, *Studies in Platonic Political Philosophy*, Chicago 1983, S. 149 f.

Martin Vialon

Erich Auerbach und Rudolf Bultmann

Probleme abendländischer Geschichtsdeutung

I. Einleitung

Die Geschichte der Marburger Hermeneutik und ihrer Nähe zur Theologie wurden noch nicht geschrieben. Ebenso wenig war die Konstellation zwischen dem Romanisten Erich Auerbach und dem protestantischen Existenztheologen Rudolf Bultmann bisher Gegenstand einer wissenschaftlichen Abhandlung. Allein die extensive *Mimesis*-Studie des Theologen Friedrich Gogarten,[1] die seinem Kollegen als idealem Leser von Auerbachs Hauptwerk[2] gewidmet wurde, deutet auf die Freundschaft zwischen Auerbach und Bultmann hin, die ihren Ursprung in Marburg hat. Dem Briefwechsel zwischen beiden Theologen ist zu entnehmen, dass Bultmann einen Manuskriptdurchschlag erbittet, denn er möchte die Ergebnisse von Auerbachs Geschichte des europäischen Realismus »für die Vorlesungen, die ich im Februar in Edinburgh halten soll, fruchtbar machen«.[3] Er betrachtet den Aufsatz als Schlüsseltext, der die figurale Deutungsmethodik am Beispiel des von Auerbach interpretierten Isaak-Opfers präzise erläutert.

Meine Absicht kann nach Gogartens gründlicher Darstellung nur darin bestehen, geschichtsphilosophische Problemstellungen als sachliche Überschneidungen kenntlich zu machen, die tragend für die intellektuelle Beziehung zwischen Bultmann und Auerbach wurden. In

1 Vgl. Friedrich Gogarten, »Das abendländische Geschichtsdenken. Bemerkungen zu dem Buch von Erich Auerbachs *Mimesis.* Rudolf Bultmann zum 70. Geburtstag«, in: *Zeitschrift für Theologie und Kirchengeschichte* 51 (1954), H. 3, S. 270-360.

2 Vgl. Erich Auerbach, *Mimesis. Dargestellte Wirklichkeit in der abendländischen Literatur*, Bern 1946.

3 *Rudolf Bultmann – Friedrich Gogarten. Briefwechsel 1921-1967*, hrsg. von Hermann Götz Göckeritz, Tübingen 2002, S. 249 (Bultmann an Gogarten, 26.9.1954).

Bultmanns Worten: »wieweit allgemeingeschichtliche Haltungen in der Geschichte zunächst im Gewande religiöser Haltungen auftreten, wieweit ihre Säkularisierung eine Reinigung und Erfüllung, wieweit sie eine Entleerung ist«.[4] Ausgangspunkt für die ideengeschichtliche Rekonstruktion dieser Programmatik bildet eine Würdigung Bultmanns, die Auerbachs »noble Haltung Deutschland gegenüber« hervorhebt. Diese Haltung wird im Kontext Marburger Korrespondenzen zunächst hinsichtlich des politischen Selbstverständnisses von Auerbach erörtert; dies führt anhand von Bultmanns *Mimesis*-Auslegung zu der Frage, was beide Forscher in Bezug auf das christliche Geschichtsverständnis und die säkulare Deutung religiöser Kategorien voneinander gelernt haben. Die Erhellung zeithistorisch-biografischer Bezüge soll die Marburger Konstellation zwischen Theologie und Literaturwissenschaft in ihren Faktoren erkennbar werden lassen.

II. Auerbachs »noble Haltung Deutschland gegenüber« im zeitlichen Geschehen

Am 13. Oktober 1957 starb Erich Auerbach an den Folgen einer Herzmuskelerkrankung in Wallingford (Connecticut), USA. Die Todesnachricht erreichte Rudolf Bultmann wenig später. Er hatte Auerbach, der am 9. November 1892 in Berlin geboren wurde und in einem aufgeklärten und jüdischen Elternhaus aufgewachsen war, nach dessen Berufung auf den Lehrstuhl für romanische Philologie der Philipps-Universität Marburg im Jahr 1930 kennengelernt. Die Vertrautheit und wechselseitige Wertschätzung, die während Auerbachs Exilzeit in Istanbul (1936-1947) durch Korrespondenz fortbestand, ist Gegenstand des warmherzigen Kondolenzbriefes, den Bultmann im November 1957 aus Marburg an die Witwe, Marie Auerbach, schrieb. Der durch den Tod Auerbachs bedingte Abbruch ihrer intellektuellen Beziehung wird schmerzlich empfunden. Nach seiner Weiterwanderung in die USA, die über das Pennsylvania State College und die Universitäten von Princeton und Yale verlief, wurde der

4 Rudolf Bultmann an Erich Auerbach, 7.9.1947. Der Nachlass Erich Auerbachs befindet sich im Deutschen Literaturarchiv Marbach (DLA). Ich danke Claude Auerbach (Bluffton, USA), Ulrich von Bülow (DLA) und Georg Siebeck (Verlag J. C. B. Mohr, Tübingen) für ihre Zustimmung, aus dem unveröffentlichten Briefwechsel zwischen Rudolf Bultmann und Marie und Erich Auerbach zitieren zu können. Folgende Briefe von Bultmann sind überliefert: 7.9.1947; 18.6.1948; 16.10.1948; 7.2.1950; 21.1.1952; 2.7.1952; 27.12.1954; 10.11.1957 (an Marie Auerbach).

gemeinsame Austausch durch gegenseitige Besuche in Marburg und New Haven und Bezugnahmen in ihren wissenschaftlichen Arbeiten vertieft. Bultmann bekennt, dass ihm der über die Fachgrenzen hinaus denkende Gesprächspartner fehle, da er »viel gelernt« habe. Es heißt:

> Liebe Frau Auerbach!
> Wie schmerzlich bewegt waren wir, als wir die traurige Nachricht vom Tode Ihres verehrten und geliebten Mannes erhielten! In herzlicher Teilnahme denken wir an Sie. Am 15. Juli noch hatten wir die Freude, daß Sie abends bei uns waren, und wenn wir auch den Eindruck hatten, dass Ihr Mann schonungsbedürftig sei, so kam uns doch nicht der Gedanke, daß dies das letzte Zusammensein sei. Wir hofften auf manches Zusammensein, wie wir es so oft im größeren oder kleineren Kreise mit Ihnen gefeiert hatten. Dankbar denken wir zurück an die alte Marburger Zeit, an die Tage, da wir mit Ihnen 1951 in Yale zusammen waren, und an die Tage, in denen Sie in den letzten Jahren wieder Marburg aufsuchten. Die noble Haltung, die er Deutschland gegenüber bewahrt hat, habe ich stets bewundert; er war ebenso weise wie vornehm. Daß sein Tod ein ebenso großer Verlust für die Wissenschaft ist wie für seine Freunde, brauche ich kaum zu sagen. Wie viele Anregungen er dank seiner selten reichen Bildung und seiner geistigen Lebendigkeit auch denen gegeben hat, die nicht spezielle Fachgenossen waren, dafür bin ich selbst ein Zeuge.
> Ich habe sehr viel von ihm gelernt, und wie für andere Arbeiten, so ist auch für meine Gifford Lectures seine »Mimesis« von besonderer Bedeutung gewesen. Auf der Liste derer, an die die demnächst erscheinende deutsche Ausgabe geschickt werden soll, steht auch sein Name. Es ist für mich ein tiefer Schmerz, daß ich ihm das Buch nun nicht mehr schicken kann.
> Hand in Hand mit dem wissenschaftlichen Austausch ging die persönliche Verbindung; und daß diese jetzt abgerissen ist, ist das Schmerzlichste. Liebe Frau Auerbach, lassen Sie doch auch die persönliche Verbindung mit Ihnen nicht abreißen. Wir fühlen uns mit Ihnen verbunden wie im Leid, so auch in der Dankbarkeit und grüßen Sie in solcher Verbundenheit herzlich.
> Ihr Rudolf Bultmann, und, in treuer Freundschaft, meine liebe Frau Auerbach, Ihre Helene Bultmann.[5]

Kein anderes Freundschaftsporträt bezeichnet Auerbachs Charakter als nobel. Wie sind Bultmanns Betrachtungen im Kontext von Auerbachs Entwicklungsgang und der Marburger Konstellation zu verste-

5 Rudolf Bultmann an Marie Auerbach, 10.11.1957.

hen? Diese Würdigung deutet auf die konziliante Haltung hin, die es Auerbach trotz der Verfolgung durch die Nürnberger Rassegesetze und deren definitorischer Klassifizierung als Jude ermöglichte, den Deutschen die Katastrophe des Nationalsozialismus zu verzeihen. Er gehörte nicht zu denjenigen, die der Kollektivschuldthese der Alliierten unbedingt zustimmten. Nur durch innere Umkehr der ganzen Existenz können die Folgen des Krieges bewusst werden, um so den Menschen die Möglichkeit zur Reue zu gestatten. Die von Bultmann geschätzte »noble Haltung« beruht auf Auerbachs Verständnis des Neuen Testaments und schließt die eigene Bereitschaft zur Versöhnung ein. In diesem Sinne erwartet er das Nichtfesthalten der Deutschen am alten Selbst und betont gegenüber seinem Marburger Doktoranden Martin Hellweg: »Nach drei Jahrzehnten so ungeheuerlicher Experimente, nach diesem Ende, und in dem gegenwärtigen Zustand können die Deutschen nichts anders sein als schrecklich müde und ruhebedürftig, ohne dass Ihnen jedoch vorläufig Aussicht auf Ruhe geboten wird.«[6] Dieses besonnene Urteil beruht zudem auf der Fähigkeit zur *ataraxia*, auf der Selbstbetrachtung durch innere Sammlung, die hilft, seelische Erschütterungen zu vermeiden. Kurzum: Stoizismus als Lebensführung ermöglicht die emotionale Beherrschung von Schicksalsschlägen und gestattet es, Distanz gegenüber geschichtlichen Abläufen einzunehmen. Auf diese Weise kann in weite Zeiträume historischer Entwicklungsprozesse geblickt werden. Deren Verlaufsform hatte Auerbach als »Adaptionskrisen«[7] beschrieben, die in Europa durch Kriege und Bürgerkriege sowie wirtschaftliche und politische Erschütterungen bedingt waren. Folgt man dieser Analyse, stellt *Mimesis* demgemäß ein Zeugnis für die innere Geschichtsschreibung abendländischer Kulturformen dar: Literarische Dokumente wie Schillers und Goethes Dichtungen, die großen Romane der französischen Realisten oder die literarische Avantgarde eines Marcel Proust und James Joyce werden herangezogen, um durch Stilanalysen den Wandel menschlicher Wahrnehmung und ihre psychologische Auswirkung auf das Seelenleben kenntlich zu machen. Die zweimalige Zerschlagung Deutschlands in zeitlich kurzer Abfolge erscheint im Kontext des Opus magnum als Resultat eines fehlgeleiteten Weltmachtstrebens, und die Formulierung der »ungeheuerliche[n] Experimente« besagt, dass das historische Faktum der Kriegsniederlagen als

6 *Erich Auerbachs Briefe an Martin Hellweg (1939-1950). Edition und historisch-philologischer Kommentar*, hrsg. von Martin Vialon, Tübingen/Basel 1997, S. 69 (22.6.1946).

7 Auerbach (Anm. 2), S. 490 (Kap. »Der braune Strumpf«).

unwiderrufliches Geschehen und zu verantwortende Vergangenheit zu betrachten ist.

Die universalhistorische und zugleich partikulare Geschichtsbetrachtung Auerbachs erscheint in den brieflichen Mitteilungen an Hellweg als säkular gewendete Eschatologie, als ein Problem, das auch den Existenztheologen Bultmann beschäftigte.[8] Davon wird später noch zu reden sein. Zu beachten ist schon jetzt die Irreversibilität menschlicher Geschichte und ihre Tendenz zur Standardisierung und Beschleunigung des Weltgeschehens. Die Zukunftserwartung erwächst aus der Freiheit von der vergegenwärtigten Vergangenheit, weshalb Auerbach in der niederschmetternden Situation moralischen Versagens den Deutschen eine innere Wandlung gestattet, ja sogar fordert, dass sie sich künftig »weltpolitisch« orientieren mögen: »Die Deutschen sollten (und vielleicht tun sie es auch allmählich) wieder anfangen, weltpolitisch zu denken, aber auf eine andere Weise als früher – nicht rein aus deutschen Vorstellungen und im engsten deutschen Interesse.«[9] Das klingt paradox und erfordert eine Erklärung. Zunächst drückt sich hierin eine Selbstkritik aus, die darin besteht, nicht vor 1933 mit allen Kräften verhindert zu haben, dass sich die Selbstgleichschaltung der deutschen Universitäten vollzog und sich der verbrecherische Hitlerstaat etablieren konnte. Verständlich wird Auerbachs Sicht durch seinen historischen Perspektivismus, der sich schon früh, angeregt durch das Heidelberger Studium der Rechtswissenschaft, auszuformen begann. Die Ausgewogenheit des Urteilens erinnert an politische Diskussionen im interdisziplinären Heidelberger Gesprächskreis um Max Weber, dem er vor dem Ersten Weltkrieg durch seine persönliche Verbindung zu Georg Lukács nahe stand.[10] Dass Auerbach mit dem Weberkreis affiliiert war, ist durch Karl Jaspers überliefert, der ihn zu den »besten damaligen Romanisten«[11]

8 Diese Argumentation ist mehrfach Gegenstand von Auerbachs Korrespondenz. Vgl. Auerbach an Vossler, 10.10.1938: *Und wirst erfahren wie das Brot der Fremde so salzig schmeckt. Erich Auerbachs Briefe an Karl Vossler 1926-1948*, mit einem Nachw. hrsg. von Martin Vialon, Warmbronn 2007, S. 24 ff.

9 Auerbach/Hellweg (Anm. 6), S. 136 (20.6.1950).

10 Dies geht aus dem Brief von Marie Auerbach an den Türkei-Exilanten Traugott Fuchs vom 11.4.1973 hervor; vgl. Martin Vialon, »The Scars of Exile: Paralipomena concerning the Relationship between History, Literature and Politics – demonstrated in the Examples of Erich Auerbach, Traugott Fuchs and their Circle in Istanbul«, in: *Yeditepe'de Felsefe* 2 (2003), S. 191-246, hier: S. 198.

11 Hannah Arendt/Karl Jaspers, *Briefwechsel 1926-1969*, hrsg. von Lotte Köhler und Hans Saner, München/Zürich 1993, S. 292 (Jaspers an Arendt, 18.2.1955). Jaspers hatte 1929 mit Friedrich Gundolf vergeblich versucht, Auerbach im Berufungsverfahren gegen Leonardo Olschki durchzusetzen.

zählte. Mittelbar ist zu schließen, dass ihm Auerbach, der nach seiner romanistischen Dissertation in Greifswald[12] noch nicht viel publiziert hatte, bereits als junger Jurastudent der Jahre 1910 bis 1913 in Heidelberg persönlich aufgefallen sein muss.[13] Im Kontrast zu Jaspers' Würdigung Max Webers, der diesen als »letzte[n] nationalen Deutschen«[14] charakterisierte, legt die briefliche Bemerkung nahe, dass Auerbach kein bekennender Patriot war. Nach 1945 wurde seine politische Haltung rückblickend als national und vaterlandsliebend bezeichnet: »Mir schien er anfangs zu deutsch-national zu sein. Später hat er's wohl gemerkt, was es damit auf sich hat.«[15] Die Bemerkung steht in Verbindung mit Auerbachs Habilitationsgesuch bei einem »preussische[n] Ordinarius«,[16] den sein Mentor Karl Vossler in Leo Spitzer gefunden hatte. Bei ihm wurde Auerbach an der seit 1866 durch Annexion Kurhessens als preußisch geltenden Alma mater philippina mit einer ideengeschichtlichen Dante-Studie habilitiert,[17] in der die Kerngedanken von *Mimesis* enthalten sind. Auerbachs Rückzug in die protestantisch-preußisch geprägte Reformuniversität bezieht sich indirekt auf das »General-Privilegium«, das Friedrich II. im Jahr 1750 erlassen hatte. Es gestattete zunächst privilegierten Juden wie Moses Mendelsohn durch einen Schutzbrief eingeschränkte Freiheiten und korrespondiert mit dem im *Lebenslauf* abgelegten Bekenntnis: »Ich bin Preuße, jüdischer Konfession und wohne zu Berlin-Charlottenburg.«[18] Die Verbindung von Preußentum und Judentum ist identisch mit der zeitgenössischen Position, die vom »Centralverein deutscher Staatsbürger jüdischen Glaubens« vertreten wurde. Der Verein gründete sich 1893 in Berlin und sah seine Hauptaufgabe darin, den Antisemitismus, der sich seit Ende des 19. Jahr-

12 Erich Auerbach, *Zur Technik der Frührenaissancenovelle in Italien und Frankreich*, Heidelberg 1921 (Phil. Diss.).

13 Erich Auerbach, *Die Teilnahme in den Vorarbeiten zu einem neuen Strafgesetzbuch*, Berlin 1913 (Jur. Diss.).

14 Vgl. Karl Jaspers, »Max Weber. Politiker – Forscher – Philosoph« (1932), in: ders., *Max Weber*, mit einer Einf. von Dieter Henrich, München/Zürich 1988, S. 32-114, S. 50.

15 Werner Krauss, *Briefe 1922 bis 1976*, hrsg. von Peter Jehle unter Mitarb. von Elisabeth Fillmann und Peter-Volker Springborn, Frankfurt a. M. 2002, S. 487 (Emma Vossler an Krauss, 2.5.1949).

16 Auerbach/Vossler (Anm. 8), S. 7 (24.1.1929).

17 Vgl. Erich Auerbach, *Dante als Dichter der irdischen Welt*, Berlin/Leipzig 1929.

18 Karlheinz Barck, »Erich Auerbach in Berlin. Spurensicherung und ein Portrait«, in: ders./Martin Treml (Hrsg.), *Erich Auerbach. Geschichte und Aktualität eines europäischen Philologen*, Berlin 2007, S. 195-214, S. 197 (Auerbachs Lebenslauf vom 21.5.1921).

hunderts verschärfte und in der Weimarer Republik durch politische Morde zugespitzt hatte, durch Aufklärungsarbeit zu bekämpfen.[19]

Die Wurzeln von Auerbachs politischer Haltung sind im Liberalismus der Hegel'schen Epoche zu lokalisieren. Der preußische Staat und die anzustrebende bürgerliche Ordnung wurden rechtsphilosophisch als vernünftig, wahrhaftig und wirklich begründet.[20] Dieser preußische Hegelianismus, der lutherisch eingefärbt ist, gelangte in der Metapher von der Vernunft als Rose »im Kreuze der Gegenwart«[21] zum Ausdruck. Er wurde Auerbach in Berlin durch seinen Philosophielehrer Ernst Troeltsch kulturprotestantisch »als das Zentrum der Geschichte«[22] vermittelt, »weil er [der Staat, M. V.] die Uebergangsform ist von einer vorstaatlichen, bloß gesellschaftlichen, dumpfen und unorganisierten Geistigkeit zu einer zunehmend bewussten, organisierten und auf Grund der Organisation sich verfeinernden und vertiefenden Kultur«,[23] deren Wert zugleich die »absolute Vernunft«[24] repräsentiere. Die Idee der Aussöhnung mit dem bürgerlichen Staat ist in Troeltschs Auslegung nicht zu übersehen; sie hatte als normative Fundierung nach den napoleonischen Befreiungskriegen in wachsendem Maße Gestalt angenommen. Diese Hegel'sche Idee bestimmt für längere Zeit Auerbachs politische Haltung, denn eigentlich wollte er nach der militärischen Niederwerfung des Dritten Reiches zurückkehren: »Wenn die Lage in Deutschland sich klärt, komme ich wieder dorthin.«[25] Obwohl Warnungen bezüglich des Weiterlebens nationalistischen Denkens als »das Spukhafte der deutschen Geschichte der letzten Jahrzehnte«[26] bei der Lektüre eines Aufsatzes seines Schülers Werner Krauss konstatiert werden[27] und die Rufe aus Münster,

19 Vgl. H[ans] G[ünther] Adler, *Die Juden in Deutschland. Von der Aufklärung bis zum Nationalsozialismus*, München 1960, S. 117 und S. 52.

20 Vgl. Georg Wilhelm Friedrich Hegel, *Grundlinien der Philosophie des Rechts oder Naturrecht und Staatswissenschaft im Grundrisse* (1820/21), auf der Grundlage der Werke von 1832-1845 neu edierte Ausg., Red. Eva Moldenhauer und Karl Markus Michel, Frankfurt a. M. 1973, S. 24.

21 Ebd., S. 26.

22 Ernst Troeltsch, *Der Historismus und seine Probleme* (1922), Aalen 1961, S. 261.

23 Ebd.

24 Ebd., S. 262.

25 Karlheinz Barck (Hrsg.), »Eine unveröffentlichte Korrespondenz. Erich Auerbach/Werner Krauss«, in: *Beiträge zur Romanischen Philologie* 27 (1988), H. 1, S. 161-186, S. 164 (Auerbach an Krauss, 9.7.1947).

26 Krauss (Anm. 15), S. 257 (Auerbach an Werner Krauss, 27.8.1946).

27 Vgl. Werner Kraus, »Nationalismus und Chauvinismus« (1946), in: ders.: *Literaturtheorie, Philosophie und Politik*, hrsg. von Manfred Naumann, 2. Aufl., Berlin/Weimar 1987, S. 380-398.

Greifswald und Halle »gemischte Gefühle hervorrufen«,[28] glaubte Auerbach an die demokratische Erneuerungsfähigkeit Deutschlands. Leo Spitzer glaubte seinen Habilitanden gut genug einschätzen zu können, um mitzuteilen, dass »die beste Lösung für Auerbach« darin bestünde »Deutsche zu belehren«, da er an gut funktionierende Bibliotheken und eine »deutsche Existenz gebunden«[29] sei. Diesen möglichen Ort der Belehrung organisierte Krauss an der Ost-Berliner Humboldt-Universität; aber Auerbach hatte das Angebot mit Verweis auf die aus dem Hegel'schen Geist stammende liberale Haltung zurückgewiesen: »Gerade meine Haltung als [...] grundsätzlich und unassimilierbar Fremder ist das, was man von mir wünscht und erwartet. Dort aber, wo Sie mich hinhaben wollen, erwartet man eine ›Grundbereitschaft‹. [...] Ich bin liberalistisch genug die Notwendigkeit einer solchen Haltung anzuerkennen, d. h. einzusehen, dass jene Sphäre ohne das ihre Funktion nicht erfüllen könnte; aber passte ich dorthin?«[30] Obwohl Auerbach höflich genug ist, Krauss' Bemühung anzuerkennen, war durch die offen gehaltene Entscheidung schon vor der Zuspitzung der Ost-Westkonfrontation und vor der Teilung Deutschlands indirekt klar, dass sich die Ost-Berliner Option nicht erfüllen konnte. Die durch Krauss' Berufung nach Leipzig sich bietende Gelegenheit auf den Marburger Lehrstuhl, mitgeteilt durch Kurt Reidemeister,[31] schlug Auerbach aus. Welchen begrenzten Einfluss Bultmann darauf nahm, zeigt der nächste Abschnitt.

III. Marburger Nachkriegsparalyse

In einem der ersten Nachkriegsbriefe erkundigt sich Auerbach bei Krauss nach dem Wohlergehen alter Marburger Kollegen. Er nennt die Germanistin Luise Berthold, den Philosophen Gerhard Krüger und Rudolf Bultmann,[32] der daraufhin an Auerbach herantritt. Zunächst entschuldigt sich Bultmann, dass die Korrespondenz ein halbes Jahr habe ruhen müssen, da er mit der Abfassung seines Buches über das Urchristentum[33] beschäftigt gewesen sei. Er berichtet, dass

28 Krauss (Anm. 15), S. 326 (Auerbach an Krauss, 22.2.1947).
29 Ebd., S. 202 (Spitzer an Krauss, 7.1.1946).
30 Ebd., S. 257 f. (Auerbach an Krauss, 27.8.1946).
31 Ebd., S. 339 (Auerbach an Krauss, 16.4.1947).
32 Vgl. Karlheinz Barck (Hrsg.), »Eine unveröffentlichte Korrespondenz. Erich Auerbach/Werner Krauss«, in: *Beiträge zur Romanischen Philologie* 26 (1987), H. 2, S. 301-326, S. 313 (Auerbach an Krauss, 13.4.1946).
33 Rudolf Bultmann, *Das Urchristentum im Rahmen der antiken Religionen*, Zürich 1949.

der Marburger Romanist Wilhelm Kalthoff das *Mimesis*-Buch mit großer Begeisterung gelesen habe. Bultmann selbst wolle es sich in der Schweiz besorgen und legt dem Brief zwei Exemplare seines Aufsatzes über die Lichtsymbolik im Altertum bei,[34] die für den Adressaten und Spitzer bestimmt sind. Danach wird die problematische Entnazifizierung angesprochen, für die sich Krauss und Bultmann als Mitglieder im Planungsausschuss der Philipps-Universität eingesetzt hatten:

> Lieber Herr Auerbach!
> [...] Sie werden aber ja schon manches über den Renazifizierungsprozeß gehört haben, der sich allmählich vollzieht. Er ist übrigens bei den Studenten längst nicht so schlimm wie in anderen Sphären: im kleinen Bürgertum, bei den Bauern und bei – den Professoren. Die Atmosphäre an der Universität (d. h. im Senat nicht in den Vorlesungen und Seminaren) ist höchst unerfreulich. Ich hoffe, dass die Realisierung des Marschall-Planes und die zu erwartende Währungsreform allmählich im Sinne einer Besserung der Atmosphäre wirksam werden. Die Währungsreform wird freilich zunächst eine Übergangszeit mit besonderen Schwierigkeiten schaffen.
> Ich hoffe, daß Sie inzwischen eine Position in den USA gefunden haben, die sie befriedigt. Daß unsere philosophische Fakultät (die unter Reidemeisters Dekanat – wie lange noch? – einen eindeutig klaren Kurs steuert) Sie längst für die eine romanistische Professur vorgeschlagen hat, wissen Sie. Vom Ministerium, das sich in die klägliche Abhängigkeit von den Parteien begibt und das überhaupt in der miserabelsten Weise arbeitet, ist bisher eine Entscheidung nicht zu extrahieren gewesen. Ich hoffe ja, dass Sie den Ruf erhalten und kann für Marburg (und speziell für unseren Freundeskreis) nur wünschen, dass Sie ihn dann annehmen. Ich muß aber offen sagen: wenn Sie in den USA eine gesicherte Stellung haben, so würde ich an Ihrer Stelle dort bleiben. Das ist zwar beschämend zu sagen, aber ich meine, verpflichtet zu sein, es auszusprechen.[35]

Der Hinweis auf die »klägliche Abhängigkeit von Parteien« deckt sich mit der vorausgegangenen Einschätzung der Lage durch Krauss: »Nach meiner Ansicht wurde der große moralische Moment einer totalen Umgestaltung sowohl in der Zulassungsfrage wie im Aufbau

34 Rudolf Bultmann, »Zur Geschichte der Lichtsymbolik im Altertum. Von Homer bis Platon«, in: *Philologus. Zeitschrift für das klassische Altertum* 97 (1948), H. 1-2, S. 1-36.

35 Brief vom 18.6.1948 (Nachlass Erich Auerbach, DLA).

des Lehrkörpers verabsäumt – von den wenigsten wurde begriffen, dass diese Frage als eine deutsche Frage angepackt werden musste und nicht als eine lästige Verpflichtung der Besatzungsmacht.«[36] Was Auerbach durch Krauss' und Bultmanns Bewertung abgeschreckt haben mag, nach Marburg zurückzukehren, bezieht sich auf die Tatsache, dass die Trägergestalten nationalsozialistischer Ideologie schonungslos benannt wurden: das Kleinbürgertum, die Bauernschaft und die Professorenschaft. Letztere hatte durch ihre freiwillige Teilnahme und Einbindung im »Kriegseinsatz der Geisteswissenschaften« bewirkt, dass sich die NS-Ideologie im Inland und den besetzten Gebieten in Europa propagandistisch verbreiten konnte.[37] Erstaunlich ist, dass Bultmanns kritische Analyse mit Adornos Fragmenten *Minima Moralia. Reflexionen aus dem beschädigten Leben* (1944/47), dessen empirischer Nachkriegsstudie *Schuld und Abwehr* (1951) und Hannah Arendts Hauptwerk *Elemente und Ursprünge totalitärer Herrschaft. Antisemitismus, Imperialismus, Totalitarismus* (1951) korrespondiert. In allen drei klassischen Aufklärungsstudien wurden die individuellen und gesellschaftlichen Voraussetzungen des Nationalsozialismus systematisch herausgearbeitet. Dass die von Bultmann gewünschte Rückberufung Auerbachs auf seinen alten Lehrstuhl nicht zustande kam, muss vor dem Hintergrund der ministeriellen Enthaltsamkeit gegenüber verfolgten Wissenschaftern im Dritten Reich betrachtet werden: »Es bedürfte einer epischen Feder und eines epischen Zeitmaßes beim Empfänger und beim Schreiber, um den Kriegszustand aller gegen alle zu beschreiben, der die Kollegenschaft in flüchtig gebildete Interessencliquen gegeneinander spaltet und seine Wellen bis in den Landtag zieht und vor der Schutzmacht nur noch mit vollendeter Resignation betrachtet wird.«[38] Die Tradition Marburgs bestand nur noch in »alter, verschlissener Pracht«,[39] wie Krauss zu berichten wusste. Dieser frühe Wink hätte Auerbach schon genügen können, um sich keine konkreten Hoffnungen mehr zu machen. Der Auerbach offiziell zugestellte Ruf auf das Marburger Ordinariat erreichte ihn am 31. März 1953. Nun lehnte er mit der Begründung, in den USA bessere Arbeitsbedingungen vorzufinden und nicht von seinem Sohn Clemens (er war frisch promovierter Chemiker und fand gerade seine erste Wirkungsmöglichkeit in seinem Be-

36 Krauss (Anm. 15), S. 318 f. (Krauss an Auerbach, 14.1.1947).

37 Vgl. Frank-Rutger Hausmann, *»Deutsche Geisteswissenschaft« im Zweiten Weltkrieg. Die »Aktion Ritterbusch« (1940-1945)*. 3., erw. Aufl., Heidelberg 2007, S. 17-92.

38 Vgl. Barck 1988 (Anm. 25), S. 166 (Krauss an Auerbach, 23.7.1947).

39 Krauss (Anm. 15), S. 221 (Krauss an Auerbach, 23.6.1946).

ruf) getrennt sein zu wollen, dankend ab.[40] Der von Krauss bescheinigte »Welterfolg der Mimesis«,[41] dessen Wurzeln in Marburg liegen, tat sein Übriges und verhalf dem Autor nicht nur in den USA zu hohem Ansehen.

Auerbachs negative Entscheidung gegenüber der Marburger Berufung korrespondiert mit dem neuen Verständnis des eigen Selbst und einem gewandelten Verhältnis zur Nation, deren »Geist nicht national«[42] sein könne. Diese Perspektive, die man als Ergänzung gegenüber der Affinität zu Hegels bürgerlicher Rechts- und Staatsphilosophie verstehen kann, wird aus dem mittelalterlichen Universalismus des Hugo von St. Viktor gewonnen. Dessen Hauptwerk *Didascalicon de studio legendi*[43] hatte Auerbach Ende der dreißiger Jahre im Dominikanerkloster von San Pietro di Galata in Istanbul gelesen.[44] Das pädagogisch-enzyklopädische Modell Hugos beruht auf der theoretischen, praktischen und ethischen Einheit der Wissenschaften, sucht die innere Differenzierung und Entbergung des Wissens und richtet sich auch an nichttheologisch gebildete Laien. Vermittels philologischer und hermeneutischer Mittel wird die Anweisung zur Entschlüsselung des schriftlichen Wortlautes, seines Sinnes und dessen tieferer Bedeutung gegeben.[45] Angewandt auf die Gegenwart, diente es Auerbach dazu, das Individuum in seinem Verhältnis zur Nation nicht mehr als starre Einheit zu betrachten. Er hoffte vielmehr, dass sich das höherrangige Prinzip transnationaler Solidarität zu einem konföderativen Staatenbündnis in Europa entwickeln könne. Aber die Verdrängung nationalsozialistischer Verbrechen, die durch das Wirtschaftswunder und die Teilung Deutschlands mitbedingt wurden, enttäuschten Auerbachs Erwartungen. Er kehrte nicht nach Marburg zurück, sondern emigrierte frühzeitig in die Vereinigten Staaten. Diese politische Weitsicht wurde, wie schon bemerkt, durch das Studium Hugos inspiriert und geht aus der Vorstellung hervor, dass die

40 Schreiben an den Hessischen Minister für Erziehung und Volkbildung, 7.4.1953 (DLA).

41 Krauss (Anm. 15), S. 407 (Krauss an Auerbach, 19.1.1948). Krauss hätte das Werk zwar gerne besprochen, aber konnte sich aufgrund seiner Übersiedlung in die Ostzone und der psychischen Blockade gegenüber seinem Lehrer nicht dazu durchringen (vgl. Krauss [Anm. 15], S. 473; Krauss an Auerbach, 20.8.1948).

42 Erich Auerbach, »Philologie der Weltliteratur«, in: *Weltliteratur. Festgabe für Fritz Strich zum 70. Geburtstag*, in Verb. mit Walter Henzen hrsg. von Walter Muschg und Emil Staiger, Bern 1952, S. 39-50, S. 49.

43 Vgl. Hugo von St. Victor, *Didascalicon de studio legendi/Studienbuch* (1127), Lat./Dt., übers. und eingel. von Thilo Offergeld, Freiburg 1997.

44 Vgl. Auerbach/Vossler (Anm. 8), S. 27 (Auerbach an Vossler, 28.4.1939).

45 Vgl. Hugo (Anm. 43), 3. Buch, Abschnitt 8-9, S. 243 f.

Multikulturalität als größtmöglichste Freiheit für das Individuum in der amerikanischen Verfassung verwirklicht sei. Auerbach ersparte sich somit mögliche Frustrationen, denn Hannah Arendt sagte während einer Deutschlandreise, dass das akademische Marburg »geistig völlig tot«[46] sei. Ihre Äußerung bezieht sich auf das rechtskonservative Klima der Universität, die Vertreibung der jüdischen Professoren und das schal wirkende *re-education program*, das nach der Übergabe in deutsche Hände in ein *restoration program* umschlug.[47] Die alte Marburger Hermeneutik bestand nur noch durch Bultmanns Präsens, lebte jedoch in Form von Korrespondenzen und gegenseitigen Bezugnahmen ihrer Protagonisten als Konstellation in der Diaspora oder anderen bundes- und ostdeutschen Universitätsstätten weiter fort.

IV. Bultmann und Auerbach im Gespräch: der *Mimesis*-Brief von 1948

Man traf sich um 1930 in Marburg bei Leo Spitzer am Barfüßertor 17, bei Gadamer in der Ockerhäuser Allee 39, bei Auerbach in der Friedrichstraße 3 genauso wie bei Bultmann in der Calvinstraße 14 oder bei Krauss am Rotenberg 28a und las im kleinen Kreis ausgewählter Doktoranden, Assistenten und Marburger Bürger die Werke abendländischer Weltliteratur. Bultmann verkörpert das eigentliche Haupt der Marburger Hermeneutik. Er hatte sich 1912 bei Adolf Jülicher in Marburg mit einer Arbeit über den frühchristlichen Theologen Theodor von Mopsuestia (350-428) habilitiert, der die Bibel historisch-philologisch auslegte,[48] war danach Privatdozent bis 1916, lehrte für einige Jahre in Breslau und Gießen und wurde schließlich 1921 nach Marburg berufen. Bis zu seiner Emeritierung im Jahr 1951 wirkte er ununterbrochen als protestantischer Theologe, war mit der Interpretation des Neuen Testaments beschäftigt und vertrat innerhalb der protestantischen Theologe eine Richtung, die man als historisch-hermeneutisch und kulturgeschichtlich-kritisch bezeichnen kann.

46 Hannah Arendt/Heinrich Blücher, *Briefe 1936-1968*, München/Zürich 1996, S. 314 f. (Arendt an Blücher, 25.7.1952).

47 Vgl. Walter Bernsdorff/Martin Vialon, »Vom Umerzieher zum Freund. Interview mit Samson B. Knoll – Offizier der amerikanischen Militärregierung in Marburg«, in: Benno Hafeneger/Wolfram Schäfer (Hrsg.), *Marburg in den Nachkriegsjahren*, Bd. 2: *Aufbruch zwischen Mangel und Verweigerung*, Marburg 2000, S. 21-44.

48 Rudolf Bultmann, *Die Exegese des Theodor von Mopsuestia* (1912), hrsg. von Helmut Feld und Karl Herrmann Schelkle, Stuttgart 1984.

Kurzum: Bultmann schrieb über philosophische, ästhetische und gesellschaftliche Themen und wirkte als allgemeiner Kulturhistoriker, der die jüdisch-christlichen Gegenstände in ihrem alltäglichen Lebenszusammenhang seinen Predigthörern oder Lesern anschaulich vermitteln konnte. Hierin liegen der Reiz seiner theologisch-kulturkritischen Schriften und die Parallele zu Auerbach, der ein ebenso glänzender Stilist und Prosaautor war. Beide Exegeten entwickelten eine Theorie der Interpretation, in der das Verhältnis des Individuums und seiner Existenz zur geschichtlichen Wirklichkeit im Mittelpunkt steht. Bultmann definiert seine Deutungsmethode als »ein hermeneutisches Verfahren, das mythologische Aussagen [...] nach ihrem Wirklichkeitsgehalt befragt«.[49] Diese Befragung ist mit der Übersetzung ihres historischen Gegenstandes in eine angemessene Sprache verbunden, um den Sinn der sakralen und profanen Geschichte – bezogen auf eigene Widerfahrnisse – zu verstehen und den Entscheidungsprozess für das Handeln zu befördern. Nicht jenseits der Geschichte ist der eigene Standpunkt zu gewinnen, sondern in der Gegenwart geschieht die Personwerdung zum Ich, das als ein sich wandelndes Individuum begriffen wird.[50] Vieles spricht dafür, dass Bultmanns Verständnis des Menschen auf der existenzialen Interpretation der Geschichte Martin Heideggers beruht.[51] Bezogen auf die seinsgeschichtliche Daseinsanalyse lässt sich belegen, dass Bultmann bei der Deutung des Johannes-Evangeliums das Existenzial des »Man«[52] heranzieht. Die schöpfungsgeschichtliche Stellung des Menschen in der Welt wird dergestalt aufgefasst, dass sich Mensch und Welt wechselseitig konstituieren[53] und dass dieser Prozess vom Menschen als *»eine ergriffene Möglichkeit seiner selbst«*[54] zu betrachten ist. Diese

49 Rudolf Bultmann, »Zum Problem der Entmythologisierung« (1963), in: ders., *Glauben und Verstehen. Gesammelte Aufsätze*, Bd. 4, Tübingen 1965, S. 128-137, S. 128.

50 Vgl. Rudolf Bultmann, »Reflexionen zum Thema Geschichte und Tradition« (1961), in: Bultmann (Anm. 49), S. 56-68, S. 65 f.

51 Zum Schluss einer aufschlussreichen Rekonstruktion dieses Zusammenhangs wurde gefragt, »ob ihre Übernahme durch Bultmanns frühe Marburger Theologie jene zwingende Plausibilität besitzt, die Bultmann selbst ihr zuschreibt«. Vgl. Jan Rohls, »Rudolf Bultmanns frühe Marburger Theologie«, in: Günter Hollenberg/Aloys Schwersmann (Hrsg.), *Die Philipps-Universität Marburg zwischen Kaiserreich und Nationalsozialismus*, Kassel 2006, S. 63-83, S. 83.

52 Vgl. Martin Heidegger, *Sein und Zeit*, 15. Aufl., Tübingen 1979, S. 126-130 (§ 27).

53 Vgl. Rudolf Bultmann, »Die Eschatologie des Johannes-Evangeliums« (1928), in: *Glauben und Verstehen. Gesammelte Aufsätze*, Tübingen 1933, S. 134-152, S. 136.

54 Ebd., S. 138 (Hervorhebung im Original).

Perspektive gewinnt eine Erweiterung, wenn man Bultmanns Rezeption von Auerbachs Figuraldeutung berücksichtigt, die etwa um 1935 einsetzte. Für den Theologen erscheint es zwar selbstverständlich, das christliche Geschichtsverständnis durch diese Methode zu erklären, aber ungewöhnlich ist, dass ein Philologe das Heilgeschehen als Verlaufsform irdisch-menschlicher Geschichte interpretiert.

Die Figuralrezeption ist durch drei Briefpostkarten angedeutet, die Auerbach an Bultmann zwischen 1937 und 1939 aus Istanbul geschrieben hat.[55] In Ermangelung einer Spezialbibliothek beziehen sich Auerbachs Anfragen auf die Vermittlung theologiegeschichtlicher Primärliteratur, die er zur Vollendung des im Exil entstandenen Figura-Aufsatzes benötigt und in eine Fußnote zur Paulinischen Figuraldeutung einarbeitet.[56] Ferner ist ein Lexikonartikel anzuführen,[57] der Auerbach noch vor der Veröffentlichung nach Istanbul geschickt wurde, um den antiken Begriff der Leidenschaft und seine Beziehung zum göttlichen Wahnsinn darstellen zu können. Auerbach macht durch diese Pathosformel die Differenz zu den christlich gewandelten *gloriosa passio* kenntlich, die sich an den Wunden Christi entzündeten und dem Gläubigen als Zeugen für Christi Liebe gelten.[58] Als Dank für Bultmanns bibliografische Hilfe im Exil und die wieder bestehende Nachkriegskommunikation, antwortet Auerbach mit einer Widmung zum 70. Geburtstag: »Rudolfo Bultmann septuagenario«.[59] Die empfangene Gabe erfreute den Freund: »Meinen Dank für Ihren mir gewidmeten Aufsatz [...] konnte ich ja schon mündlich aussprechen – freilich ehe ich ihn gelesen hatte. Das habe ich inzwischen natürlich getan und wieder Ihre Kunst bewundert, von scheinbar geringfügigen philologischen Einzel-Beobachtungen aus auf eine Höhe zu führen, von der aus sich eine geistesgeschichtliche Perspektive eröffnet.«[60] Die eigentliche Diskussion zur Rezeptionsgeschichte der Figuraldeutung wird durch Bultmanns Dankesbrief zu *Mimesis* ein-

55 Nachlass Rudolf Bultmann, UB Tübingen (Briefpostkarten vom 26. Dezember 1937, 21. Mai 1939 und 26. November 1939 an Rudolf Bultmann). Ich danke der Nachlassbetreuerin Anna Elisabeth Bruckhaus für die Bereitstellung dieser Quellen, die in der von mir vorbereiteten Ausgabe von Erich Auerbachs Briefen erscheinen werden.

56 Vgl. Erich Auerbach, »Figura« (1938/39), in: ders., *Gesammelte Aufsätze zur romanischen Philologie*, Bern/München 1967, S. 55-93, S. 75.

57 Vgl. Rudolf Bultmann »λυπή [Leiden]«, in: *Theologisches Wörterbuch zum Neuen Testament*, Bd. 4, Stuttgart 1942, S. 314-325.

58 Vgl. Erich Auerbach, »Passio als Leidenschaft« (1941), in: *Gesammelte Aufsätze* (Anm. 56), S. 161-175, S. 162.

59 Erich Auerbach, »Dante's Addresses to the Reader« (1953/54), *Gesammelte Aufsätze* (Anm. 56), S. 145-155, S. 145.

60 Bultmann an Auerbach, 27.12.1954 (Nachlass Auerbach, DLA).

geleitet und durch mehrfach erfolgte Bezugnahmen auf Auerbachs Publikationen fortgesetzt. Von einer Urlaubsreise aus der Schweiz zurückgekehrt, schreibt er im Oktober 1948 aus Marburg über das in Istanbul zwischen 1942 und 1945 geschriebene Buch:

> Lieber Herr Auerbach!
> Meine geistige Nahrung während der Ruhetage, die wir in Stein am Rhein in einem befreundeten Pfarrhaus verbrachten, war Ihre ›Mimesis‹. Ich habe nicht oft ein so faszinierendes Buch gelesen. Franks ›Philosophical understanding and religious truth‹ und Ihre ›Mimesis‹ sind die eindrucksvollsten Bücher, die mir seit Jahren begegneten. Die Sättigung mit Substanz, die konstruktive Kraft, die den Stoff durchdringt, die Feinheit der Interpretation –, alles macht das Buch zu einem außerordentlichen Werk. Die von Ihnen gewählte Methode, die Geschichte des Realismus an der Hand von Einzel-Interpretationen zu schreiben, ist denkbar glücklich. Ihre Charakteristik der Dokumente sehr überzeugend und erleuchtend, und so auch das Gesamtbild. Sie können sich denken, dass Ihre Ausführungen über den Einfluss der biblischen Tradition für mich von besonderem Interesse ist. Sie trafen bei mir auf Erwägungen, die ich in einem Vortrag über das Christentum als orientalische und als abendländische Tradition angestellt hatte. Ich habe den Vortrag in Stein zu einem Aufsatz verarbeitet […], und freute mich, dafür Ihr Buch noch fruchtbar machen zu können. Ich handle davon, wie biblische Gedanken das abendländische Denken beeinflussen und in säkularer Gestalt in ihm fortleben, speziell davon, wie das biblische Geschichtsverständnis die abendländische Auffassung der Geschichte gestaltet hat. Zum Schluss werfe ich die Frage auf, ob nicht die spezifisch abendländische Art des Humors auf eine Säkularisierung des christlichen Verständnisses des Leidens zurückgeht. Von diesem Interesse aus erwächst nun Ihrem Buche gegenüber ein Desiderium! Im Register fehlt nicht zufällig das Stichwort ›Humor‹. Die spezifisch humoristische Weise des Realismus ist von Ihnen nicht thematisiert worden –, und würde sich das nicht lohnen? Würde es sich nicht ausgezeichnet in den Rahmen Ihrer Darstellung einfügen? Wird von da aus nicht ein wesentlicher Unterschied des französischen (und übrigens auch russischen) Romans vom Englischen sichtbar? Ich würde gerne wissen, was Sie dazu meinen –, wie ich überhaupt am liebsten mündlich recht ausführlich mit Ihnen über Ihr Buch sprechen würde! Ohne Zweifel wird Ihr Buch eine 2. Auflage erleben; wäre es möglich, in ihr auf den humoristischen Realismus einzugehen? Aber freilich wird jeder Leser irgendein Desiderium haben! […] Gerne würde ich noch

> über das Figura-Thema reden und hoffe auch, es noch tun zu können, wenn ich Ihrer ›Neuen Dante-Studien‹ habhaft geworden bin (ein Seperatum des Figura-Aufsatzes werden sie schwerlich noch haben?). Für heute mag es genug sein.[61]

Die eingeflossene Würdigung von Erich Frank, der als Nachfolger Heideggers durch die Nazis 1935 in Marburg suspendiert wurde und in die USA emigrierte, bezieht sich auf eine Grundfrage philosophischen Zweifels.[62] Nicht ohne Grund verbindet Bultmann die säkular beantwortete Theodizee-Frage des Philosophen mit dem Problem des Humors, der als Stilmittel in der ersten Auflage von *Mimesis* noch keine wesentliche Rolle spielte. Verständlich wird diese Verknüpfung durch den im *Mimesis*-Brief zitierten Vortrag, der als Aufsatz erschien.[63] In Bezug auf die Paulus-Stelle – »wenn ich schwach bin, dann bin ich stark« (2. Kor. 12,9 f.) – sagt Bultmann, dass dem Menschen aus dem Leiden eine innere Kraft zuwachse, die zugleich die Quelle seiner Existenz ausmacht. Er charakterisiert das Leiden im christlichen Sinn als Passionserfahrung, die sich in der »Offenbarung göttlicher Kraft und Gnade«[64] manifestiert. Die anschließenden Verweise auf Hölderlins, Nietzsches, Dostojewskis und Tolstois Dichtungen deuten an, dass in der abendländischen Kunst säkularisierte Passionsdarstellungen thematisiert werden, die Auerbach behandelt hatte: »Mimesis [...] stellt an der Hand ausgezeichneter Interpretationen [...] die Geschichte des abendländischen Realismus als Ausdruck der Wandlungen in der Selbstanschauung des Menschen dar. Die Darstellung zeigt, wie es in der abendländischen Literatur dazu kommt, daß Alltäglichkeit und tragischer Ernst, die nach antik-klassischer Regel je ihren eigenen Stil erfordern, sich vereinen, zunächst in der mittelalterlichen Literatur.«[65] Bultmann verweist im anschlie-

61 Nachlass Erich Auerbach (DLA, 16. Oktober 1948).

62 Mit Bezug auf den Hebräerbrief legt Frank die religiöse Glaubens- und Gottesfrage säkular gewendet so aus, dass sich christlicher Glaube als Evidenz von Dingen auszeichne, die man nicht sehen oder wahrnehmen könne. Dies bedingt die Gottesferne des Menschen als Zurückgeworfenheit des Individuums auf sich selbst, sodass die Grenzen eigener Souveränität und die Unvermeidlichkeit des Leidens und Todes bewusst werden können. Vgl. Erich Frank, *Philosophical Understanding and Religious Truth*, New York 1945. Dt. u. d. T. *Philosophische Erkenntnis und religiöse Wahrheit*, übers. von Liselotte Richter, Stuttgart 1949, S. 24 und S. 128.

63 Vgl. Rudolf Bultmann, »Das Christentum als orientalische und als abendländische Religion« (1949), in: ders., *Glauben und Verstehen. Gesammelte Aufsätze*, Bd. 2, Tübingen 1952, S. 187-210.

64 Ebd., S. 207.

65 Ebd., S. 208.

ßenden Passus auf das *Mimesis*-Kapitel, das einen Pöbelaufstand und dessen brutale Niederschlagung durch die römischen Behörden behandelt.[66] Diese Szene des Geschichtsschreibers Ammianus Marcellinus wird mit einer Stelle aus den *Confessiones* (um 400) verglichen, an der sich Augustins Schüler Alypius – trotz anfänglich innerer Abwehr – von den Gladiatorenkämpfen im Amphitheater und ihrer »Massensuggestion des Blutrausches«[67] angezogen fühlt und seine Selbstkontrolle verliert. Bezogen auf die spätantike Szene dürfte Bultmann entgangen sein, dass der Humor von Auerbach durchaus als Erzählmittel erwähnt wird: »In diesem Humor ist immer etwas Bitteres, Groteskes, sehr oft etwas Grotesk-Schauriges und Unmenschlich-Krampfiges enthalten. Die Welt Ammians ist finster: Aberglaube, Blutrausch, Übermüdung, Todesangst, grimmige und auf eine magische Weise starre Gestalten erfüllen sie.«[68] Der Vergleich ergibt, dass beim christlichen Autor der Humor kaum ausgebildet ist, ein Tatbestand, den Auerbach auf dessen Theorie der rhetorischen Bildung zurückführt, die in einem Lehrbuch begründet wurde. Erklärt wird darin, wie man als lehrender Christ, aber auch als Laie, die Bibel lesen, auslegen und verstehen solle.

Der »goldene Schlüssel«[69] des Verstehens, um den es in der christlichen Auslegung geht, wird anhand einer Textbefragung gewonnen, die der Entdeckung des Sinns sakraler Worte und der Verkündung ihres Gehaltes gelten. Verlangt wird vom Interpreten eine Fähigkeit, die den Hörer zugleich belehrt, erfreut und erschüttert.[70] Diese verstehende Beredsamkeit geschieht im Rückgriff auf Ciceros Schrift *De Oratore* (55 v. Chr.), die Augustin zur Bestimmung dreier Stilprinzipien heranzieht: Weniger bedeutsame Angelegenheiten sollen »verhalten«, mittlere Gegenstände »gemäßigt« und bedeutende Probleme auf »erhabene« Weise behandelt werden.[71] Auerbach bezieht diese klassische Stilkonvention auf die Szene im Amphitheater:

> Alypius lebt und kämpft; neben ihm sind nicht nur die Personen Ammians [...] starre Schemen, deren Inneres sich nicht öffnet. Dies ist das entscheidende, was Augustin völlig aus dem Stil seiner

66 Auerbach (Anm. 2), S. 56-80, S. 56 f. (Kap. »Die Verhaftung des Petrus Valvomeres«).

67 Ebd., S. 72.

68 Ebd., S. 61.

69 Aurelius Augustinus, *Die christliche Bildung/De doctrina christiana* (426/27), Übers., Anm. und Komm. von Karla Pollmann, Stuttgart 2002, S. 172 (Viertes Buch).

70 Ebd.

71 Ebd., S. 180.

> Zeit […] heraushebt: er fühlt und gibt unmittelbar menschliches Leben, welches vor unseren Augen lebt. […] Augustin verwendet wohl den klassischen Periodenstil und seine Redefiguren (ganz bewußt, wie sich aus seinen Ausführungen im vierten Buch der Schrift De doctrina christiana ergibt), aber er läßt sich nicht von ihm beherrschen; das Treibende, Eindringliche seines Wesens schließt ein Sicheinfügen in das vergleichsweise kühle, vernünftige, die Dinge von oben anordnende Vorgehen des klassischen und speziell des römischen Stils aus […]; es ist zweifellos biblische Parataxe, wie auch der Inhalt selbst, nämlich die dramatische Vergegenwärtigung eines inneren Vorgangs, eines inneren Umschlags […], denn niemand hat das Phänomen des Widerstreits und des Zusammen der inneren Kräfte, den Wechsel ihrer antithetischen und synthetischen Beziehung und Wirkung mit leidenschaftlicherer Untersuchung verfolgt als er.[72]

Bultmann hatte diese Interpretation mit Interesse aufgenommen, obschon er einen anderen Passus des gleichen *Mimesis*-Kapitels zitiert, der sich auf die niedere soziale Herkunft des Christus bezieht.[73] Dessen Schüler stammen gleichfalls aus einem solchen Milieu, da sie Fischer und Handwerker waren und mit sozial Deklassierten wie Dirnen, Armen und Kranken verkehrten. Diese Stellung trifft nicht auf die persönliche Situation Augustins vor der Bekehrung zu, hatte er doch erst später dem exzessiven Leben entsagt und war dem Weg Jesu und seiner Apostel gefolgt. Zentral aber ist, dass Augustin als Mitentdecker des *sermo humilis*, des niederen Stils gilt,[74] den er dank hervorragender Kenntnisse antiker und jüdisch-christlicher Traditionen beherrschte.

Kehren wir noch einmal zurück zum Verhältnis zwischen christlichem Glauben und Humor, das im frühen Christentum, wie Bultmann darlegt, kaum ausgeprägt war und in Auerbachs Literaturanalysen vermisst wurde. Er fragt, ob sich nicht der Humor unter dem Einfluss christlicher Ideen später herausgebildet habe und als »Säkularisierung des christlichen Leidensverständnisses«[75] betrachten lasse. Unter Rückgriff auf Sören Kierkegaards *Philosophische Brocken* (1844) wird diese Frage positiv beantwortet:

> Der Humor [ist] eine spezifisch menschliche Haltung, und zwar ein ganz extremes Phänomen, der ›terminus a quo für die Religion‹,

72 Auerbach (Anm. 2), S. 74 f.
73 Bultmann (Anm. 63), S. 208.
74 Vgl. Auerbach (Anm. 2), S. 76.
75 Bultmann (Anm. 63), S. 208.

> der Ausgangspunkt für das Verhältnis zu Gott als das Ende einer rein weltimmanenten Haltung. [...] Christlich ist der Humor offenbar dann, wenn die heitere Distanz zur Welt nicht bloße Resignation ist, sondern das Bewußtsein der Freiheit, das aus der Erfahrung des Scheiterns gewachsen ist, aus der Erfahrung, daß der Ernst und die angstvolle Sorge, mit der der Mensch seine eigenen Lebensentwürfe verwirklichen will, sinnlos sind, dass in solchem Scheitern der Mensch erst wirklich zu sich selbst gebracht und zur Liebe befreit wird, in der sein Tun und Treiben wirklichen Ernst gewinnt.[76]

Dieser Hinweis (1949) hatte Auerbach in Verbindung mit der brieflichen Kritik (1948) – Bultmanns »Desiderium« zum »humoristischen Realismus« – nachträglich angeregt, der zweiten Auflage von *Mimesis* ein neues Kapitel (»Die verzauberte Dulcinea«) einzufügen. Das Buch erscheint seitdem in allen nachfolgenden Auflagen und Übersetzungen in dieser Form. Diese zweite Auflage stellt die endgültige Textfassung dar und verdankt Bultmanns Bemerkungen über die »weltimmanente« Relevanz des Humors als ästhetisches Stil- und Erkenntnismittel seine Entstehung, worauf das Jahresdatum »1949« in der Fußnote zur Kapitelüberschrift hindeutet.[77] Ich vermute, dass Auerbach schon vor der Drucklegung seines Buches Bultmanns Aufsatz in Grundzügen bekannt war. Der letzte Absatz mit der ausdrücklichen Erwähnung des Cervantes, dem die Kraft humorvoller Reflektion als »Distanz zu sich selbst«[78] zueigen war, mag für Auerbachs eigene Deutung leitend geworden sein. Er hatte diese Perspektive sicher nicht zufällig mitbedacht, wird doch die Wiederauflebung des fahrenden Rittertums und Don Quijotes phantastisch-närrische Haltung als Möglichkeit betrachtet, die wirkliche Welt und deren Ordnung als Spiel zu charakterisieren.[79] Hierin drückt sich der Selbstfindungsprozess des Helden gegenüber den oftmals verwirrten Reaktionen seiner Nächsten aus, denn er betrachtet die ernsten Dinge des

76 Ebd.

77 Erich Auerbach, *Mimesis. Dargestellte Wirklichkeit in der abendländischen Literatur*, 2., verb. und erw. Aufl., Bern 1959, S. 319-342, S. 319. Zuvor wurde das Cervantes-Kapitel als Erstdruck in der *Deutschen Vierteljahrsschrift für Literaturwissenschaft und Geistesgeschichte* 25 (1951), S, 294-316, veröffentlicht.

78 Bultmann (Anm. 63), S. 208.

79 Auerbach (Anm. 77), S. 341 f. Zur weiteren Deutung: Hans-Jörg Neuschäfer, »›Die verzauberte Dulcinea‹. Zur Wirklichkeitsauffassung in ›Mimesis‹ und im ›Don Quijote‹, in: *Wahrnehmen – Lesen – Deuten. Erich Auerbachs Lektüre der Moderne*, hrsg. von Walter Busch und Gerhart Pickerodt, Frankfurt a. M. 1998, S. 238-248.

Lebens gelassener. Die Ironie des Cervantes ist selbst noch während der Sterbebettszene[80] mit dem Pfarrer präsent, der Don Quijotes Testamentvollstrecker und Begünstigter ist und auf den das Erbe christlichen Humors als säkularer Zweifel vom Autor übertragen wurde. Auf produktivere Weise als in der Art des Fortschreibens von Anregungen konnte sich die Intellektuellenfreundschaft zwischen einem Theologen und Philologen nicht verwirklichen.

V. Figuraldeutung und säkularisierte Eschatologie

Das von Bultmann im *Mimesis*-Brief angesprochene »Figura-Thema«, das weiter zu diskutieren sei, spielt durch die vorgegebene Deutung Augustins die wohl entscheidende Rolle.[81] Im Gegensatz zu Marcions trennender Interpretation biblischer Geschehnisse hatte der Kirchenvater Augustin das Verhältnis von Altem und Neuem Testament an exemplarischen Ereignissen figural bestimmt. Am Beispiel der Sakramente (Joh. 15,1) wird durch die Darbietung des Weinkelches an die Wunden Jesu erinnert, indem Christus durch die Stimme des Propheten sagt: »Ich bin der wahre Weinstock.« Augustin führt diese Stelle aus dem Neuen Testament mit Gen. 9,21-23 zusammen und fügt folgende Erklärung hinzu: »Wir finden nämlich [...], dass Noah dieses Sakrament vorweggenommen und das Leiden des Herrn dort präfiguriert hat, weil er Wein trank und betrunken war [...], weil er mit nackten und gespreizten Oberschenkeln dalag [...]. Es ist nicht notwendig, das übrige weiterzuverfolgen, wenn es doch genug ist, zu verstehen, dass Noah eine Vorandeutung der zukünftigen Wahrheit zeigte, indem nicht Wasser, sondern Wein getrunken und so das Bild der Passion des Herrn ausgedrückt hat.«[82] Augustin gilt als Erneuerer

80 Miguel de Cervantes Saavedra, *Der geniale Hidalgo Don Quijote von der Mancha*, Tl. 2, dt. von Ludwig Braunfels, mit Anm. von Werner Bahner, Erläuterungen und Exkursen von Werner Krauss und einem Essay von Karl Vossler, Leipzig 1953, S. 715 f.

81 Weit weniger ist die häretische Theologie des Marcion für Auerbach relevant, da sie auf der strikten Differenz zwischen Altem und Neuem Testament beruht. Marcion unterscheidet zwischen dem grausamen und gerechten Gott der altisraelischen Gemeinde und einem erlösenden und liebenden Gott der christlichen Gemeinschaft, wodurch das Alte Testament negiert und die neutestamentliche Überlieferung von Judaismen gereinigt wurde. Vgl. Tertullian, *Gegen Marcion/Adversus Marcionem*, speziell Buch I, Kap. 16 und Kap. 20, in: The Tertullian Project [2008, www.tertullian.org/works/adversus_marcionem.htm, Stand 18.4.2008].

82 Augustin (Anm. 69), S. 192. Weitere Belegstellen, die Augustin zur Vorausdeutung der Sakramente auf das Neue Testament heranzieht, beziehen sich

figural orientierter Exegese. Auerbach greift auf diese Methodik zurück und definiert die Figuraldeutung biblischen Geschehens folgendermaßen:

> Die Figuraldeutung stellt einen Zusammenhang zwischen zwei Geschehnissen oder Personen her, in dem eines von ihnen nicht nur sich selbst, sondern auch das andere bedeutet, das andere hingegen das eine einschließt oder erfüllt. Beide Pole der Figur sind zeitlich getrennt, liegen aber beide, als wirkliche Vorgänge oder Gestalten, innerhalb der Zeit; sie sind beide [...] in dem fließenden Strom enthalten, welcher das geschichtliche Leben ist, und nur das Verständnis, der *intellectus spiritualis*, ist ein geistiger Akt.[83]

Was Auerbach zum »Figura-Thema« geklärt haben möchte, hängt mit dem geistigen Akt zusammen, biblische und profane Geschichte, ihre Heilsversprechen und nicht gradlinigen Verläufe, wechselseitigen Bezüge und prozessual bedingten Umschläge zusammen zu denken. Übertragen auf die Darstellung mimetischer Prozesse in der literarischen Kunst wird gezeigt, wie die Überlieferung biblischer Motive ästhetisch transformiert wurde, sich vom religiösen Ursprung löste und so Eingang in die profane Konzeption der Weltgeschichte finden konnte. In Bezug auf die Bedeutung alttestamentlich-jüdischer Tradition und deren christlich-künstlerische Transformation sagt Bultmann zu Auerbachs Literaturanalysen:

> Der Geschichte von der Wiedererkennung des Odysseus [...] stellt Auerbach die Erzählung von der Opferung Isaaks [...] zur Seite, um vergleichend durch die Analyse der Form der Erzählung das Verständnis von Mensch und Welt herauszuarbeiten [...]. Er zeigt weiter, wie in der Geschichte der abendländischen Literatur sichtbar wird, welche Bedeutung die Übernahme der biblischen Tradition gehabt hat, um einen Realismus der Darstellung und ein Verständnis von Welt und Mensch mehr und mehr zur Herrschaft gelangen zu lassen, wie es die griechisch-römische Antike nicht gekannt hatte. In der griechisch-römischen Literatur erfordert menschliche Größe und Tragik ihren eigenen hohen Stil. Die große Dichtung spielt nur im Kreis hoher Persönlichkeiten, während die Darstellung der Realität des täglichen Lebens dem sogenannten niederen Stil der Komödie und der Satire vorbehalten bleibt. Unter dem Einfluß biblischer Tradition entsteht ein neuer Stil, wie ihn

auf Gen. 14,18-20 und Psalm 109,3, wo die Figur des Wein und Brot herantragenden Melchisedeks auf die Verkündigung des Evangeliums hindeutet.

83 Auerbach (Anm. 56), S. 77.

> Auerbach z. B. an Dantes göttlicher Komödie aufzeigt. [...] Daß hier nicht nur die alttestamentlich-jüdische, sondern auch die christliche Literatur einwirkt, versteht sich von selbst. Aber unter dem von uns eingenommenen Gesichtspunkt spielt diese Differenzierung keine Rolle, da die neutestamentliche Literatur zum größten Teil auch durch den Geist der alttestamentlich-jüdischen geprägt ist.[84]

Wesentlich ist, dass Bultmann den figuralen Ansatzpunkt als Auerbachs Methode der Interpretation anerkennt und unter seinem Einfluss die seit der eigenen Habilitation praktizierte Figuraldeutung weiterentwickelte.[85] Er ist sich hier einig mit seinem Freund Gogarten, der etwas später die hintergründig erzählte Geschichte Isaaks als eine Präfiguration des Opfertodes Christi interpretiert. Im Vergleich zu den homerischen Erzählungen, die im vordergründigen Stil des *sermo sublimis* gehalten sind, erzeugte die christliche Wahrnehmungsperspektive eine neue ästhetische Konvention: Die Vereinigung von Alltäglichkeit und tragischem Ernst konstituiert eine Stilmischung, die aus erhabenen und niederen Erzählelementen das biblisch überlieferte Geschehen manifestieren. Verbunden ist mit dieser Methodik, dass Auerbach die Vorgänge im Alten Testament als Figuren neutestamentlicher Geschehnisse und diese als Erfüllung jener auslegt, sodass die angekündigte Zukünftigkeit Gottes in der Geschichte Jesu als Offenbarung erscheint. Die Figuraldeutung verfolgt demnach das Ziel, den verborgenen Sinn biblisch-geschichtlicher Ereignisse aufzuzeigen, indem eine Figura »als Bild auf ein anderes Geschehen hinweist«[86] und den vertikal wirkenden göttlichen Heilsplan fixiert, der sich zugleich durch göttlich gelenktes Handeln der Menschen zeitlich in horizontaler Ausdehnung verwirklicht.

84 Rudolf Bultmann, »Die Bedeutung der alttestamentlich-jüdischen Tradition für das christliche Abendland« (1950), in: *Glauben und Verstehen* (Anm. 63), S. 236-245, S. 239.

85 Bultmann spricht nach der *Mimesis*-Lektüre von typologisch-figuralen »Prototypen«, die er in folgenden Figuren und Ereignissen verkörpert sieht: »Adam war der Prototyp Christi (Röm. 5,12 ff), ebenso Mose (2. Kor. 3,6 ff). Elia war der Prototyp Johannes des Täufers (Mark. 9,13; Matth. 11,14). Die Wüstenzeit war der Prototyp der gegenwärtigen Situation der christlichen Gemeinde (1. Kor. 10.,1 ff; Hebr. 3,7-13).« Vgl. Rudolf Bultmann, »Geschichte und Eschatologie im Neuen Testament« (1954), in: ders., *Glauben und Verstehen. Gesammelte Aufsätze*, Bd. 3, Tübingen 1960, S. 91-106, S. 98.

86 Gogarten (Anm. 1), S. 279. Ebenso wie Bultmann darlegte, bemerkte auch Gogarten, dass Auerbach die Deutung des heilsgeschichtlichen Plans in Dantes Geschichtskonzeption fixiert (S. 293), wonach die römische Weltmonarchie als irdische Vorankündigung des Gottesreiches vorfiguriert erscheint.

Das eigentliche Kernproblem, das Bultmann in seinem Aufsatz nicht direkt anspricht, hängt mit dem geschichtlichen Vorgang zusammen, wie im Neuen Testament die ausbleibende Parusie zu verstehen ist. Dieser Gegenstand spielt für Auerbach keine geringe Rolle und zählt als Grundanliegen zu Bultmanns existenzieller Geschichtsanschauung. Zu klären sind folgende Fragen: Wie versteht er die Apokalypse im Kontext der Geschichtsanschauung des Paulus und die säkular gewendete Geschichtsphilosophie seit der Aufklärung, und wo ergeben sich Schnittpunkte zu Auerbachs Geschichtsdenken, das durch Gimabattista Vicos Philosophie beeinflusst ist? Bultmann war in den »Gifford Lectures«,[87] die er im Februar und März 1955 in Edinburgh gehalten hatte, auf das antike Geschichtsbild des Herodot, Thukydides und Polybios eingegangen und hat es gegenüber biblischen Vorstellungen abgegrenzt. Alle drei Historiker verstehen die menschliche Geschichte analog zur Natur, die sich wie jahreszeitliche Rhythmen in Zyklen wiederholt. Die Ursachen historischer Prozesse werden aus den menschlichen Leidenschaften abgeleitet, ohne dass jedoch Antworten auf den Sinn der Geschichte und die sie bewegenden Kräfte zu erfahren sind.

Kontrastierend zum antiken Geschichtsbild wird der theologische Begriff der Eschatologie eingeführt und als »die Lehre vom Ende der Welt, von ihrem Untergang«[88] definiert. Bultmann bezieht sich auf die moralischen Degenerationserscheinungen im alten Israel und die Konzeption vom Ende der Welt und ihrer Geschichte. Am apokalyptischen Endpunkt tritt das Heilsgeschehen ein und dessen Verwirklichung bleibt an den Gehorsam des jüdischen Volkes gebunden. Der Endzweck des neuen Äons besteht in der Neukonstituierung als jüdischer Kulturgemeinde *post exsilium*, die unter dem Gesetz und Plan Gottes steht. Mit dem Abbrechen der Geschichte durch das Weltgericht entsteht eine neue Schöpfung, weshalb das Alte Testament als »*Offenbarungsbuch*, als Buch der nunmehr erfüllten Weissagung«[89] zu verstehen sei: »Abraham ist der Vater aller Glaubenden, der heidnischen wie der jüdischen. Die Kontinuität ist nicht eine durch organischen geschichtlichen Zusammenhang gewachsene, sondern ist durch das Handeln Gottes geschaffen. Er hat sich ein neues Eigentumsvolk berufen, für das sich alle Verheißungen des Alten Testaments realisieren, ja für das die Verheißungen ursprünglich gemeint

87 Vgl. Rudolf Bultmann, *Geschichte und Eschatologie* (1958), 3. Aufl., Tübingen 1979 (engl.: *History and Eschatology*, Edinburgh 1957).

88 Ebd., S. 24.

89 Ebd. S. 41 (Hervorhebung im Original).

waren.«[90] Die Weissagungen im Alten Testament erfüllen sich im Neuen Testament als Heilsgeschehen durch die Sendung Jesu, seine Fleischwerdung, seinen Tod und seine Wiederauferstehung. Dabei wird die Sonderstellung des Paulus betont. Er war noch mit der altisraelischen Tradition der Geschichtsdeutung vertraut, da sein Geschichtsbild durch die apokalyptische Eschatologie und ihre Plagen der Endzeit bestimmt wurde. Aber Paulus hatte die Konzeption dergestalt modifiziert, dass sich der neue Mensch durch die Entscheidung im Augenblick auszuzeichnen habe. Er wird folglich als Anthropologe vorgestellt, der die Geschichte des Menschen als individuelles Schicksal versteht: »Indem Paulus Geschichte und Eschatologie vom Menschen aus interpretiert, ist die Geschichte des Volkes Israel und die Geschichte der Welt seinem Blick entschwunden, und dafür ist etwas anderes entdeckt worden: *Die Geschichte des menschlichen Seins*, das heißt, die Geschichte, die jeder Mensch erfährt oder erfahren kann und in der er erst sein Wesen gewinnt.«[91] Die Heiden, die Paulus während seiner kleinasiatischen Mission mit Wort und Gaube für seine Anschauung zu gewinnen trachtet, sind die, die nach gesellschaftlicher Sicherheit trachten, sich selbst loben und ihre Leistungen mit denen anderer vergleichen müssen. Die Technik der Argumentation des Paulus bezieht sich auf das Gegenwärtige der Situation, indem die Predigt, wie Bultmann meint, »den Hörer trifft«[92] und mit Verweis auf 2. Kor. 6,2 ihre plötzliche Wirkung als »das eschatologische Jetzt der Heilsoffenbarung«[93] bezeichnet. Bezogen auf diese Deutung sind sich Bultmann und Auerbach einig, denn zu Paulus und seiner Berufung heißt es in *Mimesis*:

> Dadurch aber [die Heidenmission des Apostel Paulus, M. V.] wurde eine Anpassung der Verkündigung an die Voraussetzungen eines viel weiteren Kreises von Adressaten, eine Loslösung von den besonderen Voraussetzungen des Judentums erforderlich, und sie geschah mit der schon durch die jüdische Tradition gegebenen, diesmal aber unvergleichlich kühner angewandten Methode der umdeutenden Interpretation; das alte Testament wurde als Volksgeschichte und Gesetz der Juden entwertet, und verwandelte sich in eine Reihe von ›Figuren‹, das heißt Vorverkündigungen und

90 Ebd., S. 40 f.
91 Ebd., S. 49 (Hervorhebung im Original).
92 Rudolf Bultmann, »Der Begriff der Offenbarung im Neuen Testament« (1929), in: *Glauben und Verstehen* (Anm. 85), S. 1-34, S. 20.
93 Ebd. Parallelstelle in: Bultmann (Anm. 88), S. 37 und S. 48.

Vorandeutungen des Erscheinens Jesu und der damit zusammenhängenden Ereignisse.[94]

Die »Methode der umdeutenden Interpretation« wird lebensnah und realistisch am Beispiel derjenigen gewonnen, die Paulus bekehrte, indem er sie aus ihrem ungläubigen Wartezustand aufrüttelte. Wie schon im Alten Testament formuliert, kann das erfüllte Ende der Geschichte nur mit einem Abbruch der alten Zeit verbunden sein. Das Ziel bleibt auch bei Paulus dasselbe, allerdings mit dem Unterschied, dass die Gnade Gottes zugunsten des abgeirrrten Einzelnen dort wirksam werden soll, wo zuvor Schwäche und Untugend waren. Bei Paulus ist daher das Heilsgeschehen mit der Idee von Gerechtigkeit und innerer Freiheit verbunden. Das heißt, dass die alte Auffassung vom jüdischen Heilsversprechen als zu realisierender Aufbruch nun in der Gestalt der Heilwerdung des Einzelnen seinen Ausdruck findet, der in Christus, wie Bultmann mit Bezug auf 2. Kor. 5,17 ausführt, ein neuer Mensch werden soll.[95] Aber Paulus kann das Spannungsverhältnis zwischen Geschichte und Eschatologie nicht auflösen. Im christlichen Verständnis muss die Parusie zunächst ausbleiben, weil in den zeitlichen Maßstäben Gottes zu rechnen ist, die sich unendlich ausdehnen. Es bleibt daher in dieser Situation nur die Möglichkeit der individuellen Entscheidung für den christlichen Glauben, um sich zu derjenigen Person zu entwickeln, die man nach der jeweils eigenen Potenzialität werden kann.

Diese Geschichtsanschauung des Paulus muss sich gegen die kollektiv-jüdische Geschichtskonzeption richten, weil diese sich gegenüber dem individuellen Selbstfindungsprozess verschlossen hatte. Auerbach macht diesen umdeutenden Punkt der Interpretation jüdischer Geschichte nochmals am Begriff »Realprophetie« deutlich und versteht mit Bezug auf einen Tertullian-Kommentar darunter ein späteres Geschehen, welches sich mit der Namengebung des Josua (Num. 13,16) verbindet. Moses empfängt durch das Wort Gottes den Auftrag einige Stammesälteste auszuwählen, die als Kundschafter vorauszuschicken seien, um das verheißene Land Kanaan aufzuspüren. Dieser prophetische Vorgang ist mit späteren Ereignissen als Ankündigung verknüpft, die sich in Josua und Jesus berühren: »Die Namengebung Josua-Jesus ist also eine Realprophetie oder vorausdeutende Gestaltung des Zukünftigen.«[96] Gleichwohl ist diese am

94 Auerbach (Anm. 77), S. 51 (Kap. »Fortunata«).

95 Bultmann (Anm. 87), S. 48.

96 Auerbach (Anm. 56), S. 65. Auerbach war diese Stelle und ihr damit verbundener Vorgang der Umdeutung so wichtig, dass er sie in zwei anderen Aufsätzen wieder zitierte. Vgl. Erich Auerbach, »Figurative texts illustrating certain

Namensbeispiel entwickelte Realprophetie mit der deutenden Ablösung des Christentums vom Judaismus verbunden, für die Marcion radikal eintrat, aber deshalb von Tertullian zurückgewiesen wurde. Auerbach liest folglich den Tertullian-Kommentar (*Adversus Marcion*, III. Buch, Kap. 16) nicht affirmativ, sondern kritisch, zumal er sich vor dem Hintergrund des Exils und der europäischen Judenvernichtung durch Marcions trennende Interpretation beider Testamente zusätzlich in seiner jüdischen Identität persönlich getroffen fühlen mochte.[97] Die ambivalente Haltung des Paulus hatte mitbewirkt, dass Marcions Ideen im Frühchristentum zeitweise geschichtliche Bedeutung erlangten. Aber durch Paulus' Interpretation der Weltgeschichte und ihres providentiellen Verlaufs, in die das Subjekt eingebunden ist, gewinnen die Bilder vom Leben Jesu eine neue Dimension: Die Krisis der ausbleibenden Parusie wird durch existenzielle Deutungsarbeit des Heilsversprechens überwunden, da sich die in Korinth, Ephesos, Kollossai und Philippi lebenden Heiden durch Gefühl und Phantasie für die Passion des wiedergeborenen Josua und neutestamentliche Ideen hatten erwärmen lassen.

Im abschließenden Teil der Edinburgher Vorlesungen behandelt Bultmann säkularisierte Formen der Eschatologie und bezieht sich bei der historischen Darlegung wieder auf *Mimesis*:

> Erich Auerbach hat nun in seinem Buch ›Mimesis. Dargestellte Literatur in der abendländischen Literatur‹ (1946) gezeigt, wie unter dem Einfluß des Christentums die realistische Menschenbetrachtung auch in die hohe Literatur eindringt, wie jetzt auch die alltägliche menschliche Wirklichkeit als Feld ernsten, problematischen und tragischen Geschehens gesehen wird und damit auch die geschichtlichen Mächte, die in dieser alltäglichen Wirklichkeit wirksam sind, in den Blick gefaßt werden.[98]

passages of Dante's Commedia« (1946) und »Typological symbolism in medieval literature« (1952), in: Auerbach (Anm. 56), S. 93-108, S. 102, und S. 108-114, S. 109.

97 Die Identifikation mit seiner jüdischen Herkunft stellt Auerbach durch verschiedene Dante-Zitate zu unterschiedlichen Zeitpunkten (1921, 1938 und 1948) her. Vgl. Martin Vialon, »Marginalien zu Auerbachs Lebensbild in Briefen«, in: Auerbach (Anm. 8), S. 30-38, S. 36 ff. Hingegen versucht Richard Faber nachzuweisen, dass Auerbach Marcion-Anhänger gewesen sei. Diese These bleibt jedoch fragwürdig, da sie sich nicht auf Tertullians Kommentar stützt, sondern über die Vermittlung durch Adolf von Harnacks *Das Evangelium vom fremden Gott* (1920) und Ernst Blochs *Geist der Utopie* (1918) inspiriert worden sein könnte. Vgl. Richard Faber, *Politische Dämonologie. Über modernen Marcionismus*, Würzburg 2007, S. 11-44, S. 11 f., 20 und S. 32.

98 Bultmann (Anm. 87), S. 117.

Bultmann erläutert weiter, wie Auerbach den französischen Realismus des 19. Jahrhunderts und den modernen Realismus des frühen 20. Jahrhunderts anhand alltäglicher Trivialitäten behandelt, die auf der Höhe ernster Vorgänge soziale Prozesse berühren und neue Bewusstseinsformen bilden.[99] Eine Sonderstellung nimmt Michel de Montaigne ein, dessen *Essays* »den Beginn des modernen Realismus«[100] markieren. Die geschichtsphilosophische Stellung als »Skeptiker«[101] korrespondiert mit Bultmanns anthropologischer Paulus-Deutung, hatte sich doch Montaigne selbst zum Gegenstand der Betrachtung erhoben. Auerbachs eigene Interpretation ergibt sich aus der Prämisse, dass »im niedrigsten Leben das Ganze des Menschen«[102] bestehe. Montaignes Erforschung der *humaine condition* beruhe auf dem »Primat der Selbsterkenntnis«,[103] die zugleich Geschichtserkenntnis ist und den »kreatürlichen Realismus«[104] bedingt, worin sich das säkularisierte Menschenbild des Schriftstellers mitteilt. Die Hinwendung zum gebildeten Laienpublikum, die Montaigne durch beobachtende Selbstbespiegelung erreicht, entspricht dessen Nähe zu Paulus, der psychologisch vor dem ähnlichen Problem der Vermittlung seiner Überzeugungen stand. Die paulinische Eschatologie als Hinwendung zum Individuum vollzieht sich bei Montaigne dergestalt, dass er das Publikum durch induktive Methodik als Gegenstand der Reflexion sensibilisiert hatte. Auerbach betont: »In unzähligen [...] Augenblicken unternommenen Versuchen prüft er diesen seinen Gegenstand, er beleuchtet ihn von allen Seiten [...]; das Ergebnis ist [...] die spontan erfaßte, aus der Vielheit der Beobachtungen sich zusammenfügende Einheit seiner Person. Es kommt schließlich doch auf die Einheit und Wahrheit hinaus; es ist schließlich doch das Wesen, welches hervortritt, indem er den Wechsel darstellt.«[105] Die Herstellbarkeit der Wesenseinheit einer Person wird als zur Alltäglichkeit gewendete Eschatologie betrachtet, die sich bei Paulus in der Entscheidung für den Augenblick und Verkündigung im Wort zeitigte. Daher kann Auerbach über Montaigne sagen: »Das irdische Le-

99 Ebd., S. 118-121.

100 Ebd., S. 117.

101 Ebd.

102 Auerbach (Anm. 77), S. 281 (Kap.: »L'humaine condition«).

103 Ebd., S. 287. Diese Methodik wird in einem grundlegenden Aufsatz zu Montaigne verdeutlicht und mit Auerbachs eigenem Denken parallelisiert. Vgl. Frank-Rutger Hausmann, »Michel de Montaigne, Erich Auerbachs *Mimesis* und Erich Auerbachs literaturwissenschaftliche Methode«. In: *Wahrnehmen – Lesen – Deuten* (Anm. 79), S. 224-237.

104 Auerbach (Anm. 77), S. 293.

105 Ebd., S. 279.

ben ist nicht mehr die Figur des jenseitigen [...]; das irdische Leben ist das einzige, welches er besitzt.«[106] Kurzum: Das Heilsgeschehen säkularisiert sich als das Jetzt der Erkenntnis (im christlichen Kontext: als Heilsoffenbarung), die sich in der einzelnen Person zu vollziehen habe.

Die andere Ausnahmefigur, deren säkulare Erbschaft neutestamentlicher Geschichtsteleologie von Bultmann angeführt wird, ist der italienische Geschichtsphilosoph Giambattista Vico, der in seiner *Neuen Wissenschaft*[107] heidnisch-antike und religiös-symbolische Formen entdeckte, die zur Entzifferung früher Kulturgeschichte herangezogen werden. Nach Vico ist die Weltgeschichte zwei Mächten ausgesetzt: der immanent politischen Welt, die die Menschen selbst entwerfen und gestalten (»verum et factum convertuntur«),[108] und einer transzendenten, die als Vorsehung den Geschichtsverlauf steuert. Vico selbst hatte seine vormaterialistisch-metaphysische Geschichtsphilosophie als »rationale, zivile Theologie der göttlichen Vorsehung«[109] bezeichnet, die durch den *sensus communis* der Völker hindurchwirke. Allen Völkern sind natürliche und gleiche Anlagen als Entwicklungsformen zueigen, die als Endursache durch Gott mitbewegt werden. Vicos Modell ist zyklisch aufgebaut und unterteilt sich in drei Stadien: das primitive Zeitalter der Götter mit barbarischer Ausrichtung, das heroische Zeitalter aristokratischer Verfassungen und das klassische Zeitalter, indem aus der Phantasie und Vernunft die freien Republiken und Monarchien erstehen. Dieser dreigliedrige Zyklus kann durch einen Ricorso in neue Barbarei umschlagen, dem ein neuer Zyklus folgt.

Bultmann sagt in Bezug auf Auerbachs Vico-Deutung: »Es ist gewissermaßen eine Naturgeschichte der Menschheit [...]. Die Natur ist dabei nicht als eine jenseitige Macht verstanden, die als die gleiche in allem wirkt, sondern sie ist immer werdend, ›natura nascendo‹. Insofern kann man auch sagen, dass Vico den Naturbegriff historisiert hat (Auerbach), aber man muß ebenso sagen, dass er den Geschichtsbegriff naturalisiert hat.«[110] An dieser Stelle zeigt sich der einzige Wi-

106 Ebd., S. 295.

107 Giambattista Vico, *Die Neue Wissenschaft über die gemeinschaftliche Natur der Völker*, nach der Ausgabe von 1744 übers. und eingel. von Erich Auerbach, München 1924.

108 Ebd., S. 125 (»das Wahre stimmt mit dem Geschaffenen überein«).

109 Ebd., S. 133 f.

110 Bultmann (Anm. 87), S. 90. Genannt werden zwei Aufsätze, auf die sich Bultmann bezieht: Erich Auerbach, »Giambattista Vico und die Idee der Philologie« (1936) und »Vico und der Volksgeist« (1955), in: *Gesammelte Aufsätze zur romanischen Philologie* (Anm. 56), S. 233-241 und S. 242-250.

derspruch, der zwischen Bultmann und Auerbach besteht. Er lässt sich soweit auflösen, dass beide in unterschiedlicher Akzentuierung über das gleiche Problem sprechen. Begrifflich wird auf den Unterschied zwischen *natura naturans* und *natura naturata* angespielt. Erstere bezeichnet die schaffende Natur, die durch göttliche Schöpfung und evolutionäre Entwicklung vorgegeben wurde und als Produktivität zugleich Natur als Subjekt ist und im Gegensatz auf die geschaffene Natur trifft; als zweite Natur wird sie vom Menschen hergestellt. Der göttliche Schöpfungsprozess entspricht bei Vico der *natura naturans*, während sich die *natura naturata* auf das aktive Gestalten des Geschichtsprozesses bezieht, wozu auch die menschliche Reflexion über Handlungen zählt, deren Produkte Vico als Entäußerungsformen des menschlichen Geistes zur Nachahmung und Erfindung neuer Kulturtechniken betrachtet. Beide Naturformen stehen unter der Leitung der göttlichen Vorsehung, und das Verhältnis zwischen unbewusster und bewusster Natur, das der Mensch gestaltet, ist nach Vico einem ständigen Modifikationsprozess unterlegen.

VI. Ausblick und Zusammenfassung

Etwas deutlicher wird Vicos säkulare Perspektive, wenn Bultmann auf die Philosophie von Karl Marx zu sprechen kommt. Er hatte Vicos Axiom von der geschichtlichen Tätigkeit dahingehend erweitert, dass der Mensch seine Geschichte nicht unter frei gewählten Bedingungen gestaltet. Bultmann verdeutlicht, dass die christliche Heilsgeschichte in säkular vollzogener Wendung auf die vernünftige Gestaltung des Erd- und Weltgeschehens abzielt. Er bezeichnet das *Kommunistische Manifest* (1848) als »messianische Botschaft«[111] und hatte den historischen Materialismus in seinen Grundzügen definiert: »Die geschichtliche Bewegung entsteht aus den ökonomischen Gegensätzen […], also durch Krisen und Katastrophen. […] Jede herrschende Gesellschaft enthält oder entwickelt schon in sich die Kräfte ihrer Überwindung. So jetzt die herrschende kapitalistische Gesellschaft, in der der Gegensatz zwischen Bourgeoisie und Proletariat so groß geworden ist, dass es notwenig zu einer Revolution kommen muss.«[112] Die Worte des Theologen sind deutlich, aber auch mehrdeutig. Die russische Revolution von 1917 wird nicht erwähnt, da sie keine Erfüllung religiöser Haltungen, sondern eine »Entleerung«[113]

111 Bultmann (Anm. 87), S. 79.
112 Ebd.
113 Vgl. den eingangs zitierten Brief (Bultmann an Auerbach, 7.9.1947).

und Erstarrung ihres säkularen Unterpfands einbrachte und die Freiheit des Einzelnen spätestens seit dem Stalinisierungsprozess der Gesellschaft eingeebnet hatte. Die Vorankündigung einer neuen Revolution »muss« offenbar den Zweck der tatsächlichen Auflösung des Widerspruchs zwischen Lohnarbeit und Kapital erst noch gewährleisten, was ohne die Notwendigkeit der Arbeit, auf der sich das Reich der Freiheit gründet, nicht geschehen kann. Im Kontext von Bultmanns Paulus-Interpretation ist diese Bemerkung vom Charakter der Notwendigkeit der Revolution mit dem Herannahen der Parusie vergleichbar, die sich kollektiv (Altes Testament) und individuell (Neues Testament) zu vollziehen habe. Die messianische Kraft der Revolution bleibt an die Hoffnung gebunden, in deren Ausformung sich säkularisiertes Heilsgeschehen als Revolutionierung individuellen Bewusstseins und geschichtlicher Tat jederzeit ereignen kann.

Auerbach gelangt bei der Deutung von Petrus' Verhaftung und Verleugnung zu einer ähnlichen Position. Die wenigen Seiten, auf denen diese Geschichte nacherzählt wird, zählen zu den besten Passagen in *Mimesis*. Petrus, der Jude und Fischer aus Galiläa, folgte Jesus als einer der ersten Jünger und hatte bei der Verhaftung seines Meisters den Mut zum Widerstand aufgebracht. Aus Angst vor eigener Verfolgung verleugnet er jedoch die Gefolgschaft, als er von einer Magd angesprochen wird. Diese alltägliche Situation, Auerbach vergleicht sie mit einer »Polizeiaktion«, spielt sich zwischen Personen aus dem niederen Volk ab und ist deshalb tragisch, weil Petrus – »er zittert um sein armes Leben« – in einen inneren Konflikt verwickelt ist, der sich auf die äußere Preisgabe seiner inneren Identität bezieht. Der »provinzielle Zwischenfall«[114] gelangt, wie Auerbach sagt, zu weltgeschichtlicher Bedeutung, denn das Geschehen der Verhaftung ist mit der »Entstehung einer geistigen Bewegung in der Tiefe des alltäglichen Volkes«[115] verbunden: »Dies mitten im Alltäglichen sich abspielende Zeitgeschehen ist für die Verfasser der neutestamentlichen Schriften *revolutionäres Weltgeschehen* und wird es späterhin auch für jedermann. […] Dasjenige, was die Evangelien und die Apostelgeschichte auf weiten Strecken ihres Inhalts beschreiben, was sich sehr oft auch in den Paulusbriefen spiegelt, ist ganz unverkennbar das Entstehen einer geschichtlichen Tiefenbewegung.«[116] Dieses »revolutionäre Weltgeschehen« als frühchristliches Ereignis, das mit der Wirkungsgeschichte der Person Jesu und seiner Apostel verbunden war, hat später die Weltgeschichte maßgeblich beeinflusst. Die Ver-

114 Auerbach (Anm. 77), S. 45 (Kap.: »Fortunata«).
115 Ebd., S. 46.
116 Ebd., S. 46 f. (Hervorhebung M. V.).

bindung, die sich zu Bultmanns Definition des historischen Materialismus als »messianische Botschaft« ergibt, ist historisch an das Urchristentum gebunden. Bultmanns ressentimentfreies Referat des historischen Materialismus polemisiert nicht gegen Marx' Geschichtsdeutung, sondern unterstreicht mit Interesse und Empathie die Frage der sozialen Gerechtigkeit. Diese Sympathie legt den Gedanken nahe, dass er die subversive Tätigkeit des Jesus als soziale Handlung betrachtet, wodurch neue geschichtliche Kräfte erzeugt wurden, die das Weltgeschehen radikal veränderten. Aber der Theologe erblickte in der Gestalt des Paulus eine Inkarnation des Zweifels, dem Petrus als korrespondierende Figur von Auerbach zur Seite gestellt wurde. Nur im Zweifel kann sich der Glaube entfalten. Jedoch nicht der Glaube als dogmatische Sache, sondern als die Zuversicht, dass die einzelne Person im Augenblick existenzieller Not oder Bedrängnis zur Offenbarung ihrer inneren Möglichkeiten findet.

Auerbachs »noble Haltung Deutschland gegenüber« beruht auf historischer Weitsichtigkeit und wurde durch Bultmanns und Krauss' Bemerkungen zur politischen Nachkriegsituation angeregt. Die *Mimesis*-Diskussion ergibt, dass Auerbachs Cervantes-Kapitel seine Entstehung der Anregung Bultmanns zum Humor in der abendländischen Literatur verdankt. Dieser Aspekt ist für die Forschung völlig neu und belegt das ergänzende Zusammenspiel zweier Marburger Hermeneuten, deren Deutungsperspektive existenziell und historisch-kritisch ausgerichtet ist. Paulus und Augustin sind die Vermittler, die Auerbach zur figuralen Deutung alt- und neutestamentlicher Ereignisse anregten, wodurch es ihm möglich war, den jüdisch-christlichen Ursprung europäischer Literatur und ihre Übergänge zur Moderne zu rekonstruieren. Bultmanns Rezeption von *Mimesis* korrespondiert mit der Grundlegung seiner eigenen Eschatologie-Konzeption, die wie Auerbachs Figuraldeutung auf die Säkularisierung der Lebensverhältnisse zielt. In beiden Intellektuellen begegnen sich zwei Vertreter kulturwissenschaftlicher Hermeneutik, die im 20. Jahrhundert durch ihre Beiträge zur Bibelexegese einen ihrer Höhepunkte erreicht hatte. Ohne das irdische Gehäuse philosophischen und philologischen Denkens kann keine säkularisierte Theologie auskommen, und ohne ein Studium des Bibelstudiums ist redliche Philologie als Deutungswissenschaft nicht möglich.[117]

117 Ich danke dem Philosophen Jan Müller (Universität Stuttgart) für die Durchsicht des Textes.

Martin Elsky

Wissenschaft und nationale Identität

Erich Auerbachs figurale Interpretation als Herausforderung an eine liberale Religion

Einführung: Die Rezeption Auerbachs in Amerika und Deutschland

Erich Auerbachs Briefe an seinen früheren Assistenten Werner Krauss zeigen, wie wichtig ihm in der Nachkriegszeit die englische Übersetzung seines Hauptwerks *Mimesis* war, um seine Chancen auf eine Stelle an einer Universität in den USA zu erhöhen.[1] Seine Bemühungen in dieser Hinsicht waren bekanntlich erfolgreich. Heute ist Auerbach in den englischsprachigen Ländern bekannter als in Deutschland. Der fünfzigste Jahrestag der deutschen Erstveröffentlichung von *Mimesis* wurde 1996 an der Stanford University mit einem Symposium gefeiert, gefolgt von einer von Seth Lerer herausgegebenen wichtigen Essay-Sammlung.[2] Zum fünfzigsten Jahrestag der englischen Übersetzung von *Mimesis* erschienen im Jahr 2003 Essays von bekannten Persönlichkeiten wie George Steiner im *Times Literary Supplement* und Terry Eagleton in der *London Review of Books*.[3] Es handelte sich um Rezensionen der Jubiläumsausgabe von *Mimesis*, die in der Princeton University Press mit einem Vorwort von Edward Said erschien.[4] Auf eigene Weise hat die *New York Review of Books*

1 Vgl. Werner Krauss, *Briefe 1922 bis 1976*, hrsg. von Peter Jehle, Elisabeth Fillmann und Peter-Volker Springborn, Frankfurt a. M. 2002.

2 Seth Lerer (Hrsg.), *Literary History and the Challenge of Philology: The Legacy of Erich Auerbach*, Stanford 1996.

3 George Steiner, »Grave Jubilation«, in: *Times Literary Supplement*, 19.9.2003; Terry Eagleton, »Pork Chops and Pineapples«, in: *London Review of Books*, 23.10.2003.

4 Erich Auerbach, *Mimesis: The Representation of Reality in Western Literature*, übers. von Willard Trask, Princeton 2003. Saids Essay erschien unter dem Titel »Erich Auerbach. Critic of the Earthly World« in: *boundary* 2 (Sommer 2004), S. 11-34.

Auerbachs Einfluss in den USA gewürdigt, indem sie 2007 eine Neuauflage der englischen Übersetzung von Auerbachs weniger bekannten Habilitationsschrift *Dante. Poet of the Secular World* herausgab.[5] Die Bedeutung Auerbachs für die amerikanische Literaturkritik wird deutlich durch die Rolle, die ihm vom New Historicism zugewiesen wird.[6]

In den USA und zu einem geringeren Teil auch in Großbritannien erschienen seit der Veröffentlichung von *Mimesis* kontinuierlich Artikel über Auerbach; sie alle aufzuzählen ist unmöglich.[7] Auerbachs frühe Rezeption in den USA, die bis in die siebziger Jahre reicht, reflektierte in vielerlei Hinsicht amerikanisch-europäische Beziehungen. Auerbach verkörperte eine kosmopolitische europäische Perspektive, die großes kulturelles Prestige in den USA erlangte. Vielleicht noch wichtiger war seine Rolle während des Kalten Krieges für das typisch amerikanische Verständnis von Verantwortung gegenüber der europäischen Kultur und Zivilisation, die oft das Anliegen von Fakultäten für Vergleichende Literatur war. In der Nachkriegszeit gab es großes Interesse an Auerbachs figuraler Deutung als eine Art Ökumene zwischen Christen und Juden im amerikanischen Hochschulbereich. Auerbachs Arbeiten verliefen parallel zu theologischen Untersuchungen, die für eine phänomenologische, kategoriale Identität von hebräischer und christlicher Bibel argumentierten. Aus diesem Grund hatte Auerbach großen Einfluss auf die Forschung auf dem Gebiet der englischen Literatur des Mittelalters und des 17. Jahrhunderts. Nach dem Generationskonflikt der sechziger Jahre sank Auerbachs Ansehen in den USA. Er galt nun als Vorreiter einer erschöpften elitären Kultur von ›toten weißen europäischen Männern‹. Sein kritischer Ansatz schien unrettbar in der männlichen europäischen Kultur verankert. Die kulturelle Revolte der sechziger Jahre war zum Teil eine Revolte gegen die europäische Tradition. Dieser neuen Laune fiel auch Auerbach zum Opfer.

Edward Said bewahrte Auerbach vor dem Vergessen, obgleich man annehmen sollte, dass er genau die Art von europäischer Kultur repräsentierte, die Said oft kritisierte. Auerbachs europäischen Humanismus bestätigend, stellte Said fest, wie wichtig Istanbul für dessen

5 *Dante. Poet of the Secular World*, übers. von Ralph Manheim, New York 2007. Die Originalübersetzung erschien 1961 unter demselben Titel in der University of Chicago Press (dt. Erstausg.: *Dante als Dichter der irdischen Welt*, Berlin 1929, Neuaufl. 2001).

6 Vgl. Catherine Gallagher/Stephen Greenblatt, *Practicing New Historicism*, Chicago 2000, S. 31-47.

7 Vgl. zur Auerbach-Rezeption: Herbert Lindenberger: »On the Reception of *Mimesis*«, in: Lerer (Anm. 2), S. 195-213.

Arbeit gewesen war. Einerseits sah er die Ironie in der Tatsache, dass Auerbach die Geschichte der europäischen Literatur in Istanbul, am Ort der östlichen Antithese Europas schrieb, wo er Sicherheit vor dem selbstzerstörerischen Abstieg Europas gefunden hatte. Andererseits zeigte Said, dass sich Auerbach während seines Aufenthalts in Istanbul eine globale Literaturperspektive nach dem Modell Goethes geschaffen hatte. Eine jüngere Generation von Gelehrten, die sich für das postkoloniale Exil als eine Bedingung literarischen Schaffens interessierte, wurde stark von Saids Einschätzung beeinflusst. Diese neue Wertschätzung fiel mit der wachsenden Aufmerksamkeit für Auerbachs jüdische Herkunft zusammen, wie sie in einigen Essays in Lerers Sammlung zum Ausdruck kommt.[8] Seine jüdische Abstammung wurde in früheren Diskussionen über seine Arbeit oft erwähnt, aber gewöhnlich als zufällig abgetan. Sogar in ökumenischen Interpretationen seiner figuralen Deutung wurde seine jüdische Herkunft meist nur implizit bedacht. Edward Saids Vorwort und Essays wie der von Jesse M. Gellrich änderten das Verständnis von Auerbachs Kosmopolitismus. Er wurde nicht mehr einfach als ›Europäer‹ gesehen. Sein Hinweis auf Hugo von St. Victors Theorie der kosmopolitischen Ausgliederung betrachtete man als sein Mantra: »Delicatus ille est adhuc cui patria dulcis est, fortis autem cui omne solum patria est, perfectus vero cui mundus totus exilium est« (›Von zartem Gemüt ist, wer seine Heimat süß findet, stark dagegen jener, dem jeder Boden Heimat ist, doch nur der ist vollkommen, dem die ganze Welt ein fremdes Land ist‹).[9] Auerbach wurde geschätzt, weil als jemand galt, der sich weder national noch religiös noch ethnisch definierte. Er wurde mit postkolonialem Exil assoziiert.

In meinem Aufsatz möchte ich eine neue Interpretation von Auerbachs Kosmopolitismus vorschlagen. Statt eine spezielle Affiliation zu *überwinden*, war er, so meine ich, in mehreren Kulturen zu Hause, *in* denen er existierte und die er über mehrere Grenzen hinweg – jüdische, deutsche, romanische und türkische – *durch*querte. In vielerlei Hinsicht drückt sich dieser Kosmopolitismus in dem Stellenwert aus, den er der biblischen figuralen Deutung für die europäische Literatur einräumte.

8 Vgl. v. a. Jesse M. Gellrich, »Figura, Allegory, and the Question of History«, in: Lerer (Anm. 2), S. 107-123.

9 Vgl. Erich Auerbach, »Philology and Weltliteratur«, übers. von Maire and Edward Said, in: *Centennial Review* 13 (1969), S. 17 (dt.: »Philologie der Weltliteratur«, in: *Weltliteratur. Festgabe für Fritz Strich zum 70. Geburtstag*, hrsg. von Walter Muschg und Emil Staiger, Bern 1952, S. 50). Edward Said hat diesen Satz oft zitiert.

Auerbachs Kosmopolitismus muss in erster Linie nicht außerhalb, sondern innerhalb des deutschen Kontextes verstanden werden. Auerbachs Rezeption in England und besonders in Amerika fehlte jegliches Bewusstsein für seine deutsche Herkunft. Es schien, als ob die Emigration von Istanbul in die USA der einzig wichtige Aspekt in Auerbachs Biografie sei. Vielleicht bewirkte auch die Neuauflage des noch in Deutschland geschriebenen Dante-Buchs durch die *New York Review of Books*, dass Auerbach wieder als deutscher Literaturkritiker gesehen wird. Diese Entwicklung hatte großen Einfluss darauf, dass deutsche Gelehrte relevante Quellen publizierten, deren Nichtbeachtung die frühere amerikanische Auerbach-Forschung – mit der bemerkenswerten Ausnahme von Hans Ulrich Gumbrecht – manchmal oberflächlich und rein spekulativ erscheinen lässt.[10] Da in den USA das Interesse an Auerbach zunimmt, müssen sich amerikanische Gelehrte über die Rolle, die deutsches Denken in seiner Arbeit spielte, bewusst werden.

Gleichzeitig kann man aber feststellen, dass Auerbach bis vor kurzem in Deutschland kaum rezipiert wurde. Die deutschen Hochschulen der Nachkriegszeit nahmen ihn keineswegs enthusiastisch auf, und soweit mir bekannt ist, spielte er in der deutschen Literaturkritik eine wesentlich geringere Rolle als in der amerikanischen. In letzter Zeit gab es jedoch eine Wiederentdeckung Auerbachs in Deutschland. In Groningen, Marburg und Berlin fanden Auerbach-Symposien statt, aus denen wichtige Essay-Sammlungen hervorgingen.[11] Diese deutsche Wiederentdeckung wurde vor allem von Karlheinz Barck, Martin Vialon, Martin Treml und Matthias Bormuth eingeleitet.

Auerbachs deutsche Interpreten verkennen jedoch ebenfalls oft die Art seines Kosmopolitismus.[12] Wäre Deutschland einem normalen geschichtlichen Kurs gefolgt – so die gängige Meinung –, wäre seine jüdische Assimilation erfolgreich gewesen, und er wäre wie andere jüdische Intellektuelle einfach als Deutscher akzeptiert worden. Auerbachs

10 Hans Ulrich Gumbrecht, »›Pathos of the Earthly Progress‹. Erich Auerbach's Everydays«, in: Lerer (Anm. 2), S. 13-35 (dt.: »›Pathos des irdischen Verlaufs‹: Erich Auerbachs Alltag«, in: ders., *Vom Leben und Sterben der großen Romanisten: Karl Vossler, Ernst Robert Curtius, Leo Spitzer, Erich Auerbach, Werner Krauss*, München/Wien 2002, S. 152-174).

11 Vgl. Walter Busch/Gerhart Pickerodt (Hrsg.), *Wahrnehmen Lesen Deuten. Erich Auerbachs Lektüre der Moderne*, Frankfurt a. M., 1998; Karlheinz Barck/Martin Treml (Hrsg.), *Erich Auerbach. Geschichte und Aktualität eines europäischen Philologen*, Berlin 2007.

12 Ich stimme im Wesentlichen Treml zu, der den Begriff des »Kosmopolitismus« in Bezug auf Auerbach für unangemessen hält. Vgl. Martin Treml, »Auerbachs imaginäre jüdische Orte«, in: Barck/Treml (Anm. 11), S. 230-254.

deutscher Kontext ist jedoch ausgesprochen multikulturell; er bewegte sich zwischen einer jüdischen Herkunft, einer protestantischen Erziehung[13] und einem kulturellen Empfinden, das mit der römische Kirche verbunden war. Diese Einflüsse wurden in Deutschland geformt und wuchsen nach der ersten transkontinentalen Flucht des jüdischen Berliners von Marburg nach Istanbul zusammen. Um den intellektuellen Einfluss der Emigration einschätzen zu können, ist es wichtig, das Vorfeld zu *Mimesis* zu untersuchen und nicht das eigentliche Werk selbst; das heißt, es ist notwendig, die Abhandlung *Figura*, die die Grundlage für *Mimesis* bildet, zu untersuchen, und zwar nicht nur auf die Ideen hin, die darin entwickelt werden, sondern auf den deutschen Kontext hin, in dem diese Ideen entwickelt wurden.

Der deutsche Kontext von *Figura*

Es ist bekannt, dass *Figura* einen wichtigen Wendepunkt in Auerbachs Denken darstellt. In seiner 1938 veröffentlichten Arbeit schlug Auerbach vor, die Verbindung von jüdischer und christlicher Bibel als eine zentrale Grundlage der westlichen Auffassung von Realismus in der Literatur zu verstehen. In *Figura* artikulierte Auerbach die eigentliche Signifikanz der figuralen Deutung, die Vorahnung des Neuen Testaments im Alten Testament. Auf der biblischen Hermeneutik fußten seine Ansichten von einer spezifisch westeuropäischen Literatur; er entwickelte sie während seines Aufenthalts in Istanbul, nachdem er nach der Machtübernahme durch die Nationalsozialisten aus seiner Universität ausgeschlossen worden war.

Die Wende zu biblischer Hermeneutik und figuraler Deutung, die in seinen früheren Arbeiten kaum eine Rolle spielten, ist mit konfessionellen Debatten über die Natur der deutschen Nationalidentität verbunden, die in das späte 19. Jahrhundert zurückgehen. Vor dem Hintergrund dieser Debatten, die ihm verständlicherweise nach seiner Flucht aus Deutschland im Jahr 1936 bedeutsamer wurden, konnte er den Realismus und die europäische Literaturgeschichte neu bewerten.

Indem Auerbach sich der figuralen Interpretation zuwandte, beschäftigte er sich mit einem ausgesprochen kontroversen Thema, nämlich der Rolle des Alten Testaments in der Historiografie der frühen Kirche. Der Status der jüdischen Bibel und ihre Beziehung zur frühen Kirche wurden in der Zeit vor dem Ersten Weltkrieg in der theologischen Forschung in Verbindung mit der nationalen Identität

13 Auerbach machte seine Abitur am calvinistischen Französischen Gymnasium in Berlin.

behandelt und hatte aus diesem Grund Implikationen für die Stellung der Juden in Deutschland. Speziell in den Forschungen des Kulturprotestantismus wurde die gnostische Kontroverse des zweiten Jahrhunderts, vielleicht überraschenderweise, für die moderne deutsche Identität wichtig. Aus den Ansichten der Gnostiker und ihrer Haltung gegenüber der frühchristlichen Übernahme der hebräischen Bibel entwickelte der Kulturprotestantismus grundlegende Fragen einer humanistischen Theologie.

In den dreißiger Jahren benutzte Hans Jonas die Gnosis als ein Instrument für die Rekonzeptualisierung der gesamten griechischen Welt um eine Ost-West-Achse.[14] Jonas' Werk zeigt, dass die Haltung zur Gnosis eine Stellungnahme zu wesentlich wichtigeren Themen bedeutete, in diesem Fall handelte es sich um nichts Geringeres als die Natur menschlicher Identität in einem Zeitalter der Katastrophen. Das Beispiel hatte weitreichende Bedeutung für Auerbach, der Jonas' Mentor Rudolf Bultmann[15] als Kollegen in Marburg kennengelernt hatte.[16] Bultmann war zunächst ein Vertreter des liberalen Protestantismus, bevor er wie viele andere gegen dessen humanistische Prämissen rebellierte und sich der dialektischen Theologie Karl Barths[17] zuwandte. Jonas schrieb seine frühen Arbeiten über die Gnosis unter Bultmanns Leitung und wendete sich darin gegen Adolf von Harnack, den wichtigsten Vertreter des liberalen Protestantismus, gegen den nach dem Ersten Weltkrieg auch die dialektischen Theologen rebellierten.[18] Harnack hatte in seiner monumentalen Geschichtsschreibung im Sinn eines modernen, progressiven Protestantismus der

14 Hans Jonas, *Gnosis und spätantiker Geist*, Göttingen 1934, 2. Aufl., Göttingen 1954 (engl.: *The Gnostic Religion. The Message of the Alien God and the Beginnings of Christianity*, Boston 1958). Vgl. dazu zwei neuere Darstellungen von Elaine Pagel: *Gnostic Gospels,* New York 1979; *Beyond Belief. The Secret Gospel of Thomas*, New York 2003.

15 Bultmann schrieb eine Einleitung zum Jonas' Buch *Gnosis und spätantiker Geist.* Zu Jonas' Verhältnis zu Heidegger und Bultmann vgl. Richard Wolin, *Heidegger's Children. Hannah Arendt, Karl Löwith, Hans Jonas, and Herbert Marcuse*, Princeton 2001, S. 101.

16 Nach Earl Jeffrey Richard erwähnte Bultmanns Tochter, dass ihr Vater Exemplare von Curtius' Essays an Auerbach schickte. Vgl. »Erich Auerbach und Ernst Robert Curtius. Der unterbrochene oder der verpaßte Dialog?«, in: Busch/Pickerodt (Anm. 11), S. 34.

17 Für die Reaktionen gegen die liberalen Theologen vgl. Kurt Nowak, *Geschichte des Christentums in Deutschland. Religion, Politik und Gesellschaft vom Ende der Aufklärung bis zur der Mitte des 20. Jahrhunderts,* München 1995, S. 212-215.

18 Rudolf Bultmann, »Introduction«, in: Adolf von Harnack, *What Is Christianity?*, übers. von Thomas Bailey Saunders, New York 1957, S. xii, Anm. 9.

Gnosis nicht zufällig eine herausragende, wenn auch negative Rolle für den Aufbau der Kirchenlehre zugeschrieben.

Es ist wohl kaum ein Zufall, dass der gnostischen Kontroverse in Auerbachs *Figura* eine wichtige Rolle bei der Entwicklung der Figuration zukommt. Ich möchte sogar vorschlagen, Auerbachs figurale Deutung als eine Art posthumen Dialog mit Harnack zu verstehen.

Kulturprotestantismus

1886 veröffentlichte Harnack den ersten Band seines Hauptwerks *Lehrbuch der Dogmengeschichte*, sozusagen als intellektuellen Ratgeber des Kulturprotestantismus. Er verstand dieses historische Unterfangen als Fortführung des unvollendeten Werks Luthers. 1932 war das Buch bereits in der fünften Auflage erschienen. Harnack galt als führender Intellektueller, er lehrte von 1886 bis 1888 in Marburg, bevor er nach Berlin berufen wurde, und bekleidete bedeutende Stellungen in öffentlichen Institutionen außerhalb von Kirche und Universität; er war Direktor der Preussischen Staatsbibliothek in Berlin und Präsident der Kaiser-Wilhelm-Gesellschaft (der Vorgänger-Organisation des Max-Planck-Instituts). Das Ziel der *Dogmengeschichte* war es, mit den Methoden der historischen Kritik das schädliche Vermächtnis der griechischen Philosophie, des Alten Testaments und des Katholizismus im zeitgenössischen Protestantismus zu eliminieren. Harnack beschuldigte die Gnostiker, im Christentum ein Muster geschaffen zu haben, das authentische religiöse Erfahrungen zerstöre, indem es metaphysische Spekulationen in das Christentum einführe. Der wissenschaftliche Historiker sei berufen, die wahre religiöse Erfahrung der frühen Kirche durch philologische Nachforschung wiederherzustellen und somit die wahre Religion als das Credo einer neuen deutschen Nation einzusetzen.

Dieses liberal-protestantische Programm war vor allem für städtische Eliten interessant, die eine progressive religiöse Identität suchten, die ihrer Beziehung zu einem modernen deutschen Staat gerecht wurde. Auch Juden fanden dieses liberal-protestantische Ideal attraktiv. Harnack selbst verstand das Programm des Kulturprotestantismus als Teil einer Reform der protestantischen Kirche im neuen Reich. Philologie, Geschichts- und Naturwissenschaften sollten Berlin zum wichtigsten intellektuellen Zentrum Europas machen.[19] Lionel Goss-

19 Vgl. Adolf von Harnack, »Rede zur Zweihundertjahrfeier der Akademie« (1900), in: ders., *Wissenschaftliche Reden und Aufsätze*, hrsg. von Bernhard Fabian, Hildesheim 2001, S. 179-193, bes. S. 183, 196, 207.

man hat in seiner brillanten Studie über Burckhardt und Basel gezeigt, wie eng die philologisch-historische Methode mit deutschem Nationalstreben verbunden war.[20] Zusätzlich gab es einen ausgesprochen protestantischen Einschlag in Harnacks Vertrauen auf die antimetaphysische und antiautoritäre Tendenz der philologisch-historischen Methode, die – teils an Luther, teils an Kant orientiert – als Ziel der Geschichte die religiöse Freiheit des Einzelnen definierte, auch gegenüber den Mächtigen der eigenen Kirche.

Eines von Harnacks Hauptangriffszielen war die Logos-Doktrin, der zufolge ein und derselbe Geist die Heilsgeschichte von der Schöpfung bis zum Jüngsten Gericht leitete und beide Testamente geschichtlich verband, sodass ein Teil im anderen gelesen werden konnte.[21] Wer die Kunst und Literatur des Mittelalters oder der frühen Moderne kennt, weiß, wie tief eingebettet der Logos-Begriff in der europäisch-christlichen Kultur ist. Die Vorstellung, dass er fundamental unchristlich, ja sogar antichristlich sein könnte, hatte Harnacks Zeitgenossen gleichermaßen schockiert, wie dies heutzutage bei Dante- oder Milton-Kennern der Fall wäre. Harnack betrachtete den Logos-Begriff als Ausdruck des Einflusses der griechischen Metaphysik, der letztendlich zu der katastrophalen frühchristlichen Entscheidung führte, die jüdische Bibel als christliche Bibel zu übernehmen und zu kanonisieren. Die jüdische Bibel erforderte eine allegorische Interpretation, die ihrerseits auf griechischer Metaphysik fußte. Die gnostische Kontroverse war der Katalysator für diese historische Entwicklung, aus der der Katholizismus entstand. Harnack glaubte, das eigentliche Ziel der Gnostiker sei die Dekanonisierung des Alten Testaments und dessen Ersatz durch griechische Philosophie gewesen. Kirchenväter wie beispielsweise Tertullian bekämpften die Gnosis zwar erfolgreich, aber der Preis dafür war die Erschaffung einer »fantastischen Synthese« aus griechischer Philosophie und Judentum als Grundlage für das Verstehen der Bibel. Das Resultat dieser Synthese war der Katholizismus. Harnacks kritische Historiografie, die auf der Philologie basierte, bot eine Möglichkeit, diese Entwicklung zu entwirren und durch den Kulturprotestantismus zur frühen Kirche zurückzukehren.

20 Vgl. v. a. seine Interpretation von Bachofens Kritik an Mommsen (Lionel Gossmans, *Basel in the Age of Burckhardt. A Study in Unseasonable Ideas*, Chicago 2000, S. 163-169).

21 Zum Ursprung der Logos-Doktrin in der Philosophie Philos vgl. Adolf von Harnack, *Lehrbuch der Dogmengeschichte*, Bd. 1, Tübingen 1909, S. 124 f. Zur Bedeutung von Tertullian für die Logos-Doktrin vgl. ebd., S. 575 ff.

Der Einzige, der von dieser Regression in einen jüdisch beeinflussten Katholizismus frei geblieben war, ist nach Harnacks Meinung Marcion, ein ausgesprochener Häretiker und Feind Tertullians. Marcion sei *der* Denker in der frühen Kirche gewesen, der von griechischer Philosophie unberührt geblieben sei. Harnack verteidigte Marcions Anspruch, der wahre Interpret Paulus' zu sein, von dem er glaubte, dass er jegliche Verbindung zum Alten Testament zurückgewiesen hatte. Ausgesprochen wichtig ist für Harnack, dass Marcion sich weder auf die Offenbarung noch auf die Philosophie berief, sondern auf die *Philologie* und die kritische Historiografie. Er lobte Marcion für seine Bemühungen, einen eigenen Kanon einer christliche Bibel einzuführen. So erscheint Marcion als Vorgänger Luthers und Vorbild für den modernen liberalen deutschen Protestanten. Harnacks erste und seine letzte wissenschaftliche Arbeit waren Marcion gewidmet. 1921 veröffentlichte er eine Monografie über Marcion,[22] worin er sich für eine Dekanonisierung des Alten Testaments aussprach. Das Werk entstand in einer angespannten Atmosphäre, denn nach dem Ersten Weltkrieg wurde dem nationalistischen Humanismus des liberalen Protestantismus eine Mitschuld am Krieg vorgeworfen. Harnacks Studenten rebellierten gegen ihn, insbesondere Karl Barth, aber auch Auerbachs Marburger Kollege, Rudolf Bultmann, der Jonas' Angriff gegen Harnacks Auffassung der Gnosis unterstützte. Ich möchte behaupten, dass Auerbach zu dieser Nachfolgegeneration Harnacks gehörte. Harnack starb, bevor Auerbachs wichtigste Werke geschrieben waren, aber es gab viele Berührungspunkte, wie indirekt und verspätet sie auch gewesen sein mögen: an der Universität in Greifswald, in Marburg selbst, an der Berliner Staatsbibliothek, in den öffentlichen Foren, den Berliner Vorlesungssälen und der Berliner Presse, in der Harnack an prominenter Stelle präsent war. Auerbach zitierte Harnack und verließ sich in kirchengeschichtlichen Fragen vielfach auf dessen *Dogmengeschichte*.

Über mögliche antijüdische Implikationen in Harnacks *Dogmengeschichte* wird noch heute gestritten. Es ist durchaus möglich, dass zumindest ein Teil von Auerbachs Reaktion gegenüber Harnack auf solchen Implikationen beruht. Harnacks Ideen waren von Anfang an kontrovers. Er beleidigte die konservative Elite seiner eigenen protestantischen Kirche, und natürlich beleidigte er deutsche Katholiken. Tatsächlich waren sie seine Hauptgegner. Aber auch die Juden waren zutiefst beleidigt. In Kontroversen vor dem Krieg beklagten liberale

22 Adolf von Harnack, *Marcion. Das Evangelium vom fremden Gott. Eine Monographie zur Geschichte der Grundlegung der katholischen Kirche*, Leipzig 1921, 2., rev. Aufl. 1924.

Juden der Bewegung *Wissenschaft des Judentums*, dass Harnacks abschätzige Meinung gegenüber dem spätantiken pharisäischen Judentum seiner völligen Unkenntnis jüdischer Quellen entsprang, und sie befürchteten, dass seine Einstellung, sollte sie akzeptiert werden, ernsthafte Konsequenzen für den Status der Juden als deutsche Bürger haben könnte. Liberale Juden suchten einen offenen Dialog mit ihm, insbesondere weil sie an die gleichen liberalen Werte wie der Kulturprotestantismus glaubten – aber Harnack ignorierte sie gänzlich.[23] In der Zeit, als Auerbach die Abhandlung *Figura* schrieb, waren Harnacks Ideen bereits von Nazi-Ideologen übernommen worden.[24]

figura in Beziehung auf Harnack

Auerbach würdigte Harnack und griff auf dessen Erkenntnisse zurück, aber die Bedeutung, die Figuration und Logos-Doktrin für Auerbach haben, steht im offenen Widerspruch zu Harnacks Verständnis der frühen Kirchengeschichte. Tatsächlich kann Auerbachs Auffassung von *figura* als Widerlegung der kulturellen Implikationen dieser liberal-protestantischen Kirchengeschichte verstanden werden. Seine Ablehnung Marcions bedeutet zugleich die Ablehnung von Harnacks Prototyp des liberal-protestantischen Gelehrten und Kirchenrats. Wichtiger noch ist die Berücksichtigung der katholischen Interpretation der gnostischen Kontroverse, die den Liberalen in Deutschland als eindeutiger Gegensatz zum freien Geist erschien. Dabei geht es um viel mehr als um eine unabhängige Literaturgeschichte.

23 Vgl. Christian Wiese, »Counterhistory, the ›Religion of the Future‹ and the Emancipation of Jewish Studies. The Conflict Between the ›Wissenschaft des Judentums‹ and Liberal Protestantism, 1900 to 1933«, in: *Jewish Studies Quarterly* 7 (2000), S. 367-398; ders., »Ein unerhörtes Gesprächsangebot. Leo Baeck, die Wissenschaft des Judentums und das Judentumsbild des liberalen Protestantismus«, in: *Leo Baeck, 1873-1956. Aus dem Stamme von Rabbinern*, hrsg. von Georg Heuberger und Fritz Backhaus, Frankfurt a. M. 2001, S. 147-171; ders., *Wissenschaft des Judentums und Protestantische Theologie im Wilhelminischen Deutschland: Ein Schrei ins Leere?*, Tübingen 1999; Walter Homolka, *Jewish Identity in Modern Times: Leo Baeck and German Protestantism*, Providence 1995. Vgl. auch Wolfram Kinzig, »Ein Ketzer und sein Konstrukteur: Harnacks Marcion«, in: Gerhard May/Katharina Greschat (Hrsg.), *Marcion und seine kirchengeschichtliche Wirkung* Berlin/New York 2002, S. 253-274; ders., *Harnack, Marcion und das Judentum. Nebst einer kommentierten Edition des Briefwechsels Adolf von Harnacks mit Houston Stewart Chamberlain*, Leipzig 2004.

24 Vgl. Richard Steigmann-Gall, *The Holy Reich. Nazi Conceptions of Christianity, 1919-1945*, New York 2003, S. 38-41.

Wie Daniel Fried bemerkte, ist Auerbachs Literaturgeschichte immer Teil einer »civilizational history«.[25] In Tertullian meinte Auerbach die philologische Grundlage eines fundamentalen kulturell-religiösen Wandels zu entdecken, der zu einer eigenständigen europäischen Sensibilität führte. Mit Tertullian votierte Auerbach philologisch für eine europäische Identität, in direkter Opposition zu Harnacks Vorstellungen vom philologischen Ursprung einer progressiven deutschen Identität. Nachdem er seine Stelle in Marburg verlassen musste und eine neue Stelle an der Universität in Istanbul gefunden hatte, fand auch er in der gnostischen Kontroverse eine Möglichkeit, als Antwort auf den liberalen Protestantismus der Vorkriegszeit Fragen von Kultur, Religion und Identität anzusprechen. Wenn man Harnacks philologische Methode als ein Mittel zur Bestimmung deutscher protestantischer Identität betrachtet, dann ist Auerbachs Darstellung von Tertullian und seiner Widerlegung von Marcion eine Art Gegen-Philologie. Wie Jonas benutzte Auerbach im Exil die gnostische Kontroverse als ein Instrument zur Rekonstruktion der kulturellen Grundlagen Europas, für eine Rekonfiguration der Beziehung von Ost und West, für eine Neuformulierung des Verhältnisses von katholischem und evangelischem Christentum. Aus seinem Istanbuler Blickwinkel wurde vor allem das Verhältnis von Katholizismus und Protestantismus zum Judentum wichtig.

In seiner inzwischen bekannten Darlegung zeigt Auerbach, wie Tertullian den klassischen Begriff der *figura* im Sinn von ›Präfiguration‹ benutzt, um zu erklären, dass das Alte Testament das Neuen ebenso präfigurierte wie das vorchristliche Rom das christliche. Die Belege für diese Verwendung des Begriffs *figura* fand er interessanterweise in Tertullians Abhandlung über Marcion. Tertullian, nicht Marcion, so behauptet Auerbach implizit, schuf die Verbindung von Bibel und katholischer Zivilisation. Die Logos-Doktrin, die Harnack verabscheute, verbindet nicht nur die Testamente, sondern wird im Rom der lateinischen Kirche zur Grundlage einer europäischen Zivilisation. Tertullian war der Erste, der das Wort *figura* in einem christlichen Sinn benutzt. Auerbach vermerkt die semantisch-kulturellen Veränderungen, die bei der Christianisierung Roms eine Rolle spielten, und analysiert die weitreichende Bedeutung der *figura*, indem er den epochalen Wandel der Christianisierung beschreibt. Auerbach schließt mit der Bemerkung, dass der Gedanke der Figuration seine wahre Heimat in der westlichen Kirche fand, wo er zur Grundlage einer westeuropäischen *mentalité* wurde. Die kulturellen Implikatio-

25 Daniel Fried, »Of Boars, Rhapsodes, and the Uses of Culturalist Error«, in: *Comparative Literature* 57 (2005), S. 312-327.

nen von Tertullians *figura* zeigt Auerbach in seinen Dante-Interpretationen.[26] Auerbach, von Istanbul in Richtung Westen schauend, sah im Europa des Jahres 1938 in Dante einen Dichter, der es Wert ist, gerade zu diesem Zeitpunkt gelesen zu werden.

Indem er die Figuration als eine Grundlage der europäischen Kultur bezeichnete, beteiligte sich Auerbach an einer modernen Debatte, die zwei gegensätzliche Erzählungen europäischer Geschichte hervorbrachte, zwei »civilisational histories«. Die liberale kulturprotestantische Erzählung beginnt mit Paulus, der das Alte Testament zurückweist, und erreicht über Marcion und Luther ihren Höhepunkt schließlich im modernen protestantischen Deutschland. Auerbach erzählt eine andere Geschichte: vom Figuralismus des Paulus über Tertullian bis zum Rom von Dantes Vergil. Diese Erzählung integriert die europäische Zivilisation über nationale Grenzen hinweg. Durch die figurale Deutung spielten die Juden darin eine entscheidende Rolle. Die frühe Kirchengeschichte war für Auerbach wie für Harnack und Jonas ein Mittel, die Gegenwart zu verstehen; mit seiner Version der frühen Kirchengeschichte wendet er sich gegen den Kulturprotestantismus, der die Juden von der Heilsgeschichte ausschloss.

Es ist klar, dass diese Ideen mit Auerbachs Auswanderung nach Istanbul zusammenhingen. Im September 1935 schrieb Auerbach aus Siena an Karl Vossler, um ihm mitzuteilen, dass er Leo Spitzers Vorschlag in Betracht ziehe, ihn in Istanbul zu ersetzen. Nebenbei heißt es: »Was meine eigene Realismusarbeit betrifft, so soll sie noch eine Weile liegen bleiben, es lässt sich vielleicht noch mehr herausholen.«[27] Hier wird klar, dass Auerbach zu einem Zeitpunkt über die Figuration nachzudenken begann, als er verstanden hatte, dass er Deutschland verlassen muss. Der Essay *Figura* wurde 1938 von Olschki in der florentinischen Fachzeitschrift *Archivum Romanicum* veröffentlicht.[28] Es war die erste bedeutende Arbeit, die Auerbach in Istanbul schrieb. In seinem bekannten Brief an seinen früheren Assistenten Martin

26 Vgl. Auerbachs Argument gegen die Trennung von Theologie und Dichtung in seinem Essay über die »Entdeckung Dantes in der Romantik«, in: *Deutsche Vierteljahrsschrift für Literatur Wissenschaft und Geistesgeschichte* 7 (1929), S. 682-692; wiederabgedr. in: Erich Auerbach, *Gesammelte Aufsätze zur romanischen Philologie*, hg. v. Fritz Schalk, Bern 1967, S. 176-183.

27 Erich Auerbach an Karl Vossler, 15.9.1935, in: Martin Vialon (Hrsg.), *Und wirst erfahren wie das Brot der Fremde so salzig schmeckt. Erich Auerbachs Briefe an Karl Vossler 1926-1948*, Warmbronn 2007, S. 20.

28 Erich Auerbach, »Figura«, in: *Archivum Romanicum* 22 (1938), S. 436-489. Im Folgenden wird nach diesem Erstdruck zitiert. Der Essay erschien später auch in: *Neue Dantestudien* 5, Istanbul 1944, S. 11-71.

Hellweg[29] deutete er 1939 an, dass ihm die geschichtliche Bedeutung der figuralen Deutung in Istanbul mit einem Blick gegen Westen aufging, angesichts eines Europas, das ins Desaster stürzte. Diese Katastrophenatmosphäre ist der Kontext, in dem die Arbeit verstanden werden sollte. In Auerbachs Sicht bahnte der Sieg der frühen Kirche über die Gnostiker den Weg für eine Etablierung der römischen Kirche. Damit votierte er in den dreißiger Jahren für Europa und Internationalismus und zugleich *gegen* die liberal-progressiven, aber nationalistischen Ansichten des Kulturprotestantismus. Zudem ist Auerbachs Interesse an figuraler Deutung offensichtlich eine Antwort auf die Misere der Juden. Der protokatholische Sieg über die Gnostiker betraf auch die Situation der Juden, wenn Auerbach feststellt: »In diesem Kampfe gegen die Verächter und Entleerer d[es] A[lten] T[estaments] hat sich die realprophetische Methode aufs Neue bewährt und seiner Geltung eben im christlicher Verheissungssinne zum Siege verholfen.«[30] Die Flucht von Marburg nach Istanbul gab Auerbach die Freiheit, die Rolle der Philologie für die europäische Identität neu zu beurteilen.

Der deutsche Religionsgeschichtler Kurt Nowak zeigte, dass es ein großer Fehler gewesen war, die Rolle der Religion bei der Entwicklung von Konzepten nationaler Identität während des Aufbaus eines neuen deutschen Industriestaates zu ignorieren. Er prägte den Ausdruck »dreikonfessionelle« Geschichte, um zu zeigen, welche Bedeutung die Religion Ende des 19., Anfang des 20. Jahrhunderts für die deutsche Identität hatte.[31] Er erklärte, dass Protestanten, Katholiken und Juden nicht isoliert als in sich geschlossene Gemeinschaften, sondern in ihrer Wechselwirkung aufeinander verstanden werden sollten. Dies zeigt sich auch am Beispiel Auerbachs, der die Ansichten der liberal-jüdischen Bewegung *Wissenschaft des Judentums* ablehnte, weil sie dem Kulturprotestantismus nahe stand. Gleichzeitig kritisierte er implizit die Bestrebungen einer »jüdischen Renaissance« in der Weimarer Republik.[32] In *Figura* betrachtet er stattdessen die Lage

29 Erich Auerbach an Martin Hellweg, 22.5.1939, in: *Erich Auerbachs Briefe an Martin Hellweg, 1939-1950*, hrsg. von Martin Vialon, Tübingen 1997, S. 57 f.

30 Auerbach (Anm. 28), S. 467.

31 Nowak (Anm. 17), S. 10-11. Zu den Implikationen seiner Idee vgl. Helmut Walser Smith/Chris Clark, »The Fate of Nathan«, in: *Protestants, Catholics, and Jews in Germany, 1800-1914*, hrsg. von Helmut Walser Smith, Oxford/New York 2001, S. 3-32.

32 Vgl. z. B. Paul Mendes-Flohr, »Jewish Cultural and Spiritual Life«, in: *German-Jewish History in Modern Times*, hrsg. von Michael A. Meyer und Michael Brenner, Bd. 4: *Renewal and Destruction, 1918-1945*, New York 1998, S. 127-156.

der europäischen Juden – ähnlich wie Harnack – in Bezug auf die Rolle der jüdischen Schriften in der frühen Kirche. Obwohl Auerbach Harnacks Bedingungen akzeptierte, widersprach er dessen liberaler Vision und meinte, dass die römische Kirche durch ihre Verbindung mit der jüdischen Bibel die europäische Zivilisation repräsentiere. Das war die Basis für *Mimesis*, sein Hauptwerk, das er während des Krieges, kurz nach der Veröffentlichung von *Figura*, in Istanbul zu schreiben begann.

Die Dialektik der Figuration

Sonderbarerweise gelang es Auerbach nicht, sich gänzlich der Ansicht Harnacks zu entziehen, wonach das Christentum aus dem Ruin des Judentums entstanden sei. Auch wenn er es in *Figura* nicht zulässt, dass die hebräische Bibel als Grundlage europäischer Identität vergessen wird, stellt seine Abhandlung keineswegs eine revanchistische Antwort des Judentums dar. Auerbachs Konzeption vom Judentum ist komplexer und vielleicht auch problematischer als oft angenommen wird. Es darf nicht übersehen werden, dass in der figuralen Deutung Juden gerade dann aufhören Juden zu sein, wenn ihre heiligen Texte Präfigurationen von religiös wichtigeren christlichen Ereignissen und Personen werden. Auch wenn er nachdrücklich auf die historisch-konkrete Realität jüdischer *figurae* hinweist, erkennt Auerbach, dass in der figuralen Deutung das Neue Testament nicht nur die *figurae* des Alten Testaments erfüllt, sondern diese in der Erfüllung gleichzeitig »aufhebt«.[33] Damit wird die Präfiguration in gewisser Weise entleert. Die Emergenz einer europäischen Literatursprache durch figurale Deutung ist letztendlich abhängig von der Inkorporation des Alten in das Neue Testament und vom *Untergang* des Judentums.[34] Figurale Deutung schließt deshalb die Erkenntnis des Verlusts und die Erhaltung des Verlorengegangenen ein. Die figurale Erfüllung löst die jüdische Geschichte auf und erhält sie gleichzeitig am Leben. Das Zusammenfallen von Verlust und Aufbewahrung deutet auf den Einfluss von Auerbachs Freund Walter Benjamin hin, insbesondere auf sein Konzept des dialektischen Bildes der Ruine.

33 Auerbach (Anm. 28), S. 466.

34 Obwohl er den Befund nicht in historische Betrachtungen einfügt, hat der dekonstruktivistisch geschulte Timothy Bahti diese Paradoxie in Auerbachs figuraler Interpretation klar gesehen. Vgl. »Auerbach's Mimesis. Figural Structure and Historical Narrative«, in: *After Strange Texts. The Role of Theory in the Study of Literature*, hrsg. von Gregory S. Jay und David L. Miller, University, Alabama 1985, S. 124-145.

Auerbach und Benjamin begegneten sich in der Preußischen Staatsbibliothek in Berlin, wo Auerbach Bibliothekar war, als Benjamin 1923 dort an seiner Theorie der Allegorie barocker Embleme arbeitete, woraus später das Buch *Ursprung des deutschen Trauerspiels* (1928) entstand. Zwischen 1935 und 1937 korrespondierten sie miteinander, dann floh Benjamin nach Paris, und Auerbach wurde in Marburg entlassen und emigrierte nach Istanbul. Ihre Korrespondenz zeigt, dass Auerbach, während er an *Figura* arbeitete, über Benjamins Arbeit informiert war. Nicht zufällig hat sein Begriff der Figuration starke Ähnlichkeit mit Ideen, die Benjamin bereits in seinem Manuskript *Über die Sprache überhaupt und über die Sprache des Menschen* (1916) entwickelte, das Teil seiner Doktorarbeit *Der Begriff der Kunstkritik in der deutschen Romantik* (1919) wurde, und die in seinem wegweisenden Essay *Die Aufgabe des Übersetzers* (1923) wieder auftauchten. In diesen Arbeiten ging es Benjamin um interpretative Vorgänge, bei denen ein späterer, »sekundärer« Text einen früheren Text sowohl ergänzt als auch annulliert.[35] Diesen dialektischen Vorgang, den er als die Essenz des Übersetzens und der Kritik betrachtete, sah er im dialektischen Bild, im barocken Emblem der Ruine verkörpert. Es handelt sich um eine Allegorie der Beziehung zwischen primären und sekundären Kulturen, zwischen mächtigen Kulturen, die Autorität ausüben können und solchen, die es nicht können. Übersetzung, Kritik und Interpretation sind Versuche, das Zweitrangige, »the secondary«, mit Macht auszustatten.

Um diesen Vorgang zu beschreiben, benutzte Benjamin die religiöse Sprache der Erlösung. Es ist allgemein bekannt, dass Benjamin diese Sprache von seinem Freund Gershom Scholem übernommen hat, dessen Arbeiten über jüdische Mystik und Messianismus ihn sehr beeinflussten. Scholems Konzepte wiederum waren Reaktionen auf die jüdische Imitation deutscher bürgerlicher Ideale, besonders auf die Freizügigkeit der Bewegung *Wissenschaft des Judentums*, die er kritisierte, weil sie dem rationalen, ethischen Humanismus des Kulturprotestantismus zu nahe stand. Benjamin teilte diese Einschätzung; er übernahm Scholems Ideen und entwickelte sie weiter, während der Zeit, in der er und Auerbach in der Staatsbibliothek arbeiteten und er seine Entscheidung, aus Deutschland nach Palästina auszuwandern, aufschob. Das dialektische Bild der »Sekundärtexte« ist vielleicht der Ersatz für Benjamins geplante, aber nicht vollzogene Emigration. Es

35 Ich übernehme den Begriff »secondariness« von Eve Tavor Bannet, die ihn auf das Phänomen der Übersetzung anwendete, allerdings in einem sehr anderen Sinn. Vgl. E. T. B., »The Scene of Translation. After Jakobson, Benjamin, de Man, and Derrida«, in: *New Literary History* 24 (1993), S. 577-595.

beinhaltet eine Reihe gegensätzlicher Aspekte, die von der Erkenntnis der Zweitrangigkeit bis zu dem Wunsch reichen, diese zu überwinden. Benjamins Beschäftigung mit dem Sekundären entspricht einem gewissen Unbehagen gegenüber dem Ort, an dem er schreibt. Auerbach war nicht annähernd so eng mit der jüdischen intellektuellen Welt in Berlin verbunden wie Benjamin, auch wenn er das gemeinsame jüdische Schicksal der Emigration und des Exils erkennt. Auerbach fand in der figuralen Deutung einen Zugang zur Textinterpretation, der einen ähnlichen Bezug zu kultureller Zweitrangigkeit und Entfremdung bot, wie ihn Benjamin in der Übersetzung und der Kritik entdeckte. Die *Figura* war Auerbachs Version eines dialektischen Bildes, das ebenfalls mit einem starken Interesse an der Religion verbunden war. Im Gegensatz zum Konzept protestantischer Intellektueller wie Harnack, setzte Auerbachs dialektisches Bild die römische Kirche und ihr Verhältnis zum Judentum voraus. Die figurale Deutung repräsentierte unter dem Gesichtspunkt der persönlichen Identität Auerbachs eigene dreikonfessionelle Herkunft. Sein Ansatz entstammt einer komplexen Geste indirekter Affiliationen während der Emigration. Ich meine, dass die Motivation für diese Geste ähnlich war wie die Benjamins, als er an die Ruine im dialektischen Bild appellierte. Es war die Identifikation des Judentums mit der Ruine, aber einer Ruine, die erhalten bleibt durch ihre Aufnahme in der römischen Kirche.

Betrachten wir nur die literarische Tradition, die Auerbach in *Mimesis* untersucht, so sehen wir ein durchaus enges und monologisches Interesse an Europa, noch genauer: an einem kleinen privilegierten Ausschnitt Europas. Wenn wir aber Auerbachs Werk in den Kontext der dreikonfessionellen Geschichte Deutschlands stellen, sehen wir eine ganz andere, keineswegs monologische Figur. Die Abhandlung *Figura* war ein definitiver Wendepunkt. Sie zeigt, wie viele Grenzen Auerbach zu überschreiten hatte, um seine Vision Europas zu formulieren. Unser Interesse fesselt vor allem seine persönliche Situation, die Tatsache, dass er sein Werk während der grauenvollsten Zeit des letzten Jahrhunderts verfasst hat, unter den traumatischen Bedingungen seiner Flucht von Marburg nach Istanbul. In dieser Situation erwies sich Auerbach als ein Intellektueller, der sich mit der Tatsache abfindet, dass er zwischen den religiösen Kulturen als ein Ausgeschlossener zu leben hat.

Richard Wolin

Being and Time: A Failed Masterpiece?

For many years Heidegger's great work of 1927 has been enveloped in myth – a myth of purity carefully cultivated by the Master himself. According to this legend, *Being and Time*, a work of unequivocal genius, emerged virtually ex nihilo. In Heidegger's view, repeated on numerous occasions, when questions of philosophical substance are at issue, scholarly influences or considerations of intellectual biography are beside the point. He once famously began a lecture course on Aristotle by observing, »He was born, he worked, he died«; the first and third terms of this sequence were, he intimated, irrelevant for an understanding of Aristotle's importance as a thinker. As Heidegger once explained to a friend, »My life is entirely uninteresting.«[1] Heidegger wished instead that he be judged solely on the basis of his work – admittedly, a very strange stance for the man who coined the term »Geworfenheit« to describe the fundamentally contingent, non-self-generated character of human being-in-the-world; the man who in *Being and Time* avowed that the enterprise of fundamental ontology unavoidably derived from the existential basis of his own individual standpoint.[2] As Theodore Kisiel has formulated this problem: Heidegger's apparent indifference to autobiography »flies in the face of the most unique features of Heidegger's own philosophy, both in theory and in practice. For Heidegger himself resorted at times to philosophical biography by applying his own ›hermeneutics of facticity‹ to himself, to his situation, to what he himself called his ›herme-

1 Heinrich Petzet, *Auf einen Stern zugehen: Begegnungen und Gespräche mit Heidegger*, Frankfurt a. M. 1983, p. 9.
2 See Martin Heidegger, *Being and Time*, trans. J. MacQuarrie and Robinson, New York 1962, p. 310.

neutic situation,‹ precisely in order to clarify and advance his own thought.«[3]

As Heidegger legend has it, between 1915 and 1927 the Freiburg sage published nothing. Finally, at the end of this twelve year period of authorial abstinence, Heidegger's magnum opus miraculously emerged. This bit of received wisdom was famously codified in Heidegger's (fictionalized) *Dialogue Between a Japanese and an Inquirer*, in which the Japanese's tentative observation, »And so you remained silent for twelve years,« remains uncorrected by the »inquirer« (Heidegger himself).[4] This studied neglect of the circumstantial aspects of Heidegger's philosophy (a practice perpetuated by the editors of Heidegger's *Gesamtausgabe*, who, following the Master's wishes, have systematically refused to provide a critical apparatus for the edition) has made a systematic reconstruction of Heidegger's early philosophical project – its *Entstehungsgeschichte* – a challenging enterprise. Only in the last few years with the appearance of Heidegger's early Freiburg lecture courses (1919-23) has the situation begun to change significantly. On the basis of their publication one can reproduce a semester-by-semester account of the intellectual path that culminated in *Being and Time*.[5]

Of course, even Heidegger himself was forced to avow that his life was not *entirely* uninteresting. Thus, throughout his life he would selectively divulge useful biographical tidbits – albeit often in a self-serving manner. In *My Way to Phenomenology* (1963) he tells the story of how, as an eighteen year-old theology student, Franz Brentano's dissertation on *The Manifold Sense of Being in Aristotle* served as his initiation into the mysteries of philosophy. The question that aroused the young gymnasium student's interest was: »If being is predicated in manifold meanings, then what is its leading fundamental meaning? What does Being mean?«[6] It was at this point that Heidegger's basic philosophical question, the *Seinsfrage* or the »question of Being,« was established.

Two years later (1909-10) Heidegger discovered Edmund Husserl's classic study, *Logical Investigations*, a book that remained

3 Theodore Kisiel, »Heidegger's Apology: Biography as Philosophy and Ideology«, in: *Graduate Faculty Philosophy Journal* 14 (2), 15 (1) (1991), p. 364.

4 Martin Heidegger, »Dialogue Between a Japanese and an Inquirer«, in: M. H., *On the Way to Language*, trans. P. Hertz, New York 1971, p. 6.

5 This path has recently been painstakingly and magisterially reconstructed in Theodore Kisiel, *The Genesis of Heidegger's* Being and Time, Berkeley/Los Angeles 1993.

6 Martin Heidegger, »My Way to Phenomenology«, in: M. H., *On Time and Being*, New York 1972, p. 74.

checked out to his library carrel for the ensuing two years. Of particular value for Heidegger was Husserl's powerful refutation of psychologism: the doctrine that the workings of the human mind can be understood exclusively in physicalist terms. From the standpoint of a young theology student interested in the way that thought and language are grounded ontologically in the word of God, such scientistic pretensions were both arrogant and sacrilegious. The task of theology, with the auxiliary aid of philosophy and logic, was to ensure that scientific hubris became conscious of its own limitations. In *Logical Investigations*, Husserl, following the lead of Brentano, established the difference between the psychological and logical aspects of judgement. Whereas the former was relative and contingent, varying from individual to individual, the latter, he claimed, possessed timeless validity. The truth value of a syllogism, argued Husserl, is independent of the psychological factors and mechanisms whereby it is realized. At a time when philosophy's claims to autonomy were seriously under assault by the methods of the natural sciences, Husserl's idea of »phenomenology as rigorous science« (the title of the philosopher's celebrated 1909 *Logos* essay) played a crucial role in shoring up Heidegger's own youthful intellectual inclinations and intuitions. In 1916 Husserl left Göttingen for an appointment at Freiburg. Heidegger would serve as his assistant for four years (1919-23).

Much has been made of Heidegger's Catholicism – his strict Catholic upbringing in provincial Messkirch (his father was the sexton at the local church), his seminary studies, his failed attempt to become a Jesuit circa 1915 (after three weeks of study, Heidegger was dismissed for reasons of health), and, finally, his painful break with the »religion of [his] youth« in 1917. Until recently, however, few have known how profoundly the twenty year-old Heidegger was involved in the landmark debates over »modernism« (*Modernismusstreit*) that rocked turn of the century Germany. Heidegger was fond of citing Hölderlin's maxim, »As you began, so you shall remain.« Unsurprisingly, insight into his profound youthful attachment to Catholicism will go far toward explaining his mature worldview.

Two years after German unification in 1871, Bismarck attempted to enforce Catholic allegiance to the new state via a series of compulsory and repressive mandates. The voluble *Kulturkampf* that resulted left wounds that would only heal very slowly. (Ironically, in the course of their struggle German Catholics were able to gain the support of many liberals who supported the principles of freedom worship and conscience.) As Heidegger came of age circa 1910, Catholic mistrust of the German state remained keen; yet by then such mistrust had metamorphosed into an aversion to all aspects of modern society that threatened to bypass the values of religion and tradition. The historian Hans-Ulrich Wehler has felicitously described Catholic immobilism during the Second Empire in the following terms:

> In the 1864 Syllabus of Errors, an index of eighty »errors of the time,« orthodox Catholicism ranged itself implacably against liberalism, socialism and modern science. The call for increased ecclesiastical control of education and research reached totalitarian proportions [...]. The contempt felt by [the Roman Catholic Church] for the Protestant principle of toleration made coexistence with rival organizations or educational claims very difficult. Without doubt, Thomist neo-scholasticism, encouraged in its development by several popes since the mid-nineteenth century, also reinforced the anti-modernist character of Roman Catholicism at this time. This batch of theorems was opposed to the social mobility of the modern age and its notions of parliamentary representation and democratic equality. It cemented the backward-looking traditions of Catholicism and turned the values of a vanished world based on estates into an ideology. It sought to tie the nineteenth century into the strait-jacket of the medieval order while the tide of history moved in the opposite direction. Catholicism was even less likely than Protestantism to make an active and lasting contribution to the spread of parliamentary influence in Germany, to say nothing of its eventual democratization.[7]

The extent to which Heidegger's youthful outlook was permeated by such unyielding Catholic perspectives becomes clear if one peruses the eight articles he wrote for the conservative Catholic journal, *Der Akademiker*, during the years 1910-12. As his biographer Hugo Ott, who unearthed these early articles, observes: »What the *Der Akademiker* contributions display is their embeddedness in a closed system of the Catholic worldview from an integral, anti-modern perspective. Martin Heidegger carries the banner of ultra-conservative Catholicism with intense seriousness and great enthusiasm in the fields of theology, philosophy, and ethics.«[8] Once again, Heidegger's highly selective approach to autobiographical themes enters into the picture, insofar as he inexplicably omitted his *Der Akademiker* essays from the collected works edition of his writings.

7 Hans-Ulrich Wehler, *The German Empire: 1971-1918*, trans. K. Traynor, Leamington Spa 1985, p. 116-17.

8 Hugo Ott, »Heidegger's Contributions to *Der Akademiker*«, in: *Graduate Faculty Philosophy Journal* 14 (2), 15 (1) (1991), p. 482.

Der Akademiker was founded in the spirit of Pope Pius X's so-called »anti-modernism« encyclical of 1907. In fact, the journal's first issue contained a Preface by Pius X offering words of encouragement to his German followers in their struggle against modernist mores and values. At the time he composed these articles, Heidegger stood under the influence of the anti-modernist theologian Carl Braig (Braig allegedly coined the word »modernism«). Heidegger would acknowledge his profound intellectual debt to Braig nearly fifty years later when, in *Zur Sache des Denkens,* he would praise Braig's »penetrating kind of thinking.«[9] In his own highly polemical writings, Braig railed against a modernism that was »blinded to anything that is not its Self or that does not serve its Self.« »Historical truth,« Braig continues, »like all truth – and the most brilliantly victorious is mathematical truth, the strictest form of eternal truth – is prior to the subjective ego and exists without it. [...] As soon as the ego of reason regards the reasonableness of things, they are not in truth. [...] No Kant will change the law that commands man to act in accordance with the way things are.«[10]

What Heidegger's own contributions to *Der Akademiker* may have lacked in originality they made up for in polemical zeal. For example, in his very first article (*Per Mortem ad Vitem*), he attacks, in the spirit of Pius X and Carl Braig, the modernist fascination with the vagaries of subjectivity:

> In our day, one talks much about »personality« And philosophers find new value-concepts. Apart from critical, moral, and aesthetic evaluation, they operate also with the »evaluation of personality,« especially in literature. The person of the artist moves into the foreground. Thus one hears much about interesting people. Oscar Wilde, the dandy; Paul Verlaine, the »brilliant drunkard«; Maxim Gorky, the great vagabond; the overman Nietzsche – all interesting people. And when one of these interesting people, in the hour of grace, becomes conscious of the great lie of his gypsy-life [sic], smashes the altars of false gods, and becomes Christian, then they call this »tasteless, revolting.«[11]

To Ibsen, Heidegger attributes the view that, »Happiness is possible only through a life of deceit.« Do the great personalities we have mentioned find happiness, he goes on to inquire. No, only death and des-

9 Martin Heidegger, *Zur Sache des Denkens*, Tübingen 1964, p. 82.
10 Carl Braig, *Was soll der Gebildete vom dem Modernismus wissen?*; cited in: Dieter Thomä, *Die Zeit des Selbst und die Zeit danach*, Frankfurt a. M. 1990, p. 37.
11 Heidegger (fn. 8), p. 487.

pair insofar as »none of them had the truth.« All remained wedded to »individualism« which is, Heidegger proclaims, a »false standard of life.« Higher life, he continues, will only triumph if lower forms of life are destroyed: »the will of the flesh, the doctrine of the world, paganism.« Heidegger's impassioned conclusion is that

> The much-ballyhooed cult of personality can only flourish when it remains in intimate contact with the richest and deepest source of religio-ethical authority. This cannot, according to its nature, do without a venerable outer form. And the church will, if is to remain true to its eternal treasure of truth, justifiably combat the destructive influences of modernism, which is not conscious of the sharpest contradictions in which its modern views of life stand to the ancient wisdom of the Christian tradition.[12]

Yet, Heidegger's critique of the modern apotheosis of self remains unmarred by anti-intellectualism. He always justifies his standpoint in the name of logic, rigor, and a more exalted conception of »truth« – one that has been ignored by the (frivolous) modern glorification of subjective experience. Accordingly, he takes modern thought to task for its lax subjectivism, its having made perplexity and disorientation into a positive value. »Today,« Heidegger laments, »philosophy, a mirror of eternity, only reflects subjective opinions, personal moods and wishes.« In opposition to the amorphous tendencies of the modern self, Heidegger recommends »a strict, ice-cold logic [that] is inimical to the *refined* feelings of the modern soul.« »To strictly logical thought, which hermetically seals itself off against any affective influence of the soul, to each truly presuppositionless scientific work, there belongs a certain base of ethical power.«[13]

What is striking about these claims is the extent to which they anticipate Heidegger's mature positions and views. It is clear that Heidegger's lifelong ontological quest, centering on the question of Being, was first catalyzed in response to the disorienting pluralism and relativism of cultural modernity. His aversion to modern epistemology (the legacy of Descartes), beginning with *Being and Time* and culminating in the Nietzsche lectures of the late 1930s, can in part be traced to the critique of modern thought articulated in these early writings. His pronounced disaffection with modern art and literature – in the 1966 *Der Spiegel* interview, for example, Heidegger characterizes aesthetic modernism as essentially »destructive« – un-

12 Ibid., p. 493, 495.
13 Ibid., p. 497.

ambiguously originated in the *mentalité* of *Kulturkampf*.[14] His semi-hysterical image of America as a relentless technological Moloch, as »the site of catastrophe« (as Heidegger would remark in 1935: »From a metaphysical point of view, Russia and America are the same, with the same dreary technological frenzy and the same unrestricted organization of the average man«), develops from attitudes and convictions first expressed in the *Der Akademiker* texts.[15] Finally, one may also trace Heidegger's attraction to National Socialism as a »primordial« political phenomenon capable of redeeming Germany from the lacerations and divisions of modern »society« (as early as 1924 Heidegger publicly declared the need to place »our German Dasein on firm foundations«) to the resolutely anti-modernist standpoint articulated in these early articles.[16]

Heidegger always insisted that the orientation of fundamental ontology derived from the domain of »factical« experience, from the domain of »life« in its sheer immediacy. In *Being and Time* he goes so far as to invoke a determinate »*factical ideal* of Dasein that underlies the ontological interpretation of Dasein's existence«; in other words, »facticity« (the domain of immediate experience) remains ontologically prior to first philosophy.[17] And in a revealing letter to Karl Löwith from the early 1920s, Heidegger insists that his philosophizing derives from the »facticity« or existential immediacy of his own being-in-the-world: »I work in a concretely factical manner, from out of my ›I am – from out of my spiritual, indeed factical heritage/milieu/life contexts, from out of that which thereby becomes accessible to me as the living experience in which I live.‹«[18] All of these declarations indicate that the circumstantial aspects of Heidegger's thought, far from being epiphenomenal or tangential, are of fundamental significance to understanding of his philosophy.

Further insight into the autobiographical components of the »factical ideal« underlying Heidegger's philosophy is provided by his recently published correspondence with Elisabeth Blochmann. Bloch-

14 Heidegger, »Only a God Can Save Us«, in: *The Heidegger Controversy: A Critical Reader*, ed. Richard Wolin, Cambridge, Mass., 1991, p. 106.

15 See Heidegger, *Hölderlin's Hymne ›Der Ister‹* (GS 53), Frankfurt a. M. 1975, p. 85; Martin Heidegger, *An Introduction to Metaphysics*, trans. R. Mannheim, New Haven 1959, pp. 45-46.

16 Cited in Kisiel (fn. 3), p. 395.

17 Heidegger (fn. 2), p. 310. For the best discussion of Heidegger's understanding of »life,« see his important lecture course of 1919, *Zur Bestimmung der Philosophie*, GS 57, Frankfurt a. M. 1987.

18 The letter of August 19, 1921 is reprinted in Löwith, *Martin Heidegger and European Nihilism*, ed. Richard Wolin, New York 1995, p. 236.

mann, who was half-Jewish, was originally a friend of Heidegger's wife, Elfride. She had studied philosophy with Georg Simmel in Strasbourg and frequented Youth Movement circles in which *Lebensphilosophie* (Nietzsche, Simmel, Dilthey) was fashionable. (Heidegger had always been attracted to the critical aspects of vitalism – e. g., its rejection of modern culture's debilitating »intellectualism« – but bridled at its lack of philosophical rigor. Moreover, in his view it was too closely tied to neo-Kantian efforts to preserve the autonomy of »value« vis-à-vis the encroachments of the natural sciences. The neo-Kantian emphasis on »values« and »value-philosophy« Heidegger considered to be mere palliatives – hence, as insufficiently radical to cope with the depths of the modern crisis.)

Though their correspondence hints at the fact that Heidegger and Blochmann were more than friends (Heidegger was frequently inspired to uncharacteristic bursts of lyricism), tangible proof as to the precise nature of their relationship is lacking. Their exchanges began during the concluding months of World War I, a period of national despair. It was a time suited for radical questioning: the nostrums and rationalizations of prewar life and thought seemed patently inadequate. In Heidegger's view, the war had decimated everything except for the »*force of personality or belief in the intrinsic value or belonging central to the ego*« – a claim that betrays the marked influence of Husserl's transcendental phenomenology.[19] If any one book felicitously captured the *Zeitgeist*, it was Spengler's *Decline of the West*, and a confrontation with Spengler soon became a mandatory rite of passage for right-leaning German intellectuals. Although he regarded Spengler's historical typologies as ultimately superficial, Heidegger's own obsession with the imperatives of »destroying« and »destruction« (*destruieren, Abbau*) – a veritable leitmotif during this period – harmonized perfectly with the postwar cultural *Stimmung*.[20]

In the correspondence with Blochmann, the young *Privatdozent* bares his soul. As Heidegger writes in an impassioned letter of June 15, 1918:

> Spiritual life must again become truly real with us – it must be endowed with a force born of personality, a force that »overturns« and compels genuine rising – and this force is revealed as a genuine

19 Heidegger – Blochmann *Briefwechsel*, ed. J. W. Storck, Marbach a. N. 1989, p. 9.

20 Heidegger's discusses Spengler in the as yet unpublished 1920-21 lecture course, »Phänomenologie der Religion«. For a discussion, see Kisiel (fn. 5), pp. 161-63. For more on Spengler, see H. Stuart Hughes, *Oswald Spengler. A critical Estimate*, New York 1962.

> one only in simplicity, not in the blasé, decadent, enforced […]. Spiritual life can only be demonstrated and shaped in such a way that those who are to share in it are directly gripped by it *in their most personal existence* […]. Where belief in the intrinsic value of self-identification is truly alive, there everything that is unworthy in accidental surroundings is overcome from within and forever.[21]

Heidegger perceived the war as a great purgative out of which a new Germany might emerge. From a spiritual perspective, defeat on the battlefield would not constitute an irreversible setback; instead, it would serve to purify German culture of all that was artificial, tentative, and non-essential. It was the great acid bath out of which a deeper and more profound Germany would appear. A elemental Christian motif, reinterpreted through the prism of German romanticism and the war experience itself, underlay Heidegger's perceptions: from death and destruction, »new life« would be born. As he observes to Blochmann in letter of January 1919: »The new life that we desire, or that desires us, has dispensed with being universal, i. e. being false and two-dimensional (superficial) – its asset is originality – not the artificially constructed, but the evident content of *total intuition*.«[22] In keeping with his self-understanding as part of a new German spiritual elite, he described the war's »positive effects« in the following terms: »inwardly impoverished aesthetes and people who until now, as ›spiritual‹ people, have merely played with spirit the way others play with money and pleasure, will now collapse and despair helplessly – hardly any help or useful directives can be expected from them.«[23]

The reference to »total intuition« highlights the new, non-universal approach to knowledge Heidegger saw emerging from the phenomenological method. The key intellectual discovery for him during this period was the nearly untranslatable notion of *Jeweiligkeit*, a concept that would figure prominently in *Being and Time*: the incomparable uniqueness of the spatio-temporal present and the related question of how one might represent it through concepts. Heidegger's essential breakthrough to a new concept of temporality was contained in this idea. Traditional metaphysics strove to represent truth *sub specie aeternae* – that is, as something »universal« – to the detriment of the temporality and historicity of lived experience. By foregrounding the question of time, Heidegger sought to reverse this prejudice; subsequently, the appearance of Being in time, the uniqueness of the mo-

21 Heidegger – Blochmann (fn. 19), p. 7.
22 Ibid., p. 15.
23 Ibid., p. 12.

ment of its appearance (*Kairos*, *Augenblick*), would occupy center-stage in his thought. It was in this spirit that he chose as the epigraph for his post-habilitation trial lecture a saying from Meister Eckhart: »*Time is that which changes and pluralizes itself; eternity remains simple.*«[24] The universalizing tendencies of traditional ontology remained indifferent to such concerns, and, hence, to experience as something meaningful, that is, *as something lived.* In a similar vein, in his habilitation study of the medieval philosopher Duns Scotus Heidegger would observe that, »What really exists is something individual [*ein Individuelles*].«[25] Only a radically transformed conception of temporality could resolve the dilemma of the philosophical concept's constitutional indifference to the singularity of experience.

From the very beginning Heidegger's renewal of metaphysics was conceived of as part of an all-encompassing project of cultural and political renewal. In his first lecture course following the World War, »On the Vocation of Philosophy,« he announced prophetically: »The idea of science – and its genuine realization – signifies for the immediate consciousness of life a transformative intervention (however this may be conceived); it entails a change to a new attitude of consciousness and thereby a corresponding form of the movement of the life of spirit.« He supplements the foregoing observations by declaring: »Every great philosophy fulfills itself in a worldview.« In other words, unlike German idealism, *genuine* science does not leave the world around it unaffected.[26] His ideological declamations in later years – some quite distasteful – were thus far from unrelated to the basic aims and intentions of fundamental ontology.

In 1917, Heidegger experienced a profound personal and religious crisis, an increasing sense of alienation from the religion of his youth. So momentous was this confessional parting-of-the-ways that Heidegger biographer Hugo Ott refers to it as »the first turn.« Throughout his boyhood Heidegger was dependent on the largesse of the Catholic Church in order to finance his studies; but this dependency also bred resentment, insofar as the fellowships he received often came with strings attached. For example, following his dissertation on *The Doctrine of Judgment in Psychologism* (1911), Heidegger sought

24 Martin Heidegger, »Der Zeitbegriff in der Geschichtswissenschaft«, in: GS 1, *Frühe Schriften*, Frankfurt a. M. 1978, p. 194.

25 Martin Heidegger, »Die Kategorien- und Bedeuteungslehre Duns Scotus«, in: GS 1, *Frühe Schriften*, Frankfurt a. M. 1972, p. 194.

26 Martin Heidegger, *Zur Bestimmung der Philosophie*, GS 56/57, Frankfurt a. M. 1988, pp. 3, 8.

to continue his studies of phenomenology and logic. Yet, upon receiving a stipend from the Foundation in Honor of St. Thomas Aquinas, he was forced to devote his energies primarily to the study of scholasticism. (Upon applying for a renewal of the grant in 1915, Heidegger avows obsequiously: »The obedient undersigned ventures to think that he can show something of his lasting gratitude for the valued trust placed in him by the Reverend Cathedral Chapter by dedicating his scholarly lifework to the task of harnessing the intellectual and spiritual potential of scholasticism to the future struggle for the Christian-Catholic ideal.«[27])

In 1916, Heidegger and Elfride Petrie were betrothed. They were married the following year. Elfride came from a staunchly Protestant background. For Heidegger the engagement seems to have crystallized a process of confessional disillusionment that had played itself out during the previous years. Heidegger's father has been a sexton at the local church in Messkirch. For a period of thirteen years his education had been generously funded by Catholic organizations and institutions. For these and other reasons, it would be difficult to overestimate the biographical significance of his formal break with Catholicism at the time of his engagement to Elfride.

Revealing testimony to this break was the letter Heidegger wrote to one of his mentors, Freiburg University theology professor and priest Engelbert Krebs, in January 1919. As Heidegger avows:

> Over the last two years I have set aside all scientific work of a specialized nature and have struggled instead for a basic clarification of my philosophical position. This has led me to results that I could not be free to hold and teach if I were tied to positions that come from outside of philosophy.
> Epistemological insights that pass over into the theory of historical knowledge have made the system of Catholicism problematic and unacceptable to me – but not Christianity and metaphysics, although I take the latter in a new sense.[28]

Heidegger's letter indicates both the constraints he felt as a philosopher working within the strictures of Catholic theology (the »results« that he would »not be free to hold and teach if [he] were tied to positions that come from outside of philosophy«) and the expectation

27 See Hugo Ott, *Martin Heidegger: Unterwegs zu seiner Biographie*, Frankfurt a. M. 1988, p. 78.

28 The letter is cited in Thomas Sheehan, »Reading a Life: Heidegger and Hard Times,« in: *The Cambridge Companion to Heidegger*, ed. C. Guignon, Cambridge 1993, pp. 71-2.

that, given this new freedom of research, he would be able to reconcile the demands of Christianity and metaphysics. Of equal importance, however, is his allusion to the »epistemological insights« of German historicism. For since completing his habilitation study on Duns Scotus, Heidegger had begun an intensive study of Dilthey, whose work had elevated the idea of »historical knowledge« to the status of a first principle of the human sciences. Dilthey's notion of »historicity,« which would become one of the central categories of *Being and Time*, reinforced Heidegger's sense of the acute failings of traditional ontology – its aversion to temporality, its inordinate focus on »universality« and »eternity« at the expense of the singularity of the here and now. The idea of historicity helped drive home the notion of the irreducible uniqueness of events occurring in time.

As his alienation from Catholicism accelerated circa the mid-1910s, Heidegger undertook a confrontation with the essential texts of Protestant theology: the works of Augustine, Luther, Schleiermacher, and Kierkegaard. Yet, he was less interested in the explicitly religious content of their thought than in its phenomenological aspects and significance – religious consciousness as a manifestation of intentional experience.[29] Thus, he was less interested in Christianity as a vehicle of religious experience than in its status as a paradigm of experience *simpliciter*: the phenomenological deepening of the self concomitant with the personal experience of faith, the cultivation of the inner self (*Innewerden*), the advent of »self-consciousness« in the sense of German Pietism later appropriated by Hegel. In his 1920 lecture course, *Introduction to the Phenomenology of Religion*, in which Heidegger broaches many of these themes, he coins the term the »Self-world« to describe the realm he is seeking.

Thus, in Heidegger's view the classic texts of the Protestantism offered privileged insight into the irreducibly singular nature of an individual's encounter with God qua *lived experience* – experience that, as a result of Rome's neo-Thomist and ecclesiastical biases, seemed to count for less in Catholic traditions. As Heidegger himself laments circa 1916 with scholasticism in mind: »Dogmatic and casuistic pseudophilosophies, which pose as philosophies of a particular system of

29 Karl Barth's »dialectical theology« would also have a profound influence on Heidegger. But his important interpretation of *The Epistle to the Romans* was not published until 1921. In the later *Dialogue on Language* Heidegger emphasizes the importance of his encounter with Protestant theology and Dilthey's historicism: »Later, I met the term ›hermeneutics‹ again in Wilhelm Dilthey in his theory of the historical human sciences. Dilthey's familiarity with hermeneutics came from the same source, his theological studies, especially his work with Schleiermacher«; Heidegger (fn. 4), p. 10.

religion (for example, Catholicism) and presumably stand closest to religion and the religious, *are the least capable of promoting the vitality of the problem.*« Insofar as scholasticism, following the mistaken lead of Aristotle, attempted to take its bearings from the natural world rather than the domain of inner life, it »severely jeopardized the immediacy of religious life and forgot religion for theology and dogmas.«[30] From the phenomenological standpoint revered by the early Heidegger, scholastic ontology stood in urgent need of »dismantling« (*Destruktion*). He remained convinced that the phenomenological method alone could retrieve the experiential substrate in its primordial immediacy – a substrate that, throughout the history of metaphysics, had been repressed and distorted by the imposition of an alien ontology. In this way, Heidegger inquired into the primordial phenomenological relationship between self and world. In the words of one commentator: »On the threshold of his religious crisis of 1917, we find Heidegger already keenly interested in the phenomenology of religion, looking to it for insight into the notion of intentionality [...] as a vehicle for bringing a fossilized philosophy back to life.«[31]

»Phenomenology: that's Heidegger and me« – this was Husserl's succinct characterization of the movement during the early 1920s, a glowing endorsement of Heidegger as his hand-picked successor. His prophecy would be borne out in 1928 when Heidegger acceded to Husserl's chair at Freiburg. In the early 1920s students would arrive intending to study with Husserl and within weeks switch to auditing Heidegger's demanding lectures and seminars. At times, Husserl himself would encourage them to make the shift. In her encomium written on the occasion of Heidegger's eightieth birthday, Hannah Arendt emphasizes the subterranean renown that Heidegger enjoyed among German university students well before the publication of *Being and Time*.[32]

In retrospective accounts of his philosophical path, Heidegger perennially downplayed the significance of his break with Husserl, insisting instead on the elements of continuity between his early career as a phenomenologist and his later status as a philosopher of Being. Yet, from the time of their earliest collaboration, cracks in the alliance

30 Cited in Hugo Ott, »Zu den katholischen Wurzeln im Denken Martin Heidegger's. Der theologische Philosoph«, in: *Akten des römischen Heidegger Symposions* (1992).
31 Kisiel (fn. 5), p. 71.
32 Hannah Arendt, »Martin Heidegger at Eighty«, in: M. Murray, ed. *Heidegger and Modern Philosophy*, New Haven 1979, p. 293.

were readily apparent. For Husserl and Heidegger possessed vastly fundamentally different conceptions of the mission of »science« (*Wissenschaft*). Whereas for Husserl phenomenology's ultimate goal was to place philosophy on a rigorous objective footing (a longing for »apodeictic certainty« suffuses his early treatises on method), Heidegger, as we have seen, was motivated by a very different set of concerns. The celebration of »life« in its immediacy as an independent value and normative point of departure for philosophy – an orientation that was central to *Lebensphilosophie* – was entirely foreign to Husserl's approach. Although Heidegger had distinct methodological reservations about vitalism, he remained in solidarity with many of its critical aims. As he remarks in 1919: »Today the word ›lived experience‹ [*Erlebnis*] is so hackneyed and colorless that one would do best to leave it to one side were it not so directly central.«[33] Paradoxical though it may seem, in their assessments of the great intellectual divide between rationalism and anti-rationalism, Husserl and Heidegger ultimately lay on opposite sides. Heidegger increasingly came to view Husserl's emphasis on the non-situated, transcendental ego as type of phenomenological *fundamentum inconcussum* as an unacceptable methodological failing. In Heidegger's view it was Descartes's *res cogitans* outfitted in phenomenological garb. Husserl understood phenomenology as a scientific redemption of the Enlightenment project that, while avoiding all taint of physicalism and materialism, remained true to the mission of first philosophy. As he remarks in a letter of 1935: »I want to establish, against mysticism and irrationalism, a kind of *superrationalism* which transcends the old rationalism as inadequate and yet vindicates its inmost objectives.«[34] The phenomenological intuition of essences (*Wesensschau*) would accomplish this end, thus avoiding a regression to the unverifiable claims and conjectures of traditional metaphysics. Correspondingly, transcendental phenomenology embraced the modern scientific values of clarity, light, and reason. Or as Husserl once declared: »Only one need absorbs me: I must win clarity, else I cannot live; I cannot bear life unless I can believe that I shall achieve it.«[35] Heidegger, conversely, in his search for unfathomable depths of primordial experience, remained convinced that truths yielded by analytical reason were shallow and of little import. As a modality of lived

33 *Zur Bestimmung der Philosophie* (fn. 17), p. 66.

34 Cited in H. Spiegelberg, *The Phenomenological Movement*, vol. I, The Hague 1976, p. 84.

35 Edmund Husserl, »Persönliche Aufzeichnungen«, in: *Philosophy and Phenomenological Research* XVI (1956), p. 297.

experience, »judging« is a species of »un-living,« polemicizes Heidegger. »The object-character (*das Gegenständliche*), the thing that is known, is as such dis-tant (*ent-fernt*), cut off from authentic lived experience.«[36]

An anecdote from their early collaboration in Freiburg well illustrates the nature of their substantive differences. A student who was auditing classes with both men, but whose allegiances lay with Husserl, registered the following complaint: »Dr. Heidegger is taking a mediating position by asserting that the primal I is the qualified ›historical I,‹ from which the pure I is derived by repressing all historicity.«[37] Therein lay their basic disagreement. Husserl assumed that the transcendental ego's purity depended on its being purged of all historical factors and influences. Historical contingency only sullied the purity of the transcendental standpoint. On one occasion, he went so far as to characterize »the pure ego and pure consciousness« as »the wonder of all wonders.«[38] In *Formal and Transcendental Logic*, he insisted that, »Whether we like it or not, whether it may sound monstrous or not, the ›I am‹ is the fundamental fact to which I have to stand up, before which, as a philosopher, I must never blink for a moment.«[39] Only late in life with *The Crisis of the European Sciences and Transcendental Phenomenology* (1936) would Husserl belatedly prove receptive to the demands of history. There he argues (with astonishing naiveté) that Europe can avoid the abyss of impending nihilism only if it is able to reestablish the telos of first philosophy, whose thread has been lost amid a rising tide of scientistic and vitalist intellectual currents. For Heidegger, conversely, the Self's receptivity to historicity (or temporality) was one of its indispensable attributes. As Heidegger observes: »In the theoretical attitude I am directed to something, but *I* have no living involvement (as a historical I) with this or that thing in the world.«[40] In this way »fundamental ontology,« with its focus on the embodied attributes of »care,« »mood,« »solicitude«, and »falling« would outstrip the transcendental »I« of Husserlian phenomenology.

36 *Zur Bestimmung der Philosophie* (fn. 17), p. 74.

37 Gerda Walther to Alexander Pfänder, June 20, 1919, cited in Kisiel (fn. 5), p. 58.

38 Husserl, *Ideen* III (*Husserliana* V), The Hague 1971, p. 75.

39 Husserl, *Formal and Transcendental Logic*, The Hague 1969, p. 209. As far as Husserl's own ego is concerned, Gadamer tells the story of how at the end of a long-winded lecture (there was seldom room for discussion in his seminars), Husserl observed: »My, we certainly had a fascinating discussion today!« See Gadamer, *Philosophical Apprenticeships*, Cambridge, Mass., 1985, p. 36.

40 *Zur Bestimmung der Philosophie* (fn. 17), p. 74

A remarkable 1919 lecture course, *On the Vocation of Philosophy*, represents the germ of Heidegger's unique approach to the problems of first philosophy. Reading it gives one the sense of being privy to a portentous moment of intellectual discovery. Heidegger composed the lecture course in the midst of an emergency situation (*Notzustand*) – the revolutionary tumult of postwar Germany – and the semester in which it was delivered was appropriately known as the »war emergency semester« (*Kriegsnotsemester*). Here, Heidegger is preoccupied with the question of beginnings: only once this question has been satisfactorily treated will the vocation of science rest on a sure footing. The transcript reveals Heidegger groping for a moment of phenomenological clarity that will found his philosophical project. He proceeds with a methodical deliberateness and rigor that suggests the future of mankind depends this discovery. Indeed, in Heidegger's words: »We stand at a methodological crossroads where the life and death of philosophy is at stake; we stand before an abyss: either an abyss of nothingness, e. g., absolute objectivism (*Sachlichkeit*), or a successful leap into *another world* – or, more precisely, into the world for the first time.«[41]

As Heidegger remarks in a letter to Löwith from the same period: his philosophy is inspired by a search for the *unum necessarum* – the »one thing that is necessary«; this pursuit is what motivates him in both philosophy and »existence« – there is no way, he avows, that the two can be separated. »I am not concerned,« remarks Heidegger, »with a primary and isolated definition of philosophy – but rather only with that kind of definition that is related to the *existential interpretation of facticity*.« In the letter he returns to this point repeatedly:

> I do not make a distinction between the scientific, theoretical life and one's own life [...]. . The essential manner in which my facticity becomes existentially articulated is scientific research [...]. In this connection, for me the motive and goal of philosophizing is never to augment the store of objective truths, because the objectivity of philosophy [...] lies within the meaning of my existing.[42]

From these brief characterizations and self-descriptions one can see that Heidegger is driven by a concern to refound transcendental phenomenology in a manner that foregrounds the dimension of »factical/existential« concern or »life.« The problem, however, is that in its current employment, the idea of life (*das Leben*) has succumbed to

41 Heidegger, *Ibid.*, p. 63.
42 Heidegger to Löwith, August 19, 1921, in Löwith (fn. 18), pp. 235-36, 237.

the fashionable, pseudo-popular terms of value-philosophies and »worldviews.« One of Heidegger's major scientific aims is finally to place the diffuse and superficial orientations of *Lebensphilosophie* on a rigorous phenomenological footing.

In the early 1920s Heidegger undertook a phenomenological search for what he calls an »Ur-etwas,« a »primordial something.« The encounter with this dimension of experience will propel the enterprise of fundamental ontology. Heidegger makes it clear that what he is searching for has nothing to do with the »sense data« (Locke) or »sensory manifold« (Kant) of modern epistemology. Epistemology's model of experience has always been *scientific experience*, a model that succumbs to the tyranny of the theoretical and thereby perpetrates the »de-living of life« (*Ent-leben des Leben*).[43] Before »life,« that »primordial something,« can be experienced, it is made into an object of scientific cognition. For Heidegger this primordial experiential stratum, though pre-theoretical, is *already meaningful*. (The positing of an abstract epistemological subject standing against an abstract object is a scientific construction). Fundamental ontology, conversely, does not foist an alien conceptual framework upon life. It is not primarily concerned with acts of »cognition,« whereby experience is mechanically synthesized through concepts. Instead, it reads off meanings that are already there or experientially pre-given. At one point Heidegger refers to his approach as »illuminating comportment,« seeking thereby to distinguish it from the claims of epistemology.[44] Rather than proceeding by way of analysis and judgment, and thereby producing true propositions or statements (*Festellungen*), fundamental ontology employs the method of »hermeneutical intuition.«[45] Ultimately, this methodological breakthrough would mandate a rejection of the Aristotelian primacy of *logos* (the rational account) in favor of the notion of *aletheia* – truth as a ontological chiaroscuro of »concealment« and »unconcealment.« Fundamental ontology's »hermeneutical intuitions« (later: »formal indications«) do not »still the stream of experience« (the philosopher Paul Natorp's critique of phenomenology) but disclose meanings that are already present. For experience itself, the primordial encounter between self and world, far from being mute, and as always already meaningful, already contains an expressive dimension: it cannot help but speak to us if we reacquire the capacity to heed its signals. As Heidegger ob-

43 Heidegger, *Zur Bestimmung der Philosophie* (fn. 17).
44 Heidegger, *Phänomenologische Intepretationen zu Aristotles*, GS 61, Frankfurt a. M. 1994, p. 54.
45 Heidegger, *Zur Bestimmung der Philosophie* (fn. 17), p. 117.

serves in a somewhat lapidary aside: »Philosophy as fundamental knowing is nothing other than the radical actualization of the facticity of life in its historicity.«[46]

One of Heidegger's crucial discoveries of this period, one that would set him on the path toward *Being and Time*, was the idea of »facticity« (*Faktizität*) or »factical life.« With this notion he sought to identify (as earlier with the »primordial something«) an irreducible and original (*ursprünglich*) dimension of experience prior to the subject-object split. When one inquires into the incipient nature of experience as exemplified by the phrase, »there is [...]« (*es gibt*), one probes a level of primordial givenness that is prior to the differentiation of the world into discrete, individual objects. We inquire into something that simply »oc-curs« (*sich er-eignet*), we experience the world in its precategorial temporal »thereness« (*Jeweiligkeit*). We are interested not so much in the quiddity of beings (the level of pseudo-primordial questioning presupposed by metaphysics qua ontology) – their »whatness« – but in their *how-ness*, their basic existential modalities. For Heidegger, metaphysics, by preoccupying itself with the whatness or quiddity of beings (especially that of Dasein), inherently reifies experience; it defines Dasein's basic existential modalities as essentially thing-like and thereby freezes temporality. In the lexicon of »onto-theology,« however, things have various functions (*telei* or aims) and so does »man,« the »rational animal.« Yet, by thus predefining human Being-in-the-world, metaphysics a priori writes off a potential for primordial experience proper to the domain of »existence« or »factical life,« a domain that for Heidegger is our »ownmost« (*eigenste*) – our most authentic or most proper sphere.

The ideological thrust of Heidegger's discussion is clear. As was standard procedure for the German intelligentsia during the Great War, he enlists philosophy in the service of a »critique of civilization.« He views it as a weapon in the struggle against the values of »modernity« and the »West«: »Everything modern«, comments Heidegger, »is characterized by the fact that it slinks away from its own time in order thereby to produce an ›effect‹ (busy-ness, propaganda, proselytizing, economic cliques, intellectual profiteering).«[47] Such lamentations concerning modernity, reminiscent of similar polemics from the *Der Akademiker* texts, will resurface in the criticisms of »curiosity« – one of the basic modalities of the »they-self« – in *Being and Time*. Thus, Heidegger defines curiosity as a perennial

46 Heidegger (fn. 44), p. 111.

47 Heidegger, *Ontologie: Hermeneutik der Faktizität*, GS 63, Frankfurt a. M. 1995, p. 19.

search for »novelty« or the new. It is an extension of modernity's preoccupation with »busy-ness« (*Betrieb*), and, as such, an essential mode of self-forgetting Dasein – Dasein's refusal to be a Self. As Heidegger explains: »When curiosity has become free, it concerns itself with seeing not in order to understand what is seen [...] but *just* in order to see. It seeks novelty only in order to leap from it anew to another novelty. [...] It does not seek the leisure of tarrying observantly, but rather seeks *restlessness and the excitement of continual novelty of changing encounters.*«[48] In the German, there is an added parallelism, insofar as curiosity – *Neugier* – is etymologically related to *neu* or new.

Philosophy, declaims Heidegger in 1923, has no interest in solving problems of »universal humanity and culture.« Nor can its concern for »existence as the temporally determinate possibility of Dasein« become an »object of universal reasoning [*Räsonnement*] and public discussion.« Staunchly opposed to the values of »public reason«, Heidegger self-consciously embraces the particularist standpoint of factical experience which is always that of an individual self: »The Being of factical life is characterized by the fact that it *is* in the How of the Being of self-possibility. The ownmost possibility of itself that Dasein (facticity) is [...] is called *existence.*«[49] When facticity or existence is at issue, as is always the case with fundamental ontology, the Protestant leitmotif, *mea res agitur* – »my life is at stake« – always come into play.

Heidegger's discussion of facticity prefigures his later employment of Dasein: a being that is neither »subject« nor »object« but, qua »Being-in-the-world,« ontologically prior to both. Facticity is the »site of Being« (later, Heidegger would identify this site as the »clearing« or *Lichtung*) in the same way as Dasein is the site of Being in *Being and Time*. In *On the Vocation of Philosophy* Heidegger's »Analysis of the Structure of Lived Experience« (*Analyse der Erlebnisstruktur*) distinctly foreshadows the »existential analytic« of *Being and Time*.

»Being is said in many ways« – so begins chapter 7 of Aristotle's *Metaphysics*. This was the remark that catalyzed the young Heidegger's interest in philosophy. Yet he quickly became disillusioned with Aristotle's response. Although many things are predicated of Being, »obviously,« concludes Aristotle, »that which ›is‹ primarily is the ›what‹, which indicates the substance of a thing.«[50] Hence, for Aristotle, pri-

48 Heidegger (fn. 2), p. 216; emphasis added.
49 Heidegger (fn. 47), pp. 18, 16.
50 Aristotle, *Metaphysica*, trans. D. Ross, Oxford, 1928, 1028a, 15.

mary being – that which is »most real« – equals »substance« (*ousia*), which he goes on to define as that which remains the same throughout and despite all change. But early on Heidegger felt that substance metaphysics – an orientation that would dominate the history of ontology for 2500 years – with its inordinate focus on the »whatness« of things, could not do justice to the mysteries and wonder of »factical life«; nor could not account for the modalities of Dasein, whose essentially temporal nature defies fixedness or permanence. As the philosopher Werner Marx has appropriately observed: »When in our day a philosopher expressly poses the question of Being *no longer* as a question of essence and expressly thinks *no longer* in the sense of *ousia* or substance, we must regard this attempt as a veritable revolution.«[51]

Nevertheless, despite his pronounced reservations about substance metaphysics, Heidegger was convinced that the regeneration of first philosophy could only be achieved by way of a systematic reappraisal of Aristotle's thought. Between 1921 and 1924, Heidegger taught no fewer than ten lectures courses or seminars related to aspects of Aristotle's philosophy; about half bore the understated, nondescript title, *Phenomenological Interpretations to Aristotle*.

The key Aristotle text for Heidegger during this period – crucible years for the genesis of *Being and Time* – was Book VI of the *Nichomachean Ethics*. There Aristotle specified the different types of knowledge that were appropriate for various modalities of Being. *Nous* was a pure knowing suitable for cognizing unchanging first principles or pure Being. *Poeisis* was a type of knowledge that resulted in the production of objects. And, most important from Heidegger's point of view, *phronesis* was a form of knowledge appropriate to men and women acting in concert with one another for the sake of living virtuously. In the *Nichomachean Ethics*, Aristotle went on to assay and categorize the essential human virtues. Moreover, he emphasized that in view of the multifarious and ever-changing nature of human affairs knowledge of human action could never be absolute: »Let it be assumed that there are two rational elements: with one of these we apprehend the realities whose fundamental principles do not admit of being other than they are; and with the other we apprehend *things which do admit of being other*.«[52] The second type of knowledge – *phronesis* – was proper to the domain of human practical life, and it inspired Heidegger's view that a hermeneutical

51 Werner Marx, *Heidegger and the Tradition*, trans. T. Kisiel, Evanston 1971, p. 5.

52 Aristotle, *Nichomachean Ethics*, trans. M. Ostwald, Indianapolis 1962, 1139, 6; emphasis added.

rather than a metaphysical approach would be the most fruitful point of departure for existential analysis. Unlike the material objects produced by *poeisis*, Dasein was the source of its own motion; and, as self-moving, it possessed, unlike physical objects, the capacity to be a »Self« – a potential that Heidegger came to view as one of the distinguishing features of *Existenz*. Only Dasein *exists*; things in the world simply *are*.

Heidegger came to view Aristotle's insight as the key to how one should conceptualize »factical life« or Being-in-the-world. Above all, Aristotle's directives reinforced his sense of how fundamental ontology ought *not* to proceed: it should *not* begin with a reliance on the precepts and prejudices of »substance metaphysics«; for by proceeding in this way, it would subject Dasein's Being to metaphysical standards and norms wholly inappropriate to it. Should it pursue this course, first philosophy would (as it so often had been in the past) become an enterprise of mismeasure.

In Heidegger's view, the approaches of ontology (Aristotle) and epistemology (Descartes) were equally misguided. One emphasized the primacy of substance, the other that of the knowing subject. The authentic phenomenological point of departure – »factical life« – is *prior to both aspects*, Heidegger believed, just as a »phenomenological intuition« is neither entirely subjective nor objective. Only an approach that takes this fact into account can do justice to our primordial encounter with Being.

In retrospect it must be said that the »existential analytic« or »Dasein-analysis« of *Being and Time* represents a strange hybrid. On the one hand, from the *Nichomachean Ethics* Heidegger assimilated a standpoint that emphasized the *primacy of practical reason*. In consequence, he understood Dasein's Being in terms of the precedence of a series of »world-relations« related to Aristotlelian *pragmata*. Our relationship to the world of things is not primarily technical-scientific; it is not essentially concerned with »world mastery.« Instead, »things« fundamentally represent a site or horizon of human interaction; they constitute a »world« in the existential, non-physicalist sense. The things of our everyday dealings are not undifferentiated »ob-jects« confronting a disembodied »sub-ject«; they are not simply present-at-hand (*vorhanden*). Instead, as objects of use, they implicitly stand in an integral, even semi-fraternal relationship to the men and women who manipulate them (*zuhanden*). It is this dimension of *Being and Time* that stands resolutely opposed to the modern epistemological conception of the self as self-positing subjectivity.

At the same time, this worldly, affirmative, Aristotelian side of *Being and Time* is offset by another dimension: the Protestant-theological aspect that derives autobiographically from Heidegger's disillusionment with the »religion of his youth« circa 1917. These two dimensions comprise an uneasy admixture. Heidegger's Protestantism manifests itself in his discussion of »falling« (*Verfallen*) as one of the fundamental traits of Dasein. It is this dimension that accounts for fundamental ontology's oft-remarked tendential bleakness: its Augustinian, angst-ridden view of human life. As Herbert Marcuse astutely observed: »If you look at [Heidegger's] view of human existence, of Being-in-the-world, you will find a highly repressive, highly oppressive interpretation [...]. [It is] a picture that plays well on the fears and frustrations of men and women in a repressive society – a joyless existence: overshadowed by death and anxiety; human material for the authoritarian personality.«[53]

Heidegger's Protestant-theological inclinations are especially prominent in a recently rediscovered 1922 draft of *Being and Time*, »Phenomenological Interpretations With Respect to Aristotle.« As in *Being and Time*, Heidegger begins by characterizing »factical life« (Dasein) in terms of »care«: »in the concrete temporalizing of its Being it is concerned about its Being, *even when it avoids itself*.« However, for reasons that are far from clear, in Heidegger's existential ontology self-evasion or faithlessness quickly predominates: »The most unmistakable manifestation of this is factical life's tendency towards making things easy for itself« – falling away from the tasks of being a Self or authenticity. In Heidegger's reading, the breach between fundamental ontology's existential radicalism and all competing paradigms of truth and meaning is well-nigh total:

> When factical life authentically is what it is in this Being-heavy and Being-difficult, then the genuinely appropriate way of access to it and way of truthfully safe-keeping it can only consist in making it difficult. All making-easy, all misleading currying of favors with regard to needs, all metaphysical reassurances based on what is primarily book-learning – all of this leads already in its basic aim to a failure to bring the object of philosophy within sight and within grasp, let alone to keep it there.[54]

In its quest for authenticity, Dasein is perpetually thwarted by a »basic factical tendency of life: a tendency towards the *falling away* from

53 Frederick Olafson, »Heidegger's Politics: An Interview with Herbert Marcuse«, in: *Marcuse: Critical Theory and the Promise of Utopia*, ed. Pippin et al., South Hadley, Mass., 1988, p. 99.

54 Martin Heidegger, »Phenomenological Interpretations With Respect to Aristotle«, in: *Man and World* 25 (1992), pp. 359 f.

one own self and thereby towards *falling prey* to the world, and thus the *falling apart* from oneself.« »The tendency towards falling is *alienating*,« observes Heidegger, insofar as »factical life becomes more and more alien to itself in its being absorbed in the world.«[55] In this way, Dasein's self-understanding becomes progressively »world-laden« (*welthaft*): it tends to view itself as an entity or thing rather than as a (self-moving) *Existenz*; it thus bypasses opportunities for authenticity or self-realization. In essence, »*life hides from itself*.« Or, as Heidegger bluntly expresses a similar thought: »factical life [...] is for the most part *not lived as factical life*.«[56] The seducements of alienation and falling away are most acute in the case of *death*. For it is Dasein's attitude towards death as an ultimate instance or boundary situation (*Grenzfall*) that determines whether it is able to temporalize its existence authentically.

Why was Heidegger's view of Being-in-the-world so tendentially grim? And does he, moreover, provide an adequate justification of his conception of human existence as predominantly characterized by the modalities of self-avoidance, alienation, and »falling?«

To take up the second question first: issues of validation and justification have traditionally been one of fundamental ontology's major weaknesses. Heidegger's manner of philosophizing is, by contemporary standards, old school. He is uninterested in problems of ordinary language. Such problems are a priori devalued insofar as they derive from the inferior sphere of »everydayness«. As we have seen, this sphere, which has been colonized by the »they-self«, can make no serious contributions to matters of philosophical substance. The standpoint of the *sensus communis*, he believes, can only mislead. For Heidegger, philosophizing is an intrinsically aristocratic enterprise. As he remarked in 1935 lecture course, »Truth is a matter for the strong, not the weak.«[57] In stark contrast with the pragmatist tradition (Pierce, Mead, and Dewey), his philosophical disposition is devoid of democratic sympathies and sensibility. For Heidegger the act of philosophizing suggests privileged access to a hermetic dimension of *Existenz*: the primordial experience of Being. In his estimation, almost all previous efforts in the realm of first philosophy are of such inferior worth that the very idiom of philosophical thought (*Denken*) must be recast from the ground up. Yet, as several critics have observed, by systematically shunning ordinary language and preferring unwieldy neologisms, a whiff of linguistic authoritarianism pervades

55 Ibid., p. 363-64.
56 Ibid., p. 364-365.
57 Heidegger, *An Introduction to Metaphysics*, New Haven 1959, p. 133.

Heidegger's approach. Such lexical pomposity seemingly demands of readers a posture of compliant submission; it has the perlocutionary effect of compelling them to acquiesce passively in the face of definitive and grandiose proclamations. In the last analysis, it seems impossible to separate Heidegger's philosophical authoritarianism from the question of his political authoritarianism. While the foregoing criticisms in no way disqualify the project of fundamental ontology, they do suggest some important caveats concerning its reception.

To be sure the existential despondency that pervades the outlook of *Being and Time* is a peculiarly German inheritance. Many of the misanthropic tropes he employs are the stock and trade of German romanticism, stripped of the prospect of religious salvation and inscribed with an element of hard-edged, existential realism. Heideggerian *Angst* expresses the world-weariness of the romantic sensibility in an age when the hopes and consolations of an earlier era seem both anachronistic and unconscionably sentimental. In his philosophy the romantic nexus between suffering and nobility of character has been filtered through the horrific images of Germany's war experience – as far as German traditions are concerned, this was a point of no return. Of course, Heidegger never experienced these horrors personally. For a time he served as a weatherman, providing meteorological data in the event of gas attacks. But soon he was accorded a medical discharge (heart palpitations once again; in later years, he became so self-conscious about his poor service record that he provided false accounts in curriculum vitae). Nevertheless, the *Kriegerlebnis* (war experience) soon became an obligatory point of reference for Germany's national conservatives. In particular Heidegger's emphasis on Being-toward-death as a touchstone of authentic existence strongly betrays such historical influences and residues.

Heidegger's existential realism invites comparison with the political philosopher Carl Schmitt. Like Heidegger, following World War I Schmitt overcame a resolutely Catholic background to embrace political existentialism. Transposed to the sphere of international relations (*Völkerrecht*), political existentialism seemed to demand an end to »worldviews« (read: Wilsonianism) and a return to a purportedly non-ideological realism. Yet, insofar as Schmitt's »realism« was ideologically directed against the West's »universalism,« it became a de facto legitimation of German particularism – an expression of the ideology of the »German way.« Schmitt's political existentialism culminated in the following claim from *The Concept of the Political* (which appeared in 1927, the same year as *Being and Time*): »The high points of great politics are the moments in which the enemy comes into view in concrete clarity as the enemy« – so much for Western shibboleths about cosmopolitanism or the »rights of man.«[58] In *Political Romanticism*, his first book following the Great War, Schmitt sought to distinguish the romantic incapacity for authentic political decision – which he viewed as a nineteenth century atavism – from the new German mentality that had been forged in the crucible of the war experience: masculinist, fearless, resolute, and hard – the ethos of Hitler's *Schutzstaffel avant la lettre*. Heidegger, too, had imbibed much of this ethos: resoluteness (*Entschlossenheit*) – in contrast with the vacillating ambiguity of the »they« – was one of the hallmarks of authenticity.

Fundamental ontology performed a Husserlian *epoché* (reduction) upon the totality of inherited worldviews and cultural traditions. Whereas transcendental phenomenology utilized the reduction for epistemological purposes (in order to secure the cognitive ideal of »pure knowing«), Heidegger, in keeping with his Scholastic training, employed it for ontological ends. But once »essence« (*essentia*) had been bracketed as redolent of »substance metaphysics« (and, hence, as unavoidably prejudicial), what was it that remained – the naked fact of existence in its unadulterated »thatness«? While there can be no doubting the boldness, novelty, and timeliness of this philosophical gesture, it ultimately led to an intellectual blind alley. In the tradition of onto-theology, existence was ensured of meaning insofar as it was provided with metaphysical guarantees or grounds: essence preceded existence, which secured a place for it (existence) within a larger, meaningful whole. Having systematically deconstructed the history of ontology, »factical life« became devoid of underlying support. In a representative play on words, Heidegger celebrated this dilemma. »Grund« (reason or ground) had given way before the »Ab-grund« (groundlessness or abyss) of naked existence as such. At one point in *Being and Time*, Heidegger implores his readers to summon up the »courage for *Angst*« (*Mut zur Angst*). Following this initial radical act of deconstruction, the ensuing discussion of »tradition« and »handing down« (*Überlieferung*) in Division II of *Being and Time* could not help but sound hollow and insincere.

Heidegger's solution to the problem of nihilism or meaninglessness followed the proverbial German formula of a *Flucht nach vorne*: he decided to seize the bull by the horns. Instead of fleeing the essential nihilism of the human condition by becoming »world-laden«

58 Carl Schmitt, *The Concept of the Political*, trans. G. Schwab, Chicago 1993, p. 67. Since the English translation is faulty (for example, in the sentence cited, the word »great« is simply left out), I have relied on the German edition, *Der Begriff des Politischen*, Berlin 1963, p. 67.

(*welthaft*, absorbed in the world), fundamental ontology would simply *embrace* it; »thinking the abyss« became its badge of honor.

In 1927 *Being and Time* appeared in Husserl's *Yearbook for Phenomenological Research*. Its hasty composition was in part a response to external constraint: at Marburg Heidegger was not yet a full professor (*Ordinarius*), and the publication of a significant work was a necessary precondition for promotion (in 1926 he had been refused an appointment at the University of Berlin due to a dearth of publications). Heidegger wrote *Being and Time* in a remarkable creative burst between the spring and fall of 1926. During the writing, he frequently expressed deep reservations about the project in his letters to Jaspers. »On the whole, this is for me a transitional work,« observes Heidegger in May. Six months later as the treatise nears completion he confides to Jaspers that his estimation of the work's value is not »excessively high«; although, having completed it, he has »learned to understand [...] what greater ones have aimed at.« Upon its finishing it in December, he suggests to Jaspers that *Being and Time's* chief merit was that it allowed him to work through a number of pressing philosophical problems and themes; having finished it he could now get on with more promising philosophical work.[59]

Heidegger's own methodological uncertainties were mirrored in the ambiguities of the book's structure. It opened with a suggestive quote from Plato's *Sophist* that placed the »question of Being« in the foreground and set the tone for the long introductory chapter, »The Exposition of the Question of the Meaning of Being«: »For manifestly you have long been aware of what you mean when you use the expression ›Being.‹ We, however, who used to think we understood it, have now become perplexed.« However, it proved difficult to reconcile the avowed focus on the *Seinsfrage* with the nature of the text that followed, which was preponderantly oriented toward *existential* rather than ontological concerns – i. e., concerns pertaining to the Being of *Dasein*. The question of Being resurfaces fleetingly at the book's conclusion as a type of promissory note. Tellingly, Heidegger had announced that *Being and Time* was only the first book of a two part work; Part II, on Time and Being, was never written. In essence, and strange as it may seem, Heidegger spent twelve years climbing a philosophical ladder that would lead to the publication of *Being and Time*; when he reached the top, it seems, he threw the ladder away.

In Heidegger's subsequent lectures and essays, the figure of Dasein is conspicuous by its absence. For example, his 1929 Freiburg Uni-

59 See Martin Heidegger/Karl Jaspers, *Briefwechsel 1920-1963*, München 1992.

versity inaugural address, *What is Metaphysics?*, represents a watershed insofar as the question of Being receives unambiguous pride of place; the Being of Dasein has ceased to be the primary focus of his inquiry. Heidegger's discourse centers on the centrality of »nihilation« or »nothingness,« the attitude we must assume in the face of our customary, complacent relationship to the Being of beings. With the concept of »nothingness« thereby indicates the radical degree to which the totality of »beings« must be reduced or »bracketed« in order for philosophy to accede to the heartland of »Being.«

Many of these issues surfaced in the legendary 1929 debate with Ernst Cassirer in Davos, Switzerland. Cassirer had been warned in advance about Heidegger's frankly nihilistic relationship to all inherited cultural forms as well as unconventional personal bearing: Heidegger viewed himself as a revolutionary and iconoclast, a rugged outdoorsman who was scornful of conventional academic mandarin mores. And although Heidegger viewed the debate as insufficiently confrontational, contemporary observers were of an entirely different mind. The neo-Kantian Cassirer, author of a four volume work on *The Logic of Symbolic Forms*, viewed culture as the indispensable bulwark that kept the fragile contingency of the human existence at bay. At one point in the debate he sought to bring matters to a head by asking whether Heidegger wished to »destroy« the »entire absoluteness and objectivity« of culture in favor of the vagaries of human finitude. The battle lines thus drawn, Heidegger insisted that contemporary culture was a form of narcosis that prevented individuals from realizing their true freedom. Instead of seeking refuge in its stupefying blandishments, individuals, he insisted, must be returned to their existential nakedness and »the hardness of fate.«[60]

The trend toward a direct meditation on Being unmediated by the habitudes of Dasein would continue with the important essays of the early 1930s: *On the Essence of Truth*, *Plato's Idea of Truth*, and *Hölderlin and the Essence of Poetry*. In all of these texts, the question of the »meaning of Being« – which Heidegger came to view as fatally tainted by anthropological suppositions – cedes to the question of the »truth of Being.« (At the same time, one may discern a interim phase of his philosophical development during the mid-1930s, in which he proposes for consideration the alternative idea of the »setting-to-work of truth« – chiefly in the realms of politics and in art.)[61] Even

60 See »A Discussion Between Ernst Cassirer and Martin Heidegger«, in: *The Existential Tradition*, ed. N. Langiulli, New Brunswick 1997.

61 The two most representative texts of this phase are *The Self-Assertion of the German University* (Heidegger's 1933 Rectoral Address) and *The Origin of*

when Dasein makes an ephemeral reappearance in later texts (e. g., the 1947 *Letter on Humanism*), Heidegger takes to hyphenating it – Da-sein – to emphasize that what is at stake is the »there« of »Being« rather than an entity one might confuse with *human* being. Upon reviewing these texts, there can be no doubt that the *Kehre* or »turn« in Heidegger's thought dates from shortly after the appearance of *Being and Time* – not, as is commonly assumed, from the late 1930s.

A major indication of this drastic shift of emphasis may be found in the 1943 afterward to *What is Metaphysics?* Whereas in *Being and Time* Heidegger had claimed that »Only so long as Dasein is – that is, the ontic possibility of the understanding of Being – ›is there‹ Being,« in the 1943 postscript his characterization of the relationship between Being and beings underwent a complete volte-face stressing the sovereign primacy of Being: »Being *indeed* essences without beings, but beings never are without Being,« claims Heidegger.[62] And in the contemporaneous *Recollection in Metaphysics* (1941) he declares emphatically in the same spirit: »The history of Being is neither the history of man and of humanity, nor the history of the human relation to beings and to Being. The history of Being is *Being itself and only Being*.«[63] How might one account for this revolutionary change of direction in Heidegger's approach?

Reconstructing Heidegger's developmental path, it is clear that his motivating concern was a reformulation of the question of Being. Yet, along the way, and coincident with his portentous abandonment of the »religion of his youth,« Heidegger became convinced, in good Lutheran fashion, that one could only gain phenomenological access to our primordial encounter with Being via the route of Dasein or human being. It was precisely in this sense that he affirmed in *Being and Time* that »*Only so long as Dasein is* [...] *is there Being*.« His preoccupation with the classic texts of Protestant theology during the late 1910s and early 1920s, as well as his ensuing concentration on Aristotle's *Nichomachean Ethics* (where the modalities of *areté* or human excellence are at issue), reaffirmed his conviction that he was pursuing the right course. Clearly, from an existential standpoint, the results were provocative, fascinating, and virtually without philosophi-

the Work of Art. For a more detailed discussion of this theme, see the important study by Winfried Franzen, *Von der Existentzialontologie zur Seinsgeschichte*, Bodenheim 1975. See also Alexander Schwan, *Politische Philosophie im Denken Heideggers*, Köln/Opladen 1965.

62 Martin Heidegger, *Wegmarken*, Frankfurt a. M. 1967, p. 304.

63 Martin Heidegger, *The End of Philosophy*, New York 1973, p. 82.

cal precedent; the end result is the »existential analytic« of *Being and Time*, the trademark and signature of Heidegger's early philosophy.

Yet, from a scholastic-ontological standpoint, the results were disappointing. Despite its path-breaking nature, Heidegger's great work of 1927 made little headway in addressing (let alone resolving) the question of Being. Commentators were at pains to reconcile the two apparently competing agendas of *Being and Time*, one existential, the other ontological. Clearly, the goal of fundamental ontology was to *reconcile* these two areas of concern. But given *Being and Time's* inordinate focus on the vagaries of existential analysis – on the various modes of Dasein's Being-in-the-world – there was little room left for an autonomous treatment of the *Seinsfrage*.

In her encomium on the occasion of Heidegger's eightieth birthday, Hannah Arendt proffered the following astute observations concerning the ontological impetus underlying the Master's philosophy:

> The storm that blows through Heidegger's thinking – like the one that still sweeps toward us from Plato's works after thousands of years – does not originate from the century he happened to live in. It comes from the primeval (*aus dem Uralten*), and what is leaves behind is something perfect that, like all that is perfect, returns home to the primeval.[64]

With these words Arendt has faithfully captured the motivations underlying the »turn« in Heidegger's thought from existence to Being.

Heidegger's fascination with Being's primeval origins would of course take him back well beyond Plato. Ultimately, he perceived Plato's doctrine of Being as insufficiently radical. According to Heidegger, with his theory of ideas, Plato had introduced a fatal separation between sensible and supersensible worlds, a division that would become the signature of Western metaphysics in its entirely – as well as the hallmark (at least in Heidegger's estimation) of its perdition. For the theory of ideas sought the truth of Being not in Being itself, but in something »subjective«: the *Eidos* (idea) qua »representation«; and what was »representation« other than a subjective construct? Heidegger sought to undo the fatal conflation of Being with representational thinking via the anti-subjectivist orientation of the »turn.« Ultimately, he would seek inspiration and direction in the pre-Socratic doctrines of Parmenides and Heraclitus; he believed that

64 Hannah Arendt, »For Martin Heidegger's Eightieth Birthday«, in: Gunter Neske/Emil Kettering, *Martin Heidegger and National Socialism*, New York 1990, p. 217.

their philosophy offered a glimpse of authentic »proximity« to Being (*Nähe*) in its pristine, antediluvian glory – a glimpse unequaled by the representatives of post-Socratic thought. Kisiel speaks felicitously of Heidegger's primordial fascination with »the It that empowers theoretical judgments« (as in: »it occurred to me« or »it so happened«): »Throughout his long career, Heidegger will never seek to surpass this central insight which gives priority to the impersonal event enveloping the I which ›takes place‹ in that Event.«[65] To be sure, the results often sounded far-fetched and ponderous to modern ears; to wit, his portentous claim in a 1938 lecture course that »Being is the trembling of the Godding.«[66] Although it would be foolish to minimize the importance of his multiple, at times breathtaking changes of philosophical direction, one can safely say that Heidegger's fundamental question remained the one he first posed in his dissertation on Brentano: the question of Being. Thus, a line from Hölderlin he was especially fond of citing would be an especially appropriate epigram to characterize the thrust of his life's work: »For as you began, so will you remain.«

65 Kisiel (fn. 5), p. 25.
66 Martin Heidegger, *Beiträge zur Philosophie (Vom Ereignis) (1936-1938)*, GA 65, Frankfurt a. M. 1989, p. 239.

Zu den Autoren

MATTHIAS BORMUTH, geb. 1963, Privatdozent am Tübinger Institut für Ethik und Geschichte in der Medizin. Geistesgeschichtliche Arbeiten über Psychiatrie, Philosophie und Literatur, Bücher über *Karl Jaspers und die Psychoanalyse*, Habilitationsschrift über *Ambivalenz der Freiheit. Suizidales Denken im 20. Jahrhundert.*

ULRICH VON BÜLOW, geb. 1963, nach Germanistik-Studium in Leipzig Lektor im Hinstorff Verlag Rostock, seit 1992 wiss. Mitarbeiter im Deutschen Literaturarchiv Marbach, seit 2006 dort Leiter der Handschriftenabteilung. Autor von Aufsätzen und Büchern u. a. über Franz Fühmann und Arthur Schnitzler; edierte Texte u. a. von Rainer Maria Rilke, Erich Kästner, Karl Löwith und Martin Heidegger.

CARSTEN DUTT, geb. 1965, ist Akademischer Rat am Germanistischen Seminar der Universität Heidelberg. Veröffentlichungen u. a.: *Hermeneutik, Ästhetik, Praktische Philosphie. Hans-Georg Gadamer im Gespräch* ([3]2000); *Herausforderungen der Begriffsgeschichte* (Hrsg., 2003).

MARTIN ELSKY, geb. 1947, ist Professor für englische und vergleichende Literaturwissenschaft an der City University of New York, Herausgeber der *Renaissance Quarterly*. Veröffentlichungen zu John Donne, George Herbert, John Milton, Ben Jonson, Francis Bacon und Juan Luis Vives. Zuletzt erschienen Essays über Erich Auerbach und seine Übersetzung von Werken und Briefen Auerbachs. Zus. mit Martin Vialon und Robert Stein: »Scholarship in Times of Extremes. Letters of Erich Auerbach (1933-1946), on the Fiftieth Anniversary of his Death«, in: *PMLA* (Mai 2007).

GEORG HARTMANN, geb. 1972, studierte Philosophie und Religionswissenschaften in Tübingen. Er beschäftigt sich mit Formen des Wissens bei Hegel und mit Fragen zum Thema Subjektivität. Zuletzt erschien von ihm der Aufsatz *Das Problem der Freiheit. Amerys Hegel-Rezeption.*

DIETER HENRICH, geb. 1927, war bis zu seiner Emeritierung Professor für Philosophie in Berlin, Heidelberg und München (seit 1981). Für sein Werk wurde er u. a. mit dem Hölderlin-Preis der Stadt und Universität Tübingen, dem Hegel-Preis der Stadt Stuttgart und dem Internationalen Kant-Preis ausgezeichnet. Jüngste Veröffentlichungen: *Grundlegung aus dem Ich – Untersuchungen zur Vorgeschichte des Idealismus – Tübingen, Jena 1790-1794* (2004), *Die Philosophie im Prozess der Kultur* (2006) und *Denken und Selbstsein* (2007).

STEPHAN STEINER, geb. 1979, studierte Philosophie, Theologie und Vergleichende Literaturwissenschaften in Innsbruck, Tübingen und Paris, arbeitet zurzeit am Max-Weber-Kolleg der Universität Erfurt an seiner Dissertation zu *Leo Strauss im Kontext der Marburger Hermeneutik*. Er veröffentlichte Aufsätze zu Jean Améry, Karl Löwith und Friedrich Nietzsche sowie zu Martin Heidegger und Leo Strauss.

MARTIN VIALON, geb. 1960, arbeitet am Zentrum für Literatur- und Kulturforschung Berlin an einer Erich-Auerbach-Ausgabe. Er lehrt Philosophie und Neuere deutsche Literatur an der Yeditepe University (Istanbul) und hat u. a. über Adorno, Jean Améry, Walter Benjamin, Martin Heidegger, Max Kommerell, Siegfried Kracauer, Werner Krauss, Traugott Fuchs, Vico und Peter Weiss publiziert. Jüngste Veröffentlichung: *Und wirst erfahren wie das Brot der Fremde so salzig schmeckt. Erich Auerbachs Briefe an Karl Vossler 1926-1948.*

RICHARD WOLIN, geb. 1952, lehrt als Distinguished Professor Geschichte, Politikwissenschaft, und Literatur am Graduate Center, City University of New York. Veröffentlichungen: *Seinspolitik* (1992), *Heidegger's Children. Hannah Arendt, Karl Lowith, Hans Jonas, and Herbert Marcuse* (2001) und *The Seduction of Unreason. The Intellectual Romance with Fascism from Nietzsche to Postmodernism* (2004).

marbacher schriften
neue folge
Herausgegeben von Ulrich Raulff,
Ulrich von Bülow und Marcel Lepper

bereits erschienen:

Band 1: Deixis
Vom Denken mit dem Zeigefinger
Herausgegeben von Heike Gfrereis und Marcel Lepper

Mit Beiträgen von Christian Baudisch, Gottfried Boehm, Günter Figal, Heike Gfrereis, Dorothee Kimmich, Marcel Lepper, Hubert Locher, Werner Oechslin, Steffen Siegel, Horst Wenzel und Uwe Wirth.

211 S., 46 Abb., brosch., ISBN: 978-3-8353-0203-7

Band 2: Friedrich Schiller
Dichter, Denker, Vor- und Gegenbild
Herausgegeben von Jan Bürger

Mit Beiträgen von Giuseppe Bevilacqua, Nicholas Boyle, Jan Bürger, Kurt Flasch, Manfred Frank, Ute Frevert, Volker Gerhardt, Robert Gernhardt, Ludwig Harig, Dieter Henrich, Georg Klein, Sybille Krämer, Sibylle Lewitscharoff, Adolf Muschg, George Steiner, Marlene Streeruwitz.

261 S., brosch., ISBN: 978-3-8353-0204-4

Gedruckt mit Unterstützung der Fritz-Thyssen Stiftung

Redaktion: Dietmar Jaegle (DLA Marbach)

Bibliografische Information der Deutschen Nationalbibliothek
Die Deutsche Nationalbibliothek verzeichnet diese Publikation in der Deutschen Nationalbibliografie; detaillierte bibliografische Daten sind im Internet über http://dnb.d-nb.de abrufbar.

www.wallstein-verlag.de
Vom Verlag gesetzt aus der Stempel Garamond
Umschlaggestaltung: Steffi Riemann, Basta Werbeagentur, nach einem Reihenentwurf von Keppler | Schmid, Stuttgart und Marbach a.N., unter Verwendung einer Fotografie der Alten Universität, Marburg
Druck: Hubert & Co, Göttingen
ISBN 978-3-8353-0239-6